EL CONDE LUCANOR

O

LIBRO DE LOS ENXIEMPLOS

DEL

CONDE LUCANOR ET DE PATRONIO

COLECCIÓN FUNDADA POR
DON ANTONIO RODRÍGUEZ-MOÑINO

DIRECTOR
DON ALONSO ZAMORA VICENTE

DON JUAN MANUEL

EL CONDE LUCANOR

O

LIBRO DE LOS ENXIEMPLOS DEL CONDE LUCANOR ET DE PATRONIO

Edición,
introducción y notas
de
JOSÉ MANUEL BLECUA

clásicos castalia

Madrid

Copyright © Editorial Castalia, 1969
Zurbano, 39 - Tel. 419 89 40 - Madrid (10)

Impreso en España. Printed in Spain
por Unigraf, S. A. - Fuenlabrada (Madrid)
Cubierta de Víctor Sanz
I.S.B.N.: 84-7039-061-9
Depósito Legal: M-38.347-1980

Primera edición: 1969
Segunda edición: 1971
Tercera edición: 1979

SUMARIO

INTRODUCCIÓN BIOGRÁFICA Y CRÍTICA   9

   Vida de Don Juan Manuel   9
   Su obra literaria   15

NOTICIA BIBLIOGRÁFICA   35

BIBLIOGRAFÍA SELECTA SOBRE EL AUTOR   38

NOTA PREVIA   41

EL CONDE LUCANOR   45

   Segunda parte del libro del Conde Lucanor   277
   Tercera parte del libro del Conde Lucanor   288
   Cuarta parte del libro del Conde Lucanor   295
   Quinta parte del libro del Conde Lucanor   300

ÍNDICE DE LOS EXEMPLOS Y OTRAS PARTES   323

ERRORES DEL MANUSCRITO SUBSANADOS   327

GLOSARIO   331

ÍNDICE DE LÁMINAS ... .,   347

A Rafael Lapesa, maestro y amigo, en recuerdo de algunas mañanas de hace muchos años.

INTRODUCCIÓN
BIOGRÁFICA Y CRÍTICA

VIDA DE DON JUAN MANUEL

Si del Arcipreste de Hita no sabemos nada que pueda probarse con un documento, de don Juan Manuel sabemos que descendía de malos "dormidores"; que uno de sus juglares se llamaba Arias Paes; que Jaime II le pide ayuda para luchar contra las grullas de Játiva, en 9 de noviembre de 1304, por haber enviado sus halcones al rey de "Castella porque caçe con ellos"; que fue amamantado por su propia madre, pero que cierta vez que ella estuvo enferma, diole de mamar una dama noble y no villana... Él mismo nos dirá que nació "en Escalona, martes, cinco días de mayo" de 1282 y que era hijo de don Manuel, hermano de Alfonso X el Sabio, y de doña Beatriz de Saboya.[1] Murió su padre en 1284 y su madre en 1290, y por cierta inscripción de un epitafio de la Trinidad, de Toledo,[2] sabemos que en 1289 murió Martín Fernández Pantoja, "ayo de don Juan, fijo del infante don Manuel". En el *Libro de los estados* y en el *Libro infinido* insistirá sobre los peligros que acechan al niño y al mancebo si los ayos y educadores les consienten hacer todo lo que quieran. Pero a los doce años le envió el rey "a tener frontera con los moros"

[1] *Libro de las armas*, en *Obras de don Juan Manuel*, edic. de J. M.ª Castro y Calvo y M. de Riquer, I (Barcelona, 1955), p. 86. Los datos siguientes proceden de la obra de mi maestro A. Giménez Soler, *Don Juan Manuel, biografía y estudio crítico*, Zaragoza, 1932.

[2] Según una nota de F. J. Sánchez Cantón en su prólogo al *Conde Lucanor* (Madrid, 1920), p. 14.

en el reino de Murcia, y sus hombres vencieron a Iahazan Abenbucar Abenzayen, que traía cerca de mil caballeros, aunque al jovencito don Juan Manuel le dejaron en Murcia, "ca non se atrevieron me meter en tan grant peligro porque era tan moço", según diría años más tarde. [3]

Si es cierto lo que cuenta en el *Libro de las armas,* en septiembre de ese mismo año recibió en Peñafiel a su primo Sancho el Bravo, ya muy enfermo, y poco más tarde acudió a Madrid, donde tuvo lugar la célebre conversación antes de morir, que relatará en el citado libro. Don Juan Manuel se vio envuelto en las luchas dinásticas derivadas de la muerte de don Alfonso de la Cerda, puesto que el rey de Aragón, Alfonso III, sucesor de Pedro III el Grande, reconoció como rey de Castilla al hijo mayor de Alfonso de la Cerda, el cual le dio por su protección el reino de Murcia, cuyo adelantado era nuestro escritor y donde poseía Elche y su término. Como Jaime II, después de la toma de Tarifa, reconociese también los derechos de Alfonso de la Cerda, puede imaginarse que don Juan Manuel estuviese muy preocupado por la cuestión dinástica, ya que, además, su padre y él fueron siempre partidarios de don Sancho. Por eso, cuando Jaime II alegó sus derechos sobre Murcia, don Juan perdió Elche, por lo que exigió a doña María de Molina que le entregase Alarcón a cambio.

En 1299 casó con la infanta de Mallorca doña Isabel, que murió en 1301. En mayo de 1303 se entrevistó con don Jaime para ver de resolver el problema de Elche, que tanto le interesaba, y de paso hablarle de la política de Castilla y no en favor de doña María de Molina y de su hijo, precisamente. Deseoso de estar a bien con el rey de Aragón, y de engrandecerse, le pidió por esposa a su hija Constanza, niña de pocos años, a lo que accedió Jaime II, que se obligaba a defender a nuestro escritor de sus posibles enemigos, al paso que don Juan Manuel lo aceptaba como rey de Murcia y señor natural, salvo en caso de guerra contra Castilla, en que permanecería neutral, lo cual, como es lógico, indignó a Fernando IV de Castilla,

---

[3] *Libro de las armas,* p. 87.

que hasta quería matarlo, según le avisó con un correo Jaime II. En 1304 se acordaron las paces entre Castilla y Aragón, por las cuales Elche se agregaba definitivamente a la corona de Jaime II, con las protestas consiguientes de don Juan Manuel, que conservaba Villena y además cambiaba Alarcón por Cartagena. En 1306 le vemos firmar las capitulaciones matrimoniales con doña Constanza, de seis años aún, con la promesa de ponerla en el Alcázar de Villena y no consumar el matrimonio hasta que ella cumpliese doce años. Al mismo tiempo moría su hermana doña Violante, asesinada, según voz popular, por su marido, el infante don Alonso de Portugal, hermano del rey don Dionís.

Tres años más tarde asistía a las vistas de Ariza de Fernando IV y Jaime II, de donde salió el acuerdo de atacar el reino de Granada. Como a don Juan Manuel no le entusiasmaba demasiado el proyecto y tampoco al infante don Juan, su primo, los dos abandonaron la lucha a principios de 1310, alegando diversos motivos contra el rey de Castilla, sin hacer caso de Jaime II tampoco. Esta "infamia", como la califica Giménez Soler, [4] hizo fracasar la expedición, y ambos Juanes anduvieron vagando por el reino de León, temerosos de las iras del rey de Castilla, aunque no tardaron en avenirse con él, con gran disgusto de otros magnates castellanos. El 3 de abril de 1311 casó por fin con la hija de don Jaime, que en febrero había cumplido los doce años. En el castillo de Garci Muñoz, adonde fueron los novios, recibió don Juan Manuel la noticia de la muerte de Fernando IV, lo que le ocasionaría serios disgustos durante la minoría de Alfonso XI. Por de pronto, los tutores regios, don Pedro y don Juan, le quitaron el adelantamiento de Murcia, alegando, y era verdad, que los murcianos no le querían, y nombraron a don Diego López de Haro para substituirle. La muerte de los dos tutores regios en 1319, durante la retirada del sitio de Granada, llevó a don Juan Manuel a ser corregente de Castilla, en unión de doña María de Molina y el infante don Felipe,

4 Obra citada, p. 40.

y como tal intervino activamente en los negocios castellanos (y a veces con brutalidad manifiesta, como en la muerte de Diego García en 1321), sobre todo al morir doña María, hasta que el propio Alfonso XI le obligó a declinar la regencia. Entonces se le propuso el casamiento de su hija Constanza con el propio monarca, que tenía quince años, capítulo que le iba a proporcionar abundantes disgustos, ya que ese matrimonio no se realizó, aunque llegó a ser sancionado por las propias Cortes de Valladolid el 28 de noviembre de 1325. Herido en lo más íntimo, puesto que ahora veía el engaño, y el fracaso de sus ambiciones, muerta además su mujer y su suegro Jaime II, en 1327 se desnaturó del reino de Castilla y declaró la guerra a Alfonso XI, pidiendo incluso ayuda a los moros de Granada en una famosa carta escrita desde Zafra, carta que cayó en manos del rey de Castilla. Finalmente llegó a una concordia con su rey, en virtud de la cual don Juan Manuel conservaba todos sus privilegios y además obtenía de nuevo el cargo de adelantado de Murcia. Ese mismo año casó con doña Blanca Núñez de Lara, de quien tuvo a don Fernando, para quien escribiría más tarde el *Libro infinido* o de los *Castigos*. De 1329 a 1335 desarrolla una intensa actividad literaria, alejado un poco de la política y de las luchas. Pero todavía intervino pésimamente en la guerra contra el moro, no queriendo asistir al rey durante el cerco de Gibraltar, junto con su cuñado don Juan Núñez, por lo que Alfonso XI marchó contra ellos desde Sevilla en 1334, ya que además, especialmente el último, le estragaban las tierras. Esto obligó a don Juan Manuel a visitar al rey de Aragón, al que manifestó sus temores y sus deseos de congraciarse de nuevo con el rey de Castilla. Pero en julio de 1335 se desnaturó de nuevo, alegando, entre otros motivos, que Alfonso XI impedía la ida de su hija Constanza para casar con el famoso don Pedro de Portugal, por lo que el rey marchó hacia Peñafiel y don Juan se refugió en Valencia, aunque ya en abril de 1337 llegaron de nuevo a avenirse. Con Alfonso XI se halló en la victoria del Salado y en la toma de Algeciras. (La *Crónica* del citado rey no habla precisamente con mucho elogio de nuestro autor en el primer hecho.) Un poco más tarde, retirado en su fortaleza de Garci Muñoz, arregló la boda de su hijo don Fernando con una hija de Ramón Berenguer, el hijo menor de Jaime II. (Muerto don Juan, su hija doña Juana casó con don Enrique de Trastámara, más tarde rey de Castilla y tuvo por hijo a Juan I, con lo que la vanidad nobiliaria ue don Juan Manuel hubiese quedado bien satisfecha de haber podido ver ese suceso.)

Don Juan Manuel pasó algunas temporadas en Murcia, muriendo el 13 de junio de 1348. [5] Su cadáver, de acuerdo con las instrucciones del testamento, fue enterrado en el monasterio de los frailes Predicadores de Peñafiel, que él mismo había fundado, y donde había depositado antes su obra literaria, como veremos. [6]

En opinión de su mejor biógrafo, "don Juan Manuel es uno de esos hombres contradictorios de sí mismos: entre su vida y su obra hay una oposición enorme, antagonismo completo. Donde mejor se observa este hecho, por ser el más constante y más visible, y aun el más aparatoso, es en el aspecto guerrero que ofrece su biografía". [7] Porque don Juan Manuel siempre abominó de la guerra, como dirá a su hijo en el capítulo XXI del *Libro infinido,* pero tenía verdadera obsesión por el problema de la honra y de su estado, y en todo podía ver menoscabos y desprecios. (Nótese cuántas veces insiste en el *Conde Lucanor* en los problemas de honra y estado; casi son dos palabras claves de su obra literaria.) Se vanagloriaba de su linaje, de haber sido amamantado por su propia madre y de su inmenso poder. En el cap. VI del *Libro infinido* le dice a su hijo:

[5] Vid. Derek W. Lomax, "The date of D. Juan Manuel's death" en el *Bulletin of Hispanic Studies,* XL (1963), p. 174.

[6] Se conserva un retrato de don Juan en el retablo de Santa Lucía de la catedral de Murcia, que reproducimos en esta edición, pintado por Bartolomé de Módena (h. 1400). Véase F. J. Sánchez Cantón, "Cinco notas sobre don Juan Manuel", en el *Correo erudito,* I (1940), p. 63. Una buena reproducción en color puede verse en Mercedes Gaibrois de Ballesteros, *El príncipe don Juan Manuel y su condición de escritor.* Madrid, 1945.

[7] Ob. cit., p. 119.

"yo en Espanna non uos fallo amigo en egual grado; ca si fuere el rey de Castiella o su fijo heredero, estos son vuestros sennores; mas otro infante, nin otro omne en el sennorio de Castiella, non es amigo en egual grado de uos; ca, loado a Dios, de linage non deuedes nada a ninguno. Et otrosi, de la vuestra heredat [podedes] mantener çerca de mill caualleros, sin bien fecho del rey, e podedes yr del reyno de Navar[r]a fasta el reyno de Granada, que cada noche posedes en villa çercada o en castiellos de los que yo he. Et segund el estado que mantouo el infante don Manuel, vuestro abuelo, e don Alfonso su fijo, que era su heredero, e yo despues que don Alfonso murio [e] finque yo heredero en su lugar, nunca se falla que infante, nin fijo, nin su nieto tal stado mantouiesen commo nos tenemos mantenido. Et mandovos e consejovos que este estado leuedes adelante, et nos faga ninguno creyente que auedes a mantener estado de rico omne, nin tener esa manera. Ca sabet que el vuestro estado e de vuestros fijos herederos que mas se allega a la manera de los reys que a la manera de los ricos omnes". [8] Exceptuando a su abuelo Fernando III, desde Alfonso X a Alfonso XI, ninguno de los reyes mereció su aplauso: al revés, según dirá en el *Libro de las armas,* ninguno de ellos pudo obtener la bendición paterna. En cambio, su padre estaba destinado a fundar un gran linaje. Y fue, como hombre de su tiempo, tolerante en ideas religiosas, porque "Jesu Cristo mando en su ley que ningun omne de otra ley non fuese engannado nin apremiado por fuerça para la creer", como dirá en el capítulo XIX del *Libro de los estados.* De su afición a los médicos judíos del linaje de don Zag, tenemos también la prueba en la recomendación que hace a su propio hijo, en el capítulo II del *Libro infinido:* "Et mandovos e consejovos que en quanto pudieredes aver fisico que sea del linage de don Çag, que fue fisico de mio padre e mio, que nunca lo dexedes por otro fisico. Ca yo vos digo verdaderamente que fasta el dia de oy nunca falle tan buenos fisicos e tan leales, tanbien en la fisica commo en todos

[8] Cito por mi edición (Granada, 1952), págs. 36-37.

sus fechos". [9] La presencia judía en casa de don Juan Manuel está bien atestiguada además por cierta carta del rey don Jaime a su hija, del 18 de diciembre de 1321, en la cual leemos: "Filla, reçibiemos vuestra carta... en razon del fillo que hauedes parido... Mas filla, non fagades, como auedes acostumbrado, de criarlo a consello de los judíos". [10] Pero también creyó en el Imperio y en la reconquista y en el poder de Castilla, aunque la lucha contra los moros no le sedujese tanto como la lucha política interna. Amó sobre todo el deporte de la caza, en la que llegó a ser buen especialista, por lo que se permite hasta alguna broma graciosa con su suegro por el regalo de un halcón: "Otrosi, sabed, sennor, que me acorriestes a muy buen tiempo con el falcon que me embiastes. Ca sabed que me tenian ya en muy grand afincamiento los alcarauanos e los sisones nucuos. Et desque ellos sopieron que el uestro acorro me llegaua fueron mucho espantados cuydando que seria el acorro atal porque nos pudiesemos defender dellos". [11] Si la caza debió de ser una afición muy temprana, la pasión literaria parece tardía, a juzgar por las fechas de sus obras, aunque debió de ser también buen lector hasta en latín, a juzgar por las citas. Lo curioso de su figura literaria es que, presumiendo tanto en otros aspectos de su vida, demuestra siempre una evidente humildad, incluso en rehuir la cita clásica pedante, como ya veremos, tan frecuente en su tiempo, y de la que no se librará ni el Arcipreste. Compárense sólo los prólogos al *Conde Lucanor* y al *Libro de buen amor*.

Su obra literaria

Don Juan Manuel es el primer escritor español que acusa una serie de particularidades muy interesantes desde muchos ángulos, lo mismo desde el punto de vista estilís-

[9] Páginas 23-24.
[10] En A. Giménez Soler, op. cit., p. 501.
[11] Ibíd., p. 318.

tico (es el primero que ofrece una clarísima conciencia de escritor) que por sus curiosas referencias para la sociología de la literatura, pasando por el hecho —tan inusitado— de preocuparse por la transmisión correcta de su obra.

En primer lugar, acusa el hecho de ser criticado por dedicarse a escribir, lo que no deja de ser bastante significativo: "et commo quier que yo se que algunos profaçan de mi [me critican] porque fago libros, digovos que por eso non lo dexare [...] Et pienso que es mejor pasar el tienpo en fazer libros que en jugar a los dados o fazer otras viles cosas". [12] Conoce tempranamente esa crítica verbal que obligará a más de un escritor a corregir su obra (recuérdese el caso de *La Celestina* y el porqué de los cambios), y las notables diferencias de criterios: "muy pocos libros ley yo [...] que los que vinieron depues non dixiesen contra ellos: contra los unos, diziendo que fablaban muy luengo, et contra los otros, que fablauan muy breue et scuro. [...] Et por ende, vos catad en qual destas maneras dos queredes que vos responda". [13] Bastan estas dos citas para ver cómo con Juan Manuel vive con plena vigilancia el hecho de ser escritor.

Porque conoce la vida intelectual, tan parecida siempre, sabe muy bien que no se perdonan ni las simples erratas, y por eso advierte a sus posibles lectores que no le achaquen los yerros de los copistas, porque "en los libros contesçe muchos yerros en los trasladar [...] et los que después fallan aquello escripto, ponen la culpa al que fizo el libro; et porque don Iohan se reçeló desto, ruega a los que leyeren qualquier libro que fuere trasladado del que él compuso, o de los libros que él fizo, que si fallaren alguna palabra mal puesta, que non pongan la culpa a él, fasta que bean el libro mismo que don Iohan fizo, que es emendado en muchos logares de su letra". [14] Incluso co-

[12] *Libro infinido*, págs. 73-76.
[13] *Libro de los estados*, cap. LXIII, f. 75v. (Citaré siempre por el mismo manuscrito, signª 6.376 de la Biblioteca Nacional de Madrid.)
[14] Páginas 45-46 de esta edición.

noce el fenómeno de la trasmisión oral de la canción y los posibles cambios y deturpaciones, que ejemplifica en el "Prólogo general" con la vieja historieta (actualizada por él) del caballero poeta que tijeretea los zapatos que ha hecho un zapatero después de oir cómo le había estropeado su mejor canción. Sin embargo, aunque se preocupó de corregir de su propia mano la obra y la depositó en el convento de los frailes Predicadores de Peñafiel, este ejemplar desapareció. Han llegado a nosotros diversas obras, pero en algún caso incompletas y no demasiado bien copiadas. Sabemos qué obras se han perdido porque el propio don Juan Manuel hizo dos listas: la que figura en el "Prólogo general", que aparece al frente de toda su producción, y la que ofrece en el prologuillo al *Conde Lucanor.* Conviene que las copiemos en dos columnas para intentar establecer más tarde la cronología:

PRÓLOGO GENERAL	CONDE LUCANOR
*Libro de las armas	*Crónica abreviada
*Castigos y consejos a su hijo	Libro de los sabios
	Libro de la cavallería
*Libro de los estados	*Libro del infante
*Libro del cavallero et del escudero	*Libro del cavallero et...
Libro de la cavallería	*Libro del Conde [Lucanor]
*Crónica abreviada	*Libro de la caza
Crónica complida	Libro de los egennos
Libro de los egennos	Libro de los cantares
*Libro de la caza	
Libro de las cantigas	
Reglas de trovar	

Han llegado hasta nosotros los que llevan un asterisco, aunque los títulos no coincidan entre sí, como sucede con el *Libro del infante,* que figura en la lista del *Conde Lucanor,* y que es el *Libro de los estados,* como se dirá más adelante. Pero la lista del "Prólogo general" ofrece, a su vez, dos notas: aumenta el número de obras y silencia el título del *Conde Lucanor,* nada menos. Para ordenar cronológicamente las obras disponemos de varios datos, comenzando porque algunas de ellas, como el *Libro de los estados* y el *Conde Lucanor* están fechadas (1332 y 1335, respectivamente), y que a su vez don Juan Manuel se autocita: en el *Libro del cavallero et del escudero* cita el *Libro de la cavallería,* del que también se ofrecen extractos del contenido en el *Libro de los estados*; éste aparece citado en el *Conde Lucanor,* y los dos últimos se vuelven a citar en el *Libro infinido* o de *Consejos a su hijo don Fernando.* Por lo tanto, con toda seguridad podemos fechar esas obras, que, por otra parte, son las más importantes. El problema está en las restantes, y los estudiosos no se han puesto de acuerdo. Pero aunque el problema ahora no tenga una importancia decisiva, sí conviene insistir en algo curioso: en la ausencia del título del *Conde Lucanor* en la lista más extensa y en el hecho de que esa obra lleve, a su vez, un prólogo muy parecido al general. Si el *Conde Lucanor* se terminó de escribir el 12 de junio de 1335 en Salmerón, como dice al final de la obra, ¿hemos de pensar que el prólogo fue escrito entonces o más tarde? Yo creo que fue escrito entonces o muy poco después, por la sencilla razón de que en él no se cita el *Libro infinido,* en el cual, en cambio, se dan citas del *Libro de los estados* y del *Conde Lucanor,* por lo que no es difícil deducir que todas las obras citadas en el prólogo al *Libro de Patronio* son anteriores a 1335, y posteriores las que se añaden en el *Prólogo general,* en el que no se menciona tampoco, por ser más tardío, el *Tractado de la Asunçión de la Virgen María.*

Podemos considerar como obras perdidas las siguientes: el *Libro de los sabios,* que sólo se cita en el prólogo al *Conde Lucanor,* cree Giménez Soler que fue incorporado al *Libro de los estados,* [15] pero en este caso no se comprende cómo son citados los dos títulos con plena independencia. Por el título no podemos juzgar de su contenido, ya que lo mismo podía tratarse de una disputa que de un libro de consejos. Sabemos, en cambio, algo más del *Libro*

[15] Ob. cit., p. 108.

de la cavallería, del que ofrece algunos extractos en los capítulos LXVI y LXXXV del *Libro de los estados,* por los que se deduce que sería obra de didáctica caballeresca, parecida quizá a la de R. Llull, que tanto admiró don Juan Manuel. Puesto que se cita en el *Libro del cavallero et del escudero,* será anterior a 1326. Nada sabemos de la *Crónica complida,* aunque se ha querido identificar con una breve y seca crónica latina, editada ya por el Padre Flórez, [16] que nada tiene que ver ni con el título de la obra de don Juan Manuel. (Nótese que frente a una *Crónica abreviada* se titula la otra *Crónica complida,* por lo que se debe pensar dos cosas: a) que fue escrita en romance, como todos los libros de nuestro autor, y b) que sería más extensa que la *abreviada*). El *Libro de los egennos* quizá fuese un tratado de máquinas bélicas, al paso que el *Libro de las cantigas* o *Libro de los cantares* sería una colección de poemas (no muy excepcionales a juzgar por las moralejas en verso del *Conde Lucanor*) y el de las *Reglas de trovar* un arte poética. Salvo el *Libro de la cavallería,* de cuyo contenido sabemos algo, de los demás, sensible pérdida, sólo conocemos los títulos.

De las conservadas, unas ofrecen más interés literario que otras, pero en algún caso, como sucede con el *Libro infinido* o el *Libro de las armas,* su interés autobiográfico es considerable. Porque, además, don Juan Manuel, como diremos, tuvo un gusto muy marcado —y muy raro en su tiempo— por figurar dentro de sus propias obras, como ya han visto los estudiosos. [17] Del mismo modo que tanto le gusta decir desde los prólogos las obras que ha escrito, o autocitarse. En cambio, y es éste otro rasgo muy característico, rehuye sistemáticamente la cita clásica, tan de

---

[16] En *España sagrada,* II (Madrid, 1747), págs. 207-216. Más tarde la vuelven a editar A. Benavides en *Memorias de Don Fernando IV de Castilla,* I (Madrid, 1860), págs. 675-679, y G. Baist, en *Romanische Forschungen,* VII (1893), págs. 551-556. (Baist sigue un ms. del British Museum.)

[17] Véase, por ejemplo, Américo Castro, *España en su historia* (México, 1954), p. 372.

moda en su época, de la que ni el Arcipreste de Hita, con todo su sabor popular, logra escaparse. [18]

La actividad cronística de don Juan Manuel, muy vinculada a la alfonsí, debió de ser muy temprana. Su pasión por las obras de su tío nos es bien conocida. En el prólogo al *Libro de la caza*, después de hacer un precioso elogio de las tareas de Alfonso X ("non podria dezir ningun omne quanto bien este noble Rey fizo sennaladamente en acresçentar e alunbrar el saber"), confiesa cuánto le agrada leer sus libros: "Et porque don Iohan, su sobrino [...] se paga muncho de leer en los libros que falla que conpuso el dicho Rey e fizo escriuir algunas cosas que entendia que cumplia para él de los libros que fallo que el dicho rey abia conpuesto, sennaladamente en las Crónicas de España". La frase "fizo escriuir" parece indicar que la actividad de nuestro escritor fue parecida a la de su tío, pero en la *Crónica abreviada* dice que el resumen "non lo fiço sinon para ssi en que leyesse". Sánchez Alonso [19] fue el primero en indicar que esta crónica se conserva en el manuscrito 1356 de la Biblioteca Nacional de Madrid, y que no es más que un resumen, capítulo por capítulo, de la *Crónica general*. El mismo historiador la fecha entre 1320 y 1322, mientras que los actuales editores, Raymond L. y Mildred B. Grismer, la fechan entre 1320 y 1324. [20]

El *Libro del cavallero et del escudero*, [21] escrito en noches sevillanas de insomnio (1326), como dice en el prólogo, es imitación de otro, según confiesa: "fiz este libro en que puse algunas cosas que falle en un libro [...] Et

---

[18] Véanse las notables observaciones de María Rosa Lida de Malkiel en "Tres notas sobre don Juan Manuel", en *Estudios de literatura española y comparada* (Buenos Aires, 1966), págs. 111 y siguientes.

[19] En su *Historia de la historiografía española*, I (Madrid, 1941), p. 220.

[20] *Don Juan Manuel's Cronica abreviada*, edic. mimeográfica (Minneapolis, 1959). Véase la nota de su aparición en *Hispania*, XLII (1959), p. 441.

[21] Fue editado por S. Gräfenberg en *Romanische Forschungen*, VII (1893), págs. 427-550, y más tarde por J. M. Castro y Calvo y M. de Riquer en la edic. cit. Cito por esta última edición.

otrosi puse ý algunas otras razones que falle scriptas et otras algunas que yo puse que perteneçian para seer ý puestas". [22] También nos dice que lo escribe en "una manera que llaman en ésta 'fabliella'". [23] Para Menéndez Pelayo [24] había pocas dudas de que el "libro" no era otro que el famoso *Llibre del orde de la cavaylería,* de R. Llull, pero faltando en el de don Juan Manuel los capítulos II y del IV al XIV, más una parte del III, no sabemos con qué fidelidad copió el escritor, porque lo cierto es que también alude a otras lecturas y a las que él "puso" propias. La vértebra argumental sí que procede de R. Llull: Cierto Rey convoca cortes y un joven escudero decide asistir; por el camino encuentra a un caballero anciano, que vive retirado en una ermita, y el joven pasa con él cierto tiempo, preguntándole todo lo que se le ocurre de lo divino y lo humano; marcha a la corte, es recibido por el Rey y los cortesanos, pero vuelve a la ermita, donde vive el caballero anciano y reside con él hasta verle morir y darle sepultura. Pero el tratado de don Juan Manuel no sólo se refiere a cuestiones caballerescas, porque el anciano caballero explica muchas cosas más: cuál es el mayor placer y el mayor pesar, qué "cosa" es Dios, qué son los cielos, el "omne", las "vestias"..., en donde es fácil rastrear influencias de las *Etimologías* isidorianas, de Alfonso el Sabio, el *Lucidario,* etc., etc. El propio autor, al final del capítulo XC del *Libro de los estados,* se cita con cierto orgullo: "et commo quiere que este libro fizo don Iohan en manera de fabliella, sabet, sennor infante, que es muy buen libro et muy aprouechoso. Et todas las razones que en él se contienen son dichas por muy buenas palabras et por los mas fermosos latines que yo nunca oy dezir en libro que fuese fecho en romançe, et poniendo declaradamente et complida la razon que quiere dezir, ponelo en las menos palabras que pueden seer". [25] Nótese esa auto-

[22] Pág. 11.
[23] Pág. 9.
[24] *Orígenes de la novela,* I (Santander, 1943), p. 139.
[25] Folio 95v.

crítica que es la primera que aparece en la literatura castellana.

El *Libro de la caza* [26] también responde a la tradición alfonsí, [27] como el mismo autor nos dice desde el prólogo, pero también responde a una experiencia archivivida, puesto que ya su padre había sido un gran cazador y él estaba harto de cazar y de hablar "con los mejores cazadores con quien él departio muchas vegadas sobre esto". Como en el caso del *Libro infinido*, él conoce perfectamente una tradición didáctica, pero su pasión por la caza (que atestigua hasta la correspondencia con Jaime II y Pedro IV) fue muy real, y sus conocimientos, sorprendentes. No ignora, claro está, que los cazadores suelen, más de una vez, abultar sus proezas cinegéticas y que la gente los tiene por mentirosos, "porque los caçadores an presçio [llevan fama] de chufadores et aun quando dizen verdat de las cosas que les acaescen dizen las gentes que chufan". [28] Incluso nos muestra un matiz curioso de su personalidad: la afición a gastar bromas a los cazadores novatos cuando desconocían la región: "Et aun dize que siempre ovo él por costumbre de engañar muy de grado a los [que] andan con él a caza, por les fazer entrar en tales o lleg[u]en a tal lugar que se ayan a reir dellos". [29]

El libro es un tratado del arte de cuidar, adiestrar y cazar con halcones, de curarlos cuando enferman y de los sitios donde abunda más la caza, en el que no faltan tampoco alusiones personales y hasta con gracia: "Pero dize don Johan que en todo quanto a dicho fasta aquí que, en

[26] Fue editado por G. Baist en Halle, 1880. Posteriormente por José M.ª Castro y Calvo (Barcelona, 1947), que reprodujo también la paginación de Baist y la foliación del ms.

[27] "Por ende mando fazer muchos libros buenos en que puso muy conplida mente toda la arte de la caza, tan bien del cazar commo del benar commo del pescar [...] Et tan conplida mente lo fizo que bien cuydan que non podra otro emendar nin enader ninguna cosa mas delo que el fizo, nin aun fazer tanto nin tan bien commo el".

[28] Pág. 82.

[29] Ibíd.

buena verdat, non a dicho chufa ninguna". [30] El libro está escrito con una habilidad sorprendente en el manejo de la lengua, ya que la materia no se prestaba demasiado a lucimientos de estilo, pero sí a lo espontáneo.

El famoso *Libro de los estados,* dedicado a su cuñado don Juan, arzobispo de Toledo, "fabla de las leyes et de los estados en que biuen los omnes, et a nombre *Libro del infante* o el *Libro de los estados.* Et es puesto en dos libros: el primero fabla de los legos, el segundo fabla de los estados de los clerigos", según dice al principio de la obra. Esta dualidad de títulos apunta, por una parte, al contenido novelesco, que gira alrededor del infante Joas, y por otra, a la vertiente didáctica: la posibilidad de que todos los hombres, en cualquier estado, pueden salvar sus almas. Nos dice también, con su intimidad característica, que no lo ha escrito en tiempos felices, sino "segund el doloroso et triste tiempo en que yo lo fiz, cuydando commo podria acertar en lo mejor et mas seguro" y además que lo comenzó después de escribir el *Libro del cavallero et del escudero,* "et tengo [que] a grant tienpo que lo oviera acabado, si otros enbargos non oviera". [31]

La parte novelesca, muy delgada y tenue, se refiere a que el rey "Moraban, por el grant amor que avia [a] Joas, su fijo el infante, reçelo que si sopiese que cosa era la muerte o que cosa era pesar, por fuerça avria a tomar cuydado et despagamiento del mundo". [32]. Por eso le encomienda a Turín, caballero que "él amaua mucho", el cual "le crio muy bien", por lo que su padre decidió que "el infante andudiese por la tierra, porquel conosçiessen las gentes et porque fuese aprendiendo él en qual manera man-

[30] Pág. 43.
[31] Fol. 47v. (El *Libro de los estados* fue publicado por don Pascual Gayangos en *Escritores en prosa anteriores al siglo XV,* t. LI de la *Biblioteca de Autores Españoles,* y más tarde por A. Benavides en *Memorias de don Fernando IV de Castilla,* I, págs. 444-599. En estos momentos hay en prensa una edición preparada por J. M.ª Castro y Calvo.
[32] Cap. IV, f. 47v.

toviese el reyno despues de los dias de su padre", [33] lo que ponen en práctica. Pero cierto día, "acaesçio que en una calle por do él passava tenian un cuerpo de un omne muy onrado que finara un dia ante, et sus parientes et sus amigos et muchas gentes que estavan ý ayuntados fazian muy grant duelo por él". [34] El infante "marabillose ende mucho" y preguntó a Turín qué era aquello. El ayo no tiene ya más remedio que explicar lo que es la muerte, y Joas, como es lógico, llega a la conclusión de que él también se morirá, porque "el nasçer, el cresçer et el envegesçer, et depues la muerte, que en todos los omnes era egual". [35] Después de volver a la Corte, Joas explica a su padre lo que ha visto y quiere saber qué ocurre después de muerto y qué pasa con el alma. Como nadie le puede dar razón, Turín sugiere llamar a Julio, "omne bueno que andava pedricando por la tierra", el "qual se fue luego con Turin para el rey", [36] a quien explica que es natural de una tierra que "a nombre Castiella" y que después de educar a un joven llamado don Juan, hijo del infante don Manuel y de doña Beatriz de Saboya, "fue pedricando por las tierras la ley et la fe católica"; pero que siempre que volvía a Castilla lo hallaba "en grandes guerras, a vezes con grandes omnes de la tierra, et a vezes con el rey de Aragon et a vezes con el rey de Granada, et a vezes con amos". [37] Julio explicará a Joas toda la ley cristiana y cómo sólo en ella podrá salvar el alma, por lo que se bautiza, junto con su padre y toda la corte.

Aquí acaba la parte novelesca en la que don Juan Manuel pensaba al titular su obra *Libro del infante,* cuyos entronques con el *Barlaam y Josafat* son evidentes, aunque los tres famosos encuentros (el ciego, el leproso, el viejo decrépito) los reduce don Juan al "omne finado", por lo que Moldenhauer creyó que la fuente era un *Barlaam* la-

---

[33] Ibíd.
[34] Fol. 48.
[35] Fol. 50.
[36] Capítulos XVII-XIX.
[37] Cap. XX, f. 53.

tino. [38] La parte didáctica, desde el título, responde a otra vertiente: puesto que los hombres pueden ser desde emperadores a porteros y desde Papas a sacristanes, Joas pregunta cuál es el mejor estado para salvar el alma. Como es lógico, Julio le contesta que así como "non ha estado en la ley de los cristianos en que se omne non puede saluar si quisiere fazer buenas obras, bien asi non ay ningun estado en que non puede perder el alma si las fizieren malas". [39] A partir de aquí la obra consistirá en pasar revista a todos los estados, y advertir los deberes inherentes a cada uno. Responde, en parte, al sentido teocéntrico de la sociedad "estamental" de la Edad Media, tan bien conocida y con tan vieja tradición literaria. [40]

La obra, por lo tanto, ofrece muy distintos intereses. Como novela es casi un puro diálogo, como ya advierte su autor en el cap. II al decir que "conpuso este libro en manera de preguntas et de respuestas que fazian entre si un rey et un infante, su fijo, et un cavallero que crio al infante et un philosopho" y sólo en algún momento ofrece realmente interés novelesco, como en el encuentro del joven con el muerto y en ciertos fragmentos de una retórica espléndida (descripción de la pasión del Señor, p. e.). Pero, en cambio, lo ofrece muy subido al historiador de las ideas y de la vida de la época, [41] y también porque con mucha frecuencia el propio autor aparece dentro de la obra, ci-

---

[38] Véase M. Menéndez Pelayo, op. cit., p. 141, y G. Moldenhauer, *Die Legende von Barlaam und Josaphat auf der iberische Halbnisel* (Halle, 1929) y del mismo, "De los orígenes de la leyenda de Barlaam y Josafat en la literatura española", en *Investigación y progreso*, I (1927), pág. 57 y ss.

[39] Cap. XLVIII, f. 65v.

[40] Véase Lucía de Stéfano, "La sociedad estamental en las obras de don Juan Manuel", en *Nueva revista de filología hispánica*, XVI (1962), págs. 329-354, y de la misma autora *La sociedad estamental de la baja Edad Media española a la luz de la literatura de la época* (Caracas, [1966]).

[41] Véase, por ejemplo, M. Torres, "La idea del imperio en el *Libro de los estados* de don Juan Manuel", en *Cruz y Raya*, 2 (1933), y "El arte y la justicia de la guerra", en íd., 3 (1933), págs. 33-72; D. L. Isola, "Las instituciones en la obra de don Juan Manuel", en *Cuadernos de historia de España*, XXXI-XXXII (1954),

tado por Julio como autoridad, modelo o fuente; incluso
se refiere una vez al mismo libro que está escribiendo,
como ya notó M.ª R. Lida de Malkiel: "Digovos que des-
pues que fue fecha esta partida deste libro, que me dixo
don Johan...", citando incluso sus propios libros "insinuan-
do una concepción del plano literario y del biográfico que
no coincide con las netas categorías grecorromanas a las
que está habituado el lector occidental". [42]

El *Libro infinido,* o de los *Castigos a su hijo don Fer-
nando*, responde a una clara tradición consiliaria, pero aun-
que don Juan Manuel cita el *De regimini principum* de
Egidio Colonna, su obra no se parece a ninguna otra, por
ser, como dice el propio autor, resumen de experiencias
muy vivas: "por ende asme de conponer este tractado que
tracta de cosas que yo mismo proue en mi mismo e en mi
fazienda e bi que contesçio a otros, de las que fiz e vi
fazer, e me falle dellas bien e yo e los otros [...] porque
sepa por este libro quales son las cosas que yo proue e
bi". [43] Sin ninguna pedantería, sin "ejemplos" (tan abun-
dantes en esta literatura), citando, en cambio, muchas ve-
ces su *Libro de los estados,* don Juan Manuel aconseja
sobre muchas materias, en un estilo breve, sumamente ágil
y claro, que recomienda a su propio hijo, [44] con abundan-
tes referencias personales, inencontrables en los libros de
Castigos.

Tampoco el *Libro de las armas* se parece a ningún libro
medieval, ni a sus propias obras, ni por el contenido, ni
por la forma. Aunque su asunto sea explicar, como dice
en el "Prólogo general", "la razón porque fueron dadas al
infante don Manuel, mio padre, estas armas, que son alas
et leones, et por que yo et mio fijo, legítimo heredero, et
los herederos del mi linage podemos fazer cavalleros non

---

págs. 70-145, y J. M.ª Castro y Calvo, *El arte de gobernar en las
obras de don Juan Manuel* (Madrid, 1945).

[42] Ob. cit., págs. 118-119.

[43] Edic. cit., págs. 7-8.

[44] "quando ouieredes a dar respuesta, por tanto, guisad de la
dar respondiendo a todas las fuerças de la carta en las menos pala-
bras que pudieredes, con verdad e derechamente", págs. 71-72.

lo seyendo nos, et de la fabla que fizo conmigo el rey don Sancho en Madrit, ante de su muerte", lo cierto es que no se detiene aquí solamente, porque todo ofrece un carácter autobiográfico vivísimo, de exaltación de su persona y linaje; porque don Juan se sentía superior a todos los que descendían de Fernando III, ya que su padre fue el único que recibió la bendición paterna y hasta la famosa espada Lobera. En algún momento, como en la conversación con su primo Sancho IV antes de morir, logra unos efectos retóricos sorprendentes. Según Giménez Soler [45] es la mejor prosa histórica del siglo XIV, y Américo Castro dice que debemos a don Juan Manuel "la primera página, íntima y palpitante, de una confesión escrita en castellano, situada novelescamente en un tiempo y un espacio". [46]

Lo último que debió de escribir don Juan Manuel es un ensayo, *Tractado de la Asunción de la Virgen,* dedicado a fray Remón Masquefa, prior de los dominicos de Peñafiel, cuyo fin era dar "razones" para que nadie dude que "Sancta Maria non sea en el çielo en cuerpo e en alma". [47] Donde no falta tampoco una confesión íntima llena de interés: "Digovos que querria tan de buenamente aventurarme a qualquier peligro de muerte por defender esto, commo me aventuraria a morir por defendimiento de la sancta fe catolica, et cuydaria ser tan derecho martir por lo uno commo por lo al". [48]

La obra más importante de don Juan Manuel es el *Libro de los enxiemplos del Conde Lucanor et de Patronio,* según el prólogo, más conocido con el título de *El Conde Lucanor,* que consta de dos prólogos, cincuenta y un ejemplos, y otras cuatro partes, claramente diferenciadas, de las cuales la última es muy distinta a las restantes, como se verá, aunque también se encuentra en ella un "ejemplo" hábilmente intercalado. Según las líneas últimas, el libro fue

---

[45] Ob. cit., p. 213.
[46] Ob. cit., p. 369.
[47] Cito por mi edición (Granada, 1952), p. 94.
[48] Ibíd. Para estas ideas, véase lo que sugiere Américo Castro, ob. cit., págs. 217 y ss.

terminado en Salmerón, el lunes doce de junio de 1335, como ya se dijo antes.

El prólogo primero plantea más de un curioso problema. En primer lugar, viene a decir lo mismo, aunque sin la anécdota del caballero, que el prólogo con que encabeza sus obras, en el que no se menciona, como se ha visto, *El Conde Lucanor*. Pero este breve prólogo no es un esbozo del "general", puesto que comienza muy claramente, como otros particulares: "Este libro fizo con Johan", y acaba: "Et de aquí adelante comiença el prólogo del *Libro de los enxiemplos del Conde Lucanor et de Patronio*". No obstante, a diferencia de otros prólogos, la obra no se dirige a ningún amigo o conocido, como si hubiese sido una especie de prólogo a un corpus que comenzase con esta obra. En segundo lugar, ofrece la lista de sus libros, que no coincide, como ya vimos, con la del "Prólogo general".

En tercer lugar, nos indica claramente su intención didáctica, puesto que lo escribió para que los "omnes fiziessen en este mundo tales obras, que les fuessen aprovechosas de las onras et de las faziendas et de los estados; et fuesen más allegados a la carrera porque pudiesen salvar las almas". Nótese que no se trata sólo de salvar las almas, sino también de aumentar 'onras', 'faziendas' y 'estados', lo que es harto significativo. Don Juan Manuel, como todos los moralistas medievales, estaba muy preocupado con la salvación del alma (la última parte del libro girará alrededor de este problema), pero luchó muchas veces por cuestiones de 'honra' y de 'hacienda'.

A su vez, el prologuillo interesa para la historia futura de la sociología literaria española, concretamente para el capítulo de la trasmisión textual. Compárese la actitud de don Juan Manuel, retocando las erratas de su obra, con la del Arcipreste de Hita, por ejemplo, o con la pasión de un Herrera o de un Juan Ramón por la obra bien editada. Otra vez vuelve a insistir en el *topos* de la humildad, por lo que escribirá en "romance para los legos et de non muy grand saber como lo él es".

El segundo prólogo es también muy interesante. Partiendo de que los hombres, pese a sus desigualdades, aprenden mejor aquello que más les gusta, "por ende, el que alguna cosa quiere mostrar [a otro] debegelo mostrar en la manera que entendiere que será más pagado el que lo ha de aprender". Por eso acude al procedimiento del médico que endulza la píldora para que aproveche mejor al hígado. (No es más que el viejo tema, sin estudiar entre nosotros, de lo 'dulce' y lo 'útil'.) Pero también nos dice: "fiz este libro compuesto de las más apuestas palabras que yo pude, et entre las palabras, entremetí algunos exiemplos de que se podrían aprovechar los que los oyeren". Vuelve, como vemos, a insistir de nuevo en su decoro literario.

Otra nota singulariza este prólogo. Si se compara con el del *Libro de buen amor* (con el que coincide en algunos aspectos: vanidad literaria y topos de la humildad, *delectare* y *prodesse*) se notará inmediatamente la modernidad del de nuestro escritor. Mientras el Arcipreste cita en latín una retahíla de textos bíblicos o el *Decreto*, como dice, don Juan rehuye, como en otros casos, toda referencia culta y plantea con agudeza de ensayista moderno el problema del deleitar aprovechando, tópico que, en este caso, como en el de Cervantes o Unamuno, es además una actitud muy consciente y clara, y que merece la pena de un estudio serio. Por de pronto, Boccaccio, que escribe pocos años después su *Decamerón*, iniciará una corriente literaria que tendrá muy pocos seguidores en España, donde la "ejemplaridad" es bien palpable, hasta en los títulos, desde don Juan Manuel a Unamuno.

Porque conocemos las fuentes de casi todos los cuentos (véanse las notas correspondientes a cada uno), podemos hablar muy bien de la profunda originalidad de don Juan Manuel. El autor no tiene predilección por un tipo de cuento determinado, sino que acude lo mismo al *Calila e Dimna* que a una frase de Fernán González o a un proverbio castellano o árabe. Y esto ya indica una fuerte personalidad, con independencia no frecuente en los esquemas medievales. Basta repasar la cuentística anterior de la *Disciplina clericalis*, el *Calila* o el *Libro de los gatos*, para darse cuenta de la inmensa distancia que separa esas narraciones de las de don Juan. (La misma que separa el libro de los *Castigos e documentos* de Sancho IV de su *Libro infinido*.) Lo mismo ocurre si los comparamos con los ejemplarios latinos de los predicadores, como los de la *Gesta romanorum,* la *Summa praedicantium* y otras semejantes. Lo que a veces no es más que una simple anécdota, se convierte en una pequeña obra maestra, llena de agudas observaciones de la realidad, con una técnica finísima, como en el cuento de don Illán. María Rosa Lida de Malkiel, tan sagaz como sabia, dice: "Porque, en efecto, si es que la invención absoluta del tema no pertenece a don Juan Manuel, éste aporta siempre la bien meditada arquitectura, la sugerencia muy precisa de un ambiente, el fino (aunque típico, no individual) trazado de caracteres. Piénsese en las doce incoloras líneas del *Promptuarium exemplorum* (Knust, p. 331): "Dicitur quod quidam nigromanticus habebat discipulum qui promittebat ei multa bona", etc., y en la historia de don Illán de Toledo, con su ilusionismo sutil que engaña al deán (y al lector), con su narración sabiamente demorada para desplegar con infinitos toques menudos la ingratitud del discípulo y las reiteradas pruebas a que lo somete la paciencia del maestro, con la evocación miniaturista de la cámara del nigromante, de los cabildeos de una elección episcopal, de los parientes, humorísticamente singularizados, que el clérigo prefiere siempre a don Illán. Tan prodigiosa trasmutación en éste y en la mayoría de los *Exemplos* es, desde luego, el don personal y particular título de gloria de don Juan Manuel". [49] Enmarcando todo, además, en una atmósfera contemporánea tan estupenda, que más de un cuento se ha creído suceso verdadero, porque don Juan Manuel fue capaz de atribuir el lance del falcón sacre y el águila (ejemplo XXXIII) a su propio padre nada menos, siendo una narración folklórica bien conocida. Por lo mismo que sitúa al ingenioso Alvar Fáñez Minaya ante la disyuntiva de escoger mujer, cuyo aire novelesco es tan evidente. Américo Castro dice: "En la épica, el tema poético era el gran suceso de dimensión nacional o colectiva; el tema

[49] Ob. cit., p. 110.

del cuento castellano es ahora la anécdota, en donde el suceso no rebasa la dimensión de la persona". [50] La aguda observación de don Américo puede comprobarse perfectamente con la figura de Fernán González (ejemplos XVI y XXXVII), tan despojada de lo épico, o con la de Alvar Fáñez, el compañero del Cid, tan alejada del mundo bélico.

Por otra parte, aunque los intereses nobiliarios de don Juan son muy evidentes, por sus "exiemplos" desfilan abundantes clases sociales, desde su propio padre, nobles de la época de Fernando III, a mercaderes, 'omnes buenos', etc., etc., o reyes árabes, al lado de salteadores de sepulcros. Si don Illán es un gran mago, el golfín que sabe alquimia es un pillo con gracia. En más de un caso, la agudeza en el retrato de un tipo que, por otra parte, pretende generalizar, es asombrosa, como en la falsa beguina. La creación de la atmósfera en torno a algún personaje o suceso, como en el de Alhakem II y el albogón, no escapó a la finura crítica de un Azorín, por ejemplo. [51]

Frente al *Decamerón,* como ya se ha apuntado, el cuento de don Juan Manuel ofrece una severidad más que extraordinaria, como ya dijo Menéndez Pelayo. Jamás aparece la nota levemente erótica y se ensalza, en cambio, la fidelidad matrimonial, a veces exagerando, con gracia, las virtudes femeninas, como en doña Vascuñana, o la elegancia y habilidad con que la dama rechaza a Saladino, pasando por otras figuras femeninas de tipo muy distinto, como la caprichosa Ramayquía o la medrosa morita que se asustaba del glu-glu de la jarra, pero no de descoyuntar algún muerto para robar las vestiduras. Incluso en la quinta parte del libro, al hablar de "commo se engendra" dice: "Et porque este libro es fecho en romançe —que lo podrían leer muchas personas, tan bien omnes commo mugeres, que tomarían vergüença en leerlo, et aun non ternían por muy guardado de torpedat al que lo mandó escribir—, por ende non fablaré en ello tan declaradamente commo

[50] Ob. cit., p. 372.
[51] *Los valores literarios,* en *Obras completas,* II (Madrid, 1947). p. 1037.

podría, pero el que lo leyere, si muy menguado non fuere de entendimiento, assaz entendrá lo que a esto cumple". [52] Recordemos de nuevo que casi todos los escritores españoles participan de estas ideas, hasta los seguidores de Pío Baroja.

Por otra parte, en don Juan Manuel aparece, y creo que por primera vez, el cuento "a lo divino", como sucede con el muy conocido del "medio amigo" (XLVIII), o el que sigue, el del hombre desterrado "desnuyo" a una isla.

Las partes II, III y IV tienen un carácter muy distinto. A juzgar por lo que dice el propio don Juan Manuel, su gran amigo, don Jaime de Jérica, le dijo "que querría que los mis libros fablasen más oscuro, et me rogó que si algún libro feziesse que non fuesse tan declarado". [53] Don Juan atendió los ruegos de su amigo, y con los mismos personajes que en la parte anterior escribió las tres siguientes, pero substituyendo las narraciones por una serie de sentencias que al pasar de una a otra se vuelven más oscuras por un procedimiento que doña María Goyri de Menéndez Pidal calificaba de infantil, [54] y que consistía en escribir una sentencia, alterando por completo el orden de las palabras, como en este caso: "Grand vengança para menester luengo tiempo encobrir la madureza seso es", que ordenada por Sánchez Cantón dice: "Gran madureza [del] seso es mester para encobrir luengo tiempo la vengança". [55] Estas partes tienen un interés extraordinario para la historia de la estilística castellana, porque, aunque la sentencia tenga a veces una fuente bien conocida, como se podrá ver en las notas correspondientes, la estructura de la frase, con juegos sutiles de palabras, preludia un conceptismo: "El rey rey, reina; el rey non rey, non reyna, mas es reynado"; "Del callar viene mucho bien; del callar viene mucho mal". En la tercera parte extrema este recurso y logra

[52] Pág. 314 de esta edic.
[53] Pág. 277 de esta edic.
[54] En *Romania*, XXIX (1900), p. 601.
[55] Pág. 299 de esta edic.

sentencias lapidarias: "La razón es razón de razón"; "Por razón es el omne cosa de razón".

La quinta parte no tiene ninguna relación con las cuatro anteriores, aunque continúan los mismos personajes. Patronio esboza el proyecto de otra parte, diciendo: "Et pues tantas cosas son escriptas en este libro, sotiles et oscuras et abreviadas, por talante que don Johan ovo de complir talante de don Jayme, dígovos que non quiero fablar ya en este libro de enxiemplos, nin de proverbios, mas fablar he un poco en otra cosa que es muy más aprovechosa". [56] Se trata de un ensayo sobre lo que se debe saber "para ganar la gloria del Paraýso". No es, precisamente, muy original en las ideas, salvo que de vez en cuando don Juan Manuel abre la espita de sus sentimientos y llega a una modernidad sorprendente en la confesión íntima: "Et ponga cada uno la mano en su coraçón, si verdat quisiere dezir, bien fallará que nunca passó día que non oviesse más enojos et pesares que plazeres". [57].

Aunque la prosa de don Juan Manuel se resiente aún del abuso de las construcciones copulativas, tan típicas en la prosa alfonsí, también es cierto que supone un avance considerable sobre la anterior cuentística, tan vinculada aún a sus modelos. Los diálogos son ya un hallazgo que en algún caso anticipa finuras del Renacimiento, sin que les falte la nota de humor o la ironía. Al tratar, como el Arcipreste de Hita, de una vida cotidiana, su vocabulario, aunque no llegue a la riqueza del de éste, sí es bastante considerable, sin necesidad de acudir, como un Berceo, a latinismos puros. Al revés, don Juan Manuel usa con mucha frecuencia la palabra más popular que puede encontrar, dentro de una dignidad literaria muy consciente y estudiada. (De su conciencia de escritor ya se han visto algunos detalles.)

El mismo autor insiste en que será raro que no se halle en su libro una solución a cualquier problema que se le plantee a un hombre. Por eso, sus consejos pueden refe-

[56] Pág. 300
[57] Pág. 317.

rirse a situaciones muy diversas y los temas morales ofrecen un abanico considerable. Enseñará lo mismo a huir de la soberbia, de la ira, de la terquedad, que a no hacer demasiado caso de la opinión ajena, a no creer en agüeros ni en simples apariencias, a tener vergüenza, y, sobre todo, a terminar con 'honra' cualquier situación. Todo dentro de una moral caballeresca, como era natural en un hombre de su condición, tan obsesionado por este problema. Y aunque hoy estamos lejos de esas vidas medievales, lo cierto es también que más de una vez los consejos de Patronio no deben echarse en saco roto, porque don Juan Manuel no es un moralista intrascendente, sino todo lo contrario.

JOSÉ MANUEL BLECUA

NOTICIA BIBLIOGRÁFICA

El conde Lucanor es uno de los pocos libros medievales que tuvo la suerte de ser editado en la Edad de Oro. Argote de Molina, el gran historiador andaluz, lo publicó en Sevilla en 1575, y se reeditó en Madrid en 1642. Lo leyeron con provecho Cervantes, Lope de Vega, Tirso, Calderón y, sobre todo, Gracián, que lo elogia con mucha admiración. [58] Abundan las ediciones en los siglos XIX y XX, pero hasta la fecha carecemos de una edición crítica, porque la prometida por doña María Goyri, ya en 1902, no apareció. La publicada en Leipzig, en 1900, por el profesor Hermann Knust adolece de muchos defectos, debidos, en parte, a haber sido editada después de muerto el erudito medievalista. Aunque el texto, como ya dijo doña María Goyri, [59] no es muy riguroso, en cambio, las notas a los cuentos dan testimonio de una sabiduría sorprendente y las hemos tenido en cuenta en nuestra edición, como se verá.

Que corrió manuscrito y con evidente éxito lo prueba el hecho de que hayan llegado a nosotros hasta cinco códices, conocidos ya por las siglas **S, M, H, P, g.** He aquí una descripción muy sumaria, porque para más detalles puede verse la edic. de Eduardo Juliá: [60]

1.—**S.** Es el manuscrito núm. 6376 de la Biblioteca Nacional, que contiene además las restantes obras de don Juan, salvo

---

[58] Erasmo Buceta, "La admiración de Gracián por el infante don Juan Manuel", en *Revista de filología española,* XI (1924), págs. 63-66.

[59] Véase la reseña en *Romania,* XXIX (1900), págs. 600-602.

[60] *El conde Lucanor* (Madrid, 1933), págs. XXIII-XXVI.

la *Crónica abreviada*. 216 folios en letra del siglo xv. Mide 0,330 × 0,250.

2.—**M.**   También de la Biblioteca Nacional de Madrid, signatura 4.236. Letra de la segunda mitad del siglo xv. 188 páginas.

3.—**H.**   De la Academia de la Historia, Est. 27, gr. 3, E-78. Letra del siglo xv. 180 folios, aunque faltan dos, entre los 36 y 37 y entre el 99 y el 100.

4.—**P.**   Conservado en la Academia española de la Lengua. Perteneció al Conde Puñonrostro y fue editado por Eugenio Krapf en Vigo en 1902. (El ms. contiene además otros textos muy interesantes, como el *Libro de los Assayamientos et Engaños de las mugeres.*)

Figuran en él dos cuentos que no aparecen en los demás códices o ediciones, que pueden verse en la de Knust, p. 289 y ss. Llevan los siguientes títulos: *De la emaginación que puede sacar a omne de entendimiento et non se puede tornar de ligero sinon como aquí se dice* y *De como la onra deste mundo non es sino como sueño que pasa.* Este último es interesante para el estudio del tema de *La vida es sueño.* Ninguno de los dos se admite como de don Juan Manuel.

5.—**g.**   Llamado así por haber pertenecido a don Pascual Gayangos y está en la Biblioteca Nacional, signatura 18.415. Letra del siglo xvi.

Salvo el primero y el último, los demás sólo contienen los textos de la primera parte; aunque en **g** faltan páginas del final.

Aparte se han perdido tres códices que utilizó Argote de Molina y otro que poseía la Biblioteca del Escorial.

Ediciones

El Conde Lucanor / Compuesto por el excelentissimo principe / don Iuan Manuel, hijo del Infante don Manuel, / y nieto del sancto rey don Fernando / Dirigido / Por Gonçalo de Argote de Molina, al muy Illustre señor / Don Pedro Manvel / Gentil hombre de la Camara de su Magestad, y de su Consejo [*Escudo de los Manueles*] / Impresso en Seuilla, en casa de Hernando / Diaz / Año de 1575. / Con privilegio real.

El libro de Patronio o *El Conde Lucanor,* edic. de M. Milá y Fontanals, Barcelona, Juan Oliveres, 1853, Parte I.

Libro de Patronio, edic. de Pascual de Gayangos, en *Prosistas anteriores al siglo XV,* Madrid, Rivadeneyra, 1860, págs. 367-439. *Biblioteca de Autores Españoles,* T. LI.

El libro de Patronio o por otro nombre *El Conde Lucanor,* Vigo, Krapf, 1898, 2 vols., 2.ª edic., Vigo, 1902.

Juan Manuel, *El Libro de los Enxiemplos del Conde Lucanor et de Patronio.* Text und Anmerkungen aus dem Nachlasse von Hermann Knust. Herausgegeben von Adolf Birch-Hirschfeld.-Leipzig. Dr. Seele Co. 1900.

Don Juan Manuel. *El conde Lucanor,* prólogo y notas de F. J. Sánchez Cantón, Madrid, 1920.

El Conde Lucanor escrito por don Juan Manuel, edición, observaciones preliminares y ensayo bibliográfico por Eduardo Juliá, Madrid, Victoriano Suárez, 1933.

Don Juan Manuel y los cuentos medievales, selección y notas por María Goyri de Menéndez Pidal (*Biblioteca literaria del estudiante,* t. XXVII), Madrid, 1936. (Es una antología.)

Don Juan Manuel, *El conde Lucanor,* edición, estudio y notas por Ángel González Palencia (*Clásicos Ebro,* núm. 6. También se trata de una selección).

Juan Manuel, *Libro de los ejemplos del Conde Lucanor y de Patronio,* introducción, edición y notas de Pedro Henríquez Ureña, Editorial Losada, S. A., Buenos Aires, 1965. (Primera edic. 1939.)

Don Juan Manuel, *El Conde Lucanor,* versión modernizada por E. Moreno Báez, Valencia, Castalia, 1953. Cuarta edición corregida. 1969.

BIBLIOGRAFÍA SELECTA SOBRE EL AUTOR

Bibliografía general

Juliá, Eduardo. *Ensayo bibliográfico,* incluido en su edic. cit. del *Conde Lucanor,* págs. XXIII-XLIX.

Simón Díaz, J. *Bibliografía de la literatura hispánica,* III (Madrid, CSIC, 1953), págs. 263 y ss. Del mismo, *Manual de bibliografía de la literatura española* (Barcelona, G. Gili, 1966), págs. 77-78.

Biografía

Giménez Soler, A. *Don Juan Manuel, biografía y estudio crítico* (Zaragoza, 1932).

Estudios

A la bibliografía ya citada en el prólogo y más adelante en la edición, añádase:

Alcalá, Manuel. "Don Juan Manuel y Shakespeare, una influencia imposible", en *Filosofía y Letras,* 19 (México, 1945), págs. 55-67.

Amador de los Ríos, J. *Historia crítica de la literatura española,* IV (Madrid, 1865), págs. 244 y ss.

Barcia, Pedro L. *Análisis del Conde Lucanor,* Enciclopedia literaria, 27 (Buenos Aires, 1968).

Bataglia, S. "Dall'esempio alla novela", en *Filología romanza,* VII (Nápoles, 1960), págs. 21-84.

Boggs, R. S. "La mujer mandona de Shakespeare y de D. Juan Manuel", en *Hispania*, X (Stanford, California, 1927), páginas 419-422.

Caldera, Ermanno. "Retorica, narrativa e didattica nel Conde Lucanor", en *Miscelanea di Studi Ispanici*, Università di Pisa (1966-1967), págs. 5-120.

Cirot, Gustave. "L'hirondelle et les petits oiseaux dans *Le conde Lucanor*", en el *Bulletin hispanique*, XXV (Bordeaux, 1933), págs. 294-97.

Doddis Miranda, A. y G. Sepúlveda Durán. *Estudios sobre don Juan Manuel* (Santiago de Chile, Universitaria, 1957), 2 vols.

Gaibrois de Ballesteros, Mercedes. *El príncipe don Juan Manuel y su condición de escritor* (Madrid, Instituto de las Españas, 1945).

Hanssen, Federico. "Notas a la versificación de don Juan Manuel", en *Anales de la Universidad*, CIX (Santiago de Chile, 1901), págs. 539-563. (Tirada aparte, Santiago de Chile, 1902.)

Huerta Tejadas, F. *Vocabulario de las obras de don Juan Manuel*, en el *Boletín de la Real Academia Española*, XXXIV (1954), págs. 285-310 y 413-451; XXXV (1955), págs. 85-132, 277-294 y 453-455; XXXVI (1956), págs. 133-150. Hay tirada aparte (Madrid, 1956).

Macpherson, Ian. "Amor" and "Don Juan Manuel", *Hispanic Review*, 39 (1971), págs. 167-182.

Marín, Diego. «El elemento oriental en don Juan Manuel: síntesis y revaluación", en *Clavileño*, VII (Madrid, 1955), págs. 1-14.

Rey, María Ramona. "*El libro de Patronio* como guía de vida", en *Trabajos de historia filosófica, literaria y artística del cristianismo y de la Edad Media* (México, El Colegio de México, 1945), págs. 285-320.

Ruffini, M. "Les sources de don Juan Manuel" en *Les lettres Romanes*, VI (Lovaina, 1953), págs. 27-40.

Sánchez Cantón, F. J. «Cinco notas sobre don Juan Manuel", en el *Correo erudito*, I (Madrid, 1940), págs. 63-64.

Steiger, A. "*El Conde Lucanor*", en *Clavileño*, 23 (1953), páginas 1-8.

Valbuena Prat, A. *Historia de la literatura española*, I (Barcelona, Gustavo Gili, 1957), págs. 163-183.

Varvaro, A. "La cornice del *Conde Lucanor*", en *Studi di lette-ratura spagnola* (Roma, 1964), págs. 187-195.

Velasco y Arias, María. *"El Conde Lucanor" y sus mujeres.* Interpretaciones de tipos femeninos en el VI de su literaria existencia (Buenos Aires, L. J. Rosso, 1935).

NOTA PREVIA

N U E S T R A edición está hecha copiando rigurosamente
el texto de S, al que falta el folio 160, que tomo del ma-
nuscrito de la Academia de la Lengua o de Puñonrostro, al
que se han modernizado, tachándolas, terminaciones de
palabras, escribiendo encima la solución moderna: *deuedes*
= *deueys*; o añadiendo *e* a voces como *dixol* = *dixole,* con
letra más moderna. Otras veces se tacha alguna voz, como
al y encima se ha escrito *otro.* Yo he copiado la lección
tachada, por responder, como es lógico, a la copia original.
Las adiciones de letras, palabras o frases van encerradas
entre paréntesis cuadrados [ ]. Algunas correcciones son
mías, y otras, las más extensas, de otros códices. Indico al
final los errores del manuscrito que he salvado sin nin-
guna advertencia.

He respetado con todo rigor la ortografía, aun en voces
muy vacilantes en sus grafías, como *conseiero, consejero*
(cuya *i* o *j* ofrece en más de un caso muy poca nitidez),
pero me he permitido alterarla en los siguientes casos:
uso de *v* en voces como *vna* = *una,* y de *u* en *cauallero*
= *cavallero, auéys* = *avéys.* La tilde de la abreviatura
ante b o p la transcribo por *m*, porque el escriba vacila
en su uso; en cambio, he conservado la tilde en los casos
de *daño, cuñado,* etc., para facilitar la lectura. El signo ⌐
lo he resuelto por *et,* ya que esa es la forma en que aparece
muchas veces; al paso que la voz *xptiano* se transcribe por
christiano. A su vez, uno palabras que figuran separadas

41

en el texto, como *natural mente* = *naturalmente, digo vos* = *digovos, dio gelo* = *diógelo,* y he separado voces como *delos* = *de los, alla* = *a lla,* para evitar confusiones en la lectura. Las frases árabes que aparecen en el texto se han copiado con toda exactitud por consejo de mi colega J. Vernet, concorde en este punto con doña María Goyri de Menéndez Pidal, y he puesto en nota las transcripciones de los mejores editores. Dado el carácter de la colección, he acentuado también numerosas voces, incluso los adverbios *ý, ó* para que no hubiese dudas. Siguiendo la sugerencia de Y. Malkiel (*Romance Philology,* 16, 1962-1963, p. 137), he acentuado también *nós* y *vós* cuando son tónicos.

Doy las gracias a Juan Vernet por sus consejos, a Inmaculada Ferrer de Alba y Ana Orta Sapera que me han ayudado a cotejar varias veces el manuscrito y a corregir las pruebas.

                                                            J. M. B.

NOTA A LA SEGUNDA EDICIÓN

Agradezco mucho a los profesores Jerry R. Craddock, de la Universidad de Berkeley, y a Germán Orduna, de Buenos Aires, las erratas advertidas y las observaciones que me hicieron en cartas particulares. Al último debo también el poder citar su artículo "Notas para una edición crítica del *Libro del conde Lucanor et de Patronio*", que publicará el *Boletín de la Real Academia española de la Lengua.* De nuevo mi agradecimiento mejor.

EL CONDE LVCANOR.

Compuesto por el excelentissimo principe

don Luan Manuel, hijo del Infante don Manuel,
y nieto del sancto rey don Fernando.

Dirigido

Por Gonçalo de Argote y de Molina, al muy Illustre señor
DON PEDRO MANVEL
Gentil hombre de la Camara de su Ma-
gestad, y de su Consejo.

Impresso en Seuilla, en casa de Hernando
Diaz.   Año de 1575.

CON PRIVILEGIO REAL.

E s t e libro fizo don Iohan, fijo del muy noble infante don Manuel, deseando que los omnes fiziessen en este mundo tales obras que les fuessen aprovechosas de las onras et de las faziendas [1] et de sus estados, [2] et fuessen más allegados [3] a la carrera [4] porque pudiessen salvar las almas. Et puso en él los enxiemplos [5] más aprovechosos que él sopo de las cosas que acaesçieron, porque los omnes puedan fazer esto que dicho es. Et sería maravilla si de qualquier cosa que acaezca a qualquier omne, non fallare en este libro su semejança que acaesçió a otro.

Et porque don Iohan vio et sabe que en los libros contesçe muchos yerros en los trasladar, [6] porque las letras

---

[1] *fazienda*: además de 'propiedad', significa también 'fortuna', 'negocio', 'asuntos', 'dificultad', como se dirá viendo.

[2] *estados*: la condición, clase o función social que desempeña una persona, y también la profesión, oficio, etc., cosa que tanto preocupaba a don Juan Manuel. Las *Partidas*, IV, tit. XXVIII, ley 4, lo definen así: "*Status hominum* tanto quiere decir en romance como el estado o la condición o la manera en que los omes viven o están".

[3] *allegados*: cercanos, próximos.

[4] *carrera*: camino. Cf.: "Nin creades a ninguno que vos diga nin conseje ar[r]edrar de la carrera de Dios". *Libro infinido*, páginas 15-16.

[5] *enxiemplo*: lo mismo que 'ejemplo', 'lección moral', pero también 'fábula', 'cuento', etc.

[6] *trasladar*: copiar.

semejan unas a otras, cuydando por la una letra que es otra, en escriviéndolo, múdasse toda la razón et por aventura confóndesse, et los que después fallan aquello escripto, ponen la culpa al que fizo el libro; et porque don Iohan se reçeló desto, ruega a los que leyeren qualquier libro que fuere trasladado del que él compuso, o de los libros que él fizo, que si fallaren alguna palabra mal puesta, que non pongan la culpa [7] a él, fasta que bean el libro mismo que don Iohan fizo, que es emendado, en muchos logares, de su letra. Et los libros que él fizo son éstos, que él a fecho fasta aquí: la *Crónica abreviada,* [8] el *Libro de los sabios,* [9] el *Libro de la cavallería,* el *Libro del infante,* [10] el *Libro del cavallero et del escudero,* el *Libro del Conde,* [11] el *Libro de la caça,* el *Libro de los engeños,* el *Libro de los cantares.* Et estos libros están en l' monesterio de los frayres predicadores que él fizo en Peñafiel. [12] Pero, desque vieren los libros que él fizo, por las menguas [13] que en ellos fallaren, non pongan la culpa a la su entençión, mas pónganla a la mengua del su entendimiento, porque se atrevió a sse entremeter a fablar en tales cosas. [14] Pero

[7] *pongan la culpa*: echen la culpa.
[8] Véase lo que se dice en la *Introducción* a este volumen, p. 20.
[9] Íd., Ibíd., p. 18.
[10] Es el *Libro de los estados,* llamado también por el propio don Juan Manuel *Libro del infante,* como ya se dijo en la *Introducción,* p. 23.
[11] Se trata del libro que editamos.
[12] Este monasterio fue fundado por el propio don Juan Manuel en 1318.
[13] *menguas*: faltas. Cf.: "Non havien nulla mengua si non traien aver". Berceo, *Duelo de la Virgen,* 69d.
[14] Don Juan Manuel repetirá más tarde todo esto en el "Prólogo general" a sus obras: "Et recelando yo, don Johan, que por razón que non se podra escusar, que los libros que yo he fechos non se hayan de trasladar muchas vezes, y porque yo he visto que en el trasladar acaeçe muchas vezes, lo uno por desentendimiento del scrivano, o porque las letras semejan unas a otras, et que en trasladando el libro porna una razon por otra, en guisa que muda toda la entencion et toda la suma, et sera traydo el que la fizo non aviendo ý culpa; et por guardar esto quanto yo pudiere, fize fazer este volumen, en que estan scriptos todos los libros que yo fasta aqui he fechos, et son doze... Et ruego a todos los que leye-

Dios sabe que lo fizo por entençión que se aprovechassen de lo que él diría las gentes [15] que non fuessen muy letrados [16] nin muy sabidores. Et por ende, fizo todos los sus libros en romançe, [17] et esto es señal [18] çierto que los fizo para los legos [19] et de non muy grand saber commo lo él es. [20] Et de aquí adelante, comiença el prólogo del *Libro de los Enxiemplos del Conde Lucanor et de Patronio.*

---

ren qualquier de los libros que yo fiz, que si fallaren alguna razon mal dicha, que non pongan a mi la culpa fasta que bea[n] este volumen que yo mesmo concerte; et desque lo vieren, lo que fallaren que es ý menguado, non pongan la culpa a la mi entencion, ca Dios sabe buena la ove, mas pongan[la] a la mengua del mio entendimiento". En *Obras de don Juan Manuel,* I, edic. de J. M.ª Castro y M. de Riquer (Barcelona, 1955), págs. 4-5.

[15] Nótese que 'gentes' concierta con adjetivos masculinos.

[16] *letrado*: literato, educado. Cf.: "Ca hauie hun diçiplo sauio e bien letrado". *Libro de Apolonio,* edic. de C. Carroll-Marden (New York, 1965), 284d.

[17] *romance*: lengua vulgar, corriente, contrapuesta a la latina.

[18] *señal*: signo. De ahí 'cierto' en masculino. Cf.: "et dovos estas armas, que son sennales de alas et de leones". *Obras de don Juan Manuel,* p. 91.

[19] *lego*: que no ha hecho estudios, no letrado.

[20] Don Juan Manuel declara más de una vez que no presume de letrado. Cf.: "envío vos yo, que so lego, que nunca aprendi nin ley nin ninguna sciencia, esta mi fabliella". Edic. cit., p. 10.

E N el nombre de Dios: amén. Entre muchas cosas estra-
ñas et marabillosas que nuestro Señor Dios fizo, tovo por
bien de fazer una muy marabillosa; ésta es [que] de quan-
tos [ómnes] en el mundo son, non a uno que semeje a
otro en la cara; ca [21] commo quier que [22] todos los omnes
an essas mismas cosas en la cara, los unos que los otros,
pero las caras en sí mismas non semejan las unas a las
otras. [23] Et pues en las caras, que son tan pequeñas cosas,
ha en ellas tan grant departimiento, [24] menor marabilla es
que aya departimiento en las voluntades et en las enten-
ciones de los omnes. Et assí fallaredes que ningún omne
non se semeja del todo en la voluntad nin en la entençión
con otro. Et fazervos he [25] algunos enxiemplos porque lo
entendades mejor.

[21] *ca*: porque, de *quia.* Juan de Valdés en su *Diálogo de la len-
gua* (Clás. cast., 86, p. 104) se lamentaba de su desaparición: "Ca,
porque, ha recibido injuria del tiempo, siendo injustamente desecha-
do, y tiene no sé qué de antigüedad que me contenta".

[22] *commo quier... pero*: equivale hoy a 'aunque', sin embargo'.

[23] Era un lugar común en la Edad Media. Knust, en su edic.,
p. 297, cita textos de Plinio y de Jacobo de Vorágine, entre otros,
donde se dice lo mismo.

[24] *departimiento*: diferencia. Cf.: "Sennor infante, dixo Julio,
entre el estado de los enperadores et de los reys non hay otro
departimiento, si non que los enperadores son por esleçción". *Libro
de los estados,* f. 90a. (Citaré siempre por el propio manuscrito.)

[25] *fazervos he*: os haré. Es construcción frecuentísima, como
se verá.

Todos los que quieren et desean servir a Dios, todos quieren una cosa, pero non lo sirven todos en una manera: que unos le sirven en una manera et otros en otra. Otrosí, los que sirven [26] a los señores, todos los sirven, mas non los sirven todos en una manera. Et los que labran et crían et trebejan [27] et caçan et fazen todas las otras cosas, todos las fazen, mas non las entienden nin las fazen todos en una manera. Et así, por este exienplo, et por otros que serién muy luengos de dezir, podedes entender que, commo quier que los omnes todos sean omnes et todos ayan voluntades et entençiones, que atán [28] poco commo se semejan en las caras, tan poco se semejan en las entençiones et en las voluntades; pero todos se semejan en tanto que todos usan et quieren et aprenden mejor aquellas cosas de que se más pagan [29] que las otras. Et porque cada omne aprende mejor aquello de que se más paga, por ende el que alguna cosa quiere mostrar [a otro], dévegelo [30] mostrar en la manera que entendiere que será más pagado el que la ha de aprender. Et porque [a] muchos omnes las cosas sotiles non les caben en los entendimientos, porque non las entienden bien, non toman plazer en leer aquellos libros, nin aprender lo que es escripto en ellos. Et porque non toman plazer en ello, non lo pueden aprender nin saber así commo a ellos cumplía. [31].

---

[26] *servir*: con el sentido también de 'servicio' en el vasallaje medieval. Cf.: "de los vasallos que sirven a los sennores, que en todas nos servieron muy mal e muy falsamente; et bi otros vasallos que a mi e otros servieron en todas estas cosas muy bien e muy lealmente". *Libro infinido*, p. 43.

[27] *trebejan*: juegan, tornean, etc. Cf.: "Et desque començare a fablar et sopiere andar deuenles dar moços con que trebejen aquellos trebejos que les pertenesçe segund su edad". *Libro de los estados*, f. 77a.

[28] *atán*: tan. Comp.: "Ella, quando lo vio venyr atan escalentado". *Libro de Apolonio*, 212c.

[29] *pagan*: contentan.

[30] *dévegelo*: débeselo.

[31] *cumplía*: convenía. Cf.: "tantos son los grandes fechos que an de fazer por guardar sus onras et sus estados, que abes les cumplen lo que an". *Libro de los estados*, f. 92a.

Por ende, yo, don Johan, fijo del infante don Manuel,
adelantado mayor de la frontera [32] et del regno de Murçia,
fiz este libro compuesto de las más apuestas [33] palabras
que yo pude, et entre las palabras entremetí algunos exiem-
plos de que se podrían aprovechar los que los oyeren. Et
esto fiz segund la manera que fazen los físicos, [34] que
quando quieren fazer alguna melizina [35] que aproveche al
fígado, por razón que naturalmente [36] el fígado se paga de
las cosas dulçes, mezcla[n] con aquella melezina que quie-
re[n] melezinar el fígado, açúcar o miel o alguna cosa
dulçe; et por el pagamiento [37] que el fígado a de la cosa
dulçe, en tirándola [38] para sí, lieva con ella la melezina
quel a de aprovechar. Et esso mismo fazen a qualquier
miembro que aya mester [39] alguna melezina, que sienpre

[32] *adelantado*: gobernador militar y civil de un territorio. Cf.:
"adelantado tanto quiere dezir como ome metido adelante, en al-
gun fecho señalado, por mandado del Rey [...] E este deue ser
muy acucioso para guardar la tierra que se non fagan en ella aso-
nadas, nin otros bollicios malos, de que viene daño al Rey e al
reyno". *Partidas*, II, tít. IX, ley XXII.

[33] *apuestas*: hermosas, compuestas. Cf.: "Ca las palabras que
se dicen sobre razones feas e sin pro que non son fermosas nin
apuestas al que las habla, nin otrosi al que las oye". *Partidas*, II,
tít. XV, ley II.

[34] *físicos*: médicos. Comp.: "Et mandovos e consejovos que en
quanto pudieredes auer fisico que sea del linage de don Çag, que
fue fisico de mio padre e mio, que nunca lo dexedes por otro
fisico". *Libro infinido*, págs. 23-4.

[35] *melizina*: medicina. Es aún de uso vulgar.

[36] *naturalmente*: por su propia naturaleza, espontáneamente.
Cf.: "E naturalmente mas piadosas son las madres que los pa-
dres". *Castigos y documentos*, edic. de A. Rey (Indiana, Blooming-
ton, 1952), p. 40. "Et la razon porque vos tomastes enojo et commo
espanto de la muerte fue por[que] naturalmente toda cosa viva
toma enojo et espanto de la muerte, porque es su contrario". *Libro
de los estados*, f. 48a.

[37] *pagamiento*: atracción, gusto. Cf.: "Del su continiente ouo
grant pagamiento". *Libro de Apolonio*, 149a.

[38] *tirándola*: atrayéndola.

[39] *mester*: necesidad. Cf.: "mas la verdad es esta: que estas
cosas et otras qualesquier, en que haya mester fuerça o valentia,
non las pueden tener del todo por mannas". *Libro de los estados*,
f. 48a. Vid. también la nota siguiente.

la dan con alguna cosa que naturalmente aquel mienbro la aya de tirar a sí. Et a esta semeiança, con la merçed de Dios, será fecho este libro, et los que lo leyeren [si por] su voluntad tomaren plazer de las cosas provechosas que ý [40] fallaren, será bien; et aun los que lo tan bien non entendieren, non podrán escusar que, en leyendo el libro, por las palabras falagueras [41] et apuestas que en él fallarán, que non ayan a leer las cosas aprovechosas que son ý mezcladas, et aunque ellos non lo dese[e]n, aprovecharse an dellas, así commo el fígado et los otros miembros dichos se aprovechan de las melezinas que son mezcladas con las cosas de que se ellos pagan. Et Dios, que es complido [42] et complidor [43] de todos los buenos [fechos], por la su merçed et por la su piadat, [44] quiera que los que este libro leyeren, que se aprovechen dél a serviçio de Dios et para salvamiento de sus almas et aprovechamiento de sus cuerpos; así commo Él sabe que yo, don Iohan, lo digo a essa entención. Et lo que ý fallaren que non es tan bien dicho, non pongan culpa a la mi entención, mas pónganla a la mengua del mio entendimiento. Et si alguna cosa fallaren bien dicha o aprovechosa, gradéscanlo a Dios, ca Él es aquél por quien todos los buenos dichos et fechos se dizen et se fazen.

Et pues el prólogo es acabado, de aquí adelante començaré la manera [45] del libro, en manera de un grand señor

---

[40] *ý*: allí. Cf.: "ca es ý mester de guardar los diez mandamientos de la ley". *Libro infinido*, p. 13.

[41] *falagueras*: halagüeñas.

[42] *complido*: perfecto. Comp.: "Ca Dios es poder conplido e en Dios es poder conplido; Dios es saber conplido et en Dios es saber conplido". *Libro infinido*, p. 5.

[43] *complidor*: "Don Juan hace aquí un juego de palabras: Dios es perfecto y por Él se cumplen las buenas obras", anota doña María Goyri de Menéndez Pidal en su edición (Madrid, 1935), p. 30.

[44] *piadat*: piedad (recuérdese cómo hoy se dice 'piadoso' y 'apiadar'). Es de uso muy frecuente en textos medievales. Comp.: "Rendieron a Dios gracias de buena boluntat, / a la sancta Reyna madre de piadat". Berceo, *Milagros*, 98ab.

[45] *manera*: materia. Cf.: "Alexandre, la iusticia es manera buena et de las maneras de Dios, et a las maneras de Dios non les

que fablava con un su consegero. Et dizían [46] al señor, conde Lucanor, et al consegero, Patronio.

EXEMPLO I.º

DE LO QUE CONTESÇIÓ A UN REY CON UN SU PRIVADO *

A C A E S Ç I Ó una vez que el conde Lucanor estava fablando en su poridat [47] con Patronio, su consegero, et díxol: [48]

—Patronio, a mí acaesçió que un muy grande omne et mucho onrado, et muy poderoso, et que da a entender que es quanto mio amigo, [49] que me dixo pocos días ha, en muy grant poridat, que por algunas cosas quel acaesçieran,

---

puede omne dar cuenta". "Ya sopiestes que la madre de la madre es a la criatura atal commo es la olla a lo que cuezen en ella. Las complexiones son diuersas segunt las maneras, et las naturas contrarias segunt el yuntamiento". *Poridat de las poridades,* ed. de Lloyd A. Kasten (Madrid, 1957), págs. 42 y 62. G. Orduna, en su artículo "Notas para una edición crítica del *Libro del conde Lucanor et de Patronio*" en prensa en el *Boletín de la Real Academia española de la Lengua,* opina que hay que leer 'materia' y no 'manera'. Pero en la pág. 297 dice don Juan Manuel: "Sin dubda, la primera bileza que el omne ha en sí, es la manera de que se engendra, también de parte del padre commo de parte de la madre, et otrosí la manera cómmo se engendra". Nótese la construcción: 'la manera de que se engendra' y 'la manera cómmo se engendra'. Vid. también la pág. 264.

[46] *dizían*: llamaban. Es aún de uso popular. Cf.: "Estrangilo le dizen, ombre era onrrado". *Libro de Apolonio,* 80c.

* Knust, p. 299, indica que la fuente de este ejemplo procede de una parábola del cap. IV del *Barlaam y Josafat,* famosa obra novelesca atribuida a San Juan Damasceno, que a su vez pasa a la *Leyenda áurea,* cap. CLXXX. (Véase la edic. en la *Patrología griega* de Migne, vol. 96. col. 879 y ss.)

[47] *poridat*: secreto, reserva. Cf.: "En poridad fablar querria con amos". *Poema del Cid,* v. 194; "fabló luego el conde de poridat con ella". *Poema de Fernán González* (Clás. cast. 70), 615c.

[48] *díxol*: En don Juan Manuel aparece con mucha frecuencia la apócope del pronombre *le* enclítico.

[49] *que es quanto mio amigo*: que es muy amigo mío.

que era su voluntad de se partir [50] desta tierra et non tornar a ella en ninguna manera, et que por el amor et grant fiança [51] que en mí avía, que me quería dexar toda su tierra: lo uno vendido, et lo al, [52] comendado. [53] Et pues esto quiere, seméjame muy grand onra et grant aprovechamiento para mí; et vós dezitme et consejadme lo que vos paresçe en este fecho.

—Señor conde Lucanor —dixo Patronio—, vien entiendo que el mio consejo non voz faze grant mengua, [54] pero vuestra voluntad es que vos diga lo que en esto entiendo, et vos conseje sobre ello, fazerlo he [55] luego. Primeramente, vos digo a esto que aquél que cuydades [56] que es vuestro amigo vos dixo, que non lo fizo sinon por vos provar. Et paresçe que vos conteçió con él commo conteçió a un rey con un su privado.

El conde Lucanor le rogó quel dixiese cómmo fuera aquello.

—Señor —dixo Patronio—, un rey era que avía un privado en que fiava mucho. Et porque non puede seer que los omnes que alguna buena a[n]dança [57] an, que algunos otros non ayan envidia dellos, por la privança et bien andança que aquel su privado avía, otros privados daquel

---

[50] *se partir*: esta construcción es frecuentísima en textos medievales.

[51] *fiança*: confianza. Cf.: "Toma fiança en cada vno commo deues e quanto deues". *Castigos e documentos*, p. 162.

[52] *al*: otro. Cf.: "de lo al non piensan nada". *Poema del Cid*, 592. "Lo al por la su alma preste al monesterio". *Libro de Apolonio*, 291b.

[53] *comendado*: encomendado, dejado. Cf.: "Quando vi que de muerte estorcer non podría... Comendeme a Cristo e a Sancta María". Berceo, *Milagros* (Clás. cast., 44), 447ac.

[54] *mengua*: necesidad, falta. Cf.: "así que ninguna de las pasiones et menguas que los omnes oy avemos non avien ellos a sentir ninguna". *Libro de los estados*, f. 59a.

[55] *fazerlo he*: es forma del futuro muy frecuente en textos medievales. Véase la nota 25.

[56] *cuydades*: pensáis.

[57] *buena a[n]dança*: buena fortuna. Comp.: "por buen comienço espera omne la buena andança". *Libro de buen amor*, 805c.

rey avían muy grant envidia et trabajávanse [58] del buscar mal con el rey, su señor. Et commo quier que muchas razones le dixieron, nunca pudieron guisar [59] con el rey quel fiziese ningún mal, nin aun que tomase sospecha nin dubda dél, nin de su serviçio. Et de que vieron que por otra manera non pudieron acabar lo que querían, fizieron entender al rey que aquel su privado que se trabaiava de guisar porque él muriese, et que un fijo pequeño que el rey avía, que fincase en su poder, [60] et de que él fuese apoderado de la tierra, [que faría cómmo muriese el mozo et que fincaría él señor de la tierra]. Et commo que fasta entonce non pudieran poner en ninguna dubda al rey contra aquel su privado, de que esto le dixieron, non lo pudo sofrir el coraçón que non tomase dél reçelo. Ca [61] en las cosas en que tan grant mal ha, que se non pueden cobrar [62] si se fazen, ningún omne cuerdo non deve esperar ende [63] la prueva. Et por ende, desque el rey fue caýdo en esta dubda et sospecha, estava con grant reçelo, pero non se quiso mover en ninguna cosa contra aquel su privado fasta que desto sopiese alguna verdat.

Et aquellos otros que buscavan mal a aquel su privado dixiéronle una manera [64] muy engañosa en cómmo podría provar que era verdat aquello que ellos dizían, et enfor-

---

[58] *trabajávanse*: se afanaban, esforzaban. Véase unas líneas más abajo. Cf.: "Et los fechos que vieren que se pueda et se deuen desenbargar por otrie, non se deuen trabajar dellos". *Libro de los estados*, f. 72b.

[59] *guisar*: cuidar, pensar, disponer. Cf.: "E de las otras viandas, fazet commo se vos guisare. Et si guisaredes de beuer el vino muy aguado, a lo menos que sea la meatad de bino a la meatad de agua". *Libro infinido*, p. 22.

[60] *poder*: amparo, protección, custodia. Cf.: "El senyor Antinagora, que la villa tenie en poder". *Libro de Apolonio*, 395a.

[61] *ca*: porque. Véase la nota 21 en la p. 48.

[62] *cobrar*: recobrar. Cf.: "que nunca se cobra el tiempo perdido". *Libro de los estados*, f. 95d. "Un día que perdemos non podemos cobrar". *Poema de Fernán González*, 347a.

[63] *ende*: de ello. Cf.: "seruiçio le he fecho, non sso ende repentido". *Libro de Apolonio*, 552c.

[64] *manera*: razón, lo que se dice. Vid. la pág. siguiente.

maron [65] bien al rey en una manera engañosa, segund adelante oydredes, [66] cómmo fablase con aquel su privado. Et el rey puso en su coraçón de lo fazer, et fízolo.

Et estando a cabo de algunos días el rey fablando con aquel su privado, entre otras razones muchas que fablaron, començol un poco a dar a entender que se despagava [67] mucho de la vida deste mundo et quel paresçía que todo era vanidat. [68] Et entonçe non le dixo más. Et después, a cabo de algunos días, fablando otra ves con el aquel su privado, dándol a entender que sobre otra razón començava aquella fabla, tornol a dezir que cada día se pagava menos de la vida deste mundo et de las maneras que en él veýa. Et esta razón le dixo tantos días et tantas vegadas, [69] fasta que el privado entendió que el rey non tomava ningún plazer en las onras deste mundo, nin en las riquezas, nin en ninguna cosa de los vienes nin de los plazeres que en este mundo avié. Et desque el rey entendió que aquel su privado era vien caýdo en aquella entençión, díxol un día que avía pensado de dexar el mundo et yrse desterrar a tierra do non fuesse conosçido, et catar [70] algún lugar extraño et muy apartado en que fiziese penitençia de sus pecados. Et que, por aquella manera, pensava que le avría Dios merçed dél et podría aver la su gracia porque ganase la gloria del Paraýso.

Quando el privado del rey esto le oyó dezir, estrañógelo mucho, dezléndol muchas maneras porque lo non devía fazer. Et entre las otras, díxol que si esto fiziese, que faría muy grant deserviçio a Dios en dexar tantas gentes commo avía en l' su regno que tenía él vien mantenidas en paz

---

[65] *enformaron*: informaron, enteraron.

[66] *oydredes*: oiréis.

[67] *despagava*: hastiaba, descontentaba.

[68] Recuerdo del "Vanitas vanitatum et omnia vanitas". *Eccles.*, c. I, 2.

[69] *vegadas*: veces. Cf.: "E todas estas cosas prouat a las vegadas". *Libro infinido*, p. 21.

[70] *catar*: buscar. Cf.: "Et lo que a mi paresçe que deuiades fazer que catasedes algun omne muy letrado y muy entendido". *Libro de los estados*, f. 52c.

et en justiçia, et que era çierto que luego que él dende [71] se partiese, que avría entrellos muy grant bolliçio [72] et muy grandes contiendas, de que tomaría Dios muy grant deserviçio et la tierra [73] muy grant dapño, et quando por todo esto non lo dexase, que lo devía dexar por la reyna, su muger, et por un fijo muy pequeñuelo que dexava: que era çierto que sería[n] en muy grant aventura, tanbién de los cuerpos, commo de las faziendas.

A esto respondió el rey que, ante que él pusiesse en toda guisa [74] en su voluntad de se partir de aquella tierra, pensó él la manera en cómmo dexaría recabdo [75] en su tierra porque su muger et su fijo fuesen servidos et toda su tierra guardada; et que la manera era ésta: que vien sabía él que el rey le avía criado [76] et le avía fecho mucho bien et quel fallara sienpre muy leal, et quel serviera muy bien et muy derechamente, et que por estas razones, fiava en l' más que en omne del mundo, et que tenía por bien del dexar la muger et el fijo en su poder, et entergarle [77] et apoderarle [78] en todas las fortalezas et logares del regno,

---

[71] *dende*: desde allí. Comp.: "E dende fue a prouar a cada vno de los otros sus amigos". *Castigos e documentos,* p. 168.

[72] *bolliçio*: alboroto, sedición. Cf.: "Otrosi, que non les venga a talante que, sin grant tuerto que reçibiesen de su hermano mayor, se mouiesen para le fazer guerra o bolliçio en la tierra". *Libro de los estados,* f. 78a.

[73] *tierra*: país, territorio. Cf.: "Auia toda la tierra con ellos gran plazer". *Libro de Apolonio,* 65c.

[74] *en toda guisa*: resueltamente. Cf.: "Martiriaba sus carnes como leal obrero, / querie a todas guisas mereçer el dinero". Berceo, *Vida de san Millán,* 32cd.

[75] *recabdo*: gobierno, cuidado. Comp.: "Otrosi, deue poner eso mismo recabdo en la çaga, segund do entendiere do es el mayor reçelo". *Libro de los estados,* 80c.

[76] *criado*: de 'criar', educar y alimentar. Comp.: "Pusieron nombre don Ioan, et luego que el ninno nasçio, tomele por criado et en mi guarda". *Libro de los estados,* f. 53a. "Tenie muchos criados a letras aprender, / fijos de bonos omnes que querien más valer". Berceo, *Milagros,* 354. (Véase también la nota 80.)

[77] *entergarle*: entregarle. Comp.: "tu ruega al Criado / como quiere cras sea el trufán entergado". Berceo, *Milagros,* 671d.

[78] *apoderarle*: delegarle el poder.

porque ninguno non pudiese fazer ninguna cosa que fuese
deserviçio de su fijo; et si el rey tornase en algún tiempo,
que era çierto que fallaría muy buen recabdo [79] en todo
lo que dexase en su poder; et si por aventura muriese, que
era çierto que serviría muy bien a la reyna, su muger, et
que criaría [80] muy bien a su fijo, et quel ternía [81] muy
bien guardado el su regno fasta que fuese de tiempo que
lo pudiese muy bien governar; et así, por esta manera, te-
nía que dexava recabdo en toda su fazienda.

Quando el privado oyó dezir al rey que quería dexar en
su poder el reyno et el fijo, commo quier que lo non dio
a entender, plógol mucho en su coraçón, entendiendo que
pues todo fincava en su poder, que podría obrar en ello
commo quisiese.

Este privado avía en su casa un su cativo que era muy
sabio omne et muy grant philósopho. Et todas las cosas
que aquel privado del rey avía de fazer, et los consejos
quél avía a dar, todo lo fazía por consejo de aquel su ca-
tivo que tenía en casa.

Et luego que el privado se partió del rey, fuese para
aquel su cativo, et contol todo lo quel conteçiera con el
rey, dándol a entender, con muy grant plazer et muy grand
alegría, quánto de buena ventura era, pues el rey le quería
dexar todo el reyno et su fijo et su poder.

Quando el philósopho que estava cativo oyó dezir a su
señor todo lo que avía pasado con el rey, et cómmo el rey
entendiera que quería él tomar en poder a su fijo et al
regno, entendió que era caýdo en grant yerro, [et] comen-
çólo a maltraer [82] muy fieramente, et díxol que fuese çierto
que era en muy grant peligro del cuerpo et de toda su
fazienda; ca todo aquello quel rey le dixiera, non fuera
porque el rey oviese voluntad de lo fazer, sinon que algu-

---

[79] *recabdo*: gobierno.
[80] *criaría*: educaría. Cf.: "Acomiendo te la fija e do te la a
criar". *Libro de Apolonio,* 346a. Véase la nota 76.
[81] *ternía*: tendría.
[82] *maltraer*: maltratar, denostar. Cf.: "Et si los que este libro
leyeren non lo fallaren por buena obra, ruegoles yo que non se
marauillen dello, nin me maltrayan". *Libro infinido,* p. 8.

nos quel querían mal avían puesto [83] al rey quel dixiese aquellas razones por le provar, et pues entendiera el rey quel plazía, que fuese çierto que tenía el cuerpo et su fazienda en muy grant peligro.

Quando el privado del rey oyó aquellas razones, fue en muy gran cuyta, [84] ca entendió verdaderamente que todo era así commo aquel su cativo le avía dicho. Et desque aquel sabio que tenía en su casa le vio en tan grand cuyta, consejol que tomase una manera commo podrié escusar de aquel peligro en que estava.

Et la manera fue ésta: luego, aquella noche, fuese raer la cabeça et la barba, et cató una vestidura muy mala et toda apedaçada, tal qual suelen traer estos omnes que andan pidiendo las limosnas andando en sus romerýas, et un vordón et unos çapatos rotos et bien ferrados, [85] et metió entre las costuras de aquellos pedaços de su vestidura una grant quantía de doblas. [86] Et ante que amaniçiese, [87] fuese para la puerta del rey, et dixo a un portero que ý falló que dixiese al rey que se levantase porque se pudiesen yr ante que la gente despertasse, ca él allí estava esperando; et mandol que lo dixiese al rey en grant poridat. Et el portero fue muy marabillado quandol vio venir en tal manera, et entró al rey et díxogelo así commo aquel su privado le mandara. Desto se marabilló el rey, et mandó quel dexase entrar.

Desque lo vio cómmo vinía, preguntol por qué fiziera aquello. El privado le dixo que bien sabía cómol dixiera que se quería yr desterrar, et pues él así lo quería fazer, que nunca quisiese Dios que él desconosçiesse quanto bien le feziera; et que así commo de la onra et del bien que el

___

[83] *puesto*: insinuado, convencido, impuesto.

[84] *cuyta*: pena.

[85] *ferrados*: herrados, claveteados. Cf.: "nunca entrarié en la mar con su nave herrada". *Libro de buen amor* (edic. de J. Corominas, Madrid, 1967), 614c.

[86] *doblas*: moneda de oro equivalente a la octava parte de una onza.

[87] *amaniciese*: amaneciese.

rey obiera, tomara muy grant parte, que así era muy grant razón que de la lazeria [88] et del desterramiento [89] que el rey quería tomar, que él otrosí [90] tomase ende su parte. Et pues el rey non se dolía de su muger et de su fijo et del regno et de lo que acá dexava, que non era razón que se doliese él de lo suyo, et que yría con él, et le serviría en manera que ningún omne non gelo [91] pudiese entender, et que aun le levava [92] tanto aver [93] metido en aquella su vestidura, que les avondaría [94] asaz [95] en toda su vida, et que, pues que a yrse avían, que se fuesen ante que pudiesen ser conosçidos.

Quando el rey entendió todas aquellas cosas que aquel su privado le dizía, tovo que gelo dizía todo con leatad, [96] et gradeçiógelo mucho, et contol toda la manera en cómmo oviera a seer engañado et que todo aquello le fiziera el rey por [le] provar. Et así, oviera a seer aquel privado engañado por mala cobdiçia, et quísol Dios guardar, et fue guardado por consejo del sabio que tenía cativo en su casa.

Et vós, señor conde Lucanor, a menester que vos guardedes que non seades engañado déste que tenedes por amigo; ca çierto sed, que esto que vos dixo que non lo fizo sinon por provar qué es lo que tiene en vós. Et conviene que en tal manera fabledes con él, que entienda que queredes toda su pro et su onra, et que non avedes cobdiçia de ninguna cosa de lo suyo, ca si omne estas dos cosas

---

[88] *lazeria*: pena, sufrimiento. Cf.: "et aunque por armas non mueran, la lazeria et los trabajos et el miedo et los peligros... los faze mártires". *Libro de los estados,* f. 84a.

[89] *desterramiento*: destierro.

[90] *otrosí*: también.

[91] *gelo*: se lo.

[92] *levava*: llevaba.

[93] *aver*: dinero, riqueza. Cf.: "del auer non tomaron huna dinerada". *Libro de Apolonio,* 232c.

[94] *avondaría*: abundaría, duraría, bastaría.

[95] *assaz*: bastante.

[96] *leatad*: lealtad.

non guarda a su amigo, non puede durar entre ellos el amor [97] luengamente.

El conde se falló por bien aconsejado del consejo de Patronio, su consejero, et fízolo commo él le consejara, et fallóse ende bien.

Et entendiendo don Iohan que estos exiemplos eran muy buenos, fízolos escribir en este libro, et fizo estos viessos [98] en que se pone la sentençia de los exiemplos. Et los viessos dizen assí:

Non vos engañedes, nin creades que, endonado, [99]
faze ningún omne por otro su daño de grado.

Et los otros dizen assí:

Por la piadat de Dios et por buen consejo,
sale omne de coyta et cunple su deseo.

Et la estoria [100] deste exiemplo es ésta que se sigue:

---

[97] *amor*: amistad. Don Juan Manuel, al final de su *Libro infinido,* escribe un pequeño ensayo sobre "quantas maneras ha de amor" y halla quince.

[98] *viessos*: versos. Cf.: "quiero destos fructales, tan plenos de dulzores, / fer unos pocos viesos, amigos e sennores". Berceo, *Milagros,* edic. cit., 44 cd. "e di tres vegadas aquel vieso del salterio, el que dize asi". *Castigos e documentos,* p. 177.

[99] *endonado*: de gracia, por favor. Cf.: "Rey, dize, yo te ruego e pido te lo endonado". *Libro de Apolonio,* 338c.

[100] María Rosa Lida de Malkiel, ob. cit., pág. 105, nota 16, apostilla: "Al final del *Exemplo I,* don Juan Manuel distingue el *exiemplo,* unidad que consta de narración, aplicación moral y moraleja en verso, de la *estoria* o parte narrativa, y de los *viessos* que contienen el núcleo didáctico del *exiemplo*". A pesar de la agudeza de la insigne investigadora, creo que su explicación no está clara. La frase "Et la estoria deste exiemplo es ésta que se sigue" tiene claramente dos partes: "La estoria de este exiemplo", que parece referirse al exiemplo contado anteriormente, y "es ésta que se sigue", que ofrece pocas dudas. Ahora bien, creo que podría tratarse de algo más curioso. La voz 'estoria' tiene también el significado de 'pintura' y 'dibujo', como es bien sabido. Aunque abundan los testimonios, aduzco sólo el que figura en el *Libro de Alexandre* (edic. de R. S. Willis Jr.), 2386 y 2388ab:

EXEMPLO II.º

DE LO QUE CONTESÇIÓ A UN OMNE BUENO CON SU FIJO *

O T R A vez acaesçió que el conde Lucanor fablava con
Patronio, su consejero, et díxol cómmo estava en grant
coydado et en grand quexa [101] de un fecho que quería
fazer, ca, si por aventura lo fiziese, sabía que muchas gen-
tes le travarían [102] en ello; et otrosí, si non lo fiziese, que
él mismo entendié quel podrían travar en ello con razón.
Et díxole quál era el fecho et él rogol quel consejase lo
que entendía que devía fazer sobre ello.

—Señor conde Lucanor —dixo Patronio—, bien sé yo
que vós fallaredes muchos que vos podrían consejar mejor
que yo, et a vos dio Dios muy buen entendimiento, que
sé que mi consejo que vos faze muy pequeña mengua,
mas pues lo queredes, decirvos he lo que ende entiendo.
Señor conde Lucanor —dixo Patronio—, mucho me pla-
zería que parásedes mientes [103] a un exiemplo de una cosa

Era en la corona el çielo debuxado,
toda de criaturas angelicas poblado [...]
Çerca estas estorias e çerca un rrincon
alçauan los gigantes torres a grant mission.

El manuscrito, al revés de lo que ocurre en el *Libro de los estados*,
deja un blanco entre cuento y cuento. Podría quizá insinuarse que
la 'estoria' fuese una miniatura que siguiese al cuento en el códice
original, miniatura que no se trasladó al copiar el texto. Tratán-
dose de un códice casi regio, la hipótesis no parece descabellada.
Véase el significado de 'dibujo' en la p. 180.

* Procede de una fábula de Esopo. (Vid. la *Vida del Yçopet con
sus fábulos hystoriadas* (Zaragoza, 1489, f. 328v) Knust, págs. 299
y ss., señala abundantes derivaciones, en la literatura europea, es-
pecialmente en sermonarios del siglo xv.

[101] *quexa*: apuro, pena, preocupación. Cf.: "El varon con grand
quessa ante los altares". Berceo, *Milagros*, 632a.

[102] *travarían*: censurarían, hablarían mal. Cf.: "Et por esto et
porque non queria dezir cosa en que muchos pudiesen travar, non
vos quiero dezir sinon lo que es çierto". *Libro de los estados*,
f. 116c.

[103] *parásedes mientes*: atendiéseis, meditáseis.

que acaesçió una vegada [104] con un omne bueno [105] con
su fijo.

El conde le rogó quel dixiese que cómmo fuera aquello.
Et Patronio dixo:

—Señor, assí contesçió que un omne bueno avía un
fijo; commo quier que era moço segund sus días, [106] era
asaz de sotil entendimiento. Et cada [107] que el padre alguna
cosa quería fazer, porque pocas son las cosas en que algún
contrallo [108] non puede acaesçer, dizíal el fijo que en aque-
llo que él quería fazer, que veya él que podría acaesçer
el contrario. Et por esta manera [le partía [109] de] algunas
cosas quel complían para su fazienda. Et vien cred que
quanto los moços son más sotiles de entendimiento, tanto
son más aparejados [110] para fazer grandes yerros para sus
faziendas; ca an entendimiento para començar la cosa, mas
non saben la manera commo se puede acabar, et por esto
caen en grandes yerros, si non an qui [111] los guarde dello.
Et así, aquel moço, por la sotileza [112] que avía del en-
tendimiento et quel menguava la manera de saber fazer

----

[104] *vegada*: vez. Véase la nota 68 en la pág. 55.

[105] *omne bueno*: "Aquí *omne bueno* tiene la misma significa-
ción indeterminada que cuando decimos "un buen hombre". Nota
de doña María Goyri en su edic., p. 31.

[106] *días*: edad, años. Comp.: "en pos el estado de los reyes, el
más alto et mas honrado de todos es el infante heredero, et a
este non le mengua otra cosa si non que non ha tantos días commo
su padre". *Libro de los estados*, f. 90.

[107] *cada*: cada vez, siempre. Cf.: "Et segund dizen los sanctos,
e es verdat, que cada que el pecador a contriçion de sus pecados...
es perdonado luego de non yr al Infierno". *Libro infinido*, p. 19.

[108] *contrallo*: contrario. Cf.: "deziendo que era mensajero de
Dios, e era lo contrallo, ca era mensajero del diablo". *Castigos e
documentos*, p. 128.

[109] *partía*: apartaba. Cf.: "Non querian las gentes ante dél se
partir / fasta que los ouieron las ondas a partir". *Libro de Apo-
lonio*, 104cd.

[110] *aparejados*: dispuestos, preparados. Cf.: "aparejados me seed
a cavallos e armas". *Poema del Cid*, 123.

[111] *qui*: quien. Es de uso muy normal en textos medievales.

[112] *sotileza*: sutileza, habilidad. Cf.: "Todo saber de dueña sabe
con sotileza". *Libro de buen amor*, 168b.

la obra complidamente, enbargava [113] a su padre en muchas cosas que avié de fazer. Et de que el padre passó grant tiempo esta vida con su fijo, lo uno por el daño que se le seguía de las [cosas] que se le enbarvagan de fazer, et lo al, [114] por el enojo que tomava de aquellas cosas que su fijo le dizía, et señaladamente lo más, por castigar [115] a su fijo et darle exiemplo cómmo fiziese en las cosas quel acaesçiesen adelante, tomó esta manera segund aquí oyredes:

El omne bueno et su fijo eran labradores et moravan çerca de una villa. Et un día que fazían ý [116] mercado, dixo a su fijo que fuesen amos [117] allá para comprar algunas cosas que avían mester; et acordaron de levar una vestia en que lo traxiesen. Et yendo amos a mercado, levavan la vestia sin ninguna carga et yvan amos de pie et encontraron unos omnes que vinían daquella villa do [118] ellos yvan. Et de que fablaron en uno [119] et se partieron los unos de los otros, aquellos omnes que encontraron començaron a departir ellos entre sí et dizían que non les paresçían de buen recabdo [120] aquel omne et su fijo, pues levavan la vestia descargada et yr entre amos de pie. El omne bueno, después que aquello oyó, preguntó a su fijo que quel paresçía daquello que dizían. [Et el fijo dixo que dizían] verdat, que pues la vestia yba descargada, que non

---

[113] *enbargava*: impedía, entorpecía. Cf.: "El si non le puede ninguno enbargar el coronamiento, luego que es coronado et es rey de Alemania es electo para emperador". *Libro de los estados,* f. 66d.

[114] *lo al*: lo otro.

[115] *castigar*: aconsejar, corregir. Cf.: "veré a la mugier a todo mio solaz, / castigar los he commo abrán a far". *Poema del Cid,* 228-229.

[116] *ý*: allí. Véase la nota 40 en la p. 51.

[117] *amos*: ambos. Cf.: "mios yernos amos a dos". *Poema del Cid,* 2353.

[118] *do*: donde.

[119] *en uno*: juntos, uno con otro.

[120] *recabdo*: razón, cordura. Cf.: "Et el es christiano et muy letrado et de muy buen entendimiento et él vos dara recabdo a todo lo que queredes saber mejor que ninguno". *Libro de los estados,* f. 53d.

era buen seso [121] yr entre amos de pie. Et entonçe mandó el omne bueno a su fijo que subiese en la vestia.

Et yendo así por el camino, fallaron otros [omnes], et de que se partieron dellos, conmençaron a dezir que lo errara mucho aquel omne bueno, porque yva él de pie, que era viejo et cansado, et el moço, que podría sofrir lazeria, [122] yva en la vestia. Preguntó entonçe el omne bueno a su fijo que quel paresçía de lo [que] aquellos dizían; et él díxol quel paresçía que dizían razón. [123] Estonçe mandó a su fijo que diciese [124] de la vestia et subió él en ella.

Et a poca pieça [125] toparon con otros, et dixieron que fazía muy desaguisado [126] dexar el moço, que era tierno et non podría sofrir lazeria, yr de pie, et yr el omne bueno, que era usado de pararse [127] a las lazerias, en la vestia. Estonçe preguntó el omne bueno a su fijo que quél paresçié destos que esto dizían. Et el moço díxol que, segund él cuydava, quel dizían verdat. Estonçe mandó el omne bueno a su fijo que subiese en la vestia porque non fuese ninguno dellos de pie.

Et yendo así, encontraron otros omnes et començaron a dezir que aquella vestia en que yvan era tan flaca [128]

***

121 *seso*: discreción, entendimiento. Cf.: "por ser el omne viejo non pierde por end prez: / el seso del buen viejo no s' mueve de rehez". *Libro de buen amor*, 1362cd.

122 *lazeria*: trabajo, fatiga. Vid. nota 88 en la p. 59.

123 *dizían razón*: decían algo razonable.

124 *diciese*: descendiese. Cf.: "diçiendo del cavallo". *Poema del Cid*, 1756. "Señora, oy al pecador, / que tu Fijo, el Salvador, / por nos dicio / del cielo, en ti morador". *Libro de buen amor*, 42.

125 *pieça*: rato. Cf.: "A cabo de grand pieça levantose estordido". *Libro de buen amor*, 767a. Llegó su uso hasta el siglo xvii. Comp.: "se puso de rodillas ante la imagen, y a cabo de una buena pieza, habiendo primero besado tres veces el suelo". Cervantes, *Rinconete y Cortadillo* (Clás. cast., 27), p. 164.

126 *desaguisado*: contra razón, injusticia.

127 *pararse*: hacer frente, estar dispuesto. Cf.: "Otrosi paresçra que si quiere mantener su estado commo deue et si se quiere parar a los trabajos et peligros...". *Libro de los estados*, f. 79a.

128 *flaca*: débil, floja. Comp.: "Mas si pasa por y una mosca non la puede quebrantar, porque la mosca es muy flaca, et finca y presa". *Libro de los estados*, f. 118c.

que abés [129] podría andar bien por el camino, et pues así
era, que fazían muy grant yerro yr entramos en la vestia.
Et el omne bueno preguntó al su fijo que quél semejava [130]
daquello que aquellos omes buenos dizían; et el moço dixo
a su padre quel semejava verdat aquello. Estonçe el padre
respondió a su fijo en esta manera:

—Fijo, bien sabes que quando saliemos de nuestra casa,
que amos veníamos de pie et traýamos la vestia sin carga
ninguna, et tu dizías que te semejava que era bien. Et des-
pués, fallamos omnes en el camino que nos dixieron que
non era bien, et mandé[te] yo sobir en la vestia et finqué
de pie; et tú dixiste que era bien. Et después fallamos
otros omnes que dixieron que aquello non era bien, et por
ende desçendiste tú et subí yo en la vestia, et tú dixiste
que era aquello lo mejor. Et porque los otros que fallamos
dixieron que non era bien, mandéte subir en la vestia co-
migo; et tú dixiste que era mejor que non fincar tú de
pie et yr yo en la vestia. Et agora estos que fallamos dizen
que fazemos yerro en yr entre amos en la vestia; et tú
tienes que dizen verdat. Et pues que assí es, ruégote que
me digas qué es lo que podemos fazer en que las gentes
non puedan travar; ca ya fuemos entramos de pie, et di-
xieron que non fazíamos bien; et fu [131] yo de pie et tú
en la vestia, [et] dixieron que errávamos; et fu yo en la
vestia et tú de pie, et dixieron que era yerro; et agora
ymos [132] amos en la vestia, et dizen que fazemos mal. Pues
en ninguna guisa non puede ser que alguna destas cosas
non fagamos, et ya todas las fiziemos, et todos dizen que
son yerro, et esto fiz yo porque tomasses exiemplo de las

---

[129] *abés*: apenas, con dificultad. Cf.: "Avés podría seer la ior-
nada tercera". "Abés podio el monge la palavra complir". Berceo,
Milagros, 186b y 476a.

[130] *quél semejava*: qué le parecía.

[131] *fu*: fui. Cf.: "Sennor, fago uos saber que yo fu flaca e so
ya sana". Carta de doña Constanza a su padre Jaime II. En Gimé-
nez Soler, op. cit., p. 456.

[132] *imos*: vamos. "Forma regular del presente de *ir*. Poco antes
usó *fuemos* y *fu*, formas del perfecto del mismo verbo". María
Goyri de Menéndez Pidal, edic. cit., p. 35.

cosas que te acaesçiessen en tu fazienda; ca çierto sey [133]
que nunca farás cosa de que todos digan bien; ca si fuere
buena la cosa, los malos et aquellos que se [les] non sigue
pro de aquella cosa, dirán mal della; et si fuere la cosa
mala, los buenos que se pagan del bien non podrían dezir
que es bien el mal que tú feziste. Et por ende, si tú quie-
res fazer lo mejor et más a tu pro, cata que fagas lo mejor
et lo que entendieres que te cumple más, et sol [134] que
non sea mal, non dexes de lo fazer por reçelo de dicho de
las gentes; ca çierto es que las gentes a lo demás [135] siem-
pre fablan en las cosas a su voluntad, et non catan lo que
es más a su pro.

—Et vós, conde Lucanor, señor, en esto que me dezides
que queredes fazer et que reçelades que vos travarán las
gentes en ello, et si non lo fazedes, que esso mismo farán,
pues me mandades que vos conseje en ello, el mi consejo
es éste: que ante que començedes el fecho, que cuydedes
toda la pro o el dapño que se vos puede ende seguir, et
que non vos fiedes en vuestro seso et que vos guardedes que
vos non engañe la voluntad, [136] et que vos consejedes con
los que entendiéredes que son de buen entendimiento, et
leales et de buena poridat. Et si tal consejero non falláre-
des, guardat que vos non ar[r]ebatedes [137] a lo que ovié-
redes a fazer, a lo menos fasta que passe un día et una
noche, si fuere cosa que se non pierda por tiempo. Et de

---

[133] *sey*: sed, sé. Comp.: "Puna en saber, que cuanto sopieres
pudeslo meter en obra; e sey callado". *Libro de los çient capitulos,*
edic. de A. Rey (Bloomington, Indiana, 1960), p. 33.

[134] *sol*: excepto, solamente. Cf.: "grand buena andança es e
grand auantaja del que primero comete sobre el cometido, sol
que el cometedor guarde dos cosas". *Castigos e documentos,* p. 191.

[135] *a lo demás*: las más veces.

[136] Knust, edic. cit., p. 305, reune citas donde se dice casi lo
mismo, como en ésta de las *Flores de Filosofía,* ley XXXVII: "Sa-
bed que necio es el omne que non sabe que la voluntad es ene-
miga del seso, ca el seso e el buen consejo duermen todavia fasta
que los despierta el omne. E la voluntad esta despierta, e por eso
vence la voluntad al seso las más vezes".

[137] *ar[r]ebatedes*: apresuréis. Cf.: "de lejos algarea, non te arre-
bates". *Libro de buen amor,* 562d.

que estas cosas guardáredes en lo que oviéredes de fazer, et lo falláredes que es bien et vuestra pro, conséjovos yo que nunca lo dexedes de fazer por reçelo de lo que las gentes podrían dello dezir.

El conde tovo por buen consejo lo que Patronio le consejava. El fízolo assí, et fallóse ende bien.

Et quando don Iohan [falló] este exiemplo, mandólo escrivir en este libro, et fizo estos viessos en que está avreviadamente toda la sentençia deste exiemplo. Et los viessos dizen así:

> Por dicho de las gentes
> sol que non sea mal,
> al pro tenet las mientes,
> et non fagades al. [138]

Et la estoria deste exiemplo es ésta que se sigue:

EXEMPLO TERCERO

Del salto que fizo el rey Richalte de Inglaterra en la mar contra los moros. *

U n día se apartó el conde Lucanor con Patronio, su consejero, et díxol así:

[138] Comp.: "Et commo quier que yo se que algunos profaçan de mi porque fago libros, digovos que por eso non lo dexare, ca quiero crer al exienplo que yo pus en el libro que yo fiz de Patronio, en que dize que "Por dicho de las gentes..." Et pues en los libros que yo fago ay en ellos pro e verdad c non danno, por ende non lo quiero dexar por dicho de ninguno". *Libro infinido*, págs. 73-4.

* Para los orígenes del cuento, véase Knust, págs. 306-7; también R. Menéndez Pidal, *Estudios literarios* (Austral, 28), págs. 9 y ss., y Daniel Devoto, "La materia tradicional en don Juan Manuel", en *Bulletin Hispanique*, LXVIII (1966), págs. 195 y ss. El cuento alude a la tercera cruzada, 1190, emprendida por Ricardo Corazón de León y Felipe Augusto de Francia, narrada en la *Gran conquista de Ultramar*, caps. CXCIV y ss. (Biblioteca de Autores Españoles, XLIV).

—Patronio, yo fío mucho en el vuestro entendimiento, et sé que lo que vós non entendiéredes, o a lo que non pudiéredes dar consejo, que non a ningún otro omne que lo pudiese açertar; [139] por ende, vos ruego que me consejedes lo mejor que vós entendiér[d]es en lo que agora vos diré:

Vós sabedes muy bien que yo non so ya muy mançebo, et acaesçióme assí: que desde que fuy nasçido fasta agora, que siempre me crié et visque [140] en muy grandes guerras, a vezes con cristianos et a vezes con moros, et lo demás [141] sienpre lo ove con reys, mis señores et mis vezinos. Et quando lo ove con cristianos, commo quier que sienpre me guardé que nunca se levantase ninguna guerra a mi culpa, pero non se podía escusar de tomar muy grant daño muchos que lo non meresçieron. Et lo uno por esto, et por otros yerros que yo fiz contra nuestro señor Dios, et otrosí, porque veo que por omne del mundo, nin por ninguna manera, non puedo un día solo ser seguro de la muerte, et so çierto que naturalmente, [142] segund la mi edat, non puedo vevir muy luengamente, et sé que he [de] yr ante Dios, que es tal juez de que non me puedo escusar por palabras, nin por otra manera, nin puedo ser jubgado sinon por las buenas obras o malas que oviere fecho; et sé que si, por mi desaventura fuere fallado en cosa por [que] Dios con derecho aya de ser contra mí, so çierto que en ninguna manera non pudié escusar de yr a las penas del Infierno en que sin fin avré a fincar, et cosa del mundo non me podía y tener pro, et si Dios me fiziere tanta merçed porque Él falle en mí tal meresçimiento, porque me deva escoger para ser compañero de los sus siervos et

---

[139] *açertar*: hallar. Cf.: "Et en todas las maneras que erro Eva, que era muger, que en aquellas maneras mismas lo açertase Sancta María". *Libro de los estados*, f. 61c.

[140] *visque*: viví. Comp.: "Cobdicia te fara errar que por poca cosa e por muy poco de auer te pierdas con el señor con que visquieres". *Castigos e documentos*, p. 134.

[141] *lo demás*: las más veces. Vid. p. 66 nota 135.

[142] *naturalmente*: espontáneamente, por su propia naturaleza. Vid. p. 50, nota 36.

ganar el Paraýso; sé por çierto, que a este bien et a este
plazer et a esta gloria, non se puede comparar ningún otro
plazer del mundo. Et pues este bien et este mal tan grande
non se cobra sinon por las obras, ruégovos que, segund
el estado que yo tengo, que cuydedes et me conseiedes la
manera mejor que entendiéredes porque pueda fazer emien-
da a Dios de los yerros que contra Él fiz, et pueda aver
la su gracia.

—Señor conde Lucanor —dixo Patronio—, mucho me
plaze de todas estas razones que avedes dicho, et señala-
damente porque me dixiestes que en todo esto vos conse-
jase segund el estado que vós tenedes, ca si [de] otra guisa
me lo dixiéredes, bien cuydaría que lo dixiéredes por me
provar segund la prueva que el rey fezo [143] a su privado,
que vos conté el otro día en el exiemplo que vos dixe;
mas plázeme mucho porque dezides que queredes fazer
emienda a Dios de los yerros que fiziestes, guardando vues-
tro estado et vuestra onra; ca çiertamente, señor conde
Lucanor, si vós quisiéredes dexar vuestro estado et [tomar]
vida de orden o de otro apartamiento, non podríades es-
cusar que vos non acaesçiesçen dos cosas: la primera, que
seríades muy mal judgado de todas las gentes, ca todos
dirían que lo fazíades con mengua de coraçón et vos des-
pagávades de bevir entre los buenos; et la otra es que
sería muy grant marabilia si pudiésedes sofrir las asperezas
de la orden, et si [despues] la oviésedes a dexar o bevir
en ella, non la guardando commo devíades, seervos ýa [144]
muy grant daño paral [145] alma et grant vergüença et grant
denuesto paral cuerpo et para el alma et para la fama.

---

[143] *fezo*: hizo. Comp.: "El dicho mi senyor e padre me fezo
partir por fuerça e contra mi voluntad". Documento de 1462, del
Archivo General de Simancas, PR 11-12, en D. J. Gifford y F. W.
Hodcroft, *Textos lingüísticos del medioevo español* (Oxford, 1966),
p. 169. "Fezose el buen omne mucho maravellado". Berceo, *Vida
de san Millán*, 336a.

[144] *seervos ýa*: os sería. Esta forma es corriente en la Edad
Media.

[145] *paral*: Contracción de *para* y *el*, frecuente en textos medie-
vales.

Mas pues este bien queredes fazer, plazerme ýa que sopié-
sedes lo que mostró Dios a un hermitaño muy sancto de
lo que avía de conteçer a él et al rey Richalte de Englaterra.

El conde Lucanor le rogó quel dixiese que cómmo fuera
aquello.

—Señor conde Lucanor —dixo Patronio—, un hermita-
ño era omne de muy buena vida, et fazía mucho bien, et
sufría grandes trabajos por ganar la gracia de Dios. Et por
ende, fízol Dios tanta merçed quel prometió et le aseguró
que avría la gloria de Paraýso. El hermitaño gradesçió esto
mucho a Dios; et seyendo ya desto seguro, pidió a Dios
por merçed quel mostrasse quién avía de seer su compa-
ñero en Paraýso. Et commo quier que el Nuestro Señor
le enviase dezir algunas vezes con el ángel que non fazía
bien en le demandar tal cosa, pero tanto se afincó en su
petición, que tovo por bien nuestro señor Dios del res-
ponder, et envióle dezir por su ángel que el rey Richalte
de Inglaterra et él serían compañones [146] en Paraýso.

Desta razón non plogo mucho el hermitaño, ca él co-
nosçía muy bien al rey et sabía que era omne muy gue-
rrero et que avía muertos et robados et deseredados mu-
chas gentes, et sienpre le viera fazer vida muy contralla
de la suya et aun, que paresçía muy alongado [147] de la
carrera de salvación: et por esto estava el hermitaño de
muy tal talante. [148]

Et desque nuestro señor Dios lo vio así estar, enviol
dezir con el su ángel que non se quexase nin se marabi-
llase de lo quel dixiera, ca çierto fuesse que más serviçio
fiziera a Dios et más meresçiera el rey Richalte en un salto
que saltara, que el hermitaño en quantas buenas obras
fiziera en su vida.

El hermitaño se marabilló ende mucho, et preguntol
cómmo podía esto seer.

---

[146] *compañón*: compañero. Comp.: "It e venir a la fabla, que
mujeres e varones / por palabras se conocen, son amigos, compa-
ñones". *Libro de buen amor*, 677d.

[147] *alongado*: alejado.

[148] *mal talante*: mal genio. Comp.: "El omne que es de buen
talante es de buena ventura". *Libro de los çient capítulos*, p. 35.

Et el ángel le dixo que sopiese que el rey de Françia [149] et el rey de Inglaterra et el rey de Navarra [150] pasaron a Ultramar. Et el día que llegaron al puerto, yendo todos armados para tomar tierra, bieron en la ribera tanta muchedumbre de moros, que tomaron dubda [151] si podrían salir a tierra. Estonçe el rey de Françia envió dezir al rey de Inglaterra que viniese a [a]quella nave a do él estava et que acordarían commo avían de fazer. Et el rey de Inglaterra, que estava en su cavallo, quando esto oyó, dixo al mandadero del rey de Françia quel dixiese de su parte que bien sabía que él avía fecho a Dios muchos enojos et muchos pesares en este mundo et que sienpre le pidiera merçed quel traxiese a tiempo quel fiziese emienda por el su cuerpo, et que, loado a Dios, que veýa el día que él deseava mucho; ca si allí muriese, pues avía [fecho] la emienda que pudiera ante que de su tierra se partiesse, et estava en verdadera penitençia, que era çierto quel avría Dios merçed al alma, et que si los moros fuessen vençidos, que tomaría Dios mucho serviçio, et serían todos muy de buena ventura.

Et de que esta razón ovo dicha, acomendó [152] el cuerpo et el alma a Dios et pidiol merçed quel acorriesse, et signóse del signo de la sancta Cruz et mandó a los suyos quel ayudassen. Et luego dio de las espuelas al cavallo et saltó en la mar contra [153] la ribera do estavan los moros. Et commo quiera que estavan çerca del puerto, non era la mar tan vaxa que el rey et el cavallo non se metiessen todos so el agua, en guisa que non paresçió dellos ninguna cosa; pero Dios, así commo señor tan piadoso et [de] tan grant poder, et acordándose de lo que dixo en l' Evan-

---

[149] Es, como se ha dicho, Felipe Augusto, el que acompañó a Ricardo Corazón de León.

[150] No hubo ningún rey navarro en esta cruzada.

[151] *tomaron dubda*: dudaron.

[152] *acomendó*: encomendó. Comp.: "Acomiendo te la fija e do te la a criar". *Libro de Apolonio*, 346a.

[153] *contra*: hacia, para. Cf.: "Aguiso se la duenya de toda voluntat: / fue contra Apolonio con gran simpliçidat". *Libro de Apolonio*, 167ab.

gelio: que non quiere la muerte del pecador sinon que se convierta et viva, [154] acorrió [155] entonçe al rey de Inglaterra, librol de muerte para este mundo et diol vida perdurable para sienpre, et escapol [156] de aquel peligro del agua. Et endereçó a los moros.

Et quando los ingleses vieron fazer esto a su señor, saltaron todos en la mar en pos dél et endereçaron [157] todos a los moros. Quando los françeses vieron esto, tovieron que les era mengua grande, lo que ellos nunca solían sofrir, et saltaron luego todos en la mar contra los moros. [158] Et desque los vieron venir contra sí, et vieron que non dubdavan [159] la muerte, et que vinían contra ellos tan bravamente, non les osaron asperar, et dexáronles el puerto de la mar et començaron a fuyr. Et desque los christianos llegaron al puerto, mataron muchos de los que pudieron alcançar et fueron muy bien andantes, [160] et fizieron dese camino mucho serviçio a Dios. Et todo este vien vino por aquel salto que fizo el rey Richalte de Inglaterra.

Quando el hermitaño esto oyó, plogol ende muncho [161] et entendió quel fazía Dios muy grant merçed en querer

---

[154] Ezequiel, 32, 2: "Nolo mortem impii, sed convertatur impius a via sua et vivat".

[155] *acorrió*: socorrió. Cf.: "La terçera manera, de amor [de] debdo, es quando vn omne a reçebido algún bien de otro, como criança o casamiento o heredamiento, o quel acorrio en algund grant mester". *Libro infinido*, págs. 78-9.

[156] *escapol*: libróle. Comp: "Et estas [animalias] escaparon et guaresçieron en un arca que Dios mandó fazer a Noe". *Libro de los estados*, f. 56b.

[157] *endereçaron*: se dirigieron.

[158] Doña María Goyri dice en nota: "No andaban ya juntos los franceses y los ingleses; los primeros fueron directamente a Tolemaida, mientras los segundos se detuvieron en la conquista de Chipre". Edic. cit., págs. 42-43.

[159] *non dubdavan*: no temían.

[160] *bien andantes*: dichosos, afortunados. Cf.: "Quando fueres bien andante, muchos fallaras que se faran tus amigos". *Libro infinido*, p. 131. "Los que con esta entencion van contra los moros, siempre vencen et son bien andantes". *Libro de los estados*, f. 84a.

[161] *muncho*: mucho. Es aún hoy de uso vulgar.

que fuese él compañero en Paraýso de omne que tal servi-
çio fiziera a Dios, et tanto enxalçamiento en la fe cathólica.

Et vós, señor conde Lucanor, si queredes servir a Dios
et fazerle emienda de los enojos quel avedes fecho, gui-
sat [162] que, ante que partades de vuestra tierra, emendedes
lo que avedes fecho [a] aquellos que entendedes que fe-
ziestes algún daño. Et fazed penitençia de vuestros peca-
dos, et non paredes mientes al hufana [163] del mundo sin
pro, et que es toda vanidat, nin creades a muchos que vos
dirán que fagades mucho por la valía, [164] [et esta valía]
dizen ellos por mantener muchas gentes, et non catan si
an de que lo pueden complir, et non paran mientes cómmo
acabaron o quántos fincaron de los que non cataron sinon
por esta que ellos llaman grant valía o cómmo son pobla-
dos los sus solares. [165] Et vós, señor conde Lucanor, pues
dezides que queredes servir a Dios et fazerle emienda de
los enojos quel feziestes, non querades seguir esta carrera
que es de ufana et llena de vanidat. Mas, pues Dios vos
pobló [166] en tierra quel podades servir contra los moros,
tan bien por mar commo por tierra, fazet vuestro poder
porque seades seguro de lo que dexades en vuestra tierra.
Et esto fincando seguro, et aviendo fecho emienda a Dios
de los yerros que fiziestes, porque estedes [167] en verdadera
penitençia, porque de los bienes que fezierdes ayades de
todos meresçimiento, et faziendo esto podedes dexar todo
lo al, et estar sienpre en serviçio de Dios et acabar así

---

[162] *guisat*: disponed, arreglad.

[163] *hufana*: ufanía, vanidad, presunción. Cf.: "Et porque en-
tonçe non era costumbre de criar a los fijos de los reys con tan
grant locura nin con tan grant hufana como agora". *Libro de las
armas*, en *Obras de don Juan Manuel*, p. 77.

[164] *valía*: autoridad, poder. Comp.: "que todos los parientes non
son de un grado nin son eguales en onra et en estado et en valia".
Libro de los estados, f. 78d.

[165] *solares*: tierras sobre las que el señor tenía pleno dominio
sobre los pobladores. *Poblar solares* era establecer vasallos en de-
terminadas tierras. Cf.: «assiniestro dexan a Griza, que Alamos
pobló". *Poema del Cid*, 2.694.

[166] *Dios vos pobló*: Dios os concedió pueblos.

[167] *estedes*: estéis.

vuestra vida. Et faziendo esto, tengo que ésta es la meior
manera que vós podedes tomar para salvar el alma, guar-
dando vuestro estado et vuestra onra. Et devedes crer que
por estar en serviçio de Dios non morredes [168] ante, nin
bivredes [169] más por estar en vuestra tierra. Et si murié-
redes en serviçio de Dios, biviendo en la manera que vos
yo he dicho, seredes mártir et muy bien aventurado, et
aunque non murades por armas, la buena voluntat et las
buenas obras vos farán mártir, et aun los que mal quisieren
dezir, non podrían; ca ya todos veyen que non dexades
nada de lo que devedes fazer de cavallería, mas queredes
seer cavallero de Dios et dexades de ser cavallero del dia-
blo et de la ufana del mundo, que es falleçedera.

Agora, señor conde, vos he dicho el mio consejo segund
me lo pidiestes, de lo que yo entiendo cómmo podedes
mejor salvar el alma segund el estado que tenedes. Et se-
mejaredes a lo que fizo el rey Richalte de Inglaterra en el
sancto et bien fecho que fizo.

Al conde Lucanor plogo mucho del consejo que Patronio
le dio, et rogó a Dios quel guisase que lo pueda fazer com-
mo él lo dizía y como el conde lo tenía en coraçón. [170]

Et veyendo don Iohan que este exiemplo era bueno,
mandólo poner en este libro, et fizo estos viessos en que
se entiende abreviadamente todo el enxienplo. Et los vies-
sos dizen así:

> Qui por cavallero se toviere,
> más deve desear este salto,
> que non si en la orden se metiere,
> o se ençerrasse tras muro alto. [171]

Et la estoria deste exiemplo es ésta que se sigue:

168 *morredes*: moriréis.
169 *bivredes*: viviréis.
170 *tenía en coraçón*: tenía el propósito.
171 "Todo el bellísimo *Exemplo III*... está desviado de su senti-
do ascético original (hasta un notorio pecador puede salvarse por
una sola buena acción), para ensalzar el servicio caballeresco a
Dios en el mismo sentido en que había de entenderlo Jorge Man-
rique... La moraleja del *Exemplo III* recomienda a los caballeros

Retrato de Don Juan Manuel (del retablo de
Santa Lucía por Bernabé de Módena)

Catedral de Murcia

Retablo de *Santa Lucía* por Bernabé de Módena (h. 1400)

Catedral de Murcia

EXEMPLO IIIIº

DE LO QUE DIXO UN GENOVÉS A SU ALMA, QUANDO
SE OVO DE MORIR. *

U N día fablava el conde Lucanor con Patronio, su con-
segero, et contával su fazienda [172] en esta manera:

—Patronio, loado a Dios, yo tengo mi fazienda assaz en
buen estado et en paz, et he todo lo que me cumple, se-
gund [173] mis vezinos et mis eguales, et por aventura más.
Et algunos conséjanme que comiençe un fecho de muy
grant aventura, et yo he grant voluntat de fazer aquello
que me consejan; pero por la fiança [174] que en vós he, non
lo quise començar fasta que fablase conbusco [175] et vos
rogasse que me consejásedes lo que fiziese en ello.

—Señor conde Lucanor —dixo Patronio—, para que vós
fagades en este fecho lo que vos más cunple, plazerme ýa
mucho que sopiésedes lo que conteçió a un genués. [176]

El conde le rogó quel dixiesse cómmo fuera aquello.

Patronio le dixo:

—Señor conde Lucanor: un genués era muy rico et muy
bien andante, segund sus vezinos. Et aquel genués adoles-

---

salvarse por el ejercicio de sus armas y no refugiarse en el claustro
con una franqueza que motivó la pacata enmienda de un manus-
crito". Y añade en nota: "Pero el ms. H de la Academia de la
Historia trae esta variante: "Qui por caballero se toviere, / mucho
debe desear este salto; / et si en la orden se metiere, / encerrarse
tras muro alto". M.ª R.ª Lida de Malkiel, ob. cit., p. 98.

* Knust, p. 308, señala la fuente: Bromyard, *Summa praedican-
tium.*

[172] *fazienda:* asunto, negocio. Comp.: "Esta dueña que dizedes
mucho es en mi poder; / ...yo sé toda su fazienda, e quanto ha
de fazer / por mi consejo lo faze...". *Libro de buen amor,* 716.

[173] *segund:* con el valor de, 'con arreglo a', 'atendiendo a'.

[174] *fiança:* confianza. Vid. la nota 51 en la p. 53.

[175] *conbusco:* con vos, con vosotros. Cf.: "Serán todos convusco
alegres e loçanos". *Poema de Fernán González,* 672b.

[176] *genués:* genovés, de Génova. Cf.: "e de la parte de mediodía
estaba el conde de Tolosa con su gente... que los genueses todos se
fueron para él". *Gran conquista de Ultramar* (BAE, XLIV), p. 331b.

çió [177] muy mal, et de que entendió que non podía escapar de la muerte, fizo llamar a sus parientes et a sus amigos; et desque todos fueron con él, envió por su muger et sus fijos: et assentósse en un palaçio muy bueno donde paresçía [178] la mar et la tierra; et fizo traer ante sí todo su tesoro et todas sus joyas, et de que todo lo tovo ante sí, conmençó en manera de trebejo [179] a fablar con su alma en esta guisa:

—Alma, yo beo que tú te quieres partir de mí, et non sé por qué lo fazes; ca si tú quieres muger et fijos, bien los vees aquí delante tales de que te deves tener por pagada; et si quisieres parientes et amigos, ves aquí muchos et muy buenos et mucho onrados; et si quieres muy grant tesoro de oro et de plata et de piedras preçiosas et de joyas et de paños, et de merchandías, [180] tú tienes aquí tanto dello que te non faze mengua aver más; et si tú quieres naves et galeas [181] que te ganen et te trayan [182] muy grant aver et muy grant onra, veeslas aquí, o [183] están en la mar que paresçe deste mi palaçio; et si quieres muchas heredades et huertas, et muy fermosas et muy delectosas, véeslas ó paresçen destas finiestras; [184] et si quieres cavallos et mulas, et aves et canes para caçar et tomar plazer,

---

[177] *adolesçió*: enfermó. Comp.: "Et dixome una vez quel adoleçiera aquella su ama et quel ovo a dar leche otra muger". *Libro de los estados*, f. 77a.

[178] *paresçía*: aparecía, se veía. Véase unas líneas más adelante.

[179] *trebejo*: juego, burla. Cf.: "Yo le dixe: "Ya, sañuda, anden fermosos trebejos". *Libro de buen amor*, 666a.

[180] *merchandías*: mercancías, del francés *marcheandie*. Cf.: "Jura muy muchas vezes el caro vendedor / non dar la marchandía sinon por grand valor". *Libro de buen amor*, 615.

[181] *galeus*: galeras. Comp.: "Cerca la maior nave traien otra pocaza, / non sé si li dizien galea o pinaza". Berceo, *Milagros*, 593.

[182] *trayan*: traigan.

[183] *ó*: donde. Cf.: "en el libro que yo fiz que fabla de los Estados, ally o dize quando omne ovier de fazer guerra". *Libro infinido*, p. 34.

[184] *finiestras*: ventanas. Comp.: "exien lo veer mugieres e varones, / burguesses e burguesas por las finiestras sone". *Poema del Cid*, 16-17. "Tomó vna mançana de oro embuelta en vn panno e echola en su casa por una finiestra". *Castigos e documentos*, p. 63.

et joglares para te fazer alegría et solaz, et muy buena posada [185], mucho apostada [186] de camas et de estrados [187] et de todas las otras cosas que son ý mester; de todas estas cosas a ti non te mengua nada; et pues tú as tanto bien et non te tienes ende por pagada nin puedes sofrir el bien que tienes, pues con todo esto non quieres fincar et quieres buscar lo que non sabes, de aquí adelante, ve con la yra de Dios, et será muy nesçio qui de ti se doliere por mal que te venga.

Et vós, señor conde Lucanor, pues, loado a Dios, estades en paz et con bien et con onra, tengo que non faredes buen recabdo en abenturar esto et començar esto lo que dezides que vos consejan; ca por aventura estos vuestros consejeros vos lo dizen porque saben que desque en tal fecho vos ovieren metido, que por fuerça abredes a fazer lo que ellos quisieren et que avredes a seguir su voluntad desque fuéredes en el grant mester, [188] así commo siguen ellos la vuestra agora que estades en paz. Et por aventura cuydan que por el vuestro pleyto endereçarán ellos sus faziendas, lo que se les non guisa en quanto vos vivierdes en asusiego, [189] et conteçervos ýa [190] lo que dezía el genués a la su alma; mas, por el mi conseio, en cuanto pudierdes aver paz et assossiego a vuestra onra, et sin vuestra mengua, non vos metades en cosa que lo ayades todo aventurar.

Al conde plogo mucho del consejo que Patronio le dava. Et fízolo así, et fallóse ende bien.

---

[185] *posada*: casa y también 'habitación'.

[186] *apostada*: abastecida.

[187] *estrado*: parte de la sala, elevada del suelo, alfombrada, que servía para recibir visitas. Cf.: "Otrosi, deue guardar que la su camara et la su baxiella para comer et para beuer et los sus estrados et las sus camas et las sus joyas, que todas sean cosas muy nobles". *Libro de los estados*, f. 75b.

[188] *mester*: aprieto, necesidad.

[189] *asusiego*: sosiego, paz, tranquilidad. Cf.: "et faziendo mucho bien a los que quieren beuir en paz et en asusiego". *Libro de los estados*, f. 79a.

[190] *conteçervos ýa*: os acontecería.

Et quando don Iohan falló este exiemplo, tóvolo por bueno et non quiso fazer viessos de nuebo, sinon que puso ý una palabra [191] que dizen las viejas en Castiella. Et la palabra dize así:

Quien bien se siede [192] *non se lieve.* [193]

Et la ystoria deste exemplo es ésta que se sigue:

EXEMPLO QUINTO

DE LO QUE CONTESÇIÓ A UN RAPOSO CON UN CUERVO QUE TENÍE UN PEDAÇO DE QUESO EN EL PICO. *

OTRA vez fablava el conde Lucanor con Patronio, su conseiero, et díxol assí:

—Patronio, un omne que da a entender que es mi amigo, me començó a loar mucho, dándome a entender que avía en mí muchos complimientos [194] de onrra et de poder [et] de muchas vondades. Et de que con estas razones

---

[191] *palabra*: refrán, sentencia. Comp.: "Palabra es de sabio, e dizelo Catón: / que omne a sus cuidados, que tiene en coraçon / entreponga plazeres e alegre razon". *Libro de buen amor*, 44.

[192] *se siede*: se sienta. Cf.: "Con qual siedes tal su siello tienes". En ·"Refranes del siglo xiv", *Revista de Filología española*, XIII (1926), p. 370.

[193] *lieve*: levante. Cf.: "levos en pie". *Poema del Cid*, 2.040. "levad e salid al campo". *Poema de Fernán González*, 3.562. (Es un refrán muy conocido en toda Europa: "Quien bien está no se mueva". Knust, p. 309, da abundantes textos, pero el más cercano es el que figura en el *Caballero Zifar*, edic. de C. Ph. Wagner, Ann Arbor, 1929, p. 35: "quien bien see non se lieve".)

* El asunto, de origen oriental, procede, como es sabido, de Fedro. Hay una bella glosa de Azorín en *Los valores literarios* (Obras completas, II, Madrid, 1947), p. 1.028. Vid. R. Menéndez Pidal, "Nota sobre una fábula de don Juan Manuel y del Arcipreste de Hita", en el *Hommage a Ernest Martinenche*, París [1938], págs. 183-186.

[194] *complimientos*: perfecciones, ornatos. Comp.: "Entre todas las otras cosas que Dios a en si de complimientos, a tres porque es complido sobre todas las cosas". *Libro de los estados*, f. 62b.

me falagó quanto pudo, movióme un pleito, [195] que en la primera vista, segund lo que yo puedo entender, que paresçe que es mi pro.

Et contó el conde a Patronio quál era el pleito quel movía; et commo quier que paresçía el pleito aprovechoso, Patronio entendió el engaño que yazía ascondido so [196] las palabras fremosas. [197] Et por ende dixo al conde:

—Señor conde Lucanor, sabet que este omne vos quiere engañar, dándovos a entender que el vuestro poder et el vuestro estado es mayor de quanto es la verdat. Et para que vos podades guardar deste engaño que vos quiere fazer, plazerme ýa que sopiésedes lo que contesçió a un cuervo con un raposo.

Et el conde le preguntó cómmo fuera aquello.

—Señor conde Lucanor —dixo Patronio—, el cuervo falló una vegada un grant pedaço de queso et subió en un árbol porque pudiese comer el queso más a su guisa et sin reçelo et sin enbargo [198] de ninguno. Et en quanto el cuervo assí estava, passó el raposo por el pie del árbol, et desque vio el queso que el cuervo tenía, començó a cuydar en quál manera lo podría levar dél. [199] Et por ende començó a fablar con él en esta guisa:

—Don Cuervo, muy gran tiempo ha que oý fablar de vós et de la vuestra nobleza, et de la vuestra apostura. [200] Et commo quiera que vos mucho busqué, non fue la voluntat de Dios, nin la mi ventura, que vos pudiesse fallar

---

[195] *movióme un pleito*: propúsome un negocio, un trato. Comp.: "Ca muchas vezes acaesçe que cuydando mejorar el pleito non quieren tomar el buen pleito quel fazen". *Libro de los Estados*, f. 81c.

[196] *so*: bajo.

[197] *fremosas*: hermosas, halagüeñas. Cf.: "Esta fue la materia, es uerdadera cosa, / prenda esta maçana, de uos la mas fremosa". *Libro de Alexandre* (edic. R. S. Willis Jr., New York, 1965), p. 319ab.

[198] *enbargo*: impedimento, molestia. Comp.: "Et tengo a grant tiempo que lo oviera acabado si otros embargos non oviera". *Libro de los estados*, f. 47a.

[199] *levar dél*: quitárselo.

[200] *apostura*: compostura, gentileza.

fasta agora, et agora que vos veo, entiendo que a mucho
más bien en vós de quanto me dizían. Et porque veades
que non vos lo digo por lesonia, [201] también commo vos
diré las aposturas que en vós entiendo, tam[bién] vos diré
las cosas en que las gentes tienen que non sodes [202] tan
apuesto. Todas las gentes tienen que la color de las vues-
tras péñolas [203] et de los oios et del pico, et de los pies
et de las uñas, que todo es prieto, [204] et [por] que la cosa
prieta non es tan apuesta commo la de otra color, et vós
sodes todo prieto, tienen las gentes que es mengua de vues-
tra apostura, et non entienden cómmo yerran en ello mu-
cho; ca commo quier que las vuestras péñolas son prietas,
tan prieta et tan luzia [205] es aquella pretura, que torna en
india, [206] commo péñolas de pavón, [207] que es la más fre-
mosa ave del mundo; et commo quier que los vuestros
ojos son prietos, quanto para oios, mucho son más fre-
mosos que otros oios ningunos, ca la propriedat del oio
non es sinon ver, et porque toda cosa prieta conorta [208]
el viso, [209] para los oios, los prietos son los mejores, et por
ende son más loados los oios de la ganzela, [210] que son
más prietos que de ninguna otra animalia. Otrosí, el vues-
tro pico et las vuestras manos et uñas son fuertes más que
de ninguna ave tanmaña [211] commo vós. Otrosí, en l' vues-
tro buelo avedes tan grant ligereza, que vos non enbarga

201 *lesonia*: lisonja. Vid. otro ejemplo en la p. 281.

202 *sodes*: sois.

203 *péñolas*: plumas.

204 *prieto*: negro, de color oscuro. Comp.: "agora que es ya
mudado en tal manera que sus cabellos et sus baruas, que eran
entonçe prietas, que son mudadas agora blancas". *Libro de los es-
tados*, f. 49cd.

205 *lucia*: brillante, tersa.

206 *india*: índigo, de color de añil.

207 *pavón*: pavo real.

208 *conorta*: conforta, consuela.

209 *viso*: vista. Comp.: "Omne que hi morasse, nunqua perdrie
el viso". Berceo, *Milagros*, 14d.

210 *ganzela*: gacela.

211 *tanmaña*: tan grande. Comp.: "Et tienen que tanmanna con-
triçion podria aver el pecador, que non auia mester fazer otra
emienda de sus pecados". *Libro infinido*, p. 19.

el viento de yr contra él por rezio que sea, lo que otra ave non puede fazer tan ligeramente commo vós. Et bien tengo que, pues Dios todas las cosas faze con razón, que non consintría [212] que, pues en todo sodes tan complido, que oviese en vos mengua de non cantar mejor que ninguna otra ave. Et pues Dios me fizo tanta merçet que vos veo, et sé que ha en vós más bien de quanto nunca de vós oý, si yo pudiesse oyr de vós el vuestro canto, para siempre me ternía por de buena ventura.

Et, señor conde Lucanor, parat mientes que maguer que [213] la entençión del raposo era para engañar al cuervo, que sienpre las sus razones fueron con verdat. Et set çierto que los engaños et damños mortales siempre son los que se dizen con verdat engañosa.

Et desque [214] el cuervo vio [en] quantas maneras el raposo le alabava, et cómmo le dizía verdat en todas, creó [215] que asil [216] dizía verdat en todo lo al, et tovo que era su amigo, et non sospechó que lo fazía por levar dél el queso que tenía en el pico, et por las muchas buenas razones quel avía oydo, et por los falagos et ruegos quel fiziera porque cantase, avrió el pico para cantar. Et desque el pico fue avierto para cantar, cayó el queso en tierra, et tomólo el raposo et fuese con él; et así fincó engañado el cuervo del raposo, creyendo que avía en sí más apostura et más complimiento de quanto era la verdat.

Et vós, señor conde Lucanor, commo quier que Dios vos fizo assaz merçet en todo, pues beedes [217] que aquel omne vos quiere fazer entender que avedes mayor poder et mayor onra o más vondades de quanto vós sabedes que

---

[212] *consintría*: consentiría. Es forma contracta muy frecuente.

[213] *maguer que*: aunque. Vid. sobre *maguer que* y *aunque* en don Juan Manuel el trabajo de J. Vallejo, "Sobre un aspecto estilístico de don Juan Manuel", en el *Homenaje a Menéndez Pidal*, II (1925), págs. 63-85.

[214] *desque*: después que. Cf.: "E desque esta respuesta le ouo dado, fue maravillado". *Castigos e documentos*, p. 168.

[215] *creó*: creyó.

[216] *asil*: así le.

[217] *beedes*: veis.

es la verdat, entendet que lo faze por vos engañar, et guardat vos dél et faredes commo omne de buen recabdo.

Al conde plogo mucho de lo que Patronio le dixo, et fízolo assí. Et con su consejo fue él guardado de yerro.

Et porque entendió don Johan que este exiemplo era muy bueno, fízolo escrivir en este libro, et fizo estos viessos, en que se entiende avreviadamente la entençión [de] todo este exiemplo. Et los viessos dizen asý:

> Qui te alaba con lo que non es en ti,
> sabe que quiere levar lo que as de ti.

[Et la estoria deste enxemplo es ésta que se sigue:]

EXEMPLO VI°

De lo que contesçió a la golondrina con las otras aves quando vio sembrar el lino. *

Un día fablava el conde Lucanor con Patronio, su consejero, et díxol:

—Patronio, a mí dizen que unos mis vezinos, que son más poderosos que yo, se andan ayuntando et faziendo muchas maestrías [218] et artes con que me puedan engañar et fazer mucho dampno; et yo non lo creo, nin me reçelo ende; pero, por el buen entendimiento que vós avedes, quiérovos preguntar que me digades si entendedes que devo fazer alguna cosa sobresto.

—Señor conde Lucanor —dixo Patronio—, para que en esto fagades lo que yo entiendo que vos cumple, plazerme ýa mucho que sopiéscdcs lo que contesçió a la golondrina con las otras aves.

---

* El asunto, que procede de Esopo, es muy popular en toda la literatura europea. Véase la extensa nota de Knust, págs. 313-316.

[218] *maestrías*: engaños. Comp.: "Mas lo que a mi paresçe que cumple es que velen et guarden en guisa que ningun mal omne non le pueda enpesçer por fuerça nin por maestria engañosa". *Libro de los estados*, f. 75a.

El conde Lucanor le dixo et preguntó cómmo fuera aquello.

—Señor conde Lucanor —dixo Patronio—, la golondrina vido [219] que un omne senbrava lino, et entendió [por] el su buen entendimiento que si aquel lino nasçiesse, podrían los omnes fazer redes et lazos para tomar las aves. Et luego fuesse para las aves et fízolas ayuntar, et díxoles en cómmo el omne senbrava aquel lino et que fuesen çiertas que si aquel lino nasçiesse, que se les seguiría ende muy grant dampno et que les consejava que ante que el lino nasçiesse que fuessen allá et que lo ar[r]incassen. [220] Et las cosas son ligeras de se desfazer en l' comienço et después son muy más graves de se de[s]fazer. Et las aves tovieron esto en poco et non lo quisieron fazer. Et la golondrina les afincó [221] desto muchas veces, fasta que vio que las aves non se sintían [222] desto, nin davan por ello nada, et que el lino era ya tan cresçido que las aves non lo podrían ar[r]ancar con las manos nin con los picos. Et desque esto vieron las aves, que el lino era cresçido, et que non podían poner consejo [223] al daño que se les ende seguiría, arripintiéronse ende mucho por que ante non avían ý puesto consejo. Pero el repintimiento [224] fue a tiempo que non podían tener ya pro.

Et ante desto, quando la golondrina vio que non querían poner recabdo las aves [en] aquel daño que les vinía, fuesse paral omne, [et] metióse en su poder [225] et ganó

---

[219] *vido*: vio.

[220] *ar[r]incasen*: arrancasen. Es usual hoy en el asturiano y murciano. Cf.: "Et si la vña fuer arrincada del todo..." P. López de Ayala, *Libro de las aves de caza* (Madrid, 1869), p. 102.

[221] *afincó*: apremió. Comp.: "Pero, al cabo, tanto le afincó el infante que non pudo escusar del dezir alguna cosa". *Libro de los estados,* f. 48c.

[222] *se sintían*: se dolían, lamentaban. Abundan los ejemplos en esta obra.

[223] *conseio*: remedio. Comp.: "Dios te daria conseio, non se te podrie tardar". *Libro de Apolonio,* 161d.

[224] *repentimiento*: arrepentimiento, de 'repentir', que figura más adelante, p. 160.

[225] *poder*: amparo, protección. Véase la p. 54.

dél segurança[226] para sí et para su linage. Et després acá biven las golondrinas en poder de los omnes et son seguras dellos. Et las otras aves que se non quisieron guardar, tómanlas cada día con redes et con lazos.

—Et vós, señor conde Lucanor, si queredes ser guardado deste dampno que dezides que vos puede venir, apercebitvos et ponet ý recabdo, ante que el daño vos pueda acaesçer: ca non es cuerdo el que vee la cosa desque es acaesçida, mas es cuerdo el que por una señaleia[227] o por un movimiento qualquier entiende el daño quel puede venir et pone ý conseio porque nol acaezca.

Al conde plogo esto mucho, et fízolo segund Patronio le conseió et fallóse ende bien.

Et porque entendió don Iohan que este enxienplo era muy bueno fízole poner en este libro et fizo estos viessos que dizen assí:

> En [el] comienço deve omne partir
> el daño que non le pueda venir.

Et la ystoria deste exiemplo es ésta que se sigue:

EXEMPLO VII°

DE LO QUE CONTESÇIÓ A UNA MUGER QUEL DIZIÉN DOÑA TRUHAÑA. *

OTRA vez fablava el conde Lucanor con Patronio en esta guisa:

---

[226] *segurança*: garantía, seguridad. Comp.: "El aber es fortaleza del enderesçamiento del reyno; cresçe con la justicia e floresçe con la segurança". *Libro de los çient capítulos*, p. 15. "Con paz e seguranza es rica la pobreza". *Libro de buen amor*, 1.384.

[227] *señaleia*: diminutivo de 'señal', pequeño indicio.

* Es un viejo cuento de origen oriental, difundido por el *Calila e Dimna (El religioso que vertió la miel y la manteca sobre su cabeza)*, con incontables derivaciones en la literatura mundial. Véase Juan Millé, *Estudios de literatura española* (Biblioteca de Humanidades, vol. VII, La Plata, 1928), págs. 1-32, y también la nota de Knust, págs. 316-7.

—Patronio, un omne me dixo una razón et amostróme
la manera cómmo podría seer. Et bien vos digo que tantas
maneras de aprovechamiento ha en ella que, si Dios quiere
que se faga assí commo me él dixo, que sería mucho mi
pro: ca tantas cosas son que nasçen las unas de las otras,
que al cabo es muy grant fecho además.

Et contó a Patronio la manera cómmo podría seer. Des-
que Patronio entendió aquellas razones, respondió al conde
en esta manera:

—Señor conde Lucanor, siempre oý dezir que era buen
seso atenerse omne a las cosas çiertas et non a las [vanas]
fuzas, [228] ca muchas vezes a los que se atienen a las fuzas,
contésçeles lo que contesçió a doña Truana.

Et el conde preguntó cómmo fuera aquello.

—Señor conde —dixo Patronio—, una muger fue que
avié nombre doña Truana et era asaz más pobre que rica,
et un día yva al mercado et levava una olla de miel en
la cabeça. Et yendo por el camino, començó a cuydar que
vendría [229] aquella olla de miel et que compraría una par-
tida de huevos, et de aquellos huevos nazçirían gallinas et
depués, de aquellos dineros que valdrían, conpraría ove-
jas, et assí [fue] comprando de las gananças que faría,
que fallóse por más rica que ninguna de sus vezinas.

Et con aquella riqueza que ella cuydava que avía, as-
mó [230] cómmo casaría sus fijos et sus fijas, et cómmo yría

---

[228] *fuzas*: fiuzas, esperanzas, confianzas. Comp.: "Non te eches
a dormir nin pongas la tu cabeça segura en fiuza del traydor o
del falso". "Non segures la tu alma en fiuza del que anda por
acortar los tus días". *Castigos e documentos*, p. 186. 'Fuza' podría
ser yerro del copista, pero sale varias veces, y la palabra se docu-
menta con distintas soluciones. (Véase la nota 235.) Además, en
el *Libro de las armas* encuentro (p. 76), 'desfuzados': "et eran ya
commo desfuzados que non abrían más fijos".

[229] *vendría*: vendería.

[230] *asmó*: pensó, estimó. Comp.: "Asmó mio Cid con toda su
conpaña / que en el castiello non i avrie morada". *Poema del Cid*,
521-2. "Por ende asme de conponer este tractado que tracta de las
cosas que yo mismo proue en mi mismo e en mi fazienda". *Libro
infinido*, p. 7.

aguardada [231] por la calle con yernos et con nueras et cómmo dizían por ella cómmo fuera de buena ventura en llegar a tan grant riqueza, seyendo tan pobre commo solía seer.

Et pensando en esto començó a reyr con grand plazer que avía de la su buena andança, [232] et, en riendo, dio con la mano en su fruente, [233] et entonçe cayol la olla de la miel en tierra, et quebróse. Quando vio la olla quebrada, començó a fazer muy grant duelo, toviendo que avía perdido todo lo que cuydava que avría si la olla non le quebrara. Et porque puso todo su pensamiento por fuza vana, non se fizo al cabo nada de lo que ella cuydava.

Et vós, señor conde, si queredes que lo que vos dixieren et lo que vós cuydardes sea todo cosa çierta, cred et cuydat sienpre todas cosas tales que sean aguisadas et non fuzas dubdosas et vanas. Et si las quisierdes provar, guardatvos que non aventuredes, nin pongades de lo vuestro cosa de que vos sintades por fiuza de la pro de lo que non sodes çierto.

Al conde plogo de lo que Patronio le dixo, et fízolo assí et fallóse ende bien.

Et porque don Iohan se pagó deste exienplo, fízolo poner en este libro et fizo estos viessos:

A las cosas çiertas vos comendat [234]
et las fuyzas [235] *vanas dexat.*

Et la ystoria deste exiemplo es ésta que se sigue:

---

[231] *aguardada*: acompañada, de 'aguardar'. Comp. el uso: "adeliñó poral palaçio do estava la cort, / con elle dos cavalleros quel aguardan cum a sseñor". *Poema del Cid*, 2.929-30.

[232] *buena andança*: buena fortuna. Véase la nota 57 en la p. 53.

[233] *fruente*: frente. Cf.: "Facen cruz en sus fruentes". Berceo, *Sacrificio*, 45.

[234] *comendat*: encomendad. Vid. p. 53, nota 53.

[235] *fuyzas*: como 'fiuzas'. Existió también la forma 'fuizia'. Vid. J. Corominas, *DELC*, s. v. *hucia*.

ENXIEMPLO VIIIº

DE LO QUE CONTESÇIÓ A UN OMNE QUE AVÍAN DE ALIMPIAR EL FÍGADO. *

OTRA vez fablava el conde Lucanor con Patronio, su consegero, et díxole assí:

—Patronio, sabet que commo quier que Dios me fizo mucha merçed en muchas cosas, que estó [236] agora mucho afincado [237] de mengua de dineros. Et commo quiera que me es tan grave de lo fazer commo la muerte, tengo que avié a vender una de las heredades del mundo de que he más duelo, o fazer otra cosa que me será grand daño como esto. [Et] averlo he [de fazer] por salir agora desta lazeria et desta cuyta en que estó. Et faziendo yo esto, que es tan grant mio daño, vienen a mí muchos omnes, que sé que lo pueden muy bien escusar, et demándanme, que les dé estos dineros que me cuestan tan caros. Et por el buen entendimiento que Dios en vós puso, ruégovos que me digades lo que vos paresçe que devo fazer en esto.

—Señor conde Lucanor —dixo Patronio—, paresçe a mí que vos contesçe con estos omnes commo contesçió a un omne que era muy mal doliente. [238]

Et el conde le rogó quel dixiesse cómo fuera aquello.

—Señor conde —dixo Patronio—, un omne era muy mal doliente, assí quel dixieron los físicos que en ninguna guisa non podía guaresçer [239] si non le feziessen una aver-

---

* Procede, como indicó Knust, p. 318, del *Gesta romanorum*, cap. 76, *De Concordia*.

236 *estó*: estoy.

237 *ufincudo*: apremiado. Véase la nota 221 en la p. 83.

238 *doliente*: enfermo. Comp.: "Que aunque las peñolas sean sanas, si el falcon fuere doliente o flaco o muy magro nunca podria fazer buen vuelo". *Libro de la caza*, edic. de G. Baist (Halle, 1880), p. 34.

239 *guaresçer*: curar, sanar. Cf.: "Otra guisa non puede mi mal guaresçer". Berceo, *Milagros*, 125b. "Nunca fallece / la tu merçet cumplida; / sienpre guarece / de coitas e da vida". *Libro de buen amor*, 1.682.

tura por el costado, et quel sacassen el fígado por él, et que
lo lavassen con unas melezinas que avía mester, et quel
alinpiassen de aquellas cosas porque el fígado estava mal-
trecho. Estando él sufriendo este dolor et teniendo el físico
el fígado en la mano, otro omne que estava ý çerca dél,
començó de rogarle quel diesse de aquel fígado para un
su gato. [240]

Et vós, señor conde Lucanor, si queredes fazer muy
grand vuestro daño por aver dineros et darlos do se deven
escusar, dígovos que lo podiedes fazer por vuestra volun-
tad, mas nunca lo faredes por el mi conseio.

Al conde plogo de aquello que Patronio dixo, et guar-
dóse ende dallí adelante, et fallóse ende bien.

Et porque entendió don Iohan que este exiemplo era
bueno, mandólo escriuir en este libro [et] fizo estos vies-
sos que dizen assí:

> Si non sabedes qué devedes dar,
> a grand daño se vos podría tornar.

Et la ystoria deste exiemplo es ésta que se sigue:

EXEMPLO IX°

De lo que contesçió a los dos cavallos
con el león. *

UN día fablava el conde Lucanor con Patronio, su con-
segero, en esta guisa:

---

[240] *un su gato*: la colocación del posesivo como en este caso es
muy frecuente en textos medievales.

* María Rosa Lida de Malkiel, ob. cit., p. 107, anota: "El
Exemplo IX del *Conde Lucanor,* de los caballos reconciliados a la
vista del león, se sitúa muy verosímilmente en Túnez, residencia
del infante don Enrique de quien se contaba cierto caballeresco
encuentro con un león, pero el tema se halla en la *Gesta roma-
norum* y en la *Summa praedicantium* de Bromyard, quienes lo han
variado, partiendo de una anécdota de los *Estratagemas* de Fron-
tino (Knust, p. 321 s. Cf. también Abubéquer de Tortosa, *Lámpara
de príncipes.* Trad. de M. Alarcón, Madrid, 1930, I, 272 s.)" El

—Patronio, grand tiempo ha que yo he un enemigo de
que me vino mucho mal, et esso mismo ha él de mí, en
guisa que, por las obras et por las voluntades, estamos
muy mal en uno. [241] Et agora acaesçió assí: que otro omne
muy más poderoso que nós entramos [242] va començando
algunas cosas de que cada uno de nós reçela quel puede
venir muy grand daño. Et agora aquel mio enemigo en-
vióme dezir que nos aviniéssemos en uno, [243] para nos
defender daquel otro que quiere ser contra nós; ca si
amos fuéremos ayuntados, es çierto que nos podremos de-
fender; et si el uno de nós se desvaría del otro, es çierto
que qualquier de nós que quiera estroyr [244] aquel de que
nos reçelamos, que lo puede fazer ligeramente. Et de que el
uno de nós fuere estroýdo, qualquier de nós que fincare
sería muy ligero de estroyr. Et yo agora estó en muy grand
duda de este fecho: ca de una parte me temo mucho que
aquel mi enemigo me querría engañar, et si él una vez
en su poder me toviesse, non sería yo bien seguro de la
vida; et si gran amor pusiéremos en uno, non se puede
escusar de fiar yo en él, et él en mí. Et esto me faze estar

---

suceso del infante don Enrique, que ya señaló Knust, se narra en
la *Crónica del... rey don Alonso* (Biblioteca de Autores Españoles,
LXVI, p. 7). Perseguido por su hermano Alfonso X, se refugió
en Túnez, logrando gran prestigio y el favor del rey moro, hasta
el punto de que los cortesanos intrigaron para que lo echase del
reino. El rey prefirió matarlo y lo citó en un corral, "dixo que lo
esperase alli, y que luego vernia alli a él, y salio de aquel corral.
Y por la otra parte salieron los dos leones a fiuzia que lo mata-
rían. Y don Henrique saco la espada que el traya consigo... y
tornó contra ellos, y los leones no fueron a él, y don Henrique
fue a la puerta, y salio del corral".

[241] *estamos muy mal en uno*: desavenidos, enemistados.

[242] *entramos*: entrambos. Comp.: "Ca, çiertamente, estas dos
cosas son contrarias, et entramas se deuen fazer asi". *Libro infi-
nido*, p. 72. "Et porque el omne es compuesto de cuerpo et de
alma, del bien o del mal que fazen entramos an gloria et pena".
Libro de los estados, f. 60b.

[243] *aviniéssemos en uno*: nos reuniésemos, nos pusiésemos de
acuerdo.

[244] *estroyr*: destruir. Comp.: "fasta que Dios se enojo dellas et
envio el delluuio sobre la tierra et murieron todas las gentes et es-
truyo todo el mundo". *Libro de los estados*, f. 56b.

en grand reçelo. De otra parte, entiendo que si non fuéremos amigos assí commo me lo envía rogar, que nos puede venir muy grand daño por la manera que vos ya dixe. Et por la grant fiança que yo he en vós et en el vuestro buen entendimiento, ruégovos que me conseiedes lo que faga en este fecho.

—Señor conde Lucanor —dixo Patronio—, este fecho es muy grande et muy peligroso, et para que meior entendades lo que vos cumplía de fazer, plazerme ýa que sopiéssedes lo que contesçió en Túnez a dos cavalleros que bivían con el infante don Enrique.

El conde le preguntó cómmo fuera aquello.

—Señor conde —dixo Patronio—, dos cavalleros que vivían con el infante don Enrique eran entramos muy amigos et posavan siempre en una posada. Et estos dos cavalleros non tenían más de sendos cavallos, et assí commo los cavalleros se querían muy grant bien, bien assí los cavallos se querían muy grand mal. Et los cavalleros non eran tan ricos que pudiessen mantener dos posadas, et por la malquerençia de los cavallos non podían posar en una posada, et por esto avían a vevir vida muy enojosa. Et de que esto les duró un tiempo et vieron que non lo podían más sofrir, contaron su fazienda a don Enrique et pediéronle por merçed que echase aquellos caballos a un león que el rey de Túnez tenía.

Don Enrique les gradesçió lo que dezían muy mucho, [et] fabló con el rey de Túnez. Et fueron los cavallos muy bien pechados [245] a los cavalleros, et metiéronlos en un corral do estava el león. Quando los cavallos se vieron en el corral, ante que el león saliesse de la casa [246] do yazía ençerrado, començáronse a matar lo más buenamente del mundo. Et estando ellos en su pellea, abrieron la puerta de la casa en que estava el león, et de que salió al corral et los cavallos lo vieron, començaron a tremer [247] muy fie-

---

[245] *pechados*: ¿enjaezados?, ¿con petos sobre el pecho?
[246] *casa*: leonera.
[247] *tremer*: temblar. Comp.: "¡Ay, que todos mis miembros comiençan a tremer!". *Libro de buen amor*, 785.

ramente et poco a poco fuéronse legando el uno al otro. Et desque fueron entramos juntados en uno, estovieron así una pieça, [248] et endereçaron entramos al león et paráronlo tal a muesso[s] [249] et a coçes que por fuerça se ovo de ençerrar en la casa donde saliera. Et fincaron los cavallos sanos, que les non fizo ningún mal el león. Et después fueron aquellos cavallos 'tan bien avenidos en uno, que com[i]én muy de grado en un pesebre et estavan en uno en casa [250] muy pequeña. Et esta avenençia ovieron entre sí por el grant reçelo que ovieron del león.

—Et vós, señor conde Lucanor, si entendedes que aquel vuestro enemigo a tan grand reçelo de aquel otro [de] que se reçela, et a tan grand mester a vós porque forçadamente aya de olbidar quanto mal passó entre vós et él, et entiende que sin vós non se puede bien defender, tengo que assí commo los cavallos se fueron poco a poco ayuntando en uno fasta que perdieron el reçelo, fueron bien seguros el uno del otro, que assí devedes vós, poco a poco, tomar fiança et afazimiento [251] con aquel vuestro enemigo. Et si fallardes en l' sienpre buena obra et leal, en tal manera que seades bien çierto que en ningún tiempo, por bien quel vaya, que nunca vos verná [252] dél daño, estonçe faredes bien et será vuestra pro de vos ayudar porque otro omne estraño non vos conquiera [253] nin vos estruya. Ca mucho deven los omnes fazer et sofrir a sus parientes et

[248] *pieça*: rato. Véase la nota 125 en la p. 64.

[249] *muesso*[s]: mordiscos. Comp.: "Issiemos de la foya que Adan nos abrió, / quando sobre el deviedo [prohibición] del mal muesso mordió". Berceo, *Milagros*, 622cd.

[250] *casa*: establo.

[251] *afazimiento*: confianza, intimidad. Comp.: "Et devel ser sienpre muy obediente et muy omildoso, et guardarse de tomar con el grant afazimiento en los fechos pequennos". *Libro infinido*, p. 41. "Non cae al rey auer afazimiento con la mora". *Castigos e documentos*, p. 87.

[252] *verná*: vendrá.

[253] *conquiera*: conquiste, se apodere de lo vuestro. Comp.: "commoquier que ellos tan buenos guerreros sean, mas maneras con que los christianos los vençen et les conquieren las tierras...". *Libro de los estados*, f. 83c.

a sus vezinos porque non sean maltraýdos [254] de los otros estraños. Pero si vierdes que aquel vuestro enemigo es tal o de tal manera, que desque lo oviésedes ayudado en guisa que saliese por vós de aquel peliglo, [255] que después que lo suyo fuesse en salvo, que sería contra vós et non pod[rí]ades dél ser seguro; si él tal fuer, faríades mal seso en le ayudar, ante tengo quel devedes estrañar [256] quanto pudierdes, ca pues viestes que, seyendo él en tan grand quexa, [257] non quiso olvidar el mal talante que vos avía, et entendiestes que vos lo tenía guardado para quando viesse su tiempo que vos lo podría fazer, bien entendedes vós que non vos dexa logar para fazer ninguna cosa porque salga por vós de aquel grand peligro en que está.

Al conde plogo desto que Patronio dixo, et tovo quel dava muy buen consejo.

Et porque entendió don Iohan que este exiemplo era bueno, mandólo escrivir en este libro et fizo estos viessos que dizen assí:

> Guardatvos de seer conquerido del estraño, [258]
> seyendo del vuestro bien guardado de daño.

Et la ystoria deste exiemplo es ésta que se sigue:

EXEMPLO X°

DE LO QUE CONTESÇIÓ A UN OMNE QUE POR POBREZA ET MENGUA DE OTRA VIANDA COMÍA ATRAMUZES. [259]

OTRO día fablava el conde Lucanor con Patronio en esta manera:

[254] *maltraýdos*: maltratados, denostados. Véase la nota 82 en la p. 57.

[255] *peliglo*: peligro. Es forma muy frecuente.

[256] *estrañar*: alejar, rehuir. Comp.: "Et sil mouiere pleito que non sea tan bueno, deuelo estrañar mucho". *Libro de los estados,* f. 81c.

[257] *quexa*: apuro, pena. Vid. la nota 101 en la p. 61.

[258] *estraño*: extraño, extranjero. Comp.: "Mas quando de tal guisa vio omne estranyo". *Libro de Apolonio,* 471c.

[259] *atramuces, atramices*: altramuces. "Con la vacilación de la vocal por la transcripción del vocablo árabe. Ahora decimos altra-

—Patronio, bien conosco [260] a Dios que me a fecho muchas merçedes, más quel yo podría servir, et en todas las otras cosas entiendo que está la mi fazienda asaz con bien et con onra; pero algunas vegadas me contesçe de estar tan afincado de pobreza que me paresçe que quer[r]ía tanto la muerte commo la vida. Et ruégovos que algún conorte [261] me dedes para esto.

—Señor conde Lucanor —dixo Patronio—, para que vos conortedes quando tal cosa vos acaesçiere, sería muy bien que sopiésedes lo que acaesçió a dos omnes que fueron muy ricos.

El conde le rogó quel dixiesse cómmo fuera aquello.

—Señor conde Lucanor —dixo Patronio—, de estos dos omnes, el uno dellos llegó a tan grand pobreza quel non fincó [262] en el mundo cosa que pudiese comer. Et desque fizo mucho por buscar alguna cosa que comiesse, non pudo aver cosa del mundo sinon una escudiella de atramizes. Et acordándose de quando rico era et solía ser, que agora con fambre et con mengua avía de comer los atramizes, que son tan amargos et de tan mal sabor, començó de llorar muy fieramente, pero con la grant fambre començó de comer de los atramizes, et en comiéndolos, estava llorando et echava las cortezas de los atramizes en pos sí. Et él estando en este pesar et en esta coyta, sintió que estava otro omne en pos dél et bolbió la cabeça et vio un omne cabo dél, [263] que estava comiendo las cortezas de los atramizes que él echava en pos de sí, et era aquél de que vos fablé desuso. [264].

---

muz, sin asimilar la *l* del artículo árabe". Nota de doña María Goyri en su edic., p. 58.

[260] *conosco*: reconozco. Comp.: "dizeles que s'conoscan e les venga emiente / que son ceniza e tal tornarán ciertamente". *Libro de buen amor*, 1.178cd.

[261] *conorte*: consuelo. Comp.: "Tu da a nuestras llagas conorte e medicina". *Poema de Fernán González*, edic. cit., 106d, "que non vaya sin conorte mi llaga e quexura". *Libro de buen amor*, 605.

[262] *fincó*: quedó.

[263] *cabo dél*: cerca de él.

[264] *desuso*: anteriormente. Comp.: "yo vos dixe desuso que en el tienpo de la criança que ay departimiento". *Libro infinido*, p. 27.

Et quando aquello vio el que comía los atramizes, preguntó a aquél que comía las cortezas que por qué fazía aquello. Et él dixo que sopiese que fuera muy más rico que él, et que agora avía llegado a tan grand pobreza et en tan grand fanbre quel plazía mucho quando fallava aquellas cortezas que él dexava. Et quando esto vio el que comía los atramizes, conortóse, pues entendió que otro avía mas pobre que él, [265] et que avía menos razón porque lo devié seer. Et con este conorte, esforçósse et ayudol Dios, et cató manera en cómmo saliesse de aquella pobreza, et salió della et fue muy bien andante.

Et, señor conde Lucanor, devedes saber que el mundo es tal, et aunque nuestro señor Dios lo tiene por bien, que ningún omne non aya complidamente todas las cosas. Mas, pues en todo lo al vos faze Dios merçed et estades con vien et con onra, si alguna vez vos menguare dineros o estudierdes [266] en affincamiento, [267] non desmayedes por ello, et cred por çierto que otros más onrados et más ricos que vós estarán [tan] afincados, que se ternién por pagados si pudiessen dar a sus gentes et les diessen aún muy menos de quanto vos les dades a las vuestras.

Al conde plogo mucho desto que Patronio dixo, et conortóse, et ayudóse él, et ayudol Dios, et salió muy bien de aquella quexa en que estava.

Et entendiendo don Iohan que este exiemplo era muy bueno, fízolo poner en este libro et fizo estos viessos que dizen assí:

[265] Calderón recordará todo el cuento en la célebre décima de *La vida es sueño,* j. I, esc. II, "Cuentan de un sabio que un día...".

[266] *estudierdes*: estuviéreis. Derivado de la forma 'estudo'. Véase un poco más adelante 'estudieron', p. 97. Comp.: "Et desque el infante fue ya cresçiendo, et el rey tovo por bien que estudiese en su casa, estudo en casa del rey su padre un grant tiempo". *Libro de las armas,* p. 77.

[267] *affincamiento*: aflicción, apuro. Comp.: "que pues él tenie a grant peoria et le fazian tantos afincamientos los suyos que fiziese alguna pleytisia por que salliese de aquella guerra". *Libro de los estados,* f. 79c.

Por pobreza nunca desmayedes,
pues otros más pobres que vos ve[r]edes.

Et la ystoria deste exiemplo es ésta que se sigue:

EXEMPLO XI°

DE LO QUE CONTESÇIÓ A UN DEÁN DE SANCTIAGO CON DON YLLÁN, EL GRAND MAESTRO DE TOLEDO. *

OTRO día fablava el conde Lucanor con Patronio, et contával su fazienda [268] en esta guisa:

—Patronio, un omne vino a me rogar quel ayudasse en un fecho que avía mester mi ayuda, et prometióme que faría por mí todas las cosas que fuessen mi pro et mi onra. Et yo començel a ayudar quanto pude en aquel fecho. Et ante que [el] pleito fuesse acabado, teniendo [269] él que ya el su pleito era librado, [270] acaesçió una cosa en que cumplía que la fiziesse por mí, et roguel que la fiziesse

---

* El cuento figura en el *Promptuarium exemplorum* de J. Hérolt; en el *Speculum morale,* atribuido a V. de Beauvais; en la *Scala Dei,* de J. Gobi y en la *Summa praedicantium* de J. Bromyard. Véase Knust, p. 331 y María Rosa Lida de Malkiel, ob. cit., págs. 96-97. "Estos Illanes, que quedaron en proverbios por su discreción, sabiduría y ciencia mágica, figuraron en Toledo desde comienzos del siglo XII; descendían, al parecer, de un D. Pedro Paleólogo, Conde griego, y fueron progenitores del linaje de los Duques de Alba. (Vid. *Discurso de recepción del Duque de Berwick y de Alba en la Real Academia de la Historia,* 18 de mayo de 1919, p. 17.) Amador de los Ríos explica por la agudeza de esta familia el significado de la palabra *perillán*". Nota de F. J. Sánchez Cantón en su edic. (Madrid, 1920), p. 75. Véase la bella glosa de Azorín en *Los valores literarios,* edic. cit., p. 1.040, y las páginas que le dedica Pedro L. Barcia en *Análisis del Conde Lucanor* (Buenos Aires, 1968), págs. 49 y ss.

[268] *fazienda:* asunto, negocio. Véase la nota 1 en la p. 45.

[269] *teniendo:* pensando. Comp.: "El bien que fer podierdes fazeldo luego, luego: / tenet que cras morredes; ca la vida es juego". *Libro de buen amor,* 1.531cd.

[270] *librado:* despachado, arreglado. Comp.: "e esto librado, fuese para Antioca". *Conquista de Ultramar* (BAE, XLIV), p. 280a.

et él púsome escusa. Et después acaesçió otra cosa que
pudiera fazer por mí, et púsome escusa commo a la otra;
et esto me fizo en todo lo quel rogué quél fiziesse por mí.
Et aquel fecho porque él me rogó, non es aún librado, nin
se librará si yo non quisiere. Et por la fiuza [271] que yo
he en vós et en el vuestro entendimiento, ruégovos que
me conseiedes lo que faga en esto.

—Señor conde —dixo Patronio—, para que vós fagades
en esto lo que vós devedes, mucho querría que sopiésedes
lo que contesçió a un deán de Sanctiago con don Yllán,
el grand maestro que morava en Toledo.

Et el conde le preguntó cómmo fuera aquello.

—Señor conde —dixo Patronio—, en Sanctiago avía un
deán que avía muy grant talante de saber el arte de la
nigromançia, [272] et oyó dezir que don Yllán de Toledo [273]
sabía ende más que ninguno que fuesse en aquella sazón;
et por ende vínose para Toledo para aprender de aquella
sciençia. Et el día que llegó a Toledo adereçó [274] luego a
casa de don Yllán et fallólo que estava lleyendo en una
cámara muy apartada; et luego que legó a él, reçibiólo
muy bien et díxol que non quería quel dixiesse ninguna
cosa de lo porque venía fasta que oviese comido. Et pen-
só [275] muy bien dél et fízol dar muy buenas posadas, [276]
et todo lo que ovo mester, el diol a entender quel plazía
mucho con su venida.

Et después que ovieron comido, apartósse con él, et
contol la razón porque allí viniera, et rogol muy affinca-
damente quel mostrasse aquella sciençia que él avía muy
grant talante de aprender. Et don Yllán díxol que él era

---

271 *fiuza*: confianza. Vid. las págs. 85, 86.

272 *nigromancia*: magia negra, arte para adivinar el futuro.

273 Toledo llevó fama en la Edad Media por sus nigrománticos
y adivinos.

274 *adereçó*: enderezó, se dirigió.

275 *pensó*: cuidó de él. Comp.: "Pensaron amos de la duenya
fasta que fue leuantada; / nunca viyo omne en el mundo duenya
mejor guardada". *Libro de Apolonio*, 322ab.

276 *posadas*: aposentos.

deán et omne de grand guisa [277] et que podía llegar a
grand estado —et los omnes que grant estado tienen, de
que todo lo suyo an librado a su voluntad, olbidan mucho
aýna [278] lo que otrie a fccho por ellos— et él que se reçe-
lava que de que él oviesse aprendido dél aquello que él
quería saber, que non le faría tanto bien commo él lc pro-
metía. Et el deán le prometió et le asseguró que de qual-
quier vien que él oviesse, que nunca faría sinon lo que
él mandasse.

Et en estas fablas estudieron [279] desque ovieron yanta-
do fasta que fue ora de çena. De que su pleito fue bien
assossegado [280] entrc ellos, dixo don Yllán al deán que
aquella sçiençia non se podía aprender sinon en lugar mu-
cho apartado et que luego essa noche le quería amostrar
do avían de estar fasta que oviesse aprendido aquello que
él quería saber. Et tomol por la mano et levol a una cá-
mara. Et en apartándose de la otra gente, llamó a una
mançeba de su casa et díxol que toviesse perdizes para
que çenassen essa noche, mas que non las pusiessen a assar
fasta que él gelo mandasse.

Et desque esto ovo dicho, llamó al deán; et entraron
entramos por una escalera de piedra muy bien labrada et
fueron descendiendo por ella muy grand pieça, en guisa
que paresçía que estavan tan vaxos que passava el río de
Tajo por çima dellos. Et desque fueron en cabo del esca-
lera, fallaron una possada muy buena, et una cámara mu-
cho apuesta [281] que ý avía, ó [282] estavan los libros et el
estudio en que avía[n] de leer. De que se assentaron, esta-
van parando mientes en quáles libros avían de començar.

---

[277] *guisa*: calidad, condición. Comp.: "Et bien sabedes vos, sen-
nor infante, que si un omnc dc pequenna guisa faze grant tuerto
con grant desonra a un grant sennor...". *Libro de los estados*,
f. 60c.

[278] *aýna*: pronto, presto. Comp.: "dezirtelo he mas presto, por
te embiar aina". *Libro de buen amor*, 297d.

[279] *estudieron*: estuvieron. Véase la nota 266 en la p. 94.

[280] *assossegado*: pactado, asentado.

[281] *apuesta*: adornada, decorada.

[282] *ó*: donde. Vid. p. 76.

Et estando ellos en esto, entraron dos omnes por la puerta et diéronle una carta quel enviava el arçobispo, su tío, en quel fazía saber que estava muy mal doliente et quel enviava rogar que sil quería veer vivo, que se fuesse luego para él. Al deán pesó mucho con estas nuebas: lo uno por la dolençia de su tío, et lo al porque reçeló que avía de dexar su estudio que avía començado. Pero puso en su coraçón de non dexar aquel estudio tan aýna, et fizo sus cartas de repuesta et enviólas al arçobispo su tío.

Et dende a tres o quatro días llegaron otros omnes a pie que trayan otras cartas al deán en quel fazían saber que el arçobispo era finado, et que estavan todos los de la eglesia en su eslecçión et que fiavan por la merçed de Dios que eslerían [283] a él, et por esta razón que non se quexasse [284] de yr a lla eglesia, ca mejor era para él en quel eslecyessen seyendo en otra parte que non estando en la eglesia.

Et dende a cabo de siete o de ocho días, vinieron dos escuderos muy bien vestidos et muy bien aparejados, et quando llegaron a él, vesáronle la mano et mostráronle las cartas en cómmo le avían esleýdo por arçobispo. Quando don Yllán esto oyó, fue al electo et díxol cómmo gradesçía mucho a Dios porque estas buenas nuebas le llegaran a su casa, et pues Dios tanto bien le fiziera, quel pedía por merçed que el deanadgo que fincava vagado [285] que lo diesse a un su fijo. Et el electo díxol quel rogava quel quisiesse consentir que aquel deanadgo que lo oviesse un su hermano; mas que él le faría bien en guisa que él fuesse pagado, et que [l] rogava que fuesse con l' para Sanctiago et que levasse aquel su fijo. Don Yllán dixo que lo faría.

Fuéronse para Sanctiago. Quando ý llegaron, fueron muy bien reçebidos et mucho onradamente. Et desque moraron

---

[283] *eslerían*: escogerían, elegirían. Comp.: "cada que muere el Papa, los cardenales, que [son en] lugar de los Apostoles, esleen uno por Papa". *Libro de los estados,* f. 56c.

[284] *quexasse*: preocupase, tuviese prisa.

[285] *vagado*: vacante.

ý un tiempo, un día llegaron al arçobispo mandaderos [286] del Papa con sus cartas en cómol dava el obispado de Tolosa, et quel dava gracia que pudiesse dar el arçobispado a qui quisiesse. Quando don Yllán oyó esto, retrayéndol [287] mucho affincadamente lo que con él avía passado, pidiol merçed quel diesse a su fijo; et el arçobispo le rogó que consentiesse que lo oviesse un su tío, hermano de su padre. Et don Yllán dixo que bien entendié quel fazía gran tuerto, [288] pero que esto que lo consintía en tal que [289] fuesse seguro que gelo emendaría adelante. Et el [arz]obispo le prometió en toda guisa que lo faría assí, et rogol que fuessen con él a Tolosa et que levasse su fijo.

Et desque llegaron a Tolosa, fueron muy bien reçebidos de condes et de quantos omnes buenos [290] avía en la tierra. [291] Et desque ovieron ý morado fasta dos años, llegaron los mandaderos del Papa con sus cartas en cómmo le fazía el Papa cardenal et quel fazía gracia que diesse el obispado de Tolosa a qui quisiesse. Entonçe fue a él don Yllán et díxol que, pues tantas vezes le avía fallesçido [292] de lo que con él pusiera, [293] que ya que non avía logar del poner escusa ninguna que non diesse algunas de aquellas dignidades a su fijo. Et el cardenal rogol quel consen-

---

[286] *mandaderos*: enviados, mensajeros. Comp.: "Et los mandaderos non son todos de vna guisa, que mandaderos deuen ser a [unos] lugares los mayores omnes e de mayor entendimiento". *Libro infinido*, p. 53.

[287] *retrayéndol*: reprochándole, echándole en cara. Comp.: "después en la carrera feremos nuestro sabor, / ante que nos retrayan lo que cuntió del león". *Poema del Cid*, 2.548.

[288] *tuerto*: daño, injusticia. Comp.: "ca sodes coñoscedores / por escoger el derecho, ca tuerto non mando yo". *Poema del Cid*, 3.137-8.

[289] *en tal que*: con tal que.

[290] *omnes buenos*: nobles, honrados. Cf.: "Respusol hun ombre bueno, bien raçonado era". *Libro de Apolonio*, 44a.

[291] *tierra*: región. Vid. la nota 73 en la p. 56.

[292] *fallesçido*: incumplido, fallado. Comp.: "Et la iustiçia de Dios fuese conplida et non fallesçiese y nada". *Libro de los estados*, f. 62a.

[293] *pusiera*: acordara, conviniera. Cf.: "Las palabras son puestas, los omenajes dados son". *Poema del Cid*, 2.111.

tiese que oviesse aquel obispado un su tío, hermano de
su madre, que era omne bueno ançiano; mas que, pues
él cardenal era, que se fuese con él para la Corte, que
asaz avía en qué le fazer bien. Et don Yllán quexósse ende
mucho, pero consintió en lo que el cardenal quiso, [et]
fuesse con él para la Corte.

Et desque ý llegaron, fueron bien reçebidos de los car-
denales et de quantos en la Corte eran et moraron ý muy
grand tiempo. Et don Yllán affincando [294] cada día al car-
denal quel fiziesse alguna gracia a su fijo, et él poníal sus
escusas.

Et estando assí en la Corte, finó el Papa; et todos [los]
cardenales esleyeron aquel cardenal por Papa. Estonçe fue
a él don Yllán et díxol que ya non podía poner escusa de
non conplir lo quel avía prometido. El Papa le dixo que
non lo affincasse tanto, que siempre avría lugar en quel
fiziesse merçed segund fuesse razón. Et don Yllán se co-
mençó a quexar mucho, retrayéndol quantas cosas le pro-
metiera et que nunca le avía complido ninguna, et dizién-
dol que aquello reçelava en la primera vegada que con él
fablara, et pues aquel estado era llegado et nol [295] cumplía
lo quel prometiera, que ya non le fincava logar en que
atendiesse [296] dél bien ninguno. Deste aquexamiento se
quexó mucho el Papa et començol a maltraer [297] diziéndol
que si más le affincasse, quel faría echar en una cárcel,
que era ereje et encantador, que bien sabía que non avía
otra vida nin otro offiçio en Toledo, do él morava, sinon
bivir por aquella arte de nigromançia.

Desque don Yllán vio quánto mal le gualardonava el
Papa lo que por él avía fecho, espedióse [298] dél, et sola-
mente nol [299] quiso dar el Papa que comiese por el camino.

---

[294] *afincando*: apremiando, insistiendo. Véase la p. 83, nota 221.
[295] *nol*: no le.
[296] *atendiesse*: esperase. Cf.: "Si atender quisieres e luego qui-
sieres andar". *Libro de Apolonio*, 253a.
[297] *maltraer*: maltratar. Vid. otros ejemplos en las págs. 57 y 92.
[298] *espedióse*: despidióse. Comp.: "fue luego del ermita el buen
conde espedido". *Poema de Fernán González*, 416a.
[299] *solamente nol*: ni siquiera.

Castillo de Peñafiel (Valladolid)

Página del manuscrito núm. 6376 de la Biblioteca
Nacional de Madrid, que es el que se utiliza en
esta edición

Estonçe don Yllán dixo al Papa que pues al non tenía de comer, que se avría de tornar a las perdizes que mandara assar aquella noche, et llamó a la muger et díxol que assasse las perdizes.

Quanto esto dixo don Yllán, fallósse el Papa en Toledo, deán de Sanctiago, commo lo era quando ý bino, et tan grand fue la vergüença que ovo, que non sopo quel dezir. Et don Yllán díxol que fuesse en buena ventura et que assaz avía provado lo que tenía en él, et que terría por muy mal enpleado si comiesse su parte de las perdizes.

Et vós, señor conde Lucanor, pues veedes que tanto fazedes por aquel omne que vos demanda ayuda et non vos da ende meiores gracias, tengo que non avedes por qué trabajar nin aventurarvos mucho por llegarlo a logar [300] que vos dé tal galardón commo el deán dio a don Yllán.

El conde tovo esto por buen consejo, et fízolo assí, et fallósse ende bien.

Et porque entendió don Iohan que era éste muy buen exiemplo, fízolo poner en este libro et fizo estos viessos que dizen assí:

> *Al que mucho ayudares et non te lo conosçiere,* [301]
> *menos ayuda abrás, desque en grand onra subiere.*

Et la estoria deste exiemplo es ésta que se sigue:

EXEMPLO XII°

DE LO QUE CONTESÇIÓ A UN RAPOSO CON UN GALLO.

E L conde Lucanor fablava con Patronio, su conseiero, una vez en esta guisa:

—Patronio, vós sabedes que, loado a Dios, la mi tierra es muy grande et non es toda ayuntada en uno. Et commo

---

300 *llegarlo a logar*: ponerlo en situación.
301 *conosçiere*: agradeciere, reconociere. Comp.: "si a Dios, que tanto bien et onra les faze non le siruen nin gelo conosçen commo deuen, vos veedes...". *Libro de los estados,* 70b.

quier que yo he muchos lugares que son muy fuertes, he algunos que lo non son tanto, et otrosí otros lugares que son ya quanto [302] apartados de la mi tierra en que yo he mayor poder. Et quando he contienda con mios señores et con mios vezinos que an mayor poder que yo, muchos omnes que se me dan por amigos, et otros que se me fazen conseieros, métenme grandes miedos et grandes espantos et conséianme que en ninguna guisa non esté en aquellos mios lugares apartados, sinon que me acoja et esté en los lugares más fuertes et que son bien dentro en mi poder; et porque yo sé que vós sodes muy leal et sabedes mucho de tales cosas commo éstas, ruégovos que me conseiedes lo que vos semeia que me cumple de fazer en esto.

—Señor conde Lucanor —dixo Patronio—, en los grandes fechos et muy dubdosos son muy periglosos [303] los conseios, [ca en los más de los consejos] non puede omne fablar çiertamente, ca non es omne seguro a que pueden recodir [304] las cosas; ca muchas vezes viemos que cuyda omne una cosa et recude después a otra, ca lo que cuyda omne que es mal, recude a las vegadas a bien, et lo que cuyda omne que es vien, recude a las vegadas a mal; et por ende, el que a a dar consejo, si [es] omne leal et de buena entençión, es en muy grand quexa quando ha de conseiar, ca si el consejo que da recude a bien, non ha otras gracias sinon que dizen que fizo su debdo en dar buen conseio; et si el conseio a bien non recude, sienpre finca el conseiero con daño et con vergüença. Et por ende, este conseio, en que ay muchas dubdas et muchos periglos, plazerme ýa de coraçón si pudiese escusar de non lo dar, mas pues queredes que vos conseie, et non lo puedo escusar, dígovos que querría mucho que sopiésedes cómmo contesçió a un gallo con un raposo.

---

[302] *ya quanto*: algún tanto. Comp.: "Quando el rey de Tiro se vyo coronado / fue de la tristeza ya quanto amansado". *Libro de Apolonio*, 187ab.

[303] *periglosos*: peligrosos, forma más cercana a su etimología de 'periculum', 'periglo'.

[304] *recodir*: recudir, responder, ayudar. Comp.: "Recudioli palabras commo las otras tales". Berceo, *Milagros*, 167d.

El conde le preguntó cómmo fuera aquello.

—Señor conde —dixo Patronio—, un omne bueno avía una casa en la montaña, et entre las otras cosas [que] criava en su casa, criava siempre muchas gallinas et muchos gallos. Et acaesçió que uno de aquellos gallos andava un día allongado [305] de la casa por un campo et andando él muy sin reçelo, violo el raposo et vino muy ascondidamente, cuydándolo tomar. Et el gallo sintiólo et subió en un árbol que estava ya quanto alongado de los otros. Quando el raposo entendió que el gallo estava en salvo, pesol mucho porque nol pudiera tomar et pensó en quál manera podría guisar quel tomasse. Et entonçe endereçó al árbol, et començol a rogar et a falagar et assegurar que descendiesse a andar por el campo commo solía; et el gallo non lo quiso fazer. Et desque el raposo entendió que por ningún falago non le podía engañar, començol a menaçar diziéndol que, pues dél non fiava, que él guisaría cómmo se fallasse ende mal. Et el gallo, entendiendo que estava en su salvo, non dava nada por sus amenazas nin por sus seguranças.

Et de[sque] el raposo entendió que por todas estas maneras non le podía engañar, endereçó al árbol et començó a roer en él con los dientes et dar en él muy grandes colpes [306] con la cola. Et el cativo [307] del gallo tomó miedo sin razón, non parando mientes cómmo aquel miedo que el raposo le ponía non le podía enpeçer, [308] et espantóse de valde [309] et quiso foyr a los otros árboles en que cuidava estar más seguro, que non pudo llegar al monte, mas llegó a otro árbol. Et de que el raposo entendió

---

[305] *allongado*: alejado.

[306] *colpes*: golpes. Comp.: "Seños moros mataron, todos de seños colpes". *Poema del Cid*, 724.

[307] *cativo*: infeliz, desgraciado. Cf.: "ca eres una cativa bestia". Berceo, *Milagros*, 92b.

[308] *enpeçer*: dañar. Cf.: "que velen et guarden en guisa que ningún mal omne non le pueda enpeçer por fuerça". *Libro de los estados*, f. 75a.

[309] *de valde*: sin motivo, por nada. Comp.: "Tornaron al obispo, dissieronli: "Sennor, / savet que es culpada de valde la soror". Berceo, *Milagros*, 557.

que tomava miedo sin razón, fue en pos él; et assí lo levó de árbol en árbor fasta que lo sacó del monte et lo tomó, et lo comió.

Et vós, señor conde Lucanor, a menester que, pues tan grandes fechos avedes a pasar et vos avedes de partir [310] a ello, que nunca tomedes miedo sin razón, nin vos espantedes de valde por amenazas, nin por dichos de ningunos, nin fiedes en cosa de que vos pueda venir grand daño, nin grand periglo, et puñad [311] siempre en defender et en anparar los lugares más postrimeros [312] de la vuestra tierra; et non creades que tal omne commo vós, teniendo gentes et vianda, que por non seer el lugar muy fuerte, podríedes tomar peligro ninguno. Et si con miedo o con reçelo valdío [313] dexardes los lugares de cabo [314] de vuestra tierra, seguro sed que assý vos yrán levando de logar en logar fasta que vos sacassen de todo; ca quanto vós et los vuestros mayor miedo et mayor desmayo mostrássedes en dexando los vuestros logares, tanto más se esforçarán vuestros contrarios para vos tomar lo vuestro. Et quando vós et los vuestros viéredes a los vuestros contrarios más esforçados, tanto desmayaredes más, et así yrá yendo el pleito fasta que non vos finque cosa en el mundo; mas si bien porfidiardes sobre lo primero, sodes seguro, commo fuera el gallo si estudiera en el primero árbol, et aun tengo que cumpliría a todos los que tienen fortalezas, si sopiessen este exiemplo, ca non se espantarían sin razón quando les metiessen miedo con engaños, o con cavas, o con castiellos

---

[310] *partir*: preparar, disponer.

[311] *puñad*: esforçáos, pugnad. Comp.: "Et desque fue entendudo alguna cosa punne yo en le mostrar et le acostumbrar lo mas et mejor que yo pude". *Libro de los estados*, f. 53.

[312] *postrimeros*: lejanos, últimos. Comp.: "Et el sennor et el pendon deue yr en el az que sea cerca de la postrimera et yr en medio de todas las azes". "Et este [de los infançones] es el postremero estado que ha entre los fijos dalgo". *Libro de los estados*, fols. 82c y 95c.

[313] *valdío*: inútil, sin motivo. Cf.: "Fueron dares valdíos, de que ove manzilla". *Libro de buen amor*, 179.

[314] *de cabo*: extremos, fronterizos.

de madera, [315] o con otras tales cosas que nunca las farían sinon para espantar a los cercados. Et mayor cosa vos diré porque beades que vos digo verdat. Nunca logar se puede tomar sinon subiendo por el muro con escaleras o cavando el muro; [pero si el muro] es alto, non podrán llegar allá las escaleras. Et para cavarlo, vien cred que an mester grand vagar [316] los que lo an de cavar. Et assí, todos los lugares que se toman o es con miedo o por alguna mengua que an los cercados, et lo demás es por miedo sin razón. Et çiertamente, señor conde, los tales commo vós, et aun los otros que non son de tan grand estado commo vós, ante que comencedes la cosa, la devedes catar et ir a ella con grand acuerdo, et non lo pudiendo nin diviendo escusar. Mas, desque en el pleito fuéredes, non a mester que por cosa del mundo tomedes espanto nin miedo sin razón; siquier [317] devédeslo fazer, porque es çierto que de los que son en los periglos, que muchos más escapan de los que se defienden, et non de los que fuyen. Siquier parat mientes que si un perriello quel quiera matar un grand alano, está quedo et regaña los dientes, [318] que muchas vezes escapa, et por grand perro que sea, si fuye, luego es tomado et muerto.

Al conde, plogo mucho de todo esto que Patronio le dixo, et fízolo assí, et fallósse dello muy bien.

Et porque don Iohan tovo este por buen exiemplo, fízolo poner en este libro, et fizo estos viessos que dizen assí:

> Non te espantes por cosa sin razón,
> mas defiéndete bien commo varón.

Et la estoria deste exiemplo es ésta que se sigue:

---

[315] *castiellos de madera*: máquinas bélicas.

[316] *vagar*: ocio, tranquilidad. Cf.: "Ca bien entendedes vos, sennor infante, que en los tiempos apresurados de las guerras et de las lides non puede aver vagar entonçe para boluer las fojas de los libros". *Libro de los estados*, f. 82c.

[317] *siquier*: incluso. Comp.: "et siquier bien pudiestes oyr en las razones que pasaron entre mi et Turín". *Libro de los estados*, f. 59b.

[318] *regaña los dientes*: gruñe.

EXEMPLO TREZENO

De lo que contesçió a un omne que tomava perdizes. *

Fablava otra vez el conde Lucanor con Patronio, su consegero, et díxole:

—Patronio, algunos omnes de grand guisa, [319] et otros que lo non son tanto, me fazen a las vegadas enojos et daños en mi fazienda et en mis gentes, et quando son ante mí, dan a entender que les pesa mucho porque lo ovieron a fazer, et que lo non fizieron sinon con muy grand mester et con muy grant cuyta et non lo pudiendo escusar. Et porque yo querría saber lo que devo fazer quando tales cosas me fizieren, ruégovos que me digades lo que entendedes en ello.

—Señor conde Lucanor —dixo Patronio—, esto que vós dezides que a vos contesçe, sobre que me demandades consejo, paresçe mucho a lo que contesçió a un omne que tomava perdizes.

El conde le rogó quel dixiesse cómmo fuera aquello.

—Señor conde —dixo Patronio—, un omne paró [320] sus redes a las perdizes; et desque las perdizes fueron caýdas en la ret, aquel que las caçava llegó a la ret en que yazían las perdizes; et assí commo las yva tomando, matávalas et sacávalas de la red, et en matando las perdizes, dával el viento en los ojos tan reçio quel fazía llorar. Et una de las perdizes que estaba biva en la red començó a dezir a las otras:

—¡Vet, amigas, lo que faze este omne! ¡Commo quiera que nos mata, sabet que a grant duelo de nós, et por ende está llorando!

Et otra perdiz que estava ý, mas sabidora que ella, et que con su sabiduría se guardara de caer en la red, respondiol assí:

---

* Cuento de origen oriental que también figura en el *Libro de los gatos,* cap. IV. Véase la nota de Knust, págs. 334-5.

[319] *omnes de gran guisa*: poderosos, nobles.

[320] *paró*: dispuso, colocó. Comp.: "et en quantos peligros, tan del alma commo del cuerpo, se pare el cauallero por mantener el estado de la cauallería". *Libro de los estados,* f. 95c.

—Amiga, mucho gradesco a Dios porque me guardó, et ruego a Dios que guarde a mí et a todas mis amigas del que me quiere matar et fazer mal, et me da a entender quel pesa del mio daño.

Et vós, señor conde Lucanor, siempre vos guardat del que vierdes que vos faze enojo et da a entender quel pesa por ello porque lo faze; pero si alguno vos fizier enojo, non por vos fazer daño nin desonra, et el enojo non fuere cosa que vos mucho enpesca, [321] et el omne fuer tal de que ayades tomado serviçio o ayuda, et lo fiziere con quexa o con mester, en tales logares, [322] conséiovos yo que çerredes el oio en [e]llo, pero en guisa que lo non faga tantas vezes, dende se vos siga daño nin vergüença; mas, si de otra manera lo fiziesse contra vós, estrañadlo [323] en tal manera porque vuestra fazienda et vuestra onra sienpre finque guardada.

El conde tovo por buen consejo éste que Patronio le dava et fízolo assí et fallósse ende bien.

Et entendiendo don Iohan que este exiemplo era muy bueno, mandólo poner en este libro et fizo estos viessos que dizen assí:

> *Quien te mal faz mostrando grand pesar,*
> *guisa cómmo te puedas dél guardar.*

[Et] la ystoria deste exiemplo es ésta que se sigue:

EXEMPLO XIIII°

DEL MIRAGLO QUE FIZO SANCTO DOMINGO QUANDO PREDICÓ SOBRE EL LOGRERO. *

UN día fablava el conde Lucanor con Patronio en su fazienda et díxole:

---

[321] *enpesca*: dañe. Vid. la nota 308 en la p. 103.

[322] *logares*: ocasiones. Cf.: "Por ende non ove tiempo nin logar de aprender mucho". *Libro del cavallero et del escudero*, p. 65.

[323] *estrañadlo*: alejadlo.

* Quizá oído por don Juan Manuel a alguno de sus amigos predicadores. Se encuentra en el *Libro de los milagros* de Gregorio

—Patronio, algunos omnes me consejan que ayunte el
mayor tesoro que pudiere et que esto me cumple más que
otra cosa para que quier que me contesca. Et ruégovos
que me digades lo que vos paresçe en ello.

—Señor conde —dixo Patronio—, commo quier que [a]
los grandes señores vos cumple de aver algún tesoro para
muchas cosas et señaladamente porque no[n] dexedes,
por mengua de aver, de fazer lo que vos cumplier; et pero
non entendades que este tesoro devedes ayuntar en guisa
que pongades tanto el talante [324] en ayuntar grand tesoro
porque dexedes de fazer lo que devedes a vuestras gentes
et para guarda de vuestra onra et de vuestro estado, [325] ca
si lo fiziésedes podervos ýa acaesçer lo que contesçió a un
lonbardo en Bolonia.

El conde le preguntó cómmo fuera aquello.

—Señor conde —dixo Patronio—, en Boloñia avía un
lonbardo que ayuntó muy grand tesoro et non catava si
era de buena parte o non, sinon ayuntarlo en qualquier
manera que pudiesse. El lonbardo adoleçió de dolençia
mortal, et un su amigo que avía, desque lo vio en la muer-
te, conseiol que se confessase con sancto Domingo, [326] que
era estonçe en Bollonia. Et el lonbardo quísolo fazer.

Et quando fueron por sancto Domingo, entendió sancto
Domingo que non era voluntad de Dios que aquel mal
omne non sufriesse la pena por el mal que avía fecho, et
non quiso yr allá, mas mandó a un frayre que fuesse allá.

---

de Tours (Knust, págs. 336-7). Figura también en *Castigos e docu-
mentos*, cap. VII y en el *Libro de los exemplos*, CXI, sin la in-
tervención del santo, como anota M.ª R.ª Lida de Malkiel, ob. cit.,
p. 96.

[324] *talante*: voluntad. Comp.: "porque de entrar ove mayor ta-
lante". Imperial. *Cancionero de Baena* (Madrid, 1966), p. 500.

[325] Comp.: "Mas los thesoros deuen ser de lo que los sennores
ovieron de buena parte e sin pecado. Et en esta manera —non
faziendo los sennores vileza, nin mendig[u]eza, nin mengua de su
onra nin de su estado por ayuntar grant tesoro— esto guardad[o],
deue[n] fazer su poder por auer el mayor tesoro que podiere[n]".
Libro infinido, págs. 62-3.

[326] Santo Domingo de Guzmán, nacido en Calahorra (1170),
fundador de los dominicos, murió precisamente en Bolonia en 1221.

Quando los fijos del lonbardo sopieron que avía enviado por sancto Domingo, pesóles ende mucho, teniendo que sancto Domingo faría a su padre que diesse lo que avía por su alma, et que non fincaría nada a ellos. Et quando el frayre vino, dixiéronle que suava [327] su padre, mas quando cumpliesse, que ellos enbiarían por él.

A poco rato perdió el lombardo la fabla, et murió, en guisa que non fizo nada de lo que avía mester para su alma. Otro día, quando lo levaron a enterrar, rogaron a sancto Domingo que predigasse sobre aquel lonbardo. Et sancto Domingo fízolo. Et quando en la predigación ovo de fablar daquel omne, dixo una palabra [328] que dize el Evangelio, que dize assí: "Ubi est tesaurus tuus ibi est cor tuum". [329] Que quiere dezir: "Do es el tu tesoro, y es el tu coraçón". Et quando esto dixo, tornósse a las gentes et díxoles:

—Amigos, porque beades que la palabra del Evangelio es verdadera, fazet catar el coraçón a este omne et yo vos digo que non lo fallarán en el cuerpo suyo et fallarlo an en el arca que tenía el su tesoro.

Estonçe fueron catar el coraçón en el cuerpo et non lo fallaron ý, et falláronlo en el arca commo sancto Domingo dixo. Et estava lleno de gujanos [330] et olía peor que ninguna cosa por mala nin por podrida que fuesse.

Et vós, señor conde Lucanor, commo quier que el tesoro, commo desuso es dicho, es bueno, guardar dos cosas: la una, en que el tesoro que ayuntáredes, que sea de buena parte; la otra, que non pongades tanto el coraçón en el tesoro porque fagades ninguna cosa que vos non caya [331]

---

327 *suava*: sudaba. (Se refiere al sudor como síntoma de muerte.) Cf.: "Ante que entrase ove muchos suores". Imperial. *Cancionero de Baena*, p. 500.

328 *palabra*: sentencia, dicho. Véase la nota 191 en la p. 78.

329 San Mateo, VI, 21; San Lucas, XII, 34.

330 *gujanos*: gusanos. C.: "Ay un gujano que llaman ydrus". "Los gujanos rroeran el cuerpo e lo tragaran [...] quando muere el omne, heredarlo an serpientes e bestias e gujanos". *Libro de los gatos*, ed. de J. E. Keller (Madrid, 1958), págs. 54 y 74.

331 *caya*: convenga. Comp.: "Non cae al rey de se alabar que es sabidor de lo que non sabe". *Castigos e documentos*, p. 87. "Que

de fazer; nin dexedes nada de vuestra onra, nin de lo que devedes fazer, por ayuntar grand tesoro de buenas obras, porque ayades la gracia de Dios et buena fama de las gentes.

Al conde plogo mucho deste consejo que Patronio le dio, et fízolo assí, et fallóse ende bien.

Et teniendo don Iohan que este exiemplo era muy bueno, fízolo escrivir en este libro et fizo estos viessos que dizen assí:

> Gana el tesoro verdadero
> et guárdate del falleçedero.

Et la ystoria deste exiemplo es ésta que se sigue:

EXEMPLO XV°

DE LO [QUE] CONTESÇIÓ A DON LORENÇO SUÁREZ SOBRE LA ÇERCA DE SEVILLA. *

O T R A vez fablava el conde Lucanor con Patronio, su consegero, en esta guisa:

—Patronio, a mí acaesçió que ove un rey muy poderoso por enemigo; et desque mucho duró la contienda entre nós, fallamos entramos por nuestra pro de nos avenir. [332] Et commo quiera que agora estamos por avenidos et non ayamos guerra, siempre estamos a sospecha el uno del otro. Et algunos, también de los suyos commo de los míos, métenme muchos miedos, et dízenme que quiere buschar achaque para seer contra mí; et por el buen entendimiento que

___

esté el sennor sin cuydado que por cosa quel caya de fazer que non verná ninguna ocasión en la fortaleza". *Libro infinido*, p. 59.

* Knust, p. 338, señala que en la *Crónica del santo rey don Fernando*, cap. LX, se menciona este suceso: "Como don Lorenço Xuarez y Garciperez de Vargas y otros cavalleros con poca gente desbarataron una gran batalla de moros a la puerta de Guadayra". Según Puybusque, *Le comte Lucanor*, p. 250, el caballero cuyo nombre no recordaba don Juan Manuel era, según Pérez de Guzmán, Payo de Correa, gobernador de Cazorla.

[332] *avenir*: ponerse de acuerdo. Cf. nota 243 en la p. 89.

avedes, ruégovos que me consejedes lo que faga en esta
razón.

—Señor conde Lucanor —dixo Patronio—, éste es muy
grave conseio de dar por muchas razones: lo primero, que
todo omne que vos quiera meter en contienda ha muy
grant aparejamiento [333] para lo fazer, ca dando a entender
que quiere vuestro servicio et vos desengaña, et vos aper-
cibe, et se duele de vuestro daño, vos dirá siempre cosas
para vos meter en sospecha; et por la sospecha, abredes
a fazer tales aperçibimientos [334] que serán comienço de con-
tienda, et omne del mundo non podrá dezir contra ellos;
ca el que dixiere que non guardedes vuestro cuerpo, da-
vos a entender que non quiere vuestra vida; et el que di-
xiere que non labredes [335] et guardedes et bastescades [336]
vuestras fortalezas, da a entender que non quiere guar-
dar vuestra heredat; et el que dixiere que non ayades mu-
chos amigos et vassallos et les dedes mucho por los aver
et los guardar, da a entender que non quiere vuestra onra,
nin vuestro defendimiento; et todas estas cosas non se
faziendo, seríades en grand periglo, et puédese fazer en
guisa que será comienço de roýdo; [337] pero pues queredes
que vos conseie lo que entiendo en esto, dígovos que que-
r[r]ía que sopiésedes lo que contesçió a un buen cavallero.

---

[333] *aparejamiento*: oportunidad, posibilidad. Comp.: "Et porque
los fisicos an muchas maneras para ganar dineros de las gentes…
an muy grant aparejamiento para encobrir la mala obra". *Libro de
los estados*, f. 100b.

[334] *aperçibimientos*: preparativos. Comp.: "todo a de fincar en
la voluntad et en la merçed de Dios et en el buen entendimiento
et grant esfuerço et grant aperçibimiento del que lo ha de fazer".
Libro de los estados, f. 82d.

[335] *labredes*: de 'labrar', reparar. Comp.: "Et para las guardar
[las fortalezas] e las mantener, deue guisar de auer tantas fortale-
zas e tales, que las pueda bien basteçer e labrar e auer grant gente
para las poder defender". *Libro infinido*, p. 58.

[336] *batescades*: de 'bastecer', abastecer, proveer. Comp.: "Otrosi,
que bastesca de armas et de viandas los lugares que cumpliere
para la guerra". *Libro de los estados*, f. 79d.

[337] *roýdo*: alboroto, pendencia. Comp.: "digale qu'el domingo,
ante del sol salido, / imos lidiar con ella, faziendo grand roído".
Libro de buen amor, 1196bc.

El conde le rogó quel dixiesse cómmo fuera aquello.

—Señor conde —dixo Patronio—, el sancto et bien-ave[n]turado rey don Ferrando tenía cercada a Sevilla; et entre muchos buenos que eran ý con él, avía ý tres cava-lleros que tenían por los meiores tres cavalleros d'armas que entonçe avía en el mundo: et dizían [338] al uno don Lorenço Suárez Gallinato, [339] et al otro don García Périz de Vargas, et del otro non me acuerdo del nombre. Et estos tres cavalleros ovieron un día porfía entre sí quál era el mejor cavallero d'armas. Et porque non se pudieron avenir en otra manera, acordaron todos tres que se armassen muy bien, et que llegassen fasta la puerta de Sevilla, en guisa que diessen con las lanças a la puerta.

Otro día mañana, armáronse todos tres et endereçaron a lla villa; et los moros que estavan por el muro et por las torres, desque vieron que non eran más de tres cavalleros, cuydaron que vinían por mandaderos, et non salió ningu-no a ellos, et los tres cavalleros passaron la cava [340] et la barvacana, [341] llegaron a lla puerta de la villa, et dieron de los cuentos [342] de las lanças en ella; et desque ovieron fecho [esto], volbieron las riendas a los cavallos et tor-náronse para la hueste.

Et desque los moros vieron que non les dizían ninguna cosa, toviéronse por escarnidos [343] et començaron a yr en pos ellos; et quando ellos ovieron avierto la puerta de lla villa, los tres cavalleros que se tornavan su passo, [344] eran ya quanto alongados; et salieron en pos dellos más de mil et quinientos omnes a cavallo, et más de veinte mil a pie. Et desque los tres cavalleros vieron que vinían cerca de-llos, bo[l]bieron las riendas de los cavallos contra ellos

[338] *dizían*: llamaban. Vid. la nota 46 en la p. 52.

[339] Lorenzo Suárez Gallinato figura también en el exemplo XXVIII.

[340] *cava*: foso.

[341] *barvacana*: aspillera, pero también obra avanzada para de-fender una cabeza de puente.

[342] *cuento*: regatón o casquillo o punta de la lanza.

[343] *escarnidos*: escarnecidos, injuriados. Comp.: "Desque pecó con ella, sentiose escarnida". *Libro de buen amor*, 257a.

[344] *tornavan su passo*: volvían despacio.

et asperáronlos. Et quando los moros fueron cerca dellos, aquel cavallero de que olbidé el nombre, endereçó a ellos et fuelos ferir. [345] Et don Lorenço Suárez et don García Périz estudieron quedos; et desque los moros fueron más cerca, don García Périz de Vargas fuelos ferir; et don Lorenço Xuárez estudo quedo, et nunca fue a ellos fasta que los moros le fueron ferir; et desque començaron a ferir, metióse entrellos et començó a fazer cosas marabillosas d'armas.

Et quando los del real [346] vieron aquellos cavalleros entre los moros, fuéronles acorrer. [347] Et commo quier que ellos estavan en muy grand priessa et ellos fueron feridos, fue la merçed de Dios que non murió ninguno dellos. Et la pellea fue tan grande entre los christianos et los moros, que ovo de llegar ý el rey don Ferrando. Et fueron los christianos esse día muy bien andantes. Et desque el rey se fue para su tienda, mandólos prender, diziendo que merescían muerte, pues que se aventuraron a fazer tan grant locura, lo uno en meter la hueste en rebato [348] sin mandado del rey, et lo al, en fazer perder tan buenos tres cavalleros. Et desque los grandes omnes de la hueste pidieron merçed al rey por ellos, mandólos soltar.

Et desque el rey sopo que por la contienda [349] que entrellos oviera fueron a fazer aquel fecho, mandó llamar quantos buenos omnes eran con él, para judgar quál dellos lo fiziera mejor. El desque fueron ayuntados, ovo entrellos grand contienda: en los unos dizían que fuera mayor esfuerço el que primero los fuera ferir, et los otros que el segundo, et los otros que el terçero. Et cada unos dizían tantas buenas razones [que] paresçían que dizían razón derecha: et, en verdad, tan bueno era el fecho en sí, que

---

[345] *ferir*: golpear. Comp.: "Mucho temio la vieja deste bravo dezir: / "Señora —diz—, ¡mesura!, ¡non me querades ferir!" *Libro de buen amor*, 1224.

[346] *real*: sitio donde está la tienda del rey, o campamento.

[347] *acorrer*: socorrer. Véase la p. 72, nota 155.

[348] *rebato*: alarma.

[349] *contienda*: disputa. Comp.: "desque vi a mi señor que non tenié posada, / e vi que la contienda era ya sossegada". *Libro de buen amor*, 1260.

qualquier podría aver muchas buenas razones para lo ala-
bar; pero, a la fin del pleito, el acuerdo fue éste: que si
los moros que binían a ellos fueran tantos que se pudies-
sen vençer por esfuerço o por vondad que en aquellos
cavalleros oviesse, que el primero que los fuesse a ferir,
era el meior cavallero, pues començava cosa que se non
podría acabar; mas, pues los moros eran tantos que por
ninguna guisa non los podrían vençer, que el que yva a
ellos non lo fazía por vençerlos, mas la vergüença le fazía
que non fuyesse; et pues non avía de foyr, la quexa del
coraçón, porque non podía soffrir el miedo, le fizo que
le[s] fuesse ferir. Et el segundo que les fue ferir et esperó
más que el primero, tovieron por meior, porque pudo so-
frir más el miedo. Mas don Lorenço Xuárez que sufrió
todo el miedo et esperó fasta que los moros le ferieron,
aquél iudgaron que fuera meior cavallero.

Et vós, señor conde Lucanor, veedes que estos son mie-
dos et espantos, et es contienda que, aunque la començe-
des, non la podedes acabar, quanto más suffriéredes estos
miedos et estos espantos, tanto seredes más esforçado, et
demás, faredes mejor seso: ca pues vós tenedes recabdo
en lo vuestro et non vos puede[n] fazer cosa ar[r]ebata-
damente de que grand daño vos venga, conséjovos yo que
non vos fuerçe la quexa del coraçón. Et pues grand colpe
non podedes reçebir, esperat ante que vos fieran, et por
aventura veredes que estos miedos et espantos que vos
ponen, que non son, con verdat, sinon lo que éstos vos
dizen porque cumple a ellos, ca non an bien sinon en el
mal. Et bien cred que estos tales, tanbién de vuestra parte
commo de la otra, que non querrían grand guerra nin
grand paz, ca non son para se parar a la guerra, [350] nin
querrían paz complida; mas lo que ellos querrían sería un
alboroço [351] con que pudiessen ellos tomar et fazer mal
en la tierra, et tener a vós et a la vuestra parte en pre-

---

[350] *se parar a la guerra*: estar preparado para guerrear. Comp.:
"et quando por esto les acaesçe de aver guerra, conuiene que fa-
ga[n] muchas cosas para ser parar a ella". *Libro de los estados*,
f. 79d.
[351] *alboroço*: tumulto, alboroto.

mia [352] para levar de vós lo que avedes et non avedes, et non aver reçelo que los castigaredes por cosa que fagan. Et por ende, aunque alguna cosa fagan contra vós, pues non vos pueden mucho enpeçer en soffrir que se mueba del otro la culpa, venirvos ha ende mucho bien: lo uno, que aviedes a Dios por vós, que es una ayuda que cumple mucho para tales cosas; et lo al, que todas las gentes ternán que fazedes derecho en lo que fizierdes. Et por aventura, que si non vos movierdes vos a fazer lo que non devedes, non se movrá [353] el otro contra vos; abredes paz et faredes serviçio a Dios, et pro de los buenos, et non faredes vuestro daño por fazer plazer a los que querrían guaresçer [354] faziendo mal et se sintrían [355] poco del daño que vos viniesse por esta razón.

Al conde plogo deste conseio que Patronio le dava, et fízolo assí, et fallósse ende bien.

Et porque don Johan tovo que este exiemplo que era muy bueno, mandólo escrivir en este libro et fizo estos viessos que dizen assí:

> Por quexa non vos fagan ferir,
> ca siempre vençe quien sabe sofrir.

Et la estoria deste exiemplo es ésta que se sigue:

EXEMPLO XVI°

De la repuesta que dio el conde Ferrant Gonsáles a Muño Laynez su pariente *

El conde Lucanor fablava un día con Patronio en esta guisa:

—Patronio, bien entendedes que non so yo ya muy mançebo, et sabedes que passé muchos trabaios fasta aquí. Et

---

[352] *tener en premia*: oprimir.
[353] *movrá*: moverá.
[354] *guaresçer*: librarse.
[355] *sintrían*: sentirían.

* Como ya indicó Knust, p. 340-4, la anécdota procede de la *Crónica general* (edic. de R. Menéndez Pidal, NBAE, vol. 5, p. 397-398), y del *Poema de Fernán González*, p. 98 y ss., y, a través

bien vos digo que querría de aquí adelante folgar et caçar, et escusar los trabaios et afanes; et porque yo sé que siempre me consejastes lo meior, ruégovos que me conseiedes lo que vierdes que me cae [356] más de fazer.

—Señor conde —dixo Patronio—, commo quier que vos dezides bien et razón, pero plazerme ýa que sopiéssedes lo que dixo una vez el conde Ferrant Gonsáles a Muño Laynes.

El conde Lucanor le rogó quel dixiesse cómmo fuera aquello.

—Señor conde —dixo Patronio—, el conde Ferrant Gonsáles era en Burgos et avía passados muchos trabaios por defender su tierra. Et una vez que estava ya commo más en assossiego et en paz, díxole Muño Laynez que sería bien que dallí adelante que non se metiesse en tantos roýdos, [357] et que folgasse él et dexasse folgar a sus gentes.

Et el conde respondiol que a omne del mundo non plazdría [358] más que a él folgar et estar viçioso si pudiesse; mas que bien sabía que avían grand guerra con los moros et con los leoneses et con los navarros, et si quisiessen mucho folgar, que los contrarios que luego serían contra ellos; et si quisiessen andar a caça con buenas aves por Arlançón arriba et ayuso [359] et en buenas mulas gordas, et dexar de defender la tierra, que bien lo podrían fazer, mas que les contesçería commo dezía el vierbo [360] antigo: "Murió el onbre et murió el su nombre"; mas si quisiéremos olbidar los viçios [361] et fazer mucho por nos defender et

---

de éstos, del *Libro de Alexandre,* como señala M.ª R.ª Lida de Malkiel, op. cit., p. 106, que añade "cómo estos tres textos desconocen el refrán".

[356] *cae*: conviene. Véase la nota 331 en la p. 109.

[357] *roýdos*: pendencias. Otra referencia en la p. 111.

[358] *plazdría*: placería, agradaría. (Comp.: *valer-ia = valdría*.)

[359] *ayuso*: abajo. Cf.: "en su pescueço me puso / como a çurrón liviano / e levóm la cuesta ayuso". *Libro de buen amor,* 967.

[360] *vierbo*: refrán, palabra, sentencia. Comp.: "Fabloli pocos viervos, razon buena, complida". Berceo, *Milagros,* 61d.

[361] *viçios*: regalos, deleites. Comp.: "Castiga [a] tu fijo, e folgaras con él e dara grand viçio a tu voluntad". *Libro de los çient capítulos,* p. 26.

levar nuestra onra adelante, dirán por nos depués que muriéremos: "Murió el omne, mas non murió el su nombre". [362] Et pues viziosos et lazdrados, [363] todos avemos a morir, non me semeja que sería bueno si por viçio nin por la folgura dexáremos de fazer en guisa que depués que nós muriéremos, que nunca muera la buena fama de los nuestros fechos". [364]

Et vós, señor conde, pues sabedes que avedes a morir, por el mi conseio, nunca por viçio nin por folgura [365] dexaredes de fazer tales cosas, porque, aun desque vos murierdes, siempre viva la fama de los vuestros fechos.

Al conde plogo mucho desto que Patronio le conseió, et fízolo assí, et fallósse dello muy bien.

Et porque don Iohan tovo este exiemplo por muy bueno, fízolo escrivir en este libro et fizo estos viessos que dizen assí:

Si por viçio et por folgura la buena fama perdemos,
la vida muy poco dura, denostados fincaremos.

Et la ystoria deste exiemplo es ésta que se sigue:

---

362 M.ª R.ª Lida de Malkiel, loc. cit., apunta cómo el refrán es "solamente un accesorio embellecedor que da filo epigramático a la respuesta del Conde: la prueba de su eficacia estética es que la forma moderna del refrán es la versión caballerescamente enmendada por don Juan Manuel: "murió el hombre y vive su nombre" (Cejador, t. I, p. 393b, según Galindo, fol. 61), a veces con mención expresa de Fernán González: "murió el Conde, mas no su nombre" (Rodríguez Marín, *Más de 21.000 refranes castellanos*).

363 *lazdrados*: desgraciados. Cf.: "Tal pobre qual tu veyes, desnudo e lazdrado". *Libro de Apolonio*, 124a.

364 Comp.: "Et el uiçioso et el lazrado amos an de morir, et non lo puede escusar ell uno nin ell otro; mas buenos fechos nunqua mueren, et siempre es en remembrança el qui los fizo. Todos los omnes que grandes fechos fizieron passaron por muchos trabaios". *Crónica general*, p. 98. "El uiçioso e el lazrado amos an de morir, / el vno nin el otro non lo puede foyr, / quedan los buenos fechos, estos an de vesquir, / dellos toman enxyenplo los que han de venir". *Poema de Fernán González*, 349.

365 *folgura*: descanso. Cf.: "Dormit, avet folgura". Berceo, *Sacrificio*. 75.

EXEMPLO XVIIº

De lo que contesçió a un [omne] que avía muy
grant fambre, quel convidaron otros muy
floxamente a comer

O t r a vez, fablava el conde Lucanor con Patronio, su
consegero, et díxole assí:

—Patronio, un omne vino a mí et díxome que faría
por mí una cosa que me cumplía a mí mucho; et commo
quier que me lo dixo, entendí en l' que me lo dizía tan
floxamente quel plazdrié [366] mucho escusasse de tomar de
aquella ayuda. Et yo, de una parte, entiendo que me cum-
pliría mucho de fazer aquello que me él ruega, et de otra
parte, he muy grant enbargo de tomar de aquel ayuda,
pues veo que me lo dize tan floxamente. Et por el buen
entendimiento que vós avedes, ruégovos que me digades
lo que vos paresçe que devo fazer en esta razón.

—Señor conde Lucanor —dixo Patronio—, porque vós
fagades en esto lo que me semeja que es vuestra pro, pla-
zerme ya mucho que sopiésedes lo que contesçió a un
omne con otro quel conbidó a comer.

El conde le rogó quel dixiesse cómmo fuera aquello.

—Señor conde Lucanor —dixo Patronio—, un omne
bueno era que avía seýdo muy rico et era llegado a muy
grand pobreza et fazíasele muy grand vergüença de deman-
dar nin envergoñarse [367] a ninguno por lo que avía de
comer; et por esta razón sufría muchas vezes muy grand
fanbre et muy grand lazeria. Et un día, yendo él muy cuy-
tado, porque [non] podía aver ninguna cosa que comiesse,
passó por una casa de un su conosçiente [368] que estava
comiendo; et quando le vio passar por la puerta, pregun-
tol muy floxamente si quería comer; et él, por el grand
mester que avía, començó a lavar las manos, et díxol:

---

[366] *plazdrié*: como *prazdría*, agradaría.

[367] *envergoñarse*: avergonzarse, de 'vergoña', vergüenza.

[368] *conosçiente*: conocido. Comp.: "El pan que entre día le da-
ban los parientes... / partielo con los mozos que avie connoçien-
tes". Berceo, *Vida de santo Domingo* (BAE, vol. 57), 13.

—En buena fe, don Fulano, pues tanto me coniurastes et me afincastes que comiesse conbusco, [369] non me paresçe que faría aguisado [370] en contradezir tanto vuestra voluntad nin fazervos quebrantar vuestra jura.

Et assentósse a comer, et perdió aquella fambre et aquella quexa en que estava. En dende adelante, acorriol Dios, et diol manera cómmo salió de aquella lazeria tan grande.

Et vós, señor conde Lucanor, pues entendedes que aquello que aquel omne vos ruega es grand vuestra pro, dalde a entender que llo fazedes por complir su ruego, et non paredes mientes a quanto floxamente vos lo él ruega et non esperedes a que vos affinque más por ello, sinon por aventura non vos fablará en ello más, et seervos ya más vergüença si vós lo oviéssedes a rogar lo que él ruega a vós.

El conde tovo esto por bien et por buen consejo, et fízolo assí, et fallósse ende bien.

Et entendiendo don Iohan que este exiemplo era muy bueno, fízolo escrivir en este libro et fizo estos viessos que dizen assí:

> *En lo que tu pro pudieres fallar,*
> *nunca te fagas mucho por rogar.*

Et la ystoria deste exiemplo es ésta que se sigue:

EXEMPLO XVIIIº

DE LO QUE CONTESÇIÓ A DON PERO MELÉNDEZ DE VALDÉS QUANDO SE LE QUEBRÓ LA PIERNA *

FABLAVA el conde Lucanor con Patronio, su consegero, un día, et díxole assí:

---

[369] *conbusco*: con vos, con vosotros. Véase antes, p. 75, nota 175
[370] *faría aguisado*: obraría razonablemente.
* María Rosa Lida de Malkiel, op. cit., 107 (nota), dice: "Menéndez Pelayo, *Orígenes de la novela*, p. LXXXVI, considera el *Exemplo XVIII* como anécdota del "Adelantado de León Pero Meléndez [*sic*] Valdés, el de la pierna quebrada", dando por seguro su carácter histórico; no sé de nadie que haya hallado rastro de tal personaje ni indicio que permita otorgarle el título de ade-

—Patronio, vós sabedes que yo he contienda con un mi vezino que es omne muy poderoso et muy onrado; et avemos entre nós postura[371] de yr a una villa, et qualquier de nós que allá vaya [primero], cobraría la villa, et perderla ha el otro; et vós sabedes cómmo tengo ya toda mi gente ayuntada; et bien fío, por la merçed de Dios, que si yo fuesse, que fincaría ende con grand onra et con grand pro. Et agora estó e[m]bargado,[372] que lo non puedo fazer por esta ocasión[373] que me contesçió: que non estó bien sano. Et commo quier que me es grand pérdida en lo de lla villa, vien vos digo que me tengo por más ocasionado[374] por la mengua que tomo et por la onra que a él ende viene, que aun por la pérdida. Et por la fiança que yo en vós he, ruégovos que me digades lo que enten-[dier]des que en esto se puede fazer.

—Señor conde Lucanor —dixo Patronio—, commo quier que vós fazedes razón[375] de vos quexar, para que en tales cosas commo estas fiziésedes lo meior siempre, plazerme ýa que sopiésedes lo que contesçió a don Pero Meléndez de Valdés.

El conde le rogó quel dixiesse cómmo fuera aquello.

---

lantado; por lo demás, el cuento no es anécdota leonesa, sino antiquísimo relato moral de origen talmúdico, presente en colecciones medievales como la *Summa praedicantium* de Bromyard, según Knust, p. 346: una vez más es el arte del narrador castellano lo que da la ilusión de actualidad". Vid. Azorín, *Los valores literarios,* edic. cit., p. 1034.

[371] *postura*: acuerdo, concierto. Comp.: "Non guardando la rana la postura que puso / dio salto en el agua". *Libro de buen amor,* 412.

[372] *e[m]bargado*: impedido, turbado. Comp.: "si fuese callado, dirán que es enbargado". *Libro de los çient capítulos,* p. 56.

[373] *ocasión*: suceso, desgracia. Comp.: "Et despues que llega a mançebia, por malos consejeros o por alguna ocasion o desaventura se parte del bien que solia fazer". *Libro de los estados,* f. 48b. "Vivie en esta vida en grand tribulación; / murio por sus pecados por fiera ocasion". Berceo, *Milagros,* 163b.

[374] *ocasionado*: desgraciado. Comp.: "Et seed çierto que me tengo ende por muy ocasionado". Berceo, *Milagros,* 720a.

[375] *fazedes razón*: tenéis razón.

—Señor conde Lucanor —dixo Patronio—, don Pero Meléndez de Valdés era un cavallero mucho onrado del reyno de León, et avía por costumbre que cada quel [376] acaesçié algún enbargo, siempre dizía: "¡Bendicho [377] sea Dios, ca pues Él lo faze, esto es lo meior!". [378]

Et este don Pero Meléndez era consegero et muy privado del rey de León; et otros sus contrarios, por grand envidia quel ovieron, assacáronle [379] muy grand falsedat et buscáronle tanto mal con el rey, que acordó de lo mandar matar.

Et seyendo don Pero Meléndez en su casa, llegol mandado del rey que enviava por él. Et los quel avían a matar estávanle esperando a media legua de aquella su casa. Et queriendo cavalgar don Pero Meléndez para se yr para el rey, cayó de una escalera et quebrol la pierna. Et quando sus gentes que avía[n] a ir con él vieron esta ocasión que acaesçiera, pesóles ende mucho, et començáronle a maltraer diziéndol:

—¡Ea!, don Pero Meléndez, vós que dezides que lo que Dios faze, esto es lo meior, tenedvos [380] agora este bien que Dios vos ha fecho.

Et él díxoles que ciertos fuessen que, commo quier que ellos tomavan grand pesar desta ocasión quel contesçiera, que ellos verían que, pues Dios lo fiziera, que aquello era lo meior. Et por cosa [381] que fizieron nunca desta entençión le pudieron sacar.

Et los quel estavan esperando por le matar por mandado del rey, desque vieron que non venía, et sopieron lo quel

---

376 *cada quel*: cada vez que le.

377 *bendicho*: bendito. Comp.: "Ca del dixo el angel bendicho: el fruto del tu vientre". *Libro de los estados,* 112b.

378 Es proverbio muy corriente en Europa: "Quod Deus fecit id bonum est". Knust, p. 346, señala otros.

379 *assacáronle*: achacáronle. Comp.: "e mando fazer escarmiento en la otra por la enemiga que asacara". "Cobdiçia te fara que asaques falso testimonio a tu cristiano". *Castigos e documentos,* págs. 69 y 134.

380 *tenedvos*: tomaos, como decimos: "tómate ésa". Nota de doña María Goyri de Menéndez Pidal en su edic., p. 73.

381 *por cosa*: por mucho, por más.

avía acaesçido, tornáronse paral rey et contáronle la razón porque non pudieran complir su mandado.

Et don Pero Meléndez estudo grand tiempo que non pudo cavalgar; et en quanto él assí estava ma[l]trecho, sopo el rey que aquello que avían asacado a don Pero Meléndez que fuera muy grant falsedat, et prendió a aquellos que ge lo avían dicho. Et fue veer a don Pero Meléndez, et contol la falsedat que dél le dixieron, et cómmo le mandara él matar, et pediol perdón por el yerro que contra él oviera de fazer et fízol mucho bien et mucha onra por le fazer emienda. Et mandó luego fazer muy grand iusticia antél daquellos que aquella falsedat le assacaron.

Et assí libró Dios a don Pero Meléndez, porque era sin culpa et fue verdadera la palabra que él sienpre solía dezir: "Que todo lo que Dios faze, que aquello es lo mejor".

Et vós, señor conde Lucanor, por este enbargo que vos agora vino, non vos quexedes, et tenet por çierto en vuestro coraçón que todo lo que Dios faze, que aquello es lo mejor; et si lo assí pensáredes, Él vos lo sacará todo a bien. [382] Pero devedes entender que las cosas que acaesçen son en dos maneras: la una es que si viene a omne algún enbargo en que se puede poner algún consejo; la otra es que [si] viene algún enbargo en que se non puede poner ningún conseio. Et en los enbargos que se puede poner algún conseio, deve fazer omne quanto pudiere por lo poner y et non lo deve dexar por atender que por voluntad de Dios o por aventura se ende[re]çará, ca esto sería tentar a Dios; mas, pues el omne ha entendimiento et razón, todas las cosas que fazer pudiere por poner conseio en las cosas quel acaesçieren, dévelo facer; mas en las cosas en que se non puede poner ý ningún conseio, aquellas deve omne tener que, pues se fazen por voluntad de Dios, que aquello es lo meior. Et pues esto que a vos acaesçió es de las cosas que vienen por voluntad de Dios, et en que

---

[382] *sacará a bien*: llevará a buen término.

se non puede poner conseio, poned en vuestro talante
que, pues Dios lo faze, que es lo meior; et Dios lo gui-
sará que se faga assí commo lo vós tenedes en coraçón.

El conde tovo que Patronio le dezía la verdat et le dava
buen consejo, et fízolo assí, et fallóse ende bien.

Et porque don Iohan tovo este por buen enxiemplo, fí-
zolo escrivir en este libro et fizo estos viessos que dizen
assí:

> Non te quexes por lo que Dios fiziere,
> ca por tu bien sería quando Él quisiere.

Et la estoria deste exienplo es ésta que se sigue:

EXEMPLO XIXº

De lo que contesçió a los cuervos con los buhos *

F A B L A V A un día el conde Lucanor con Patronio, su
conseiero, et díxol:

—Patronio, yo he contienda con un omne muy podero-
so; et aquel mio enemigo avía en su casa un su pariente
et su criado, et omne a quien avía fecho mucho bien. Et
un día, por cosas que acaesçieron entre ellos, aquel mio
enemigo fizo mucho mal et muchas desonras aquel omne
con quien avía tantos debdos. [383] Et veyendo el mal que
avía reçebido et queriendo catar manera cómmo se ven-
gasse, vínose para mí, et yo tengo que es muy grand mi
pro, ca éste me puede desengañar et aperçebir en cóm[m]o
pueda más ligeramente fazer daño aquel mio enemigo.
Pero, por la grand fiuza que yo he en vós et en el vues-

* Figura en el *Pantchatantra* y en *Calila e Dimna*, cap. IV, "De
los cuervos et de los buhos", como ya señaló Knust, p. 350.

[383] *debdos*: obligaciones de tipo feudal. Comp.: "et esforçai
mucho los suyos et diziendoles muchas buenas razones et contan-
doles los debdos que an con él et prometiendoles muchos bienes".
Libro de los estados, f. 81d.

tro entendimiento, ruégovos que me conseiedes lo que faga en este fecho.

—Señor conde Lucanor —dixo Patronio—, lo primero vos digo que este omne non vino a vós sinon por vos engañar; et para que sepades la manera del su engaño, plazerme ýa que sopiéssedes lo que contesçió a los buhos et a los cuervos.

El conde le rogó quel dixiesse cómmo fuera aquello.

—Señor conde Lucanor —dixo Patronio—, los cuervos et los buhos, avían entre ssí grand contienda, pero los cuervos eran en mayor quexa. Et los buhos, porque es su costumbre de andar de noche, et de día estar ascondidos en cuebas muy malas de fallar, vinían de noche a los árboles do los cuervos albergavan et matavan muchos dellos, et fazíanles mucho mal. Et passando los cuerbos tanto daño, un cuervo que avía entrellos muy sabidor, que se dolía mucho del mal que avía reçevido de los buyos,[384] sus enemigos, fabló con los cuervos sus parientes, et cató esta manera para se poder vengar.

Et la manera fue ésta: que los cuervos le messaron todo, salvo ende un poco de las alas, con que volava muy mal y muy poco. Et desque fue assí maltrecho, fuesse para los buhos et contóles el mal et el daño que los cuervos le fizieran, señaladamente porque les dizía que non quisiessen seer contra ellos; mas, pues tan mal lo avían fecho contra él, que si ellos quisiessen, que él les mostraría muchas maneras cómmo se podrían vengar de los cuervos et fazerles mucho daño.

Quando los buhos esto oyeron, plógoles mucho, et tovieron que por este cuervo que era con ellos era todo su fecho endereçado, et començaron a fazer mucho bien al cuervo et fiar en él todas sus faziendas et sus poridades.[385]

Entre los otros buhos, avía ý uno que era muy bieio et avía passado por muchas cosas, et desque vio este fecho del cuervo, entendió el engaño con que el cuervo andava,

---

[384] *buyos*: buhos; quizá forma popular, para resolver el hiato, como en 'desnuyo' de la p. 190.

[385] *poridades*: secretos, intimidades.

et fuesse paral mayoral [386] de los buyos et díxol quel fuesse çierto que aquel cuervo non viniera a ellos sinon por su daño et por saber sus faziendas, et que lo echasse de su compaña. Mas este buho non fue creýdo de los otros buhos; et desque vio que non le querían creer, partióse dellos et fue buscar tierra do los cuervos non le pudiessen fallar.

Et los otros buhos pensaron bien del cuervo. Et desque las péñolas le fueron eguadas, [387] dixo a los buhos que, pues podía volar, que yría saber do estavan los cuervos et que vernía dezírgelo porque pudiessen ayuntarse et yr a los estroyr todos. A los buyos plogo mucho desto.

Et desque el cuervo fue con los otros cuervos, ayuntáronse muchos dellos, et sabiendo toda la fazienda de los buhos, fueron a ellos de día quando ellos non buellan et estavan segurados [388] et sin reçelo, et mataron et destruyeron dellos tantos porque fincaron vençedores los cuervos de toda su guerra.

Et todo este mal vino a los buhos porque fiaron en l' cuervo que naturalmente era su enemigo.

Et vós, señor conde Lucanor, pues sabedes que este omne que a vós vino es muy adebdado [389] con aquel vuestro enemigo et naturalmente él et todo su linage son vuestros enemigos, conséiovos yo que en ninguna manera non lo

---

[386] *mayoral*: jefe, superior. Cf.: "se perdieron por sus mereçimientos quando Luçifer era su mayoral". *Libro de los estados*, f. 59c.

[387] *eguadas*: igualadas, de 'eguar'. Comp.: "Otrosi, dize don Iohan que es muy bueno a los falcones que les den en la muda un día cada semana o baca o liebre o carne de pollos o pollos eguados". *Libro de la caza*, p. 49. (Es decir, "pollos con pluma igualada, sin plumón"). "Los palominos enxutos et yguados es la mejor vianda que estonçe les puedes dar... et aquellos les fazen vestir bien et de fermosas plumas et sean yguados". P. López de Ayala, *Libro de las aves de caza* (Madrid, 1869), p. 139.

[388] *segurados*: seguros, confiados. Comp.: "Clamo a Taliarco que era su priuado, / el que de sus conseios era bien segurado". *Libro de Apolonio*, 37ab.

[389] *adebdado*: obligado, relacionado. De 'debdo'.

trayades en vuestra compaña, [390] ca çierto sed que non vinc
a vós sinon por engañar et por vos fazer algún daño. Pero
si él vos quisiere servir seyendo alongado de vós, de guisa
que vos non pueda enpesçer, nin saber nada de vuestra
fazienda, et de fecho fiziêre tanto mal et tales manzella-
mientos [391] a aquel vuestro enemigo con quien él ha algu-
nos debdos, que veades vós que non le finca logar [392] para
se poder nunca avenir con él, estonce podredes vós fiar
en l', pero siempre fiat en l' tanto de que vos non pueda
venir daño.

El conde tovo este por buen conseio, et fízolo assí, et
fallóse dello muy bien.

Et porque don Iohan entendió que este exiemplo era
muy bueno, fízolo escrivir en este libro et fizo estos viessos
que dizen assí:

> Al que tu enemigo suel seer,
> nunca quieras en l' mucho creer.

Et la ystoria deste exienplo es ésta que se sigue:

EXEMPLO XX°

DE LO QUE CONTESÇIÓ A UN REY CON UN OMNE QUEL
DIXO QUEL FARÍA ALQUIMIA *

UN día, fablava el conde Lucanor con Patronio, su con-
seiero, en esta manera:

—Patronio, un omne vino a mí et dixo que me faría co-
brar muy grand pro et grand onra, et para esto que avía
mester que catasse [393] alguna cosa de lo mío con que se

---

[390] *compaña*: conjunto de caballeros que van al servicio de un
señor. Comp.: "Derredor dél una buena compaña". *Poema del
Cid*, 60.
[391] *manzellamientos*: daños, deshonras, de 'mancilla'.
[392] *logar*: ocasión. Vid. la nota 322 en la p. 107.
* Figura el cuento también en el *Caballero Zifar* (edic. de C. P.
Wagner, Univ. of Michigan, 1929, págs. 446 y ss.).
[393] *catasse*: buscase, tomase. Vid. p. 55.

començasse aquel fecho; ca, desque fuesse acabado, por un dinero avría diez. Et por el buen entendimiento que Dios en vós puso, ruégovos que me digades lo que vierdes que me cumple de fazer en ello.

—Señor conde, para que fagades en esto lo que fuere más vuestra pro, plazerme ýa que sopiéssedes lo que contesçió a un rey con un omne quel dizía que sabía fazer alquimia. [394]

El conde le preguntó cómmo fuera aquello.

—Señor conde Lucanor —dixo Patronio—, un omne era muy grand golfín [395] et avía muy grand sabor [396] de e[n]rrequesçer et de salir de aquella mala vida que passava. Et aquel omne sopo que un rey que non era de muy buen recado, [397] se trabaiava [398] de fazer alquimia.

Et aquel golfín tomó çient doblas [399] et limólas, et de aquellas limaduras fizo, con otras cosas que puso con ellas, çient pellas, [400] et cada una de aquellas pellas pesava una dobla, et demás las otras cosas que él mezcló con las limaduras de las doblas. Et fuesse para una villa do era el rey, et vistiósse de paños muy assessegados [401] et levó aquellas pellas et vendiólas a un espeçiero. [402] Et el espeçiero preguntó que para qué eran aquellas pellas, et el golfín díxol que para muchas cosas, et señaladamente, que sin

---

[394] *alquimia*: arte con que se pretendía transmutar cualquier metal en oro y también encontrar la piedra filosofal.

[395] *golfín*: ladrón, vagabundo, farsante. Comp.: "fazes como golhin en tu falsa manera". *Libro de buen amor*, 393a.

[396] *muy grand sabor*: gran deseo, mucho gusto. Comp.: "Ouo desta palabra el rey muy gran sabor". *Libro de Apolonio*, 186a.

[397] *recado*: cautela, discreción. Comp.: "Commo quier que bien entiendo que es mas maneras de atrcuimiento que de buen recabdo en començar yo tan grant obra commo la que se entiende en este libro...". *Libro de los estados*, f. 103a.

[398] *se trabaiava*: se esforzaba, se afanaba. Véase la nota 58 en la p. 54.

[399] *doblas*: moneda de oro. Véase la nota 86, p. 58.

[400] *pellas*: pelotas, bolas. Comp.: "Touo mientes a todos cada huno como iugaua, / como ferie la pella o como la recobraua". *Libro de Apolonio*, 148ab.

[401] *assessegados*: ¿respetables?, ¿nobles?

[402] *espeçiero*: boticario. De 'especia', medicina.

aquella cosa, que se non podía fazer el alquimia, et ven-
diol todas las cient pellas por quantía de dos o tres doblas.
Et l' espeçiero preguntol cómmo avían nombre aquellas
pellas, et el golfín díxol que avía[n] no[m]bre tabardíe. [403]

Et aquel golfín moró un tiempo en aquella villa en ma-
nera de omne muy assessegado [404] et fue diziendo a unos
et a otros, en manera de poridat, que sabía fazer alquimia.

Et estas nuebas llegaron al rey, et envió por él et pre-
guntol si sabía fazer alquimia. Et el golfín, commo quier
quel fizo muestra que se quería encobrir et que lo non
sabía, al cabo diol a entender que lo sabía, pero dixo al
rey quel conseiava que deste fecho non fiasse [de omne]
del mundo nin aventurasse mucho de su aver, pero si qui-
siesse, que provaría antél un poco et quel amostraría lo
que ende sabía. Esto le gradesçió el rey mucho, et pares-
çiol que segund estas palabras que non podía aver y nin-
gún engaño. Estonçe fizo traer las cosas que quiso, et
eran cosas que se podían fallar, et entre las otras mandó
traer una pella de tabardíe. Et todas las cosas que man-
dó traer non costaban más de dos o tres dineros. [405] Des-
que las traxieron et las fundieron antel rey [salió peso de
una dobla de oro fino. Et desque el rey] vio que de cosa
que costaba dos o tres dineros, salía una dobla, fue muy
alegre et tóvose por el más bien andante del mundo, et
dixo al golfín que esto fazía, que cuydava el rey que era
muy buen omne, que fiziesse más.

Et el golfín respondiol, commo si non sopiesse más da-
quello:

—Señor, quanto yo desto sabía, todo vos lo he mostra-
do, et daquí adelante vós lo faredes tan bien commo yo;
pero conviene que sepades una cosa: que qualquier destas
cosas que mengüe [406] non se pod[r]ía fazer este oro.

Et desque [esto] ovo dicho, espedióse del rey et fuesse
para su casa.

---

[403] *tabardie*: nombre arbitrario creado por don Juan Manuel.
[404] *assessegado*: tranquilo, serio.
[405] *dinero*: moneda castellana del siglo XIV.
[406] *mengüe*: falte.

El rey probó sin aquel maestro de fazer el oro, et dobló la reçepta, et salió peso de dos doblas de oro. Otra vez dobló la reçepta, et salió peso de quatro doblas; et assí commo fue cresçiendo la reçepta, assí salió pesso de doblas. Desque el rey vio que él podía fazer quanto [oro] quisiese, mandó [traer] tanto daquellas cosas para que pudiese fazer mill doblas. Et fallaron todas las otras cosas, mas non fallaron el tabardíe. Desque el rey vio que, pues menguava el tabardíe, que se non podía fazer el oro, envió por aquel que gelo mostrara fazer, et díxol que non podía fazer el oro commo solía. Et él preguntol si tenía todas las cosas que él le diera por escripto. Et el rey díxol que sí, mas quel menguava el tabardíe.

Estonçe le dixo el golfín que por qualquier cosa que menguasse que non se podía fazer el oro, et que assí lo abía él dicho el primero día.

Estonçe preguntó el rey si sabía él do avía este tabardíe; et el golfín le dixo que sí.

Entonce le mandó el rey que, pues él sabía do era, que fuesse él por ello et troxiesse [407] tanto porque pudiesse fazer tanto quanto oro quisiesse.

El golfín le dixo que commo quier que esto podría fazer otri tan bien o mejor que él, si el rey lo fallasse por su serviçio, que yría por ello: que en su tierra fallaría ende asaz. Estonçe contó el rey lo que podría costar la compra et la despensa [408] et montó muy grand aver.

Et desque el golfín lo tovo en su poder, fuesse su ca-[r]rera [409] et nunca tornó al rey. Et assí fincó el rey engañado por su mal recabdo. Et desque vio que tardava más de cuanto devía, envió el rey a su casa por saber si sabían dél algunas nuebas. Et non fallaron en su casa cosa del mundo, sinon un arca çerrada; et desque la avrieron, fallaron ý un escripto que dizía assí:

---

[407] *troxiesse*: trujese.

[408] *despensa*: gasto. Cf.: "Esta yes [es] la despensa que yo don Pero d'Ipas e feyta por Johan d'Ipas, fillyo mio". T. Navarro Tomás, *Documentos lingüísticos del Alto Aragón* (Syracuse, N. Y., 1957), p. 199.

[409] *fuesse su carrera*: se marchó.

"Bien creed que non a en l' mundo tabardíe; mas sabet que vos he engañado, et quando yo vos dizía que vos faría rico, deviérades me dezir que lo feziesse primero a mí et que me creeríedes".

A cabo de algunos días, unos omnes estavan riendo et trebeiando [410] et escribían todos los omnes que ellos conosçían, cada uno de quál manera era, et dizían: "Los ardides [411] son fulano et fulano; et los ricos, fulano et fulano; et los cuerdos, fulano et fulano". Et assí de todas las otras cosas buenas o contrarias. Et quando ovieron a escrivir los omnes de mal recado, escrivieron ý el rey. Et quando el rey lo sopo, envió por ellos et aseguróles que les non faría ningún mal por ello, et díxoles que por quél escrivieran por omne de mal recabdo. Et ellos dixiéronlo: que por razón que diera tan grand aver a omne estraño et de quien non tenía ningún recabdo.

Et el rey les dixo que avía[n] errado, et que si viniesse aquel que avía levado el aver que non fincaría él por omne de mal recabdo. Et ellos le dixieron que ellos non perdían nada de su cuenta, ca si el otro viniesse, que sacarían al rey del escripto et que pornían [412] a él.

Et vós, señor conde Lucanor, si queredes que non vos tengan por omne de mal recabdo, non aventuredes por cosa que non sea çierta tanto de lo vuestro, que vos arrepintades si lo perdierdes por fuza [413] de aver grand pro, seyendo en dubda.

Al conde plogo deste consejo, et fízolo assí, et fallóse dello bien.

Et beyendo don Johan que este exiemplo era bueno, fízolo escrivir en este libro, et fizo estos viessos que dizen assí:

> Non aventuredes mucho la tu riqueza,
> por conseio de[l] que a grand pobreza.

Et la ystoria deste exiemplo es ésta que se sigue:

[410] *trebeiando*: divirtiéndose, bromeando. Véase la p. 49, nota 27.
[411] *ardides*: ardidos, valientes, esforzados.
[412] *pornían*: pondrían.
[413] *fuza*: confianza. Véase en la p. 96 la nota 271.

EXEMPLO XXI°

DE LO QUE CONTESÇIÓ A UN REY MOÇO CON UN MUY
GRANT PHILÓSOPHO A QUI LO ACOMENDARA [414] SU
PADRE

O T R A   vez fablava el conde Lucanor con Patronio, su
consegero, en esta guisa:

—Patronio, assí acaesçió que yo avía un pariente a qui
amava mucho, et aquel mi pariente finó et dexó un fijo
muy pequenuelo, et este moço críolo [415] yo. Et por el grand
debdo et grand amor que avía a su padre, et otrosí, por
la grand ayuda que yo atiendo dél desque sea en tiempo
para me la fazer, [416] sabe Dios quel amo commo si fuesse
mi fijo. Et commo quier que el moço ha buen entendi-
miento et fío por Dios que sería muy buen omne, [pero]
porque la moçedat engaña muchas vezes a los moços et
non les dexa fazer todo lo que les cumpl[ir]ía más, pla-
zerme ýa si la moçedat non engañasse tanto a este moço.
Et por el buen entendimiento que vós avedes, ruégovos
que me digades en qué manera podría yo guisar que este
moço fiziesse lo que fuesse más aprovechoso para el cuer-
po et para la su fazienda.

—Señor conde Lucanor —dixo Patronio—, para que
[vós fisiésedes en fasienda deste mozo lo que] al mio cuy-
dar sería mejor, mucho querría que sopiéssedes lo que
contesçió a un muy grand philósopho con un rey moço, su
criado.

El conde le preguntó cómmo fuera aquello.

—Señor conde Lucanor —dixo Patronio—, un rey avía
un fijo et diolo a criar a un philósopho en que fiava mu-
cho; et quando el rey finó, fincó el rey su fiio moço pe-
queño. El críolo aquel philósopho fasta que passó por XV
años. Mas luego que entró en la mancebía, [417] començó
a despreçiar el conseio daquel que lo criara et allegósse a

[414] *acomendara*: encomendara.
[415] *críolo yo*: lo educo yo. Vid. nota 80 en la p. 57.
[416] "Para que él me ayude".
[417] *mancebía*: mocedad.

otros consegeros de los mançebos et de los que non avían tan grand debdo con él porque mucho fiziessen por [lo] guardar de daño. Et trayendo su fazienda en esta guisa, ante de poco tiempo llegó su fecho a logar [418] que también las maneras et costumbres del su cuerpo, commo la su fazienda, era todo muy empeorado. Et fablavan todas las gentes muy mal de cómmo perdía aquel rey moço el cuerpo et la fazienda. Yendo aquel pleito [419] tan a mal, el philósopho que criara al rey et se sintía et le pessaba ende mucho, non sabía qué fazer, ca ya muchas vezes provara de lo castigar [420] con ruego et con falago, et aun maltrayéndolo, et nunca pudo fazer ý nada, ca la moçedat lo estorvava todo. Et desque el philósopho vio que por otra manera non podía dar consejo en aquel fecho, pensó esta manera que agora oyredes.

El philóso[pho] començó poco a poco a dezir en casa del rey que él era el mayor agorero [421] del mundo. Et tantos omnes oyeron esto que lo ovo de saber el rey moço; et desque lo sopo, preguntó el rey al philósopho si era verdat que sabía catar agüero [422] tan bien commo lo dizían. Et el philósopho, commoquier quel dio a entender que lo quería negar, pero al cabo díxol que era verdat, mas que non era mester que omne del mundo lo sopiesse. Et commo los moços son quexosos [423] para saber et para fazer todas las cosas, el rey, que era moço, quexávase mucho por veer cómmo catava los agüeros el philósopho; et quanto el philósopho más lo alongava, [424] tanto avía el rey moço mayor quexa de lo saber, et tanto afincó al philósopho, que puso

[418] *llegó su fecho a logar*: llegó a tal extremo. Comp. con la expresión parecida de la p. 101.

[419] *pleito*: negocio, suceso. Comp.: "Ca muchas vezes acaesçe que ayudando mejorar el pleito non quieren tomar el buen pleito que fazen". *Libro de los estados*, f. 81c.

[420] *castigar*: aconsejar, corregir.

[421] *agorero*: el que sabía interpretar agüeros.

[422] *catar agüero*: pronosticar lo venidero por el vuelo de las aves, por su canto u otras manifestaciones.

[423] *quexosos*: impacientes.

[424] *alongava*: alargaba, demoraba.

con él de yr un día de grand mañana [425] con él a los catar en manera que non lo sopiesse ninguno.

Et madurgaron [426] mucho; et el philósopho enderecó por un valle en que avía pieça [427] de aldeas yermas; et desque passaron por muchas, vieron una corneja que estava dando vozes en un árbol. Et el rey mostróla al philósopho, et él fizo contenente [428] que la entendía.

El otra corneja començó a dar vozes en otro árbol, et amas las cornejas estudieron assí dando vozes, a vezes la una et a vezes la otra. Et desque el philósopho escuchó esto una pieça començó a llorar muy fieramente et ronpió sus paños, et fazía el mayor duelo del mundo. [429]

Quando el rey moço esto vio, fue muy espantado et preguntó al philósopho que por qué fazía aquello. Et el philósopho diol a entender que gelo quería negar. Et desque lo affincó mucho, díxol que más quería seer muerto que bivo, ca non tan solamente los omnes, mas que aun las aves, entendían ya cómmo, por su mal recabdo, era perdida toda su tierra et su fazienda et su cuerpo despreçiado. Et el rey moço preguntol cómmo era aquello.

Et él díxol que aquellas dos cornejas avían puesto [430] de casar el fijo de la una con la fija de la otra; et que aquella corneja que començara a fablar primero, que dezía a la otra que pues tanto avía que era puesto aquel casamiento, que era bien que los casassen. Et la otra corneja díxol que verdat era que fuera puesto, mas que agora ella era más rica que la otra, que, loado a Dios, después que

---

[425] *de grand mañana*: muy de mañana.

[426] *madurgaron*: madrugaron. Es la forma antigua y muy corriente. Cf.: "Madurgo de manyana e fue poral çiminterio". *Libro de Apolonio*, 375b.

[427] *pieça*: cantidad, abundancia. Comp.: "esto que vos dize este omne bueno... que a conuertido grant pieça dellos a la su ley, dize vos verdat". *Libro de los estados*, f. 54c.

[428] *contenente*: gesto, ademán. Comp.: "metiéndose los unos por los otros o fiziendo qualquier muestra o contenente de miedo o de espanto". *Libro de los estados*, f. 83b.

[429] La acción de romper las vestiduras era una de las manifestaciones de dolor en la Edad Media.

[430] *avían puesto*: convenido.

este rey regnara, que eran yermas todas las aldeas de aquel
valle, et que fallava ella en las casas yermas muchas culue-
bras [431] et lagartos et sapos et otras tales cosas que se crían
en los lugares yermos, porque avían muy mejor de comer
que solía, et por ende que non era estonçe el casamiento
egual. Et quando la otra corneja esto oyó, començó a reyr
et respondiol que dizía poco seso [432] si por esta razón que-
ría alongar el casamiento, que sol [433] que Dios diesse vida
a este rey, que muy aýna sería ella más rica que ella, ca
muy aýna sería yermo aquel valle otro do ella morava en
que avía diez tantas [434] aldeas que en el suyo, et que por
esto non avía por qué alongar el casamiento. Et por esto
otorgaron amas las cornejas de ayuntar luego el casamiento.

Quando el rey moço esto oyó, pesol ende mucho, et
començó a cuydar [435] cómmo era su mengua en ermar [436]
assí lo suyo. Et desque el philósopho vio el pesar et el
cuydar que el rey moço tomava, et que [había] sabor
de cuydar en su fazienda, diol muchos buenos conseios, en
guisa que en poco tiempo fue su fazienda toda endereçada,
también de su cuerpo, commo de su regno.

Et vós, señor conde, pues criastes este moço, et querría-
des que se endereçasse su fazienda, catad alguna manera
que por exiemplos o por palabras maestradas [437] et fala-
gueras le fagades entender su fazienda, mas por cosa del

---

[431] *culuebras*: culebras. Comp.: "Peor fiere la culuebra que el
omne tiene metida en el seno que la que anda en el campo". *Casti-
gos e documentos*, p. 186.

[432] *poco seso*: algo poco sensato, de poca discreción.

[433] *sol*: solamente. Véase la nota 134 en la p. 66.

[434] *diez tantas*: diez veces tantas.

[435] *cuydar*: pensar, imaginar. Comp.: "Bien se cuido el clerigo
del lecho levantar... / mas a grand diferencia de saver a cuidar"
Berceo, *Milagros*, 127ad.

[436] *ermar*: asolar, yermar. Comp.: "Venian a denoda[da]s pora
Troya entrar... / prender todos los otros e la villa hermar". *Libro
de Alexandre*, 475.

[437] *maestradas*: artificiosas, calculadas. Comp.: "Ca si el amo
seruidor o el consejero del sennor entendido et (*sic*) dize palabras
encubiertas o maestradas por encobrir la verdat, razon es que tar-
de o ayna non se falle ende bien". *Libro de los estados*, f. 49a.

mundo non derrangedes [438] con él castigándol nin maltra-
yéndol, cuydándol endereçar; ca la manera de los más de
los moços es tal, que luego aborreçen al que los castiga,
et mayormente si es omne de grand guisa, [439] ca liéva[n]lo
a manera de menospreçio, non entendiendo quánto lo ye-
rra[n]; ca non an tan buen amigo en el mundo commo
el que castiga el moço porque non faga su daño, mas ellos
non lo toman assí, sinon por la peor manera. Et por aven-
tura caería tal desamor entre vós et él, que ternía daño a
entramos para adelante.

Al conde plogo mucho deste consejo que Patronio le
dio, et fízolo assí, [et fallóse ende bien].

Et porque don Iohan se pagó mucho deste exiemplo,
fízolo poner en este libro, et fizo estos viessos que dizen
assí:

> Non castigues moço maltrayéndo[l],
> mas dilo commol vaya plaziéndo[l].

Et la ystoria deste exienplo es ésta que se sigue:

EXEMPLO XXII°

DE LO QUE CONTESÇIÓ AL LEÓN ET AL TORO. *

F A B L A V A otra vez el conde Lucanor con Patronio, su
consegero, et díxole assí:

—Patronio, yo he un amigo muy poderoso et muy onra-
do, et commoquier que fasta aquí nunca fallé en l' sinon
buenas obras, agora dízenme que me non ama tan dere-

---

[438] *derrangedes*: del francés 'deranger', desmandarse, extralimi-
tarse. Comp.: "e amostrdles buen talante e sedles muy mesurado
e non les perdades vergüença, nin seades derranchado contra nin-
guno dellos, saluo ende por pelea que mouiessen en la vuestra
casa". *Libro infinido*, p. 41.

[439] *de grand guisa*: de elevada situación. Vid. otro ejemplo en
la p. 97.

* Figura ya en el *Pantchatantra*, como indicó Knust, págs. 352-3.

chamente commo suele, et aun, [440] que anda buscando maneras porque sea contra mí. Et yo estó agora en grandes dos cuydados: el uno es, porque me he reçelo que si por aventura él contra mí quisiere seer, que me pueda venir grand daño; el otro es que me he reçelo que si él entiende que yo todo dél esta sospecha et que me vo [441] guardando dél, que él, otrosí, que fará esso mismo, et que assí yrá cresçiendo la sospecha et el desamor poco a poco fasta que nos aviemos a desabenir. Et por la grant fiança que yo en vós he, ruégovos que me consejedes lo que bierdes que más me cumple de fazer en esto.

—Señor conde Lucanor —dixo Patronio—, para que desto vos podades guardar, plazerme ýa mucho que sopiésedes lo que conteçió al león et al toro.

El conde le rogó quel dixiesse cómmo fuera aquello.

—Señor conde Lucanor —dixo Patronio—, el león et el toro eran mucho amigos, et porque ellos son animalias [442] muy fuertes et muy reçias, apoderávanse et enseñorgavan [443] todas las otras animalias: ca el león, con el ayuda del toro, apremiava [444] todas las animalias que comen carne; et el toro, con el ayuda del león, apremiava todas las animalias que pacen la yerva. Et desque todas las animalias entendieron que el león et el toro les apremiavan por el ayuda que fazían el uno al otro, et vieron que por esto les vinía grand premia [445] et grant daño, fablaron todos entre sí qué manera podrían catar para salir desta premia. Et entendieron que si fiziesen desabenir al león et al toro, que serían ellos fuera de la premia de que los traýan apre-

---

[440] *èt aun*: y aun más, y además. Comp.: "Aun tú, que dixiste a los tus servidores / que con ellos seriés...". *Libro de buen amor,* 7a.

[441] *vo*: voy.

[442] *animalias*: animales. Comp.: "Darte he semejança de las abejas, que son animalias mudas e sin razon". *Castigos e documentos,* p. 79.

[443] *enseñorgavan*: enseñoreaban.

[444] *apremiava*: oprimía.

[445] *premia*: opresión. Vid. la nota 352 en la p. 115.

miados el león et el toro. Et porque el raposo et el car-
nero eran más allegados a la privança del león et del toro
que las otras animalias, rogáronles todas las animalias que
trabaiassen quanto pudiessen [para meter desavenencia en-
tre ellos. Et el raposo et el carnero dixieron que se tra-
bajarían quanto pudiesen] por fazer esto que las animalias
querían.

Et el raposo, que era consegero del león, dixo al osso,
que es el más esforçado et mas fuerte de todas las vestias
que comen carne en pos el león, quel dixiesse que se reçe-
laba que el toro andava catando manera para le traer
quanto daño pudiesse, et que días avié que gelo avían
dicho esto, et commo quier que por aventura esto non era
verdat, pero que parasse mientes en ello.

Et esso mismo dixo el carnero, que era consejero del
toro, al cavallo, que es el más fuerte animal que a en
esta tierra de las bestias que pacen yerva.

El osso et el cavallo cada uno dellos dixo esta razón
al león et al toro. Et commo quier que el león et el toro
non creyeron esto del todo, aún tomaron alguna sospecha
que aquellos que eran los más onrados del su linage et de
su compaña, [446] que gelo dizían por meter mal entrellos,
pero con todo esso ya cayeron en alguna sospecha. Et cada
uno dellos fablaron con el raposo et con el carnero, sus
privados.

Et ellos dixiéronles que commo quier que por aventura
el osso et el cavallo les dizían esto por alguna maestría
engañosa, que con todo esso, que era bien que fuessen
parando mientes en los dichos et en las obras que farían
dallí adelante el león et el toro, et segund que viessen, que
assí podrían fazer.

Et ya con esto cayó mayor sospecha entre el león et el
toro. Et desque las animalias entendieron que el león et
el toro tomaron sospecha el uno del otro, començáronles
a dar a entender más descubiertamente que cada uno de-
llos se reçelava del otro, et que esto non podría ser sinon

446 *compaña*: compañía.

por las malas voluntades que tenían escondidas en los coraçones.

Et el raposo et el carnero, commo falsos conseieros, catando su pro et olbidando la leatad que avían de tener a sus señores, en logar de los desengañar, engañáronlos; et tanto fizieron, fasta que el amor que solía seer entre el león et el toro tornó en muy grand desamor; et desque las animalias esto vieron, començaron a esforçar a aquellos sus mayorales [447] fasta que les fizieron començar la contienda, et dando a entender cada uno dellos a su mayoral quel guardava, et guardávanse los unos et los otros, et fazían tornar todo el daño sobre el león et sobre el toro.

Et a la fin, el pleito vino a esto: que commo quier que el león fizo más daño et más mal al toro et abaxó mucho el su poder et la su onra, pero sienpre el león fincó tan desapoderado dallí adelante que nunca pudo enseñorar las otras vestias nin apoderarse dellas commo solía, también de las del su linage commo de las otras. Et assí, porque el león et el toro non entendieron que por el amor et el ayuda que el uno tomava del otro, eran ellos onrados [et] apoderados de todas las otras animalias, et non guardaron el amor aprovechoso [448] que avían entre ssí, et non se sopieron guardar de los malos consejos que les dieron para sallir de su premia et apremiar a ellos, fincaron el león et el toro tan mal de aquel pleito, que assí commo ellos eran ante apoderados [de todos, ansí fueron después todos apoderados] dellos.

Et vós, señor conde Lucanor, guardatvos que estos que en esta sospecha vos ponen contra aquel vuestro amigo, que vos lo non fagan por traer a aquello que troxieron las animalias al león et al toro. Et por ende, conséjovos yo que si aquel vuestro amigo es omne leal et falastes en l' sienpre buenas obras et leales et fiades en l' commo omne deve fiar del buen fijo o del buen hermano, que non crea-

---

[447] *mayorales*: superiores. Véase la nota 386 en la p. 125.
[448] *amor aprovechoso*: Corresponde al que el propio don Juan Manuel llama "amor de prouecho". Véase el *Libro infinido*, p. 80.

des cosa que vos digan contra [él]. Ante, vos consejo quel
digades lo que vos dixieren dél, et él luego vos dirá otrosí
lo que dixieren a él de vós. Et fazed tan grant escarmiento
en los que esta falsedat cuydaren ordir, [449] porque nunca
otros se atrevan a lo començar otra vegada. Pero si el
amigo [non] fuere desta manera que es dicha, et fuere
de los amigos que se aman por el tiempo, o por la ven-
tura, o por el mester, [450] a tal amigo commo éste, sienpre
guardat que nunca digades nin fagades cosa porque él
pueda entender que de vós se mueva mala sospecha nin
mala obra contra él, et dat passada [451] a algunos de sus
yerros; ca por ninguna manera non puede seer que tan
grant daño vos venga a desora de que ante non veades
alguna señal çierta, commo sería el daño que vos vernía
si vos desabiniésedes por tal engaño et maestría commo
desuso es dicho; pero, al tal amigo, sienpre le dat a enten-
der en buena manera que, assí commo cumple a vós la su
ayuda, que assí cumple a él la vuestra; et lo uno faziéndol
buenas obras et mostrándol buen talante et non tomando
sospecha dél sin razón, nin creyendo dicho de malos omnes
et dando alguna passada a sus yerros; et lo al, monstrándol
que assí cumple a vós la su ayuda, que [assí] cumple a
él la vuestra. Por estas maneras durará el amor entre vós,
et seredes guardados de non caer en el yerro que caye-
ron el león et el toro.

Al conde plogo mucho deste consejo que Patronio le
dio, et fízolo assí, et fallóse ende bien.

Et entendiendo don Iohan que este exiemplo era muy

---

[449] *ordir*: urdir, tramar.
[450] Cf.: "Amor de tienpo es quando un omne ama a otro por-
que en aquel tienpo le cunple el su amor, et desque aquel tienpo
es pasado, olbida de ligero lo que el otro por el fizo"; "amor de la
ventura es quando un omne ama a otro porquel va muy bien et
la ventura es en su ayuda"; "amor de mester es quando [un] omne
esta en tal mester, quel cunple mucho el su ayuda de su amigo
porque acabe aquel mester en que esta". *Libro infinido*, p. 83, 81.
[451] *dat passada*: tolerad, perdonad. Comp.: "porque quiso dar
passada a los mios yerros et quiso sofrir que fuesse dicho por mi".
Libro de los estados, f. 47a.

bueno fízolo escrivir en este libro et fizo estos viessos que
dizen assí:

> Por falso dicho de omne mintroso [452]
> non pierdas amigo aprovechoso.

Et la ystoria deste exienplo es ésta que se sigue:

EXEMPLO XXIIIº

DE LO QUE FAZEN LAS FORMIGAS PARA SE MANTENER. [*]

O T R A vez fablava el conde Lucanor con Patronio, su
conseiero, en esta manera:

—Patronio, loado a Dios, yo so assaz rico, et algunos
conséianme que, pues lo puedo fazer, que non tome otro
cuydado, sinon tomar plazer et comer et bever et folgar,
que assaz he para mi vida, et aún que dexe a mios fijos
bien heredados. Et por el buen entendimiento que vós ave-
des, ruégovos que me conseiedes lo que vos paresçe que
devo fazer.

—Señor conde Lucanor —dixo Patronio—, commo quier
que el folgar et tomar plazer es bueno, para que vós faga-
des en esto lo que es más aprovechoso, plazerme ýa que
sopiéssedes lo que faze la formiga para mantenimiento de
su vida.

Et el conde le preguntó cómmo era aquello, et Patronio
le dixo:

—Señor conde Lucanor, ya vós veedes quánto pequeña
cosa es la formiga, et, segund razón, non devía aver muy
grand aperçebimiento, [453] pero fallaredes que cada año, al
tiempo que los omnes cogen el pan, [454] sallen ellas de sus
formigueros et van a las eras et traen quanto pan pueden
para su mantenimiento, et métenlo en sus casas. Et a la

---

[452] *mintroso*: mentiroso. Comp.: "...Si Amor eres, non puedes
aqui estar; / eres mintroso, falso". *Libro de buen amor*, 182cd.

[*] Procede de Plinio, *Hist. natur.*, XI, 36, como señaló Knust,
p. 353.

[453] *aperçibimiento*: entendimiento.

[454] *pan*: trigo.

primera agua que viene, sácanlo fuera; et las gentes dizen
que lo sacan a enxugar, et non saben lo que dizen, ca
non es assí la verdat; ca bien sabedes vós que quando las
formigas sacan la primera vez el pan fuera de sus formi-
gueros, que estonçe es la primera agua et comiença el in-
vierno, et pues si ellas, cada que llouiesse, oviessen de
sacar el pan para lo enxugar, luenga lavor ternían, et de-
más que non podrían aver sol para lo enxugar, ca en l'
invierno non faze tantas vegadas sol que lo pudiessen
enxugar.

Mas la verdat porque ellas lo sacan la primera vez que
llueve es ésta: ellas meten quanto pan pueden aver en sus
casas una vez, et non catan por al, [455] sinon por traer quan-
to pueden. Et desque lo tienen ya en salvo, cuydan que
tienen ya recabdo para su vida esse año. Et quando viene
la lluvia et se moia, el pan comiença de naçer; et ellas
veen que si el pan naçe en los formigueros, que en logar
de se gobernar [456] dello, que su pan mismo las mataría, et
serían ellas ocasión de su daño. Et entonçe sácanlo fuera
et comen aquel coraçón que a en cada grano de que sale
la semiente et dexan todo el grano entero. Et después, por
lluvia que faga, non puede naçer, et goviérnanse dél todo
el año.

Et aún fallaredes que, maguer que [457] tengan quanto pan
les complía, que cada [458] que buen tiempo faze, non fazen
nin dexan de acarrear qualesquier erbizuelas [459] que fallan.
Et esto fazen reçelando que les non cumplirá aquello que
tienen; et mientre [460] an tiempo, non quieren estar de val-

[455] *catan por al*: atienden a otra cosa.

[456] *se gobernar*: mantenerse, alimentarse. Comp.: "Mas a cabo
de dos o tres días deuenle dar de buena gallina caliente comunal-
mente a comer. Et desta manera los deuen gouernar e mantener".
Libro de la caza, p. 51.

[457] *maguer que*: aunque. Véase la nota 213 en la p. 81.

[458] *que cada*: que cada vez.

[459] *erbizuelas*: diminutivo de 'hierba'.

[460] *mientre*: mientras. Comp.: "Mientre ellos estauan en esta
tal entençia". *Libro de Apolonio*, 227. "Et mientre dona Sancha
fuera bibda non aia poder so filio". R. Menéndez Pidal, *Documen-
tos lingüísticos de España* (Madrid, 1919), p. 418.

de nin perder el tiempo que Dios les da, pues se pueden aprovechar dél.

Et vós, señor conde, pues la formiga, que es tan mesquina cosa, ha tal entendimiento et faze tanto por se mantener, bien devedes cuydar que non es buena razón para ningún omne, et mayormente para los que an de mantener grand estado et governar a muchos, en querer sienpre comer de lo ganado; ca çierto sed que por grant aver que sea, onde sacan cada día et non ponen ý nada, que non puede durar mucho, et demás paresçe muy grand amortiguamiento [461] et grand mengua de coraçón. Mas el mio consejo es éste: que si queredes comer et folgar, que lo fagades sienpre manteniendo vuestro estado et guardando vuestra onra, et catando et aviendo cuydado cómmo avredes de que lo cumplades, ca si mucho ovierdes et bueno quisierdes seer, assaz avredes logares en que lo despendades [462] a vuestra onra.

Al conde plogo mucho deste conseio que Patronio le dio, et fízolo assí, [et fallóse ende bien].

Et porque don Iohan se pagó deste exiemplo, fízolo poner en este libro, et fizo estos viessos que dizen assí:

> Non comas sienpre lo que as ganado;
> bive tal vida que mueras onrado.

Et la ystoria deste exiemplo es ésta que se sigue:

EXEMPLO XXIIII°

DE LO QUE CONTESÇIÓ A UN REY QUE QUERÍA PROVAR A TRES SUS FIJOS. *

U N día fablava el conde Lucanor con Patronio, su consegero, et díxole assí:

---

[461] *amortiguamiento*: debilidad.

[462] *despendades*: gastéis. Comp.: "porque tomen ende enxiemplo las gentes para non despender lo suyo en lo que con razon pueden escusar". *Libro de los estados,* f. 75a.

* "Relacionado, sin duda, con el cuento del rey y sus tres hijos que figura en las *Mil y una noches* y en el *Syntipas* (Chauvin,

—Patronio, en la mi casa se crían muchos moços, dellos omnes de grand guisa et dellos [463] que lo non son tanto, et beo en ellos muchas maneras et muy estrañas. [464] Et por el grand entendimiento que vós avedes, ruégovos que me digades, quanto vós entendedes, en qué manera puedo yo conosçer quál moço recudrá [465] a seer meior omne.

—Señor conde —dixo Patronio—, esto que me vós dezides es muy fuerte [466] cosa de vos lo dezir ciertamente, ca non se puede saber çiertamente ninguna cosa de lo que es de venir; [et esto que vós preguntades es por venir], et por ende non se puede saber ciertamente; mas lo que desto se puede saber es por señales que paresçen en los moços, también de dentro commo de fuera; et las que paresçen de fuera son las figuras de la cara et el donaire [467] et la color et el talle del cuerpo, et de los miembros, ca por estas cosas paresçe la señal de la complisión [468] et de los miembros prinçipales, que son el coraçón et el meollo et el fígado; commo quier que estas son señales, non se puede saber lo çierto; ca pocas vezes se acuerdan [469] todas las señales a una cosa: ca si las unas señales muestran lo uno, muestran las otras el contrario; pero a lo más, segund son estas señales, assí recuden las obras.

Et las más çiertas señales son las de la cara, et señaladamente las de los ojos, et otrosí el donayre; ca muy pocas

---

Bibliographie des ouvrages arabes, VII, 162-163). También se halla en *Scala Coeli, Locutio inordinata*, 157a." Nota de A. González Palencia en su edic., p. 54.

463 *dellos... dellos*: unos... otros.

464 *estrañas*: diferentes. Comp.: "Por buscar Apolonio tan estranyo plaçer / entro en la çludat". *Llbro de Apolonio*, 90bc.

465 *recudrá*: vendrá a ser, resultará. Comp.: "Et por la buena criança que an muchos dellos recuden muy buenos omnes". *Libro de los estados*, f. 98a.

466 *fuerte*: grave, comprometida.

467 *donaire*: gracia, gentileza.

468 *complisión*: complexión, constitución.

469 *acuerdan*: concuerdan. Comp.: "Por quanto las tres [sectas], que son la de los christianos et la de los judios et la de los moros todos acuerdan et creen que a un Dios". *Libro de los estados*, f. 58b.

vezes fallesçen éstas. Et non tengades que el donarie [470] se dize por seer omne fermoso en la [cara] nin feo, ca muchos omnes son pintados [471] et fermosos, et non an donarie de omne, et otros paresçen feos, que an buen donario [472] para seer omnes apuestos.

Et el talle del cuerpo et de los miembros muestran señal de la complisión et paresçe si deve seer valiente o ligero, et las tales cosas. Mas el talle del cuerpo et de los miembros, non muestran çiertamente quáles deven seer las obras. Et con todo esto, éstas son señales; et pues digo señales, digo cosa non çierta, ca la señal sienpre es cosa que paresçe por ella lo que deve seer; mas non es cosa forçada que sea assí en toda guisa. Et éstas son las señales de fuera que siempre son muy dubdosas para conosçer lo que vós me preguntades. Mas para conosçer los moços por las señales de dentro [que son ya quanto mas [473] ciertas], plazerme ýa que sopiésedes cómmo provó una vez un rey moro a tres fijos que avía, por saber quál dellos sería meior omne.

El conde le rogó quel dixiesse cómmo fuera aquello.

—Señor conde Lucanor —dixo Patronio—, un rey moro avía tres fijos; et porque el padre puede fazer que regne qual fijo de los suyos él quisiere, después que el rey llegó a la vegez, los omnes buenos de su tierra pidiéronle por merçed que les señalasse quál daquellos sus fijos quería que regnasse en pos él. Et el rey díxoles que dende [474] a un mes gelo diría.

---

[470] *donarie*: donaire. (Se cruzan 'donaire' y 'donario').

[471] *pintados*: bellos, hermoseados. Comp.: "todo su mayor fecho es dar muchos sonetes, / palabrillas pintadas, fermosillos afeites". *Libro de buen amor*, 1257. "en la coplas pintadas yaze la fealdat". Ibíd., 69b.

[472] *donario*: donaire, de 'donarium'. Cf.: "El Criador que fizo todas las criaturas / con diversos donarios e diversas figuras". "Rasena la genta, fembra de gran donario". *Libro de Alexandre*, 2171b y 1795d.

[473] *ya quanto más*: mucho más.

[474] *dende*: de allí.

Et quando vino a ocho o a dies días, una tarde dixo al fijo mayor que otro día grand mañana [475] quería cavalgar et que fuesse con él. Otro día, vino el infante mayor al rey, pero que non tan mañana [476] commo el rey, su padre, dixiera. Et desque llegó, díxol el rey que se quería vestir, quel fiziesse traer los paños. El infante dixo al camarero que troxiesse los paños; el camarero preguntó que quáles paños quería. El infante tornó al rey et preguntol que quáles paños quería. El rey díxole que el aljuva, [477] et él tornó al camarero et díxole que el aljuva quería el rey. Et el camarero le preguntó que quál almexía [478] quería, et el infante tornó al rey a gelo preguntar. Et assí fizo por cada vestidura, que sienpre yva et vinía por cada pregunta, fasta que el rey tovo todos los paños. Et vino el camarero, et le vistió et lo calçó.

Et desque fue vestido et calçado, mandó el rey al infante que fiziesse traer el cavallo, et él dixo al que guardava los cavallos del rey quel troxiesse el cavallo, et el que los guardava díxole que quál cavallo traería; et el infante tornó con esto al rey, et assí fizo por la siella et por el freno et por el espada et las espuellas; et por todo lo que avía mester para cavalgar, por cada cosa fue preguntar al rey.

Desque todo fue guisado, [479] dixo el rey al infante que non podía cavalgar, et que fuesse él andar por la villa et que parasse mientes a las cosas que vería porque lo sopiesse retraer [480] al rey.

El infante cavalgó et fueron con él todos los onrados omnes del rey et del regno, et yvan ý muchas trompas et

[475] grand mañana: muy de madrugada. Vid. p. 133.

[476] tan mañana: tan temprano.

[477] aljuva: gabán con mangas cortas y estrechas que usaban los moros y también los cristianos. (Del árabe al-gubbah).

[478] almexía: del árabe al-mehsiya, manto pequeño que usaban los moros. Comp.: "Yo en esto estando, vino Sancta Maria, / cubrióme con la manga de la su almexia". Berceo, Milagros, 448ab.

[479] guisado: preparado.

[480] retraer: contar. Comp.: "Pero sí diz la fabla que s' suele retraer / que "más val con mal asno...". Libro de buen amor, 1622ab.

tabales [481] et otros strumentos. El infante andido [482] una
pieça por la villa, et desque tornó al rey, preguntol quél
paresçía de lo que viera. Et el infante díxole que bien
le paresçía, sinon quel fazían muy grand roýdo aquellos
estrumentes. [483]

Et a cabo de otros días, mandó el rey al fijo mediano
que veniesse a él otro día mañana; et el infante fízolo assí.
Et el rey fizo todas las pruevas que fiziera al infante ma-
yor, su hermano, et el infante fízolo, et dixo bien commo
el hermano mayor.

Et a cabo de otros días, mandó al infante menor, su
fijo, que fuesse con él de grand mañana. Et el infante ma-
durgó [484] ante que el rey despertasse, et esperó fasta que
despertó el rey; et luego que fue espierto, [485] entró el in-
fante et omillósele [486] con la reverençia que devía. Et el
rey mandol quel fiziesse traer de bestir. Et el infante pre-
guntol qué paños quería, et en una vez [487] le preguntó por
todo lo que avía de bestir et de calçar, et fue por ello et
tráxogelo todo. Et non quiso que otro camarero lo ves-
tiesse nin lo calçasse sinon él, dando a entender que se
te[r]nía por de buena ventura si el rey, su padre, tomasse
plazer o serviçio de lo que él pudiesse fazer, et que pues
su padre era, que razón et aguisado [488] era de fazer quan-
tos serviçios et omildades [489] pudiesse.

---

[481] *trompas et tabales*: trompetas y atabales o timbales. Comp.:
"Trompas e añafiles salen con atabales". *Libro de buen amor*, 1234.

[482] *andido*: anduvo. Comp.: "E el leon partiose dél e fuese su
via e andido por los montes fasta que fue guarido". *Castigos e
documentos*, p. 141.

[483] *estrumentes*: instrumentos. Comp.: "Su estrumente en mano
paro se le delante". *Libro de Apolonio*, 489d.

[484] *madurgó*: madrugó. Véase la nota 426 en la p. 133.

[485] *espierto*: despierto.

[486] *omillósele*: humillósele, hízole acatamiento.

[487] *en una vez*: de una vez.

[488] *aguisado*: justo, conveniente.

[489] *omildades*: rendimientos, acatamientos. Comp.: "quando el
infante llego al rey, besol la mano con muy grant reuerençia et
humildat, asi commo deuia fazer a padre et a sennor". *Libro de
los estados*, f. 50c.

Et desque el rey fue vestido et calçado, mandó al infante quel fiziesse traer el cavallo. Et él preguntóle quál cavallo quería, et con quál siella et con quál freno, et quál espada, et por todas las cosas que eran mester paral cavalgar, et quién quería que cavalgasse con él, et assí por todo quanto cumplía. Et desque todo lo fizo, non preguntó por ello más de una vez, et tráxolo et aguisólo commo el rey lo avía mandado.

Et desque todo fue fecho, dixo el rey que non quería cavalgar, mas que cavalgasse él et quel contasse lo que viesse. Et el infante cavalgó et fueron con él todos commo fizieran con los otros sus hermanos; mas él nin ninguno de sus hermanos, nin omne del mundo, non sabié nada de la razón porque el rey fazía esto.

Et desque el infante cavalgó, mandó quel mostrassen toda la villa de dentro, et las calles et do tenía el rey sus tesoros, et quántos podían seer, et las mezquitas et toda la nobleza [490] de la villa de dentro et las gentes que ý moravan. Et después salió fuera et mandó que saliessen allá todos los omnes de armas, et de cavallo et de pie, et mandóles que trebejassen [491] et le mostrassen todos los juegos de armas et de trebejos, et vio los muros et las torres et las fortalezas de la villa. Et desque lo ovo visto, tornósse paral rey, su padre.

Et quando tornó era ya muy tarde. Et el rey le preguntó de las cosas que avía visto. Et el infante le dixo que si a él non pesasse, que él le diría lo quel paresçía de lo que avía visto. Et el rey le mandó, so pena de la su bendición, quel dixiesse lo quel paresçía. Et el infante le dixo que commo quier que él era muy leal rey, quel paresçía que non era tan bueno commo devía, ca si lo fuesse, pues avía tan buena gente et tanta, et tan grand poder et tan grand aver, et que si por él non fincasse, que todo el mundo devía ser suyo.

---

[490] *nobleza*: cosa notable.
[491] *trebejassen*: torneasen. Comp.: "et fablar en las cosas que son de caualleria en que podredes tomar plazer con vuestros grandes omnes ...asi commo caualgar et caçar et trebejar con ellos". *Libro de los estados*, 51a.

Al rey plogo mucho deste denuesto [492] que el infante le dixo.

Et quando vino el plazo a que avía de dar respuesta a los de la tierra, díxoles que aquel fijo les dava por rey.

Et esto fizo por las señales que vio en los otros et por las que vio en éste. Et commo quier que [493] más quisiera qualquier de los otros para rey, non tovo por aguisado [494] de lo fazer por lo que vio en los unos et en el otro.

Et vós, señor conde, si queredes saber quál moço sería mejor, parat mientes a estas tales cosas, et assí podredes entender algo et por aventura lo más dello que a de ser de los moços.

Al conde plogo mucho de lo que Patronio le dixo.

Et porque don Iohan tovo este por buen exienplo, fízolo escrivir en este libro et fizo estos viessos que dizen assí:

> Por obras et maneras podrás conosçer
> a los moços quáles deven los más seer.

Et la ystoria deste exiemplo es ésta que se sigue:

EXEMPLO XXV°

DE LO QUE CONTESÇIÓ AL CONDE DE PROVENÇIA, CÓMMO FUE LIBRADO DE LA PRISIÓN POR EL CONSEJO QUE LE DIO SALADÍN. *

E l conde Lucanor fablava una vez con Patronio, su consegero, en esta manera:

---

[492] *denuesto*: reparo, tacha. Comp.: "bien te puedo dezir "antojo" por denuesto". *Libro de buen amor,* 404d.

[493] *commo quier que*: aunque.

[494] *aguisado*: acertado.

* Lope de Vega dramatiza el cuento en *La pobreza estimada* y Calderón en *El conde Lucanor.* Véase J. Fradejas Lebrero, "Un cuento de don Juan Manuel y dos comedias del Siglo de Oro" en la *Revista de Literatura,* VIII (1955), págs. 67-80, y el citado artículo de Daniel Devoto, págs. 202 y ss.

—Patronio, un mio vasallo me dixo el otro día que
quería casar una su parienta, et assí como él era tenudo
de [me] conseiar lo meior que él pudiesse, que me pidía
por merçed quel consejasse en esto lo que entendía que
era más su pro, et díxome todos los casamientos quel
trayan. Et porque éste es omne que yo quer[r]ía que lo
acertasse muy bien, et yo sé que vós sabedes mucho de
tales cosas, ruégovos que me digades lo que entendedes
en esto, porquel yo pueda dar tal conseio que se falle él
vien dello.

—Señor conde Lucanor —dixo Patronio—, para que
podades bien conseiar a todo omne que aya de casar su
parienta, plazerme ýa mucho que sopiéssedes [lo] qué
contesçió al conde de Provençia con Saladín, que era sol-
dán [495] de Babilonia.

El conde Lucanor le rogó quel dixiesse cómmo fuera
aquello.

—Señor conde Lucanor —dixo Patronio—, un conde
ovo en Provençia que fue muy buen omne et deseava mu-
cho fazer en guisa [496] porquel oviesse Dios merçed al alma
et ganasse la gloria del Paraýso, faziendo tales obras que
fuessen a grand su onra et del su estado. Et para que esto
pudiesse complir, tomó muy grand gente consigo, et muy
bien aguisada, et fuesse para la Tierra Sancta de Ultra-
mar, poniendo en su coraçón que, por quequier [497] quel
pudiesse acaesçer, que siempre sería omne de buena ven-
tura, pues le vinía estando él derechamente en serviçio de
Dios. Et porque los juyzios de Dios son muy marabillosos
et muy ascondidos, et Nuestro Señor tiene por bien de ten-
tar muchas vezes a los sus amigos, pero si aquella tempta-
çión saben sofrir, sienpre Nuestro Señor guisa [498] que tor-
ne el pleito a onra et a pro de aquel a quien tienta; et por
esta razón tovo Nuestro Señor por bien de temptar al

---

[495] *soldán*: sultán.

[496] *en guisa*: de manera.

[497] *quequier*: cualquier cosa. Cf.: "quequier que por ti faga,
tenlo en poridat". *Libro de buen amor*, 566d.

[498] *guisa*: procura.

conde de Provençia, et consentió que fuesse preso en poder del soldán.

Et commo quier que estava preso, sabiendo Saladín la grand vondat del conde, fazíale mucho bien et mucha onra, et todos los grandes fechos que avía de fazer, todos los fazía por su conseio. Et tan bien le conseiava el conde et tanto fiava dél el soldán que, commo quier que estava preso, que tan grand logar et tan grand poder avía, et tanto fazían por él en toda la tierra de Saladín, commo farían en la suya misma.

Quando el conde se partió de su tierra, dexó una fija muy pequeñuela. Et el conde estudo tan grand tiempo en la prisión, que era ya su fija en tiempo para casar; et la condesa, su muger, et sus parientes enviaron dezir al conde quantos fijos de reys et otros grandes omnes la demandavan por casamiento.

Et un día, quando Saladín vino a fablar con el conde, desque ovieron acordado aquello porque Saladín allí viniera, fabló con él [el] conde en esta manera:

—Señor, vós me fazedes a mí tanta merçed et tanta onra et fiades tanto de mí que me ternía por muy de buena ventura si vos lo pudiesse servir. Et pues vós, señor, tenedes por bien que vos conseie yo en todas las cosas que vos acaesçen, atreviéndome a la vuestra merçed et fiando del vuestro entendimiento, pídovos por merçed que me conseiedes en una cosa que a mí acaesçió.

El soldán gradesçió esto mucho al conde, et díxol quel conseiaría muy de grado; et aún, quel ayudaría muy de buena mente en quequiera quel cumpliesse.

Entonçe le dixo el conde de los casamientos quel movían [499] para aquella su fija et pidiol por merçed quel conseiasse con quién la casaría.

El Saladín respondió assí:

—Conde, yo sé que tal es el vuestro entendimiento, que en pocas palabras que vos omne diga entendredes todo el

---

[499] *movían*: promovían, inspiraban. Cf.: "Siempre fue mi costumbre e los mis pensamientos / levantar yo de mio e mover casamientos". *Libro de buen amor*, 735ab.

fecho. Et por ende vos [quiero] conseiar en este pleito segund lo yo entiendo. Yo non conosco todos estos que demandan vuestra fija, qué linage o qué poder an, o quáles son en los sus cuerpos o quánta vezindat an convusco, o qué meioría an los unos de los otros, et por ende que non vos puedo en esto consejar çiertamente; mas el mio consejo es éste: que casedes vuestra fija con omne.

El conde gelo tovo en merçed, et entendió muy bien lo que aquello quería dezir. Et envió el conde dezir a la condessa su muger et a sus parientes el consejo que el soldán le diera, et que sopiesse de quantos omnes fijos dalgo avía en todas sus comarcas, de qué maneras et de qué costumbres, et quáles eran en los sus cuerpos, et que non casassen por su riqueza nin por su poder, mas quel enviassen por escripto dezir qué tales eran en sí los fijos de los reyes et de los grandes señores que la demandavan et qué tales eran los otros omnes fijos dalgo que eran en las comarcas.

Et la condessa et los parientes del conde se marabillaron desto mucho, pero fizieron lo quel conde les envió mandar, et posieron por escripto todas las maneras et costumbres buenas et contrarias que avían todos los que demandavan la fija del conde, et todas las otras condiçiones que eran en ellos. Et otrosí, escrivieron quáles eran en sí los otros omnes fijos dalgo que eran en las comarcas, et enviáronlo todo contar al conde.

Et desque el conde vio este escripto, mostrólo al soldán; el desque Saladín lo vio, commo quier que todos eran muy buenos, falló en todos los fijos de los reyes et de los grandes señores en cada uno algunas tachas: o de seer mal acostumbrados en comer o en vever, o en seer sañudos, o [a]partadizos, [500] o de mal reçebimiento a las gentes, et pagarse de malas compañas, o enbargados de su palabra, o alguna otra tacha de muchas que los omnes pueden

---

[500] [a]partadizos: huraños, esquivos. Comp.: "Otrosi, quel plega de estar con las gentes en los tiempos que lo deue fazer et non ser apartadizo". *Libro de los estados*, f. 87c.

aver. Et falló que un fijo de un rico omne que non era de muy grand poder, que segund lo que paresçía dél en aquel escripto, que era el meior omne et el más complido, et más sin ninguna mala tacha de que él nunca oyera fablar. Et desque esto oyó el soldán, conseió al conde que casasse su fija con aquel omne, ca entendió que, commoquier que aquellos otros eran más onrados et más fijos dalgo, que meior casamiento era aquel et mejor casava el conde su fija con aquél que con ninguno de los otros en que oviesse una mala tacha, quanto más si oviesse muchas; et tovo que más de preçiar era el omne por las sus obras que non por su riqueza, nin por nobleza de su linage.

El conde envió mandar [501] a la condessa et a sus parientes que casassen su fija con aquel que Saladín les mandara. Et commo quier que se marabillaron mucho ende, enviaron por aquel fijo de aquel rico omne et dixiéronle lo que el conde les envió mandar. Et él respondió que bien entendía que el conde era más fijo dalgo et más rico et más onrado que él, pero que si él tan grant poder oviesse que bien tenía que toda muger sería bien casada con él, et que esto que fablavan con él, si lo dizían por non lo fazer, que tenía que le fazían muy grand tuerto et quel querían perder de balde. [502] Et ellos dixieron que lo querían fazer en toda guisa, et contáronle la razón en cómmo el soldán conseiara al conde quel diesse su fija ante que a ninguno de los fijos de los reyes nin de los otros grandes señores, señaladamente porquel escogiera por omne. Desque él esto oyó, entendió que fablavan verdaderamente en el casamiento et tovo que, pues Saladín lo escogiera por omne, et le fiziera allegar a tan grand onra, que non sería él omne si non fiziesse en este fecho lo que pertenesçía.

Et dixo luego a lla condessa et a los parientes del conde que si ellos querían que creyesse él que gelo dizían verdaderamente, quel apoderasen [503] luego de todo el condado

---

[501] *envió mandar*: ordenó.
[502] *de balde*: sin motivo, inútilmente. Vid. nota 309 en la p. 103.
[503] *apoderasen*: diesen poder. Véase en la p. 56 la nota 78.

et de todas las rendas, [504] pero non les dixo ninguna cosa de lo que él avía pensado de fazer. A ellos plogo de lo que él les dizía, et apoderáronle luego de todo. Et él tomó muy grand aver, et, en grand poridat, armó pieça de galeas [505] et tovo muy grand aver guardado. Et desque esto fue fecho, mandó guisar sus vodas para un día señalado.

Et desque las vodas fueron fechas muy ricas et muy onradas, en la noche, quando se ovo de yr para su casa do estava su muger, ante que se echassen en la cama, llamó a la condessa et a sus parientes et díxoles en grant poridat que bien sabién que el conde [le] escogiera entre otros muy meiores que él, et que lo fiziera porque el soldán le conseiara que casasse su fija con omne, et pues el soldán et el conde tanta onra le fizieran [et lo escogieran] por omne, que tería él que non era omne si non fiziesse en esto lo que pertenesçía; et que se quería yr et que les dexava aquella donzella con qui él avía de casar, et el condado: que él fiava por Dios que él le endereçaría porque entendiessen las gentes que fazía fecho de omne.

Et luego que esto ovo dicho, cavalgó et fuesse en buena ventura. Et endereçó al regno de Armenia, et moró y tanto tiempo fasta que sopo muy bien el lenguage et todas las maneras de la tierra. Et sopo cómmo Saladín era muy caçador.

Et él tomó muchas buenas aves et muchos buenos canes, et fuesse para Saladín, et partió aquellas sus galeas et puso una en cada puerto, et mandóles que nunca se partiessen ende fasta quél gelo mandasse.

Et desque él llegó al soldán, fue muy bien reçebido, pero non le besó la mano nin le fizo ninguna reverençia de las que omne deve fazer a su señor. Et Saladín mandol dar todo lo que ovo mester, et él gradesçiógelo mucho, mas non quiso tomar dél ninguna cosa et dixo que non viniera por tomar nada dél; mas por quanto bien oyera dezir dél,

---

[504] *rendas*: rentas. Comp.: "Et pus el capítulo de las rendas çerca del capitulo de las fortalezas porque cumple[n] mucho las rendas para ser las fortalezas guardadas". *Libro infinido*, p. 59.

[505] *pieça de galeas*: cantidad de galeras. Véanse las notas 427 y 181 en las págs. 133 y 76.

que si él por bien toviesse, que quería bevir algún tiempo
en la su casa por aprender alguna cosa de quanto bien
avía en él et en las sus gentes; et porque sabía que el sol-
dán era muy caçador, que él traýa muchas aves et muy
buenas, et muchos canes, et si la su merçed fuesse, que
tomasse ende lo que quisiesse, et con lo quel fincaría a
él, que andaría con él a caça, et le faría quanto serviçio
pudiesse en aquello et en al.

Esto le gradesçió mucho Saladín, et tomó lo que tovo
por bien de lo que él traýa, mas por ninguna guisa nunca
pudo guisar [506] que el otro tomasse dél ninguna cosa, nin
le dixiesse ninguna cosa de su fazienda, nin oviesse entre-
llos cosa porque él tomasse ninguna carga de Saladín por-
que fuesse tenido de lo guardar. Et assí andido [507] en su
casa un grand tiempo.

Et commo Dios acarrea, [508] quando su voluntad es, las
cosas que Él quiere, guisó que alançaron [509] los falcones
a unas grúas. [510] Et fueron matar la una de llas grúas a
un puerto de la mar do estava la una de las galeas que el
yerno del conde ý pusiera. Et el soldán, que yva en muy
buen cavallo, et él en otro, alongáronse [511] tanto de las
gentes, que ninguno dellos non vio por do yva. Et quando
Saladín llegó do los falcones estavan con la grúa, descen-
dió mucho aýna [512] por los acorrer. Et el yerno del conde
que vinía con él, de quel vio en tierra, llamó a los de la
galea.

Et el soldán, que non parava mientes sinon por cevar [513]
sus falcones, quando vio la gente de la galea en derredor
de sí, fue muy espantado. Et el yerno del conde metió

---

[506] *pudo guisar*: pudo obtener.

[507] *andido*: anduvo. Véase la nota 482 en la p. 146.

[508] *acarrea*: conduce, guía.

[509] *alançaron*: lanzaron. Es término muy usado en cetrería.

[510] *grúas*: grullas. Comp.: "Et si caçan gruas con los azores
tomanlas muy acerca e muy de rebato, et con los falcones caçan
las gruas de rebato". *Libro de la caza*, p. 7.

[511] *alongáronse*: alejáronse. Vid. la nota 147 en la p. 70.

[512] *aýna*: deprisa. Otro ejemplo en la p. 97.

[513] *cevar*: cebar, pero con el sentido de 'encarnizarse', 'ensa-
ñarse' en las grullas cazadas.

mano a la espada et dio a entender quel quería ferir con
ella. Et quando Saladín esto vio, començósse a quexar
mucho diziendo que esto era muy grand trayçión. Et el
yerno del conde le dixo que non mandasse [514] Dios, que
bien sabía él que nunca él le tomara por señor, nin qui-
siera tomar nada de lo suyo, nin tomar dél ningún encargo
porque oviesse razón de lo guardar, mas que sopiesse que
Saladín avía fecho todo aquello.

Et desque esto ovo dicho, tomólo et metiólo en la galea,
et de que lo tovo dentro, contol cómmo él era el yerno
del conde, et que era aquél que él escogiera, entre otros
meiores que sí, [515] por omne; et pues él por omne lo esco-
giera, que bien entendía que non fuera él omne si esto
non fiziera; et quel pidía por merçed quel diesse su suegro.
porque entendiesse que el consejo que él le diera que era
bueno et verdadero, et que se fallava bien dél.

Quando Saladín esto oyó, gradesçió mucho a Dios, e
plógol más porque açertó en l' su conseio, que sil oviera
acaesçido otra pro [516] o otra onra por grande que fuesse.
Et dixo al yerno del conde que gelo daría muy de buena
mente.

Et el yerno del conde fio en l' soldán, et sacólo luego
de la galea et fuesse con él. Et mandó a los de la galea
que se alongassen del puerto tanto que non los pudiesse[n]
veer ningunos que ý llegassen.

Et el soldán et el yerno del conde cevaron muy bien
sus falcones. Et quando las gentes ý llegaron, fallaron a
Saladín mucho alegre. Et nunca dixo a omne del mundo
nada de quanto le avía contesçido.

Et desque llegaron a lla villa, fue luego desçender a la
casa do estava el conde preso et levó consigo al yerno
del conde. Et desque vio al conde, començol a dezir con
muy grand alegría:

—Conde, mucho gradesco a Dios por la merçed que me
fizo en acertar tan bien commo acerté en l' consejo que vos

---

[514] *mandasse*: demandase.
[515] *que si*: que él.
[516] *otra pro*: otra cosa de provecho.

di en l' casamiento de vuestra fija. Evad [517] aquí vuestro yerno, que vos a sacado de prisión.

Entonçe le contó todo lo que su yerno avía fecho, la lealdat et el grand esfuerço que fiziera en le prender et en fiar luego en él.

Et el soldán et el conde et quantos esto sopieron, loaron mucho el entendimiento et el esfuerço et la lealdad del yerno del conde. Otrosí, loaron muncho las vondades de Saladín et del conde, et gradesçieron mucho a Dios porque quiso guisar de lo traer a tan buen acabamiento.

Entonçe dio el soldán muchos dones et muy ricos al conde et a su yerno; et por el enojo que el conde tomara en la prisión, diol dobladas todas las rentas que el conde pudiera levar de su tierra en quanto estudo en la prisión, et enviol muy rico et muy bien andante para su tierra.

Et todo este bien vino al conde por el buen consejo que el soldán le dio que casasse su fija con omne.

Et vós, señor conde Lucanor, pues avedes a conseiar aquel vuestro vasallo en razón del casamiento de aquella su parienta, conseialde que la prinçipal cosa que cate en l' casamiento que sea aquél con quien la oviere de casar buen omne en sí; ca si esto non fuere, por onra, nin por riqueza, nin por fidalguía que aya, nunca puede ser bien casada. Et devedes saber que el omne con vondad acreçenta la onra et alça su linage et acreçenta las riquezas. Et por seer muy fidalgo nin muy rico, si bueno non fuere, todo sería mucho aýna perdido. Et desto vos podría dar muchas fazañas [518] de muchos omnes de grand guisa que les dexaren sus padres et muy ricos et mucho onrados, et pues non fueron tan buenos com[m]o devían, fue en ellos perdido el linage et la riqueza; et otros de grand guisa et de pequeña que, por la grand vondad que ovieron en sí, acresçentaron mucho en sus onras et en sus faziendas,

---

[517] *Evad*: He aquí, tened. Su etimología no parece clara. Véase *Vocabulario del Poema del Cid*, de don R. Menéndez Pidal, p. 675. Comp.: "Evades aqui oro e plata fina". *Poema del Cid,* 820.

[518] *fazañas*: historias ejemplares, ejemplos. Comp.: "fablarme buena fabla, non burlas nin picañas, / e dil que non me diga de aquestas tus fazañas". *Libro de buen amor,* 1.493cd.

en guisa que fueron muy más loados et más preçiados por lo que ellos fizieron et por lo que ganaron, que aun por todo su linage. Et assí entendet que todo el pro et todo el daño nasçe et viene de quál el omne es en sí, de qualquier estado que sea. Et por ende, la primera cosa que se deve catar en el casamiento es quáles maneras et quáles costumbres et quál entendimiento et quáles obras a en sí el omne o la muger que a de casar; et esto seyendo primero catado, dende en adelante, quanto el linage es más alto et la riqueza mayor et la apostura más complida et la vezindat más açerca et más aprovechosa, tanto es el casamiento mejor.

Al conde plogo mucho destas razones que Patronio le dixo, et tovo que era verdat todo assí commo él le dizía.

Et veyendo don Iohan que este enxiemplo era muy bueno, fízolo escrivir en este libro, et fizo estos viessos que dizen assí:

> Qui omne es, faz todos los provechos;
> qui non lo es, mengua todos los fechos.

Et la ystoria deste enxiemplo es ésta que se sigue:

EXEMPLO XXVI°

DE LO QUE CONTESÇIÓ AL ÁRVOL DE LA MENTIRA

UN día fablava el conde Lucanor con Patronio, su conseiero, et díxole así:

—Patronio, sabet que estó en muy grand quexa et en grand roýdo con unos omnes que me non aman mucho; et estos omnes son tan reboltosos et tan mintrosos que nunca otra cosa fazen sinon mentir a mí et a todos los otros con quien an de fazer o delibrar [519] alguna cosa.

---

[519] *delibrar*: deliberar. Comp.: "fuera si lo fisiese la cosa delibrada". *Libro de Alexandre*, 571c.

Et las mentiras que dizen, sábenlas tan bien apostar [520] et aprovéchanse tanto dellas, que me traen a muy grand daño, et ellos apodéranse [521] mucho, et an gentes muy fiera[s] contra mí. Et aun creed que si yo quisiesse obrar por aquella manera, que por aventura lo sabría fazer tan bien commo ellos; mas porque yo sé que la mentira es de mala manera, nunca me pagué della. Et agora, por el buen entendimiento que vós avedes, ruégovos que me conseiedes qué manera tome [522] con estos omnes.

—Señor conde Lucanor —dixo Patronio—, para que vós fagades en esto lo mejor et más a vuestra pro, plazerme ýa mucho que sopiéssedes lo que contesçió a la Verdat et a la Mentira.

El conde le rogó quel dixiesse cómmo fuera aquello.

—Señor conde Lucanor —dixo Patronio—, la Mentira et la Verdat fizieron su compañía en uno, et de que ovieron estado assí un tiempo, la Mentira, que es acuçiosa, dixo a la Verdat que sería bien que pusiessen un árbol de que oviessen fructa et pudiessen estar a la su sonbra quando fiziesse calentura. Et la Verdat, como es cosa llana et de buen talante, dixo quel plazía.

Et de que el árbol fue puesto et començó a naçer, dixo la Mentira a la Verdat que tomasse cada una dellas su parte de aquel árbol. Et a la Verdat plógol con esto. Et la Mentira, dándol a entender con razones coloradas [523] et apuestas que la raýz del árbol es la cosa que da la vida et la mantenençia al árbol, et que es mejor cosa et más aprovechosa, conseió la Mentira a la Verdat que tomasse las raýzes del árbol que están so tierra et ella que se aventuraría a tomar aquellas ramiellas que avían a salir et estar sobre tierra, commoquier que era muy grand peligro por-

---

[520] *apostar*: embellecer, hermosear. Véase un poco más adelante, p. 159, las 'mentiras apostadas'.

[521] *apodéranse*: tienen un gran poder.

[522] *tome*: adopte, use.

[523] *razones coloradas*: razones elocuentes, adornadas, de 'colores' retóricos. Comp.: "Fizo della un libro de dichos colorados / de su virginidat contra tres renegados". Berceo, *Milagros*, 51cd. "Propuso la Gloriosa palabra colorada". Ibíd., 82a.

que estava a aventura de taiarlo o follarlo [524] los omnes
o roerlo las vestias o taiarlo las aves con las manos et con
los picos o secarle la grand calentura o quemarle el grant
yelo, et que de todos estos periglos non avía a soffrir nin-
gunos la raýz.

Et quando la Verdat oyó todas estas razones, porque
non ay en ella muchas maestrías et es cosa de grand fiança
et de grand creençia, fiosse en la Mentira, su compaña, [525]
et creó que era verdat lo quel dizía, et tovo que la Mentira
le conseiava que tomasse muy buena parte, tomó la raýz
del árbol et fue con aquella parte muy pagada. Et quando
la Mentira esto ovo acabado, fue mucho alegre por el en-
gaño que avía fecho a ssu compañera diziéndol mentiras
fermosas et apostadas. [526]

La Verdat metiósse so tierra para vevir ó estavan las
raýzes que eran la su parte, et la Mentira fincó sobre tierra
do viven los omnes et andan las gentes et todas las otras
cosas. Et commo es ella muy fallaguera, en poco tiempo
fueron todos muy pagados della. Et el su árbol començó
a crescer et echar muy grandes ramos et muy anchas fojas
que fazían muy fermosa sonbra et paresçieron [527] en él
muy apuestas flores de muy fermosas colores et muy paga-
deras [528] a paresçençia. [529]

Et desque las gentes vieron aquel árbol tan fermoso,
ayuntávanse muy de buena mente [530] a estar cabo dél, et

---

[524] *follarlo*: hollarlo, pisotearlo. (Vid. más adelante, p. 183, la
forma 'follase'.) Cf.: "e él cabalgó luego, pero sentíase maltrecho,
porque le habían follado mucho los caballos e las bestias que pa-
saron sobre él". *Gran conquista de Ultramar*, p. 272a.

[525] *compaña*: compañera. Comp.: "Ca muy pocos son los que
veen quando los falcones van con las gruas e la apartan e la derri-
ban, et veen commo sus compañas vienen acorrer a la derribada".
Libro de la caza, p. 7.

[526] *apostadas*: apuestas, adornadas. Comp.: "Hurón avia por
nombre, un apostado donzel". *Libro de buen amor*, 1.619c.

[527] *paresçieron*: aparecieron.

[528] *pagaderas*: atrayentes, agradables.

[529] *paresçençia*: apariencia, forma.

[530] *de buena mente*: gustosamente, con agrado. Comp.: "Et
çiertamente, tanbien en esto, como en todas las otras razones que

pagávanse mucho de la su sombra et de las sus flores tan
bien coloradas, et estavan ý siempre las más de las gentes,
et aun los que se fallavan por los otros logares dizían los
unos a los otros que si querían estar viçiosos [531] et alegres,
que fuessen estar a la sombra del árbol de la Mentira.

Et quando las gentes eran ayuntadas so aquel árbol,
commo la Mentira es muy fallaguera et de grand sabidu-
ría, fazía muchos plazeres a las gentes et amostrávales
de su sabiduría; et las gentes pagávanse de apprender de
aquella su arte mucho. Et por esta manera tiró [532] a ssí
todas las más gentes del mundo: ca mostrava a los unos
mentiras senziellas, et a los otros, más sotiles mentiras do-
bladas, et a otros, muy más sabios, mentiras trebles. [533]

Et devedes saber que la mentira senziella es quando un
omne dice a otro: "Don Fulano, yo faré tal cosa por vós",
et él miente de aquello quel dize. Et la mentira doble es
quando faze iuras [534] et omenages [535] et rehenes [536] et da
otros por sí que fagan todos aquellos pleitos, et en faziendo
estos seguramientos, ha él ya pensado et sabe manera cóm-
mo todo esto tornará en mentira et en engaño. Mas, la
mentira treble, que es mortalmente engañosa, es la quel
miente et le engaña diziéndol verdat.

Et desta sabiduría tal avía tanta en la Mentira et sabíala
tan bien mostrar a los que se pagavan de estar a la sombra
del su árbol, que les fazía acabar por aquella sabiduría
lo más de las cosas que ellos querían, et non fallavan nin-
gún omne que aquella arte non sopiesse, que ellos non le
troxiessen a fazer toda su voluntad. Et lo uno por la fer-
mosura del árbol, et lo al con la grand arte que de la Men-

---

yo vos he fablado, en esta razon escusara yo de buena mente si
pudiera". *Libro de los estados*, f. 50b.

[531] *viçiosos*: regalados, contentos.

[532] *tiró*: arrastró. Véase la nota 38 en la p. 50.

[533] *trebles*: triples. Comp.: "Tres vezes fue orar por la ley com-
plir, / ...la treble oraçion esto quiere dezir". Berceo, *Sacrificio*, 73.

[534] *iuras*: juramentos. Comp.: "Prended las arcas e meterlas en
vuestro salvo; / con grand jura meted i las fedes amos". *Poema
del Cid*, 119-120.

[535] *omenages*: juramentos de fidelidad.

[536] *rehenes*: cosas que se ponen por fianza o seguro.

tira aprendían, deseavan mucho las gentes estar a aquella sombra et aprender lo que la Mentira les amostrava.

La Mentira estava mucho onrada et muy preçiada et mucho aconpañada de las gentes, et el que menos se llegava a ella et menos sabía de la su arte, menos le preçiavan todos, et aun él mismo se preçiava menos.

Et estando la Mentira tan bien andante, la lazdrada et despreçiada de la Verdat estava ascondida so tierra, et omne del mundo non sabía della parte, nin se pagava della, nin la quería buscar. Et ella, veyendo que non le avía fincado cosa en que se pudiesse mantener sinon aquellas raýzes del árbol que era la parte quel conseiara tomar la Mentira, et con mengua de otra vianda, ovóse a tornar a roer et a tajar et a governarse [537] de las raýzes del árbol de la Mentira. Et commo quier que el árbol tenía muy buenas ramas et muy anchas fojas que fazían muy grand sombra et muchas flores de muy apuestas colores, ante que pudiessen levar fructo, fueron tajadas todas sus raýzes, ca las ovo a comer la Verdat, pues non avía al de que se governar.

Et desque las raýzes del árbol de la Mentira fueron todas tajadas, et estando la Mentira a la sombra del su árbol con todas las gentes que aprendían de la su arte, vino un viento et dio en el árbol, et porque las sus raýzes eran todas tajadas, fue muy ligero de derribar et cayó sobre la Mentira et quebrantóla de muy mala manera; et todos los que estavan aprendiendo de la su arte fueron todos muertos et muy mal feridos, et fincaron muy mal andantes.

Et por el lugar do estava el tronco del árbol salló la Verdat que estava escondida, et quando fue sobre la tierra, falló que la Mentira et todos los que a ella se allegaron eran muy mal andantes et se fallaron muy mal de quanto aprendieron et usaron del arte que aprendieron de la Mentira.

Et vós, señor conde Lucanor, parad mientes que la mentira ha muy grandes ramos, et las sus flores, que son los sus dichos et los sus pensamientos et los sus fallagos,

---

[537] *governarse*: alimentarse. Otras referencias en 141 y 230.

son muy plazenteros, et páganse mucho dellos las gentes, pero todo es sombra et nunca llega a buen fructo. Por ende, si aquellos vuestros contrarios usan de llas sabidurías et de los engaños de la mentira, guardatvos dellos quanto pudierdes et non querades seer su conpañero en aquella arte, nin ayades envidia de la su buena andança que an por usar del arte de la mentira, ca cierto seed que poco les durará, et non pueden aver buena fin; et quando cuydaren seer más bien andantes, estonçe les fallesçerá, [538] assí commo fallesçió el árbol de la Mentira a los que cuydavan estar muy bien andantes a su sombra; mas, aunque la verdat sea menospreçiada, abraçatvos bien con ella et preciadla mucho, ca çierto seed que por ella seredes bien andante et abredes buen acabamiento et ganaredes la gracia de Dios porque vos dé en este mundo mucho bien et mucha onra paral cuerpo et salvamiento paral alma en l' otro.

Al conde plogo mucho deste conseio que Patronio le dio, et fízolo assí et fallóse ende bien.

Et entendiendo don Iohan que este exiemplo era muy bueno, fízolo escrivir en este libro et fizo estos viessos que dizen assí:

> Seguid verdad por la mentira foyr,
> ca su mal cresçe quien usa de mentir.

Et la ystoria deste exiemplo es ésta que se sigue:

EXEMPLO XXVIIº

DE LO QUE CONTESÇIÓ A UN EMPERADOR ET A DON ALVAR HÁÑEZ MINAYA [539] CON SUS MUGERES

FABLAVA el conde Lucanor con Patronio, su consegero, un día et díxole assí:

[538] *fallecerá*: fallará.
[539] "Fue uno de los más notables caballeros de la corte de Alfonso VI, debelador de los almorávides y reconquistador de la Alcarria. En el reinado de doña Urraca, la hija de Alfonso VI,

—Patronio, dos hermanos que yo he son casados entramos et biven cada uno dellos muy de[s]bariadamente [540] el uno del otro; ca el uno ama tanto aquella dueña con qui es casado, que abés [541] podemos guisar con él que se parta un día del lugar onde ella es, et non faz cosa del mundo sinon lo que ella quiere, et si ante non gelo pregunta. Et el otro, en ninguna guisa non podemos con él que un día la quiera veer de los ojos, [542] nin entrar en casa do ella sea. Et porque yo he grand pesar desto, ruégovos que me digades alguna manera porque podamos ý poner consejo.

—Señor conde Lucanor —dixo Patronio—, segund esto que vós dezides, entramos vuestros hermanos andan muy errados en sus faziendas; ca el uno nin el otro non devían mostrar tan grand amor nin tan grand desamor commo muestran a aquellas dueñas con qui ellos son casados; mas commo quier que lo ellos yerran, por aventura es por las maneras que an aquellas sus mugeres; et por ende

---

fue gobernador de Toledo de 1109 a 1114, fecha en que fue muerto por los de Segovia, defendiendo los derechos de su Reina contra los partidarios del rey aragonés Alfonso *el Batallador*. El Cantar [del Cid] llama a Alvar Fáñez *sobrino* del Cid (2858-3438), parentesco confirmado por la carta de arras de doña Jimena, del año 1074, y supone que el Cid le tiene siempre a su lado, *nos le parte de so braço* (1244)". R. Menéndez Pidal, *Poema de mio Cid* (Clás. cast., 24), p. 17. M.ª R.ª Lida de Malkiel, op. cit., p. 107 (nota), escribe: "Al anotar la segunda parte del *Exemplo XXVII*, Knust (págs. 456 y ss.) pormenoriza la biografía de Alvar Fáñez y de Pero Anzúrez, el cual no tenía tres hijas, sino un hijo y cuatro hijas, y no la menor, sino la segunda casó son Alvar Fáñez, y no se llamaba Vascuñana, sino Emilia (o Mencía). Las rectificaciones podrían continuar (si el detalle de ser tres las hijas y la menor la heroína no advirtiese que nos hallamos en pleno reino del cuento), pues, en efecto, es poco verosímil que Alvar Fáñez Minaya sometiera a la hija de don Pero Anzúrez a la prueba de la obediencia monacal a que en las *Apotegmas de los Padres* (Migne, *Patrologia Graeca*, t. 65, col. 296b, *apud* Knust, p. 358) somete el abad Silvano a su discípulo Marco, y que con diversidad de variantes ha pasado a numerosos cuentos".

[540] *de[s]bariadamente*: contrariamente, diferentemente.
[541] *abés*: apenas. Vid. la nota 129 en la p. 65.
[542] *veer de los ojos*: forma pleonástica.

querría que sopiésedes lo que contesçió al emperador Fradrique [543] et a don Alvar Fáñez Minaya con su mugeres.

El conde le preguntó cómmo fuera aquello.

—Señor conde Lucanor —dixo Patronio—, porque estos exiemplos son dos et non vos los podría entramos dezir en uno, contarvos he primero lo que contesçió al emperador Fradrique, et después contarvos he lo que contesçió a don Alvar Háñez.

—Señor conde, el emperador Fradrique casó con una donzella de muy alta sangre, segund le pertenesçía; mas de tanto, [544] non le acaesçió bien, que non sopo ante que casasse con aquélla las maneras que avía.

Et después que fueron casados, commoquier que ella era muy buena dueña et muy guardada en l' su cuerpo, començó a seer la más brava [545] et la más fuerte [546] et la más rebessada [547] cosa del mundo. Assí que, si el emperador quería comer, ella dizía que quería ayunar; et si el emperador quería dormir, queriese ella levantar; et si el emperador querié bien alguno, luego ella lo desamava. [548] ¿Qué vos diré más? Todas las cosas del mundo en que el emperador tomava plazer, en todas dava ella a entender que tomava pesar, et de todo lo que el emperador fazía, de todo fazía ella el contrario sienpre.

Et desque el emperador sufrió esto un tiempo, et vio que por ninguna guisa non la podía sacar desta entençión por cosa que él nin otros le dixiessen, nin por ruegos, nin por amenazas, nin por buen talante, nin por malo quel mostrasse, et vio que sin el pesar et la vida enoiosa que avía de sofryr quel era tan grand daño para su fazienda et para las sus gentes, que non podía ý poner conseio; et

---

543 Quizá Federico I Barbarroja, Duque de Suabia (1150-1190), ascendiente de don Juan Manuel, o Federico II, emperador de Alemania y rey de Sicilia (1197-1250).

544 *mas de tanto*: pero con todo.

545 *brava*: irascible, de mal genio. Comp.: "Et commo quier que a vezes cumple mostrarse los sennores por brauos e crueles, esto deue ser por espantar". *Libro infinido*, p. 64.

546 *fuerte*: terrible.

547 *rebessada*: indomable, atravesada.

548 *desamava*: aborrecía.

de que esto vio, fuesse paral Papa et contol la su fazien-
da, también de la vida que passava, commo del grand daño
que binía a él et a toda la tierra por las maneras que avía
la emperadriz; et quisiera muy de grado, si podría seer,
que los partiesse [549] el Papa. Mas vio que segund la ley
de los christianos non se podían partir, et [que] en nin-
guna manera non podían bevir en uno [550] por las malas
maneras que la emperadriz avía, et sabía el Papa que esto
era assí.

Et desque otro cobro [551] no podieron fallar, dixo el Papa
al emperador que este fecho que lo acomendava él al
entendimiento et a la sotileza del emperador, ca él non
podía dar penitençia ante que el pecado fuesse fecho.

Et el emperador partióse del Papa et fuesse para su casa,
et trabaió por quantas maneras pudo, por falagos et por
amenazas et por conseios et por desengaños et por quan-
tas mancras él et todos los que con él bivían pudieron
asmar [552] para la sacar de aquella mala entençión, mas
todo esto non tobo ý pro, que quanto más le dizían que
se partiesse de aquella manera, tanto más fazía ella cada
día todo lo revesado. [553]

Et de que el emperador vio que por ninguna guisa esto
non se podía endereçar, díxol un día que él quería yr a
la caça de los çiervos et que levaría una partida de aque-
lla yerva [554] que ponen en las saetas con que matan los
çiervos, et que dexaría lo al para otra vegada, quando
quisiesse yr a caça, et que se guardasse que por cosa del
mundo non pusiesse de aquella yerva en sarna, nin en
postiella, [555] nin en lugar donde saliesse sangre; ca aquella

---

[549] *partiesse*: separase, divorciase.

[550] *en uno*: juntos.

[551] *cobro*: medio, solución. Comp.: "Ca en la muerte nunca ay
cobro". *Libro de los estados*, f. 79b. "cuidé en otra orden fallar
cobro alguno / do perdiese lazeria". *Libro de buen amor*, 1.308.

[552] *asmar*: pensar. Vid. en la p. 85 la nota 230.

[553] *lo revesado*: lo contrario, al revés.

[554] *yerva*: hierba de ballestero, veneno hecho con el eléboro.
Comp.: "por gladio o por yerbas si matar lo pudieres". *Libro de
Apolonio*, 40c.

[555] *postiella*: postilla, pústula.

yerva era tan fuerte, que non avía en el mundo cosa viva que non matasse. Et tomó de otro ungüento muy bueno et muy aprovechoso para qualquier llaga et el emperador untósse con él antella en algunos lugares que non estavan sanos. Et ella et quantos ý estavan vieron que guaresçía luego con ello. Et díxole que si le fuesse mester, que de aquél pusiesse en qualquier llaga que oviesse. Et esto le dixo ante pieça de omnes et de mugeres. Et de que esto ovo dicho, tomó aquella yerva que avía menester para matar los çiervos et fuesse a su caça, assí como avía dicho.

Et luego que el emperador fue ydo, començó ella a ensañarse et a enbraveçer, et començó a dezir:

—¡Veed el falso del emperador, lo que me fue dezir! Porque él sabe que la sarna que yo he non es de tal manera commo la suya, díxome que me untasse con aquel ungüento que se él untó, porque sabe que non podría guaresçer con él, mas de aquel otro ungüento bueno con que él sabe que guaresçría, dixo que non tomasse dél en guisa ninguna; mas por le fazer pesar, yo me untaré con él, et quando él viniere, fallarme ha sana. Et so çierta que en ninguna cosa non le podría fazer mayor pesar, et por esto lo faré.

Los cavalleros et las dueñas que con ella estavan travaron [556] mucho con ella que lo non fiziesse, et començáronle a pedir merçed, muy fieramente llorando, que se guardasse de lo fazer, ca çierta fuesse, si lo fiziesse, que luego sería muerta.

Et por todo esto non lo quiso dexar. Et tomó la yerva et untó con ella las llagas. Et a poco rato començol a tomar la rabia de la muerte, et ella repintiérase [557] si pudiera, mas ya non era tiempo en que se pudiesse fazer. Et murió por la manera que avía porfiosa et a su daño.

Mas a don Alvar Háñez contesçió el contrario desto, et porque lo sepades todo commo fue, contarvos hé cómmo acaesçió.

---

[556] *travaron*: discutieron, pusieron trabas.
[557] *repintiérase*: se arrepintiera.

Don Alvar Háñez era muy buen omne et muy onrado et pobló [558] a Yxcar, [559] et morava ý. Et el conde don Pero Ançúrez [560] pobló a Cuéllar, [561] et morava en ella. Et el conde don Pero Ançúrez avía tres fijas.

Et un día, estando sin sospecha [562] ninguna, entró don Alvar Háñez por la puerta; et al conde don Pero Ançúrez plógol mucho con él. Et desque ovieron comido, preguntol que por qué vinía tan sin sospecha. Et don Alvar Háñez díxol que vinía por demandar una de sus fijas para con que casase, [563] mas que quería que gelas mostrasse todas tres et quel dexasse fablar con cada una dellas, et después que escogería quál quisiesse. Et el conde, veyendo quel fazía Dios mucho bien en ello, dixo quel plazía mucho de fazer quanto don Alvar Háñez le dizía.

Et don Alvar Háñez apartósse con la fija mayor et díxol que, si a ella ploguiesse, que quería casar con ella, pero ante que fablasse más en el pleito, quel quería contar algo de su fazienda. Que sopiesse, lo primero, que él non era muy mançebo et que por las muchas feridas que oviera en las lides que se acertara, [564] quel e[n] flaqueçiera [565] tanto la cabeça que por poco vino que viviesse, quel fazié perder luego el entendimiento; et de que estava fuera de su seso, que se asañava tan fuerte que non catava lo que dizía; et que a las vegadas firía a los omnes en tal guisa, que se repentía mucho después que tornava a su entendimiento; et aun, quando se echava a dormir, desque yazía en la cama, que fazía ý muchas cosas que non enpeçería nin migaja [566] si más linpias fuessen. Et destas cosas

---

[558] *pobló*: repobló.

[559] *Yxcar*: Iscar, en la provincia de Valladolid.

[560] Pedro Ansúrez, noble que acompañó a Alfonso VI en su destierro a Toledo, fue conde de Zamora, Saldaña y Carrión y engrandeció a Valladolid.

[561] En la provincia de Segovia. Está cerca de Iscar.

[562] *sin sospecha*: inesperadamente.

[563] *para con que casase*: para casar con ella.

[564] *acertara*: hallara presente, concurriera. Comp.: "Ifantes de Carrion, sabet, si açertaron". *Poema del Cid,* 1.835.

[565] *e[n] flaqueçiera*: debilitara.

[566] *migaja*: miaja, pizca.

le dixo tantas, que toda muger quel entendimiento non oviesse muy maduro, se podría tener dél por non muy bien casada.

Et de que esto le ovo dicho, respondiol la fija del conde que este casamiento non estava en ella, sinon en su padre et en su madre.

Et con tanto, [567] partiósse de don Alvar Háñez et fuesse para su padre.

Et de que el padre et la madre le preguntaron qué era su voluntad de fazer, porque ella non fue de muy buen entendimiento commo le era mester, dixo a su padre et a su madre que tales cosas le dixiera don Alvar Háñez, que ante quería seer muerta que casar con él.

Et el conde non lo quiso dezir esto a don Alvar Háñez, mas díxol que su fija que non avía entonçe voluntad de casar.

Et fabló don Alvar Háñez con la fija mediana; et passaron entre él et ella bien assí commo con el hermana mayor. [568]

Et después fabló con el hermana menor et díxol todas aquellas cosas que dixiera a las otras sus hermanas.

Et ella respondiol que gradesçía mucho a Dios en que don Alvar Háñez quería casar con ella; et en lo quel dizía quel fazía mal el vino, que si, por aventura, alguna vez le cumpliesse [569] por alguna cosa de estar apartado de las gentes por aquello quel dizía o por al, que ella lo encubriría mejor que ninguna otra persona del mundo; et a lo que dizía que él era viejo, que quanto por esto non partiría [570] ella el casamiento, que cunplíale [571] a ella

---

[567] con tanto: con eso. Cf.: "Ovieronse con tanto del pleito a partir". Berceo, Milagros, 156c.

[568] Los adjetivos terminados en or casi siempre llevaban concordancia masculina en la Edad Media. Comp.: "Quiero dexar con tanto las aves cantadores". Berceo, Milagros, 44.

[569] cumpliesse: conviniese. Comp.: "mas dezir vos he dél alguna palabra que compliría para esto". Libro de los estados, f. 70a.

[570] partiría: renunciaría, apartaría. Véase la nota 109 en la p. 62.

[571] cunplíale: le compensaba. Cf.: "señores, vuestro saber quiera mi mengua cumplir". Libro de buen amor, 1.134d.

del casamiento el bien et la onra que avía de ser casada con don Alvar Háñez; et de lo que dizía que era muy sañudo et que firía a las gentes, que quanto por esto, non fazía fuerça, ca nunca ella le faría por que la firiesse, et si lo fiziesse, que lo sabría muy bien soffrir.

Et a todas las cosas que don Alvar Háñez le dixo, a todas le sopo tan bien responder, que don Alvar Háñez fue muy pagado, et gradesçió mucho a Dios porque fallara muger de tan buen entendimiento.

Et dixo al conde don Pero Ançúrez [que] con aquella quería casar. Al conde plogo mucho ende. [572] Et fizieron ende sus vodas luego. Et fuesse con su muger luego en buena ventura. Et esta dueña avía nombre doña Vascuñana.

Et después que don Alvar Háñez levó a su muger a su casa, fue ella tan buena dueña et tan cuerda, que don Alvar Háñez se tovo por bien casado della et tenía por razón que se fiziesse todo lo que ella querié.

Et esto fazía él por dos razones: la primera, porquel fizo Dios a ella tanto bien, que tanto amava a don Alvar Háñez et tanto presçiava el su entendimiento, que todo lo que don Alvar Háñez dizía et fazía, que todo tenía ella verdaderamente que era lo mejor; et plazíale mucho de quanto dizía et de quanto fazía, et nunca en toda su vida contralló [573] cosa que entendiesse que a él plazía. Et non entendades que fazía esto por le lisoniar, nin por le falagar, mas fazíalo por[que] verdaderamente creýa, et era su entençión, que todo lo que don Alvar Háñez quería et dizía et fazía, que [en] ninguna guisa non podría seer yerro, nin lo podría otro ninguno mejorar. Et lo uno por esto, que era el mayor bien que podría seer, et lo al porque ella era de tan buen entendimiento et de tan buenas obras, que siempre acertava en lo meior. Et por estas cosas amávala et preçiávala tanto don Alvar Háñez que tenía por razón de fazer todo lo que ella querié, ca sien-

---

572 *ende*: de eso. Cf.: "Et los que yo ende sé son estos". *Libro del cavallero et del escudero*, p. 65.

573 *contralló*: contrarió. Véase la p. 62.

pre ella quería et le conseiava lo que era su pro et su
onra. Et nunca tovo mientes por talante, nin por voluntad
que oviesse de ninguna cosa, que fiziesse don Alvar Há-
ñez, sinon lo que a él más le pertenesçía, et que era más
su onra et su pro.

Et acaesçió que, una vez, seyendo don Alvar Háñez
en su casa, que vino a él un so sobrino que vivía en casa
del rey, et plógol mucho a don Alvar Háñez con él. Et
desque ovo morado con don Alvar Háñez algunos días,
díxol un día que era muy buen omne y muy complido [574]
et que non podía poner en él ninguna tacha sinon una.
Et don Alvar Háñez preguntol que quál era. Et el sobrino
díxol que non fallava tacha quel poner sinon que fazía
mucho por su muger et la apoderava [575] mucho en toda
su fazienda. Et don Alvar Háñez respondiol que, a esto,
que dende a pocos días le daría ende la repuesta.

Et ante que don Alvar Háñez viesse a doña Vascuñana,
cavalgó et fuesse a otro lugar et andudo allá algunos días
et levó allá aquel su sobrino consigo. Et después envió
por doña Vascuñana, et guisó assí don Alvar Háñez que
se encontraron en el camino, pero que non fablaron nin-
gunas razones entre sí, nin ovo tiempo aunque lo qui-
siessen fazer.

Et don Alvar Háñez fuesse adelante, et yba con él su
sobrino. Et doña Vascuñana vinía [en pos dellos]. Et des-
que ovieron andado assí una pieça don Alvar Háñez et su
sobrino, fallaron una pieça de vacas. Et don Alvar Háñez
començó a dezir:

—¿Viestes, sobrino, qué fermosas yeguas ha en esta
nuestra tierra?

Quando su sobrino esto oyó, maravillóse ende mucho,
et cuydó que gelo dizía por trebejo et díxol que cómmo
dizía tal cosa, que non eran sinon vacas.

Et don Alvar Háñez se començó mucho de maravillar
et dezirle que reçelava que avía perdido el seso, ca bien
beyé que aquéllas, yeguas eran.

[574] *complido*: perfecto. Véase en la p. 51 la nota 42.
[575] *apoderava*: le daba mucho poder.

Et de que el sobrino vio que don Alvar Háñez porfiava tanto sobresto, et que lo dizía a todo su seso, fincó mucho espantado et cuydó que don Alvar Háñez avía perdido el entendimiento.

Et don Alvar Háñez estido [576] tanto adrede en aquella porfía, fasta que asomó doña Vascuñana que vinía por el camino. Et de que don Alvar Háñez la vio, dixo a su sobrino:

—Ea, don [577] sobrino, fe aquí [578] a doña Vascuñana que nos partirá nuestra contienda.

Al sobrino plogo desto mucho; et desque doña Vascuñana llegó, díxol su cuñado: [579]

—Señora, don Alvar Háñez et yo estamos en contienda, ca [580] él dize por unas vacas, que son yeguas, et yo digo que son vacas; et tanto avemos porfiado, que él me tiene por loco, et yo tengo que él non está bien en su seso. Et vós, señora, departidnos agora esta contienda.

Et quando doña Vascuñana esto vio, commo quier que ella tenía que aquéllas eran vacas, pero pues su cuñado le dixo que dizía don Alvar Háñez que eran yeguas, tovo verdaderamente ella, con todo su entendimiento, que ellos erravan, que las non conosçían, mas que don Alvar Háñez non erraría en ninguna manera en las conosçer; et pues dizía que eran yeguas, que en toda guisa del mundo, que yeguas eran et non vacas.

Et començó a dezir al cuñado et a quantos ý estavan:

—Por Dios, cuñado, pésame mucho desto que dezides, et sabe Dios que quisiera que con mayor seso et con mayor pro nos viniéssedes agora de casa del rey, do tanto avedes morado; ca bien veedes vós que muy grand men-

---

[576] *estido*: estuvo. Cf.: "Benedictos los arbores so los quales estido". Berceo, *Vida de san Millán*, 64c.

[577] La palabra 'don' se anteponía a nombres comunes. Véase más adelante la p. 199.

[578] *fe aquí*: he aquí. Comp.: "fevos aqui las señas, verdad vos digo yo". *Poema del Cid*, 1.335.

[579] *cuñado*: indica parentesco por afinidad, como señala doña María Goyri de Menéndez Pidal en su edic., p. 104.

[580] *ca*: porque. Véase la p. 48, nota 21.

gua de entendimiento et de vista es tener que las yeguas que son vacas.

Et començol a mostrar, también por las colores, commo por las façiones, commo por otras cosas muchas, que eran yeguas, et non vacas, et que era verdat lo que don Alvar Háñez dizía, que en ninguna manera el entendimiento et la palabra de don Alvar Háñez que nunca podría errar. Et tanto le afirmó esto, que ya el cuñado et todos los otros començaron a dubdar que ellos erravan, et que don Alvar Háñez dizía verdat, que las que ellos tenían por vacas, que eran yeguas. Et de que esto fue fecho, fuéronse don Alvar Háñez et su sobrino adelante et fallaron una grand pieça de yeguas.

Et don Alvar Háñez dixo a su sobrino:

—¡Ahá, [581] sobrino! Estas son las vacas, que non las que vos dizíades ante, que dizía yo que eran yeguas.

Quando el sobrino esto oyó, dixo a su tío:

—Por Dios, don Alvar Háñez, si vos verdat dezides, el diablo me traxo a mí a esta tierra; ca çiertamente, si éstas son vacas, perdido he yo el entendimiento, ca, en toda guisa del mundo, éstas, yeguas son, et non vacas.

Don Alvar Háñez començó a porfiar muy fieramente que eran vacas. Et tanto duró esta porfía, fasta que llegó doña Vascuñana. Et desque ella llegó et le contaron lo que dizía don Alvar Háñez et dizía su sobrino, maguer a ella paresçía que el sobrino dizía verdat, non pudo creer por ninguna guisa que don Alvar Háñez pudiesse errar, nin que pudiesse seer verdat al, sinon lo que él dizía. Et començó a catar razones para provar que era verdat lo que dizía don Alvar Háñez, et tantas razones et tan buenas dixo, que su cuñado et todos los otros tovieron que el su entendimiento, et la su vista, errava; mas lo que don Alvar Háñez dizía, que era verdat. Et aquesto fincó assí.

Et fuéronse don Alvar Háñez et su sobrino adelante et andudieron tanto, fasta que llegaron a un río en que avía pieça de molinos. Et dando del agua a las vestias en el río, començó a dezir don Alvar Háñez que aquel río que

---

[581] *¡Ahá!*: ¡Ajá! Exclamación.

corría contra la parte onde nasçía, et aquellos molinos, que del otra parte les vinía el agua.

Et el sobrino de don Alvar Háñez se tovo por perdido quando esto le oyó; ca tovo que, assí commo errara en l' conosçimiento de las vacas et de las yeguas, que assí errava agora en cuydar que aquel río vinía al revés de commo dizía don Alvar Háñez. Pero porfiaron tanto sobresto, fasta que doña Vascuñana llegó.

Et desquel dixieron esta porfía en que estava don Alvar Háñez et su sobrino, pero que a ella paresçía que el sobrino dizía verdat, non creó al su entendimiento et tovo que era verdat lo que don Alvar Háñez dizía. Et por tantas maneras sopo ayudar a la su razón, [582] que su cuñado et quantos lo oyeron, creyeron todos que aquella era la verdat.

Et daquel día acá, fincó por fazaña [583] que si el marido dize que corre el río contra ar[r]iba, que la buena muger lo deve crer et deve dezir que es verdat.

Et desque el sobrino de don Alvar Háñez vio que por todas estas razones que doña Vascuñana dizía se provava que era verdat lo que dizía don Alvar Háñez, et que errava él en non conosçer las cosas assí commo eran, tóvose por muy ma[l]trecho, cuydando que avía perdido el entendimiento.

Et de que andudieron assí una grand pieça por el camino, et don Alvar Háñez vio que su sobrino yva muy triste et en grand cuydado, díxole assí:

—Sobrino, agora vos he dado la repuesta a lo que en l' otro día me dixiestes que me davan las gentes por grand tacha porque tanto fazía por doña Vascuñana, mi muger; ca bien cred que todo esto que vós et yo avemos passado oy, todo lo fize porque entendiéssedes quién es ella, et que lo que yo por ella fago, que lo fago con razón; ca bien creed que entendía yo que las primeras vacas que nós fallamos, et que dizía yo que eran yeguas, que vacas

---

[582] *razón*: a lo dicho. Cf.: "et des aqui tornare a mi razon". *Libro del cavallero et del escudero*, p. 16.

[583] *fazaña*: sentencia, refrán. Otro caso en la p. 215.

eran, assí como vós dizíades. Et desque doña Vascuñana
llegó et vos oyó que yo dizía que eran yeguas, bien çierto
so que entendía que vós dizíades verdat; mas que fió ella
tanto en l' mio entendimiento, que tien que, por cosa
del mundo, non podría errar, tovo que vós et ella errá-
vades en non lo conosçer cómmo era. Et por ende dixo
tantas razones et tan buenas, que fizo entender a vós, et
a quantos allí estavan, que lo que yo dizía era verdat;
et esso mismo fizo después en lo de las yeguas et del río.
Et bien vos digo verdat: que del día que comigo casó,
que nunca un día le bi fazer nin dezir cosa en que yo
pudiesse entender que quería nin tomava plazer, sinon
en aquello que yo quis; nin le vi tomar enojo de ninguna
cosa que yo fiziesse. Et sienpre [tiene] verdaderamente
en su talante que qualquier cosa que yo faga, que aquello
es lo mejor; et lo que ella a de fazer de suyo o le yo aco-
miendo que faga, sábelo muy bien fazer, et sienpre lo faze
guardando toda mi onra et mi pro et queriendo que en-
tiendan las gentes que yo so el señor, et que la mi volun-
tad et la mi onra se cumpla; et non quiere para sí otra
pro, nin otra fama de todo el fecho, sinon que sepan que
es mi pro, et tome yo plazer en ello. Et tengo que si un
moro de allende el mar esto fiziesse, quel devía yo mucho
amar et presçiar yo et fazer yo mucho por el su consejo,
et demás seyendo ella tal et yo seer casado con ella et
seyendo ella tal et de tal linaje de que me tengo por muy
bien casado. Et agora, sobrino, vos he dado repuesta a la
tacha que el otro día me dixiestes que avía.

Quando el sobrino de don Alvar Háñez oyó estas razo-
nes, plógol ende mucho, et entendió que, pues doña Vas-
cuñana tal era et avía tal entendimiento et tal entención,
que fazía muy grand derecho don Alvar Háñez de la amar
et fiar en ella et fazer por ella quanto fazía et aun muy
más, si más fiziesse.

Et assí fueron muy contrarios la muger del enperador
et la muger de don Alvar Háñez.

Et, señor conde Lucanor, si vuestros hermanos son tan
desvariados, que el uno faze todo quanto su muger quiere
et el otro todo lo contrario, por aventura esto es [por]

que sus mugeres fazen tal vida con ellos commo fazía la enperadriz et doña Vascuñana. Et si ellas tales son, non devedes maravillarvos nin poner culpa a vuestros hermanos; mas si ellas non son tan buenas nin tan revesadas como estas dos de que vos he fablado, sin dubda vuestros hermanos non podrían seer sin grand culpa; ca commo quier que aquel vuestro hermano que faze mucho por su muger, faze bien, entendet que este bien, que se deve fazer con razón et non más; ca si el omne, por aver grand amor a su muger, quiere estar con ella tanto porque dexe de yr a los lugares o a los fechos en que puede fazer su pro et su onra, faze muy grand yerro; nin si por le fazer plazer nin complir su talante dexa nada de lo que pertenesçe a su estado, nin a su onra, faze muy desaguisado; mas guardando estas cosas, todo buen talante et toda fiança que el marido pueda mostrar a su muger, todo le es fazedero et todo lo deve fazer et le paresçe muy bien que lo faga. Et otrosí, deve mucho guardar que por lo que a él mucho non cumple, nin le faze gran men[gua, [584] que non le faga enojo nin pesar et señaladamente en ninguna guisa cosa que puede aver pecado, ca desto vienen muchos daños: lo uno, la maldad et el pecado que omne faze, lo al, que por fazerle emienda et plazer porque pierda aquel enojo et avrá a fazer cosas que se le tornarán en daño de la fama et de la fazienda. Otrosí, el que por su fuerte ventura tal muger oviere commo la enperatriz, pues al comienço non pudo o non sopo ý poner consejo en ello non ay sinon pasar su ventura commo Dios gelo quisiere aderesçar; pero sabed que para lo uno et para lo otro cumple mucho que para el primero día que el omne casa, dé a entender a su muger que él es el señor de todo, et quel faga entender la vida que an de pasar en uno.

Et vos, señor conde, al mi cuydar, parando mientes a estas cosas, pod[r]edes consejar a vuestros hermanos en quál manera vivan con sus mugeres.

---

[584] Falta el folio 160. Sigo para suplirlo el códice de Puñonrostro.

Al conde plogo mucho destas cosas que Patronio le dixo, et tovo que dezía verdat et muy buen seso.

Et entendiendo don Juan que estos enxemplos eran buenos, fízolos poner en este libro, et fizo estos versos que dizen así:

> En el prim[er]o día que omne casare deve mostrar
> qué vida a de fazer o cómmo a de pasar.

EXEMPLO XXVIII [585]

DE COMMO MATÓ DON LORENÇO ÇUÁRES GALLYNATO [586] A UN CLÉRIGO QUE SE TORNÓ MORO EN GRANADA.

FABLAVA el conde Lucanor con Patronio, su consegegero, en esta guisa:

—Patronio, un omne vino a mí por guaresçerse conmigo, et commo quier que yo sé que él es buen omne en sí, pero algunos dízenme que a fecho algunas cosas desaguisadas. Et por el buen entendimiento que vós avedes, ruégovos que me consejedes lo que vos paresçe que faga en esto.

—Señor conde —dixo Patronio—, para que vós fagades en esto lo que vos cumple, plazerme ýa que sopiésedes lo que contesçió a don Lorenço Çuáres Gallinato.

El conde le preguntó cómmo fuera aquello.

—Señor conde —dixo Patronio—, don Lorenço Çuárez bevía con el rey de Granada. Et desque vino a la merçed del rey don Ferrando, preguntol un día el rey

---

585 En el códice pone *Capítulo* XXIX.

586 "De don Lorenzo Suárez Gallinato, protagonista del *Exemplo XXVIII*, consta que, desterrado por Fernando III, se había refugiado en la corte de Abenhuc de Écija y que pagó alevosamente la hospitalidad del moro para reconciliarse con Fernando III (Knust, p. 359): don Juan Manuel le muestra en Granada —más prestigiosa que Écija— sirviendo al rey con lealtad que realza la lealtad aun mayor que guarda a su ley de cristiano, y que se ve recompensada con un milagro de la hostia, análogo a los muchos que había puesto en circulación sobre todo la piedad cisterciense". M.ª R.ª Lida de Malkiel, op. cit., p. 107 (nota).

que, pues él tantos deserviçios fiziera a Dios con los mo-
ros et sin ayuda, que nunca Dios avríe merçed dél et que
perderié el alma.

Et don Lorenço Çuáres díxol que nunca fiziera cosa
porque cuydase que Dios le avría merçed del alma, sinon
porque matara una vez un clérigo misacantano.

Et el rey óvolo por muy estraño; et preguntol cómo
podría esto ser.

Et él dixo que biviendo con el rey de Granada, quel
rey fiaba mucho dél, et era guarda del su cuerpo. Et yen-
do un día con el rey, que oyó roýdo de omnes que davan
vozes, et porque era guarda del rey, de que oyó el roýdo,
dio de las espuelas al cavallo et fue do lo fazían. Et falló
un clérigo que estava revestido.

Et devedes saber queste clérigo fue cristiano et tornóse
moro. Et un día, por fazer bien a los moros et plazer,
díxoles que, si quisieren, que él les daría el Dios en que
los cristianos creen, et tenían por Dios. Et ellos le roga-
ron que gelo diesen. Estonçe el clérigo traydor fizo unas
vestimentas, et un altar, et dixo allý misa, et consagró
una ostia. Et desque fue consagrada, diola a los moros;
et los moros arrastrávanla por la villa et por el lodo et
faziéndol muchos escarnios.

Et quando don Lorenço Çuárez esto vido, commo quier
que él bivía con los moros, membrándose [587] cómmo era
cristiano, et creyendo sin dubda que aquél era verdadera-
mente el cuerpo de Dios et pues [que] Ihesu Cristo mu-
riera por redemir nuestros pecados, que sería él de buena
ventura si muriese por le bengar o por le sacar de aquella
desonrra que falsamente cuydava quel fazían. Et por el
gran duelo et pesar que de esto ovo, enderesçó al traydor
del dicho rrenegado que aquella trayçión fiziera, et cortol
la cabeça.

Et desçendió del cavallo et fincó los ynojos en el lodo
et adoró el cuerpo de Dios que los moros traýan rastrando.
Et luego que fincó los ynojos, la ostia que estaba dél alon-
gada, saltó del lodo en la falda de don Lorenço Çuáres.

---

[587] *membrándose*: acordándose.

Et quando los moros esto vieron, ovieron ende gran pesar, et metieron mano a las espadas, et palos, et piedras, et vinieron contra él por lo matar. Et él metió mano al espada con que descabeçara al clérigo, et començóse a defender.

Quando el rey oyó este roýdo, et vio que querían matar a don Lorenço Çuáres, mandó quel non fiziesen mal, et preguntó que qué fuera aquello. Et los moros, con gran quexa, dixiéronle cómmo fuera et cómmo pasara aquel fecho.

Et el rey se quexó et le pesó desto mucho, et preguntó a don Lorenço Çuáres por qué lo fiziera. Et él le dixo que bien sabía que él non era de la su ley, pero quel rey esto sabía, que fiava dél su cuerpo et que lo escogiera él para esto cuydando que era leal et que por miedo de la muerte non dexaría de lo guardar, et pues si él lo tenía por tan leal, que cuydava que faría esto por él, que era moro, que parase mientes, si él leal era, qué devía fazer, pues era cristiano, por guardar el cuerpo de Dios, que es rey de los reyes et señor de los señores, et que si por esto le matasen, que nunca él tan buen día viera.

Et quando el rey esto oyó, plógol mucho de lo que don Lorenço Çuáres fiziera et de lo que dezía, et amol et preçiol, et fue mucho más amado desde allý adelante.

Et vós, conde señor, si sabedes bien que aquel omne que conbusco quiere bevir es buen omne en sí et podedes fiar dél, quanto por lo que vos dizen que fizo algunas cosas sin razón, non le devedes por eso partir de la vuestra conpaña; ca por aventura aquello que los omnes cuydan que es sin razón, non es así, commo cuydó el rey que don Lorenço fiziera desaguisado en matar aquel clérigo. Et don Lorenço fizo el mejor fecho del mundo. Mas sy vós sopiésedes que lo que él fizo es tan mal fecho, porque él sea por ello mal envergonçado, et lo fizo syn razón, por tal fecho faríades bien en lo non querer para vuestra compaña.

Al conde plogo mucho desto que Patronio le dixo, et fízolo así et fallóse ende bien.

Et entendi[end]o don Juan que este enxemplo era bueno], fízolo escrivir en este libro et fizo estos viessos que dizen assí:

> Muchas cosas parescen sin razón,
> et qui las sabe, en sí buenas son.

Et la ystoria deste exienplo es ésta que se sigue:

EXEMPLO XXIX

DE LO QUE CONTESÇIÓ A UN RAPOSO QUE SE ECHÓ EN LA CALLE ET SE FIZO MUERTO. *

OTRA vez fablava el conde Lucanor con Patronio, su consegero, et díxole assí:

—Patronio, un mio pariente bive en una tierra do non ha tanto poder que pueda estrañar [588] quantas escatimas [589] le fazen, et los que han poder en la tierra quer[r]ían muy de grado que fiziesse él alguna cosa porque oviessen achaque para seer contra él. Et aquel mio pariente tiene quel es muy grave cosa de soffrir aquellas terrerías [590] quel fazen, et quer[r]ía aventurarlo todo ante que soffrir tanto pesar de cada día. Et porque yo quer[r]ía que él acertasse en lo mejor, ruégovos que me digades en qué manera lo conseje porque passe lo mejor que pudiere en aquella tierra.

—Señor conde Lucanor —dixo Patronio—, para que vós le podades conseiar en esto, plazerme ýa que sopiés-

---

* El *exemplo* procede del *Syntipas,* como indicó Knust, p. 361, y de aquí pasó a varias colecciones medievales. En España se encuentra en el *Libro de buen amor* ("Enxiemplo de la raposa que comié las gallinas"), 1412-1425. La versión de don Juan Manuel es recreada por Azorín en *Los valores literarios,* p. 1.045, "La raposa mortecina".

[588] *estrañar*: evitar, alejar. Véase la nota 256 en la p. 92.

[589] *escatimas*: afrentas, insultos. Comp.: "ante renunciaria toda la mi prebenda [...] / que la mi Orabuena tal escatima prenda". *Libro de buen amor,* 1.699.

[590] *terrerías*: amenazas terroríficas.

sedes lo que contesçió una vez a un raposo que se fezo [591] muerto.

El conde le preguntó cómmo fuera aquello.

—Señor conde —dixo Patronio—, un raposo entró una noche en un corral do avía gallinas; et andando en roýdo [592] con las gallinas, quando él cuydó que se podría yr, era ya de día et las gentes andavan ya todos por las calles. Et desque él vio que non se podía asconder, salió escondidamente a la calle, et tendiósse assí commo si fuesse muerto.

Quando las gentes lo vieron, cuydaron que era muerto, et non cató ninguno por él.

A cabo de una pieça passó por ý un omne, et dixo que los cabellos de la fruente [593] del raposo que eran buenos para poner en la fruente de los moços pequeños [594] porque non le[s] aoien. [595] Et trasquiló con unas tiseras [596] de los cabellos de la fruente del raposo.

Después vino otro, et dixo esso mismo de los cabellos del lomo; et otro, de las yjadas. Et tantos dixieron esto fasta que lo trasquilaron todo. Et por todo esto, nunca se movió el raposo, porque entendía que aquellos cabellos non le fazían daño en los perder.

Después vino otro et dixo que la uña del polgar del raposo que era buena para guaresçer de los panarizos; [597] et sacógela. Et el raposo non se movió.

Et después vino otro que dixo que el diente del raposo era bueno para el dolor de los dientes; et sacógelo. Et el raposo non se movió.

Et después, a cabo de otra pieça, vino otro que dixo que el coraçón era bueno paral dolor del coraçón, et me-

---

591 *fezo*: hizo. Vid. otro ejemplo en la p. 69.
592 *en roýdo con*: entretenido con, alborotado con.
593 *fruente*: frente. Véase la nota 233 en la p. 86.
594 *moços pequeños*: niños.
595 *aoien*: aojen, de 'mal de ojo'.
596 *tiseras*: tijeras. Cf.: "Et desque el cavallero vio su buena obra tan mal confondida por la torpedat de aquel çapatero, tomo muy passo unas tiseras et tajo quantos çapatos el çapatero tenia fechos". Don Juan Manuel, "Prólogo general" a sus *Obras*, p. 3.
597 *panarizos*: panadizos, inflamación o tumor en las puntas de los dedos.

tió mano a un cochiello para sacarle el coraçón. Et el raposo vio quel querían sacar el coraçón et que si gelo sacassen, non era cosa que se pudiesse cobrar, et que la vida era perdida, et tovo que era meior de se aventurar a quequier [598] quel pudiesse venir, que soffrir cosa porque se perdiesse todo. Et aventuróse et puñó [599] en guaresçer [600] et escapó muy bien.

Et vós, señor conde, conseiad a aquel vuestro pariente que si Dios le echó en tierra do non puede estrañar lo quel fazen commo él querría o commo le cumplía, que en quanto las cosas quel fizieren fueren atales que se puedan soffrir sin grand daño et si[n] grand mengua, que dé a entender que se non siente dello et que les dé passada; [601] ca en quanto da omne a entender que se non tiene por maltrecho de lo que contra él an fecho, non está tan envergonçado; mas desque da a entender que se tiene por maltrecho de lo que ha reçebido, si dende adelante non faze todo lo que deve por non fincar menguado, non está tan bien commo ante. Et por ende, a las cosas passaderas, pues non se pueden estrañar commo deven, es mejor de les dar passada, mas si llegare el fecho a alguna cosa que sea grand daño o grand mengua, estonçe se aventure et non le sufra, ca mejor es la pérdida o la muerte, defendiendo omne su derecho et su onra et su estado, que bevir passando en estas cosas mal [et] desonradamente.

El conde tovo éste por buen conseio.

Et don Iohan fízolo escrivir en este libro et fizo estos viessos que dizen assí:

Sufre las cosas en quanto divieres,
estraña las otras en quanto pudieres.

Et la ystoria deste exienplo es ésta que se sigue:

---

[598] *quequier*: cualquier cosa. Vid. la p. 149, nota 497.
[599] *puñó*: se esforzó, luchó. Vid. otro ejemplo en la p. 104.
[600] *guaresçer*: salvarse. Comp.: "Et en las mares et aguas, todas las cosas vivas que en ellas viuen guaresçen nadando". *Libro de los estados*, f. 55d.
[601] *dé pasada*: tolere, soporte. Véase la nota 451 en la p. 139.

EXEMPLO XXXº

DE LO QUE CONTESÇIÓ AL REY ABENABET DE SEVILLA CON RAMAYQUÍA, SU MUGER *

Un día fablava el conde Lucanor con Patronio, su consegero, en esta manera:

—Patronio, a mí contesçe con un omne assí: que muchas vezes me ruega et me pide quel ayude et le dé algo de lo mío; et commoquier que quando fago aquello que él me ruega, da a entender que me lo gradesçe, luego que otra vez me pide alguna cosa, si lo non fago assí commo él quiere, luego se ensaña et da a entender que non me [lo] gradesçe et que a olbidado todo lo que fiz por él. Et por el buen entendimiento que habedes, ruégovos que me conseiedes en qué manera passe con este omne.

—Señor conde Lucanor —dixo Patronio—, a mí paresçe que vos contesçe con este omne segund contesçió al rey Abenabet [602] de Sevilla con Ramayquía, [603] su muger.

El conde preguntó cómmo fuera aquello.

—Señor conde —dixo Patronio—, el rey Abenabet era casado con Ramayquía et amávala más que cosa del mundo. Et ella era muy buena muger et los moros an della muchos buenos exiemplos; pero avía una manera que non era muy buena: esto era que a las vezes tomava algunos antojos a su voluntad.

Et acaesçió que un día, estando en Córdova en l' mes de febrero, cayó una nieve. [604] Et quando Ramayquía la

---

* El cuento se inspira en una anécdota histórica de Al-Mutámid de Sevilla que se cuenta en las *Analectas* de Al-Mankari. (Hay una traducción de P. Gayangos, *The History of the Mohammedan Dynasties in Spain* (Londres, 1843, II, p. 299). La recogió Dozy en *Historia de los Musulmanes de España* (Madrid, 1920), IV, páginas 126 y ss.

[602] *Abenabet*: Muhammad ibn al-Mutámid ibn Abbád, el célebre rey poeta de Sevilla, que murió pobre en el destierro en 1095, vencido por los almorávides.

[603] *Ramayquía*: Rumayqiya, "por ser esclava de Rumaiq, llamada después Itimad cuando estuvo en relación con Al-Mutámid", según anota A. González Palencia en su edic., p. 74.

[604] *nieve*: nevada.

vio, començó a llorar. Et preguntó el rey por qué llorava. Et ella díxol que por[que] nunca la dexava estar en tierra que viesse nieve.

Et el rey, por le fazer plazer, fizo poner almendrales por toda la xierra de Córdova; porque pues Córdova es tierra caliente et non nieva ý cada año, que en l' febrero paresciessen los almendrales floridos, que semejan nieve, por le fazer perder el deseo de la nieve.

Otra vez, estando Ramayquía en una cámara sobre el río, [605] vio una muger descalça bo[l]viendo [606] lodo cerca el río para fazer adobes; et quando Ramayquía lo vio, començó a llorar; et el rey preguntól por qué llorava. Et ella díxol porque nunca podía estar a su guisa, siquier faziendo lo que fazía aquella muger.

Entonçe, por le fazer plazer, mandó el rey fenchir de agua rosada aquella grand albuhera [607] de Córdova en logar de agua, et en lugar de tierra, fízola fenchir de açúcar et de canela et espic [608] et clavos et musgo [609] et ambra [610] et algalina, [611] et de todas buenas espeçias et buenos olores que pudían seer; et en lugar de paia, fizo poner cañas de açúcar. Et desque destas cosas fue llena el albuhera de tal lodo qual entendedes que podría seer, dixo el rey a Ramayquía que se descalçase et que follasse [612] aquel lodo et que fiziesse adobes dél quantos quisiesse.

Otro día, por otra cosa que se [le] antojó, començó a llorar. Et el rey preguntol por qué lo fazía.

---

[605] "Desde la que se veía el río".

[606] bo[l]biendo: revolviendo. Cf.: "irás a oir las oras, non provarás la lucha, / nin bolverás pelea segund que la as ducha". *Libro de buen amor*, 1.164cd.

[607] albuhera: albufera, alberca. Cf.: "e mando labrar grandes albuheras que enchlessen de agua". *General estoria*, 1.ª parte (Madrid, 1930), p. 209a.

[608] espic: nardo. Cf.: "e envio estonces al huerto del santo Abraham por un verdugo de un arbol que llaman espique". *Gran conquista de Ultramar*, p. 352b.

[609] musgo: almizcle.

[610] ambra: ámbar.

[611] algalina: algalia.

[612] follasse: hollase, pisase. Vid. la p. 159, nota 524.

Et ella díxol que cómmo non lloraría, que nunca fiziera el rey cosa por le fazer plazer. Et el rey veyendo que, pues tanto avía fecho por le fazer plazer et conplir su talante, et que ya non sabía qué pudiesse fazer más, díxol una palabra que se dize en l' algaravía [613] desta guisa: "v. a. le mahar aten?" [614] et quiere dezir: "¿Et non el día del lodo?", commo diziendo que pues, las otras cosas [olvidaba, que non debía] olvidar el lodo que fiziera por le fazer plazer.

Et vós, señor conde, si veedes que por cosa que por aquel omne fagades, que si non le fazedes todo lo al que vos dize, que luego olvida et desgradesçe todo lo que por él avedes fecho, conséjovos que non fagades por él tanto que se vos torne en grand daño de vuestra fazienda. Et a vós, otrosí, conséjovos que, si alguno fiziesse por vós alguna cosa que vos cumpla et después non fiziere todo lo que vós quer[r]íedes, que por esso nunca lo desconozcades [615] el bien que vos vino de lo que por vós fizo.

El [conde] tovo este por buen consejo et fízolo assí et fallósse ende bien.

Et teniendo don Iohan éste por buen enxienplo, fízolo escrivir en este libro et fizo estos viessos que dizen assí:

> Qui te desconosçe tu bien fecho,
> non dexes por él tu grand provecho.

Et la ystoria deste exienplo es ésta que se sigue:

---

[613] algaravía: lengua árabe.

[614] Dejo lo que dice el ms. Los arabistas transcriben así: Gayangos: "Ahua le nahar at-tin", y lo mismo hace Juliá, por consejo de arabistas como Asín Palacios, y Longás. En Knust se lee: "Va la nahar el-tin", al paso que A. R. Nilk en "Arabic phrases in el Conde Lucanor", en la Hispanic Review, X (1942), p. 14, propone "Wa la nahar at-tin?" con interrogante final. (Mi colega J. Vernet me dice que don Juan Manuel transcribe árabe dialectal y que hoy sabemos muy poco de cómo era ese árabe. De ahí las vacilaciones de los arabistas en sus transcripciones.)

[615] desconozcades: desagradezcáis, olvidéis.

EXEMPLO XXXI°

Del juyzio que dio un cardenal entre los clérigos de París et los frayres menores *

O t r o día fablava el conde Lucanor con Patronio, su consegero, en esta guisa:

—Patronio, un mio amigo et yo quer[r]íamos fazer una cosa que es pro et onra de amos; et yo podría fazer aquella cosa et non me atrevo a la fazer fasta que él llegue. Et por el buen entendimiento que Dios vos dio, ruégovos que me conseiedes en esto.

—Señor conde —dixo Patronio—, para que fagades lo que me paresçe más a vuestra pro, plazerme ya que sopiésedes lo que contesçió a los de la eglesia catedral et a los frayres menores en París.

El conde le preguntó cómmo fuera aquello.

—Señor conde —dixo Patronio—, los de la eglesia dizían que, pues ellos eran cabeça de la eglesia, que ellos devían tañer primero a las oras. [616] Los frayres dizían que ellos avían de estudiar et de levantarse a matines et a las horas en guisa que non perdiessen su estudio, et demás que eran exentos et que non avían por qué esperar a ninguno.

Et sobresto fue muy grande la contienda, et costó muy grand aver a los avogados en el pleito a entramas las partes.

A cabo de muy grand tiempo, un Papa que vino acomendó este fecho a un cardenal et mandol que lo librasse de una guisa o de otra.

El cardenal fizo traer ante sí el proçesso, et era tan grande que todo omne se espantaría solamente de la vista. Et desque el cardenal tovo todos los scriptos ante sí, púsoles plazo para que viniesen otro día a oyr sentençia.

---

* M.ª R.ª Lida de Malkiel, op. cit., p. 96, cree que es de origen dominico, "pues refleja en forma humorística la animosidad que sentían los dominicos por la otra orden mendicante y por el clero seglar, rivalidad particularmente sensible en el ambiente universitario de París a que alude el cuento".

[616] *oras*: horas canónicas.

Et quando fueron antél, fizo quemar todos los pro-
çessos et díxoles assí:

—Amigos, este pleito ha mucho durado, et avedes to-
dos tomado grand costa [617] et grand daño, et yo non vos
quiero traer en pleito, mas dovos por sentençia que el que
ante despertare, ante tanga. [618]

Et vós, señor conde, si el pleito es provechoso para vós
amos et vós lo podedes fazer, conséiovos yo que lo faga-
des et non le dedes vagar, [619] ca muchas vezes se pierden
las cosas que se podrían acabar por les dar vagar et des-
pués, quando omne quer[r]ía, o se pueden fazer o non.

El conde se tovo desto por bien aconseiado et fízolo
assí, et fallóse en ello muy bien.

Et entendiendo don Iohan que este enxienplo era bue-
no, fízolo escrivir en este libro et fizo estos viessos que
dizen assí:

> Si muy grand tu pro puedes fazer,
> nol des vagar que se pueda perder.

Et la ystoria deste enxienplo es ésta que se sigue:

EXEMPLO XXXIIº

DE LO QUE CONTESCIÓ A UN REY CON LOS BURLADORES QUE FIZIERON EL PAÑO *

FABLAVA otra vez el conde Lucanor con Patronio, su
conseiero, et dizíale:

---

[617] *costa*: dispendio, gasto. Cf.: "si un amigo sabe que otro
su amigo esta en alguna quexa con su enemigo et [...] le viene
ayudar et toma en esta venida trabajo o costa o afan o miedo".
Libro de los estados, f. 70b.

[618] *tanga*: taña. Comp.: "Nunca vi sacristano viésperas mejor
tanga". "Los que son mas propincos, ermanos e ermanas, /
non cuidan ver la ora que tangan las campanas". *Libro de buen amor,*
384 y 1.537.

[619] *dedes vagar*: no lo dejéis pasar.

* A González Palencia le parecía de origen árabe (edic. cit.,
p. 77). Quizá sea el germen del conocido entremés de Cervantes
El retablo de las maravillas. Andersen lo repitió en el cuento *Los
vestidos nuevos del emperador.*

—Patronio, un omne vino a mí et díxome muy grand fecho et dame a entender que sería muy grand mi pro; pero dízeme que lo non sepa omne del mundo por mucho que yo en él fíe; et tanto me encaresçe que guarde esta poridat, fasta que dize que si a omne del mundo lo digo, que toda mi fazienda et aun la mi vida es en grand periglo. Et porque yo sé que omne non vos podría dezir cosa que vós non entendades, si se dize por vien o por algún engaño, ruégovos que me digades lo que vos paresçe en esto.

—Señor conde Lucanor —dixo Patronio—, para que vós entendades, al mio cuydar, lo que vos más cumple de fazer en esto, plazerme ýa que sopiésedes lo que contesçió a un rey con tres omnes burladores que vinieron a él.

El conde le preguntó cómmo fuera aquello.

—Señor conde —dixo Patronio—, tres omnes burladores vinieron a un rey et dixiéronle que eran muy buenos maestros de fazer paños, et señaladamente que fazían un paño que todo omne que fuesse [fijo] daquel padre que todos dizían, que vería el paño; mas el que non fuesse fijo daquel padre que él tenía a que las gentes dizían, que non podría ver el paño.

Al rey plogo desto mucho, teniendo que por aquel paño podría saber quáles omnes de su regno eran fijos de aquellos que devían seer sus padres o quáles non, et que por esta manera podría acresçentar mucho lo suyo; ca los moros non heredan cosa de su padre si non son verdaderamente sus fijos. Et para esto mandóles dar un palaçio [620] en que fiziessen aquel paño.

Et ellos dixiéronle que porque viesse que non le querían engañar, que les mandasse çerrar [621] en aquel palaçio fasta que el paño fuesse fecho. Desto plogo mucho

---

[620] *palaçio*: casa. Comp.: "a grand señor conviene grand palacio e grand vega". *Libro de buen amor*, 1.250c. "assi dexa sus palaçios yermos e desheredados". *Poema del Cid*, 12.

[621] *çerrar*: encerrar. Comp.: "Quando fue el ministerio todo acabado, / el atahut bien preso, el cuerpo bien çerrado". *Libro de Apolonio*, 283.

al rey. Et desque ovieron tomado para fazer el paño mucho oro et plata et seda et muy grand aver, para que lo fiziesse[n], entraron en aquel palaçio, et çerráronlos ý.

Et ellos pusieron sus telares et davan a entender que todo el día texían en l' paño. Et a cabo de algunos días, fue el uno dellos dezir al rey que el paño era començado et que era la más fermosa cosa del mundo; et díxol a qué figuras et a qué labores lo començaban de fazer et que, si fuesse la su merçet, que lo fuesse ver et que non entrasse con él omne del mundo. Desto plogo al rey mucho.

Et el rey, queriendo provar [622] aquello ante en otro, [623] envió un su camarero que lo viesse, pero non le aperçibió quel desengañasse.

Et desque el camarero vio los maestros et lo que dizían, non se atrevió a dezir que non lo viera. Quando tornó al rey, dixo que viera el paño. Et después envió otro, et díxol esso mismo. Et desque todos los que el rey envió le dixieron que vieran el paño, fue el rey a lo veer.

Et quando entró en el palaçio et vio los maestros que estavan texiendo et dizían: "Esto es tal labor, et esto es tal ystoria, [623 bis] et esto es tal figura, et esto es tal color", et conçertavan [624] todos en una cosa, et ellos non texían ninguna cosa, quando el rey vio que ellos non texían et dizían de qué manera era el paño, et él, que non lo veýa et que lo avían visto los otros, tóvose por muerto, ca tovo que porque non era fijo del rey que él tenía por su padre, que por esso non podía ver el paño, et reçeló que si dixiesse que lo non veýa, que perdería el regno. Et por ende [començó] a loar mucho el [paño] et aprendió muy bien la manera commo dizían aquellos maestros que el paño era fecho.

Et desque fue en su casa con las gentes, començó a dezir maravillas de quánto bueno et quánto maravilloso era aquel paño, et dizía las figuras et las cosas que avía

---

[622] *provar*: examinar, comprobar.
[623] *en otro*: que otro.
[623 bis] *ystoria*: dibujo. Véase la p. 60.
[624] *conçertavan*: estaban de acuerdo, concordaban.

en el paño, pero que él estava con muy mala sospecha.

A cabo de dos o de tres días, mandó a su alguazil que fuesse veer aquel paño. Et el rey contol las marabillas et estrañezas que viera en aquel paño. El alguazil fue allá.

Et desque entró et vio los maestros que texían et dizían las figuras et las cosas que avía en el paño et oyó al rey cómmo lo avía visto, et que él non lo veýa, tovo que porque non era fijo daquel padre que él cuydava, que por eso non lo veýa, et tovo que si gelo sopiessen, que perdería toda su onra. Et por ende, començó a loar el paño tanto commo el rey o más.

Et desque tornó al rey et le dixo que viera el paño et que era la más noble [625] et la más apuesta cosa del mundo, tóvose el rey aún más por mal andante, pensando que, pues el alguazil viera el paño et él non lo viera, que ya non avía dubda que él non era fijo del rey que él cuydava. Et por ende, començó más de loar et de firmar [626] más la vondad et la nobleza del paño et de los maestros que tal cosa sabían fazer.

Et otro día, envió el rey otro su privado et conteçiol commo al rey et a los otros. ¿Qué vos diré más? Desta guisa, et por este reçelo, fueron engañados el rey et quantos fueron en su tierra, ca ninguno non osava dezir que non veyé el paño.

Et assí passó este pleito, fasta que vino una grand fiesta. Et dixieron todos al rey que vistiesse aquellos paños para la fiesta.

Et los maestros traxiéronlos enbueltos en muy buenas sávanas, et dieron a entender que desbo[l]vían el paño et preguntaron al rey qué quería que taiassen [627] de aquel paño. Et el rey dixo quáles vestiduras quería. Et ellos

---

[625] *noble*: notable. Comp.: "que todas estas cosas sean muy nobles et muy apuestas, segund pertenesçe al su estado". *Libro de los estados*, f. 75b. (Vid. 'nobleza' en la p. 147.)

[626] *firmar*: afirmar, asegurar. Cf.: "Et si el pleito legare a lo que él quiere, dando a entender quel non plaze ende mucho, deuelo firmar luego en guisa que se non pueda tirar el otro afuera nin andar". *Libro de los estados*, f. 81c.

[627] *taiassen*: cortasen.

davan a entender que taiavan et que medían el talle [628]
que avían de aver las vestiduras, et después que las co-
serían.

Quando vino el día de la fiesta, vinieron los maestros
al rey, con sus paños taiados et cosidos, et fiziéronle en-
tender quel vistían et quel allanavan [629] los paños. Et assí
lo fizieron fasta que el rey tovo que era vestido, ca él
non se atrevía a dezir que él non veýa el paño.

Et desque fue vestido tan bien commo avedes oýdo,
cavalgó para andar por la villa; mas de tanto [630] le avino
bien, [631] que era verano.

Et desque las gentes lo vieron assí venir et sabían que
el que non veýa aquel paño que non era fijo daquel padre
que cuydava, [cuydava] cada uno que los otros lo veýan
et que pues él non lo veýa, que si lo dixiesse, que sería
perdido et desonrado. Et por esto fincó aquella poridat
guardada, que non se atrevié ninguno a lo descubrir, fasta
que un negro, que guardava el cavallo del rey et que non
avía que pudiesse perder, llegó al rey et díxol:

—Señor, a mí non me enpeçe que me tengades por fijo
de aquel padre que yo digo, nin de otro, et por ende,
dígovos que yo so çiego, o vós desnuyo [632] ydes.

El rey le començó a maltraer diziendo que porque non
era fijo daquel padre que él cuydava, que por esso non
veýa los sus paños.

Desque el negro esto dixo, otro que lo oyó dixo esso
mismo, et assí lo fueron diziendo fasta que el rey et todos
los otros perdieron el reçelo de conosçer la verdat et en-
tendieron el engaño que los burladores avían fecho. Et
quando los fueron buscar, non los fallaron, ca se fueran
con lo que avían levado del rey por el engaño que ave-
des oýdo.

[628] *talle*: forma, traza o corte del vestido.
[629] *allanavan*: estiraban, arreglaban.
[630] *mas de tanto*: sin embargo. Véase otra referencia en la
p. 164.
[631] *avino bien*: tuvo suerte, le sucedió bien.
[632] *desnuyo*: desnudo. El hiato de 'desnu(d)o', como en 'buyo',
se resuelve con la 'y'.

Et vós, señor conde Lucanor, pues aquel omne vos dize que non sepa ninguno de los en que vós fiades nada de lo que él vos dize, çierto seed que vos cuyda engañar, ca bien devedes entender que non ha él razon de querer más vuestra pro, que non ha convusco tanto debdo commo todos los que conbusco biven, que an muchos debdos et bien fechos de vos, porque deven querer vuestra pro et vuestro serviçio.

El conde tovo éste por buen conseio et fízolo assí et fallóse ende bien.

Et veyendo don Iohan que éste era buen exiemplo, fízolo escrivir en este libro, et fezo estos viessos que dizen assí:

> Quien te conseia encobrir de tus amigos,
> sabe que más te quiere engañar que dos figos.

Et la ystoria deste exiemplo es ésta que se sigue:

EXEMPLO XXXIII°

DE LO QUE CONTESÇIÓ A UN FALCÓN SACRE DEL INFANTE DON MANUEL CON UNA ÁGUILA ET CON UNA GARÇA *

FABLAVA otra vez el conde Lucanor con Patronio, su consegero, en esta manera:

—Patronio, a mí contesçió de aver muchas vezes contienda con muchos omnes; et después que la contienda es passada, algunos conséianme que tome otra contienda con

---

* Para dar mayor verosimilitud al relato, don Juan Manuel atribuye a su padre un lance de altanería que procede de una tradición literaria muy clara, como demostró A. H. Krappe en "Le faucon de l'Infant dans *Le conde Lucanor*" en el *Bulletin Hispanique*, XXXV (1933), págs. 294-297. M.ª R.ª Lida de Malkiel, ob. cit., págs. 107-108 (nota), añade que también figura en el tratado *De natura rerum*, II, p. 124, de Alexander Neckham (m. en 1217). Krappe notó cómo don Juan Manuel no se limita a narrar un suceso de caza, sino que altera la intención del cuento para justificar su conducta de vasallo rebelde. Véase también Daniel Devoto, artículo cit., págs. 209-215.

otros. Et algunos conséianme que fuelgue et esté en paz,
et algunos conséianme que comiençe guerra et contienda
con los moros. Et porque yo sé que ninguno otro non me
podría conseiar meior que vós, por ende vos ruego que
me conseiedes lo que faga en estas cosas.

—Señor conde Lucanor —dixo Patronio—, para que vós
en esto acertedes en lo mejor, sería bien que sopiéssedes
lo que contesçió a los muy buenos falcones garçeros, [633]
et señaladamente lo que contesçió a un falcón sacre [634]
que era del infante don Manuel.

El conde le preguntó cómmo fuera aquello.

—Señor conde —dixo Patronio—, el infante don Ma-
nuel andava un día a caça cerca de Escalona, et lançó
un falcón sacre a una garça, et montando [635] el falçón
con la garça, vino al falcón·una águila. El falcón con
miedo del águila, dexó la garça et començó a foýr; et el
águila, desque vio que non podía tomar el falcón, fuesse.
Et desque el falcón vio yda el águila, tornó a la garça et
començó a andar muy bien con ella por la matar.

Et andando el falcón con la garça, tornó otra vez el
águila al falcón, et el falcón començó a foýr commo el otra
vez; et el águila fuesse, et tornó el falcón a la garça. Et
esto fue assí bien tres o quatro vezes: que cada que el
águila se yva, luego el falcón tornaba a la garça; et cada
que el falcón tornava a la garça, luego vinía el águila por
le matar.

Desque el falcón vio que el águila non le quería dexar
matar la garça, dexóla, et montó sobre el águila, et vino

---

[633] *falcones garçeros*: halcones adiestrados para la caza de gar-
zas. Comp.: "E dize don Iohan que para fazer buen falcon garçero
que ha mester seys cosas". *Libro de la caza*, p. 26.

[634] *falcón sacre*: una clase de halcones. Comp.: "Et primero
departe commo las naturas de los falcones con que agora usan ca-
çar son çinco; conuienen a saber: girifaltes, sacres, neblis, baharis,
bornis". *Libro de la caza*, p. 4.

[635] *montando*: remontando, volar sobre un ave. Comp.: "Et des-
que viere quel falcon va montando, deuel dar vozes, aquellas que
suele dar quando quiere que monte". *Libro de la caza*, p. 37. Vid.
unas líneas más adelante.

a ella tantas vezes, feriéndola, fasta que la fizo dester[r]ar
daquella tierra. Et desque la ovo desterrado, tornó a la
garça, et andando con ella muy alto, vino el águila otra
vez por lo matar. Desque el falcón vio que non le valía
cosa que feziesse, subió otra vez sobre el águila et dexóse
venir [636] a ella et diol tan grant colpe, quel quebrantó el
ala. Et desque ella vino caer, el ala quebrantada, tornó
el falcón a la garça et matóla. Et esto fizo porque tenía
que la su caça non la devía dexar, luego que fuesse desen-
bargado de aquella águila que gela enbargava.

Et vós, señor conde Lucanor, pues sabedes que la vues-
tra caça et la vuestra onra et todo vuestro bien paral cuer-
po et paral alma es que fagades servicio a Dios, et sabedes
que en cosa del mundo, segund el vuestro estado que vós
tenedes, non le podedes tanto servir commo en aver guerra
con los moros por ençalçar la sancta et verdadera fe cató-
lica, conséjovos yo que luego que podades seer seguro de
las otras partes, que ayades guerra con los moros. Et en
esto faredes muchos bienes: lo primero, faredes servicio
de Dios; lo al, faredes vuestra onra et bivredes [637] en
vuestro offiçio et vuestro meester et non estaredes co-
miendo el pan de balde, que es una cosa que non paresçe
bien a ningund grand señor: ca los señores, quando esta-
des sin ningund mester, non preciades las gentes tanto
commo devedes, nin fazedes por ellos todo lo que devía-
des fazer, et echádesvos a otras cosas que serían a las
vezes muy bien de las escusar. Et pues a los señores vos
es bueno et aprovechoso aver algund mester, çierto es que
de los mesteres non podedes aver ninguno tan bueno et
tan onrado et tan a pro del alma et del cuerpo, [et] tan
sin daño, commo la guerra de los moros. Et si quier, parat
mientes al enxiemplo terçero que vos dixe en este libro,
del salto que fizo el rey Richalte de Inglaterra, et quánto
ganó por él; et pensat en vuestro coraçón que avedes a
morir et que avedes fecho en vuestra vida muchos pesares

---

[636] *dexóse venir*: descendió.
[637] *bivredes*: viviréis.

a Dios, et que Dios es derechurero [638] et de tan grand
iustiçia que non podedes salir sin pena de los males que
avedes fecho; pero veed si sodes [639] de buena ventura en
fallar carrera para que en un punto podades aver perdón
de todos vuestros pecados, ca si en la guerra [de los
moros] morides, estando en verdadera penitençia, sodes
mártir et muy bienaventurado; [et] aunque por armas
non murades, las buenas obras et la buena entençión vos
salvará.

El conde tovo éste por buen enxiemplo et puso en
su coraçón de lo fazer, et rogó a Dios que gelo guise
commo Él sabe que lo él desea.

Et entendiendo don Iohan que este enxiemplo era muy
bueno, fízolo escrivir en este libro, et fizo estos viessos
que dizen assí:

Si Dios te guisare de aver sigurança, [640]
puña de ganar la complida bien andança.

Et la ystoria deste enxiemplo es ésta que se sigue:

EXEMPLO XXXIIII°

DE LO QUE CONTESÇIÓ A UN CIEGO QUE ADESTRAVA A OTRO *

OTRA vez fablava el conde Lucanor con Patronio, su
consegero, en esta guisa:

—Patronio, un mio pariente amigo, de qui yo fío mu-
cho et so çierto que me ama verdaderamente, me conseia
que vaya a un logar de que me reçelo yo mucho. Et él

---

[638] *derechurero*: recto, seguro, justo. Comp.: "e cred por cierto
que segund los merecimientos del pueblo [e segund] andan e biuen
en las car[r]eras de Dios [...] dales Dios buenos reys, derechure-
ros e piadosos". *Libro infinido,* p. 29.

[639] *sodes*: sois. Vid. otro ejemplo en la p. 80.

[640] *sigurança*: seguranza, garantía, seguridad.

* Deriva de la parábola evangélica (San Lucas, VI, 39; San
Mateo, XV, 14).

dize que me non aya reçelo, que ante tomaría él muerte
que yo tome ningund daño. Et agora ruégovos que me
conseiedes en esto.

—Señor conde Lucanor —dixo Patronio—, para este
conseio mucho querría que sopiésedes lo que contesçió a
un çiego con otro.

El conde le preguntó cómmo fuera aquello.

—Señor conde —dixo Patronio—, un omne morava en
una villa, et perdió la vista de los oios et fue çiego. Et
estando así çiego et pobre, vino a él otro çiego que morava
en aquella villa, et díxole que fuessen amos a otra villa
çcrca daquella et que pidrían por Dios et que avrían de
qué se mantener et governar.

Et aquel çiego le dixo que él sabía aquel camino de
aquella villa, que avía ý pozos et varrancos et muy fuertes
passadas; [641] et que se reçelava mucho daquella yda.

Et el [otro] çiego le dixo que non oviesse reçelo, ca él
se yría con él et lo pornía en salvo. Et tanto le aseguró
et tantas proes [642] le mostró en la yda, que el çiego creyó
al otro çiego; et fuéronse.

Et desque llegaron a los lugares fuertes et peligrosos
cayó el çiego que guiava al otro, et non dexó por esso de
caer el çiego que reçelava el camino.

Et vós, señor conde, si reçelo avedes con razón et el
fecho es peligroso, non vos metades en peligro por lo que
vuestro pariente et amigo vos dize que ante morrá que vós
tomedes daño; ca muy poco vos aprovecharía a vós que él
muriesse et vós tomássedes daño et muriéssedes.

El conde tovo éste por buen conseio et fízolo assí et
fallóse ende muy bien.

Et entendiendo don Iohan que este enxiemplo era bue-
no, fízolo escrivir en este libro, et fizo estos viessos que
dizen assí:

---

[641] *passadas*: pasos. Comp.: "cient pasadas aderedor / non sin-
tryades la calor". *Razón de amor*, edic. de R. Menéndez Pidal en
la *Revue Hispanique*, XXII (1905), 41-42. "Saco a part al bispo
bien a quinze passadas". Berceo, *Milagros*, 563c.
[642] *proes*: ventajas.

Nunca te metas ó puedas aver mal andança,
aunque [el tu] amigo te faga segurança.

Et la ystoria deste exiemplo es ésta que se sigue:

EXEMPLO XXXVº

DE LO QUE CONTESÇIÓ A UN MANÇEBO QUE CASÓ CON UNA [MUGER] MUY FUERTE ET MUY BRAVA *

OTRA vez fablava el conde Lucanor con Patronio, et díxole:

—Patronio, un mio criado me dixo quel trayán cassamiento con una muger muy rica et aun, que es más onrada que él, et que es el casamiento muy bueno para él, sinon por un enbargo [643] que ý ha, et el enbargo es éste: díxome quel dixeran que aquella muger que era la más fuerte et más brava cosa del mundo. Et agora ruégovos que me conseiedes si le mandaré que case con aquella muger, pues sabe de quál manera es, o sil mandaré que lo non faga.

—Señor conde —dixo Patronio—, si él fuer tal commo fue un fijo de un omne bueno que era moro, conseialde que case con ella, mas si non fuere tal, non gelo conseiedes.

El conde le rogó quel dixiesse cómmo fuera aquello.

Patronio le dixo que en una villa avía un omne bueno que avía un fijo, el mejor mançebo que podía ser, mas non era tan rico que pudiesse complir tantos fechos et tan grandes commo el su coraçón le dava a entender que devía complir. Et por esto era él en grand cuydado, ca avía la buena voluntat et non avía el poder.

En aquella villa misma, avía otro omne muy más onrado et más rico que su padre, et avía una fija non más, et era

---

* El cuento parece de origen persa (Knust, p. 368) y es conocido en la literatura europea, sobre todo lo referente a la parte final, aún viva en la literatura popular española. Como es lógico, todos los estudiosos se refieren a las relaciones de este cuento con la comedia de Shakespeare *La fierecilla domada.*

[643] *enbargo:* impedimento, dificultad. Véase otra referencia en la p. 79.

muy contraria de aquel mançebo; ca quanto aquel man-
çebo avía de buenas maneras, tanto las avía aquella fija
del omne bueno malas et revesadas; et por ende, omne
del mundo non quería casar con aquel diablo.

Aquel tan buen mançebo vino un día a su padre et
díxole que bien sabía que él non era tan rico que pudiesse
darle con que él pudiesse bevir a su onra, et que, pues le
convinía a fazer vida menguada [644] et lazdrada o yrse da-
quella tierra, que si él por bien tobiesse, quel paresçía
meior seso de catar algún casamiento con que pudiesse
aver alguna passada. [645] Et el padre le dixo quel plazía
ende mucho si pudiesse fallar para él casamiento quel
cumpliesse.

Entonce le dixo el fijo que, si él quisiesse, que podría
guisar que aquel omne bueno que avía aquella fija que
gela diesse para él. Quando el padre esto oyó, fue muy
maravillado, et díxol que cómmo cuydava en tal cosa: que
non avía omne que la conosçiesse que, por pobre que fue-
se, quisiese casar con ella. El fijo le dixo quel pidía por
merçed quel guisasse aquel casamiento. Et tanto lo afincó
que, commo quier que el padre lo tovo por estraño, que
gelo otorgó.

Et él fuesse luego para aquel omne bueno, et amos eran
mucho amigos, et díxol todo lo que passara [646] con su fijo
et rogol que, pues su fijo se atrevía a casar con su fija, quel
ploguiesse que gela diesse para él. Quando el omne bueno
esto oyó aquel su amigo, díxole:

—Par Dios, amigo, si yo tal cosa fiziesse seervos ýa muy
falso amigo, ca vós avedes muy buen fijo, et ternía que

[644] *menguada*: miserable, pobre. Comp.: "pues el buey y el
asno, que son animalias, que estauan comiendo en el pesebre, co-
nosçieron su señor et su criador, et segund el su poder le fizieron
reuerençia, quanto menguados son ellos [los hombres] en non lo
conosçer". *Libro de los estados*, f. 112c.
[645] *passada*: medio de vivir. Cf.: "De los bienes deste siglo /
non tenemos nos passada". *Libro de buen amor*, 1.711ab. Vive hoy
en la frase "tener un mediano pasar" o en "pasar a uno la renta".
[646] *passara*: tratara.

fazía muy grand maldat si yo consintiesse su mal nin su muerte; et so çierto que, si con mi fija casase, que o sería muerto o le valdría más la muerte que la vida. Et non entendades que vos digo esto por non complir vuestro talante, ca si la quisierdes, a mí mucho me plaze de la dar a vuestro fijo, o a quienquier que me la saque de casa.

El su amigo le dixo quel gradesçía mucho quanto le dizía, et que pues su fijo quería aquel casamiento, quel rogava quel ploguiesse.

El casamiento se fizo, et levaron la novia a casa de su marido. Et los moros an por costumbre que adovan de çena a los novios et pón[en]les la mesa et déxanlos en su casa fasta otro día. Et fiziéronlo aquellos assí; pero estavan los padres et las madres et parientes del novio et de la novia con grand reçelo, cuydando que otro día fallarían el novio muerto o muy maltrecho.

Luego que ellos fincaron solos en casa, assentáronse a la mesa, et ante que [ella] ubiasse [647] a dezir cosa, [648] cató el novio en derredor de la mesa, et vio un perro et díxol ya quanto [649] bravamente:

—¡Perro, danos agua a las manos!

El perro non lo fizo. Et él encomençósse a ensañar et díxol más bravamente que les diesse agua a las manos. Et el perro non lo fizo. Et desque vio que lo non fazía, levantóse muy sañudo de la mesa et metió mano a la espada et endereçó [650] al perro. Quando el perro lo vio venir contra sí, començó a foýr, et él en pos él, saltando amos por la ropa et por la mesa et por el fuego, et tanto andido en pos dél fasta que lo alcançó, et cortol la cabeça et las piernas et los braços, et fízolo todo pedaços et ensangrentó toda la casa et toda la mesa et la ropa.

Et assí, muy sañudo et todo ensangrentado, tornóse a sentar a la mesa et cató en der[r]edor, et vio un gato et

---

[647] *ubiasse*: de 'obviare', llegase, pudiese. Cf.: "fuego infernal arde do uvias assentar". *Libro de buen amor*, 232d.

[648] *cosa*: nada. Cf.: "de lo que l'prometiste non es cosa guardado". *Libro de buen amor*, 836d.

[649] *ya quanto*: bastante, algo. Véase otra referencia en la p. 102.

[650] *endereçó*: se dirigió.

*Fallaron una posada muy buena, et una cámara
mucho apuesta* (Exemplo XI)

Murió el omne, mas non murió el su nombre
(Exemplo XVI)

díxol quel diesse agua a manos; et porque non lo fizo, díxole:

—¡Cómmo, don [651] falso traydor!, ¿et non vistes lo que fiz al perro porque non quiso fazer lo quel mandé yo? Prometo a Dios que, si poco nin más conmigo porfías, que esso mismo faré a ti que al perro.

El gato non lo fizo, ca tampoco es su costumbre de dar agua a manos, commo del perro. Et porque non lo fizo, levantóse et tomol por las piernas [652] et dio con él a la pared et fizo dél más de çient pedaços, et mostrándol muy mayor saña que contra el perro.

Et assí, bravo et sañudo et faziendo muy malos contenentes, [653] tornóse a la mesa et cató a todas partes. La muger, quel vio esto fazer, tovo que estava loco o fuera de seso, et non dizía nada.

Et desque ovo catado a cada parte, et vio un su cavallo que estava en casa, [654] et él non avía más de aquél, et díxol muy bravamente que les diesse agua a las manos; el cavallo non lo fizo. Desque vio que lo non fizo, díxol:

—¡Cómmo, don cavallo!, ¿cuydades que porque non he otro cavallo, que por esso vos dexaré si non fizierdes lo que yo vos mandare? Dessa [655] vos guardat, que si, por vuestra mala ventura, non fizierdes lo que yo vos mandare, yo juro a Dios que tan mala muerte vos dé commo a los otros; et non ha cosa viva en el mundo que non faga lo que yo mandare, que esso mismo non le faga.

El cavallo estudo quedo. Et desque vio que non fazía su mandado, fue a él et cortol la cabeça con la mayor saña que podía mostrar, [et] despedaçólo todo.

---

651 Para el uso de 'don', véase la nota 577 en la p. 171. Nótese el 'don cavallo' un poco más adelante.

652 Doña María Goyri, edic. cit., p. 128, hace notar el uso de 'piernas', 'brazos', 'manos' aplicado a animales.

653 *contenentes*: gestos, actitudes o composturas del cuerpo. Véase la nota 428 en la p. 133.

654 "Era costumbre señorial en la Edad Media vivir en habitaciones grandes, en las que albergaban el caballo del señor junto a las personas". Nota de doña María Goyri, edic. cit., p. 128. (Pero recuérdese que 'casa' tiene el significado de 'establo' en la p. 91.)

655 *Dessa*: De eso, de ello; neutro.

Quando la muger vio que matava el cavallo non aviendo otro et que dizía que esto faría a quiquier [656] que su mandado non cumpliesse, tovo que esto ya non se fazía por juego, et ovo tan grand miedo, que non sabía si era muerta o biva.

Et él assí, vravo et sañudo et ensangrentado, tornóse a la mesa, jurando que si mil cavallos et omnes et mugeres oviesse en casa quel saliessen de mandado, [657] que todos serían muertos. Et assentósse et cató a cada parte, teniendo la espada sangrienta en el regaço; et desque cató a una parte et a otra et non vio cosa viva, bolvió los ojos contra [658] su muger muy bravamente et díxol con grand saña, teniendo la espada en la mano:

—Levantadvos et datme agua a las manos.

La muger, que non esperava otra cosa sinon que la despedaçaría toda, levantóse muy apriessa et diol agua a las manos. Et díxole él:

—¡A!, ¡cómmo gradesco a Dios porque fiziestes lo que vos mandé, ca de otra guisa, por el pesar que estos locos me fizieron, esso oviera fecho a vós que a ellos!

Después mandol quel diesse de comer; et ella fízolo.

Et cada quel dizía alguna cosa, tan bravamente gelo dizía et en tal son, [659] que ella ya cuydava que la cabeça era yda del polvo. [660]

Assí passó el fecho entrellos aquella noche, que nunca ella fabló, mas fazía lo quel mandavan. Desque ovieron dormido una pieça, díxol él:

—Con esta saña que ove esta noche, non pude bien dormir. Catad que non me despierte cras [661] ninguno; tenedme bien adobado de comer.

---

[656] *quiquier*: quien quiera.

[657] *saliessen de mandado*: desobedeciesen.

[658] *contra*: hacia, para. Véase la nota 153 en la p. 71.

[659] *tal son*: tal tono. Comp.: "tempro bien la vihuella en hun son natural". *Libro de Apolonio*, 178b.

[660] *del polvo*: al polvo, por el suelo.

[661] *cras*: mañana. Comp.: "que non deuia querer nin querria alongar la muerte para cras". *Libro de los estados*, f. 89d. "El bien que oy pudieres fazer non lo guardes para cras". *Castigos e documentos*, 162.

Quando fue grand mañana, [662] los padres et las madres et parientes llegaron a la puerta, et porque non fablava ninguno, cuydaron que el novio estava muerto o ferido. Et desque vieron por entre las puertas a la novia et non al novio, cuydáronlo más.

Quando ella los vio a la puerta, llegó muy passo, [663] et con grand miedo, et començóles a dezir:

—¡Locos, traydores!, ¿qué fazedes? ¿Cómmo osades llegar a la puerta nin fablar? ¡Callad, sinon todos, también vós commo yo, todos somos muertos!

Quando todos esto oyeron, fueron marabillados; et desque sopieron cómmo pasaron en uno, presçiaron mucho el mançebo porque assí sopiera fazer lo quel cumplía et castigar [664] tan bien su casa.

Et daquel día adelante, fue aquella su muger muy bien mandada et ovieron muy buena bida.

Et dende a pocos días, su suegro quiso fazer assí commo fiziera su yerno, et por aquella manera mató un gallo, et díxole su muger:

—A la fe, [665] don fulán, tarde vos acordastes, ca ya non vos valdría nada si matássedes çient cavallos: que ante lo oviérades a començar, ca ya bien nos conosçemos.

Et vós, señor conde, si aquel vuestro criado quiere casar con tal muger, si fuere él tal commo aquel mançebo, conseialde que case seguramente, ca él sabrá cómmo passa en su casa; mas si non fuere tal que entienda lo que deve fazer et lo quel cumple, dexalde passe su ventura. Et aun conseio a vós, que con todos los omnes que ovierdes a fazer, [666] que siempre les dedes a entender en quál manera an de pasar conbusco.

---

[662] *grand mañana*: muy de mañana. Vid. las págs. 133 y 145.

[663] *passo*: despacio, quedo. Cf.: "Et desque el cavallero vio su buena obra tan mal confondida por la torpedat de aquel çapatero, tomo muy passo unas tiseras et tajo quantos çapatos el çapatero tenia fechos". "Prólogo general", p. 3, a las *Obras* del propio don Juan Manuel.

[664] *castigar*: aquí 'governar', 'llevar'.

[665] *A la fe*: En verdad.

[666] *ovierdes a fazer*: que tuviéreis que tratar.

El conde obo éste por buen conseio, et fízolo assí et fallóse dello vien.

Et porque don Iohan lo tovo por buen enxiemplo, fízolo escrivir en este libro, et fizo estos viessos que dizen assí:

> Si al comienço non muestras qui eres,
> nunca podrás después quando quisieres.

Et la ystoria deste enxiemplo [es] ésta que se sigue:

EXEMPLO XXXVI°

DE LO QUE CONTESÇIÓ A UN MERCADERO QUANDO FALLÓ SU MUGER ET SU FIJO DURMIENDO EN UNO *

UN día fablava el conde Lucanor con Patronio, estando muy sañudo por una cosa quel dixieron, que tenía él que era muy grand su desonra, et díxole que quería fazer sobrello tan grand cosa et tan grand movimiento, [667] que para siempre fincasse por fazaña.

El quando Patronio lo vio assí sañudo tan arrebatadamente, díxole:

—Señor conde, mucho querría que sopiéssedes lo que contesçió a un mercadero que fue un día conprar sesos. [668]

El conde le preguntó cómmo fuera aquello.

—Señor conde —dixo Patronio—, en una villa morava un grand maestro que non avía otro offiçio nin otro mester sinon vender sesos. Et aquel mercadero de que ya vos fablé, por esto que oyó un día, fue veer aquel maestro que vendía sesos et díxol quel vendiesse uno daquellos sesos. Et el maestro díxol que de quál presçio lo quería, ca segund quisiesse el seso, que assí avía de dar el presçio

---

* Véase la extensa nota que dedica Knust a este cuento, p. 369 y ss. Figura ya en *Gesta romanorum*, cap. 103, pero se contaba aún en Asturias en 1891, según R. Menéndez Pidal, "La peregrinación de un cuento. (La compra de los consejos)", en *Archivum* (Oviedo), IX, 1959, págs. 13 y ss.

[667] *movimiento*: alteración, suceso.

[668] *sesos*: sentencias, consejos.

por él. Et díxole el mercadero que quería seso de un mara-
vedí. Et el maestro tomó el maravedí, et díxol:

—Amigo, quando alguno vos convidare, si non sopiére-
des los manjares que oviéredes a comer, fartadvos bien del
primero que vos traxieren.

El mercadero le dixo que non le avía dicho muy grand
seso. Et el maestro le dixo que él non le diera presçio que
deviesse dar grand seso. El mercadero le dixo quel diesse
seso que valiesse una dobla, et diógela.

El maestro le dixo que, quando fuesse muy sañudo et
quisiese fazer alguna cosa ar[r]ebatadamente, que se non
quexasse [669] nin se ar[r]ebatasse fasta que sopiesse toda
la verdat.

El mercadero tovo que aprendiendo tales fabliellas [670]
podría perder quantas doblas traýa, et non quiso comprar
más sesos, pero tovo este seso en el coraçón.

Et acaesçió que el mercadero que fue sobre mar a una
tierra muy lueñe, [671] et quando se fue, dexó a su muger
en çinta. El mercadero moró, [672] andando en su mercadu-
ría [673] tanto tiempo, fasta que el fijo, que nasçiera de que
fincara su muger en çinta, avía más de veinte años. Et la
madre, porque non avía otro fijo et tenía que su marido
non era vivo, conortávase [674] con aquel fijo et amávalo
commo a fijo, et por [el] grand amor que avía a su padre,
llamá[va]lo marido. Et comía sienpre con ella et durmía
con ella commo quando avía un año o dos, et assí passaba
su vida commo muy buena mujer, et con muy grand cuyta
porque non sabía nuebas [675] de su marido.

---

[669] *quexasse*: preocupase. Vid. otro ejemplo en la p. 98.

[670] *fabliellas*: refranes, dichos. Comp.: "Redréme de la dueña
e creí la fablilla / que diz: "Por lo perdido no estés mano en la
mexilla". *Libro de buen amor*, 179cd.

[671] *lueñe*: lejana.

[672] *moró*: permaneció, continuó.

[673] *mercaduría*: mercadería, comercio.

[674] *conortávase*: se consolaba.

[675] *nuebas*: noticias. Comp.: "Los mandados son idos a las
partes todas; / llegaron las nuevas al comde de Barçilona". *Poema
del Cid*, 955-56.

Et acaesçió que el mercadero libró [676] toda su mercaduría et tomó muy bien andante. Et el día que llegó al puerto de aquella villa do morava, non dixo nada a ninguno, fuesse desconoçidamente para su casa et escondióse en un lugar encubierto por veer lo que se fazía en su casa.

Quando fue contra la tarde, [677] llegó el fijo de la buena muger, et la madre preguntol:

—Di, marido, ¿onde vienes?

El mercadero, que oyó a su mujer llamar marido a aquel mançebo, pesol mucho, ca bien tenía que era omne con quien fazía mal, o a lo meior que era casada con él; et tovo más: que fazía maldat que non que fuese casada, et porque el omne era tan moço. Quisiéralos matar luego, pero acordándose del seso que costara una dobla, non se ar[r]ebató.

Et desque llegó la tarde assentáronse a comer. De que el mercadero los vio assí estar, fue aun más movido por los matar, pero por el seso que conprara non se ar[r]ebató.

Mas, quando vino la noche et los vio echar en la cama, fízosele muy grave de soffrir et endereçó a ellos por los matar. Et yendo assí muy sañudo, acordándose del seso que conprara, estido quedo.

Et ante que matassen la candela, començó la madre a dezir al fijo, llorando muy fuerte:

—¡Ay, marido et fijo! ¡Señor!, dixiéronme que agora llegara una nabe al puerto et dizían que vinía daquella tierra do fue vuestro padre. Por amor de Dios, id allá cras de grand mañana, et por ventura querrá Dios que sabredes algunas buenas nuebas dél.

Quando el mercadero aquello oyó, et se acordó commo dexara en çinta a su muger, entendió que aquél era su fijo. Et si ovo grand plazer, non vos marabilledes. Et otrosí, gradesçió mucho a Dios porque quiso guardar que los non mató commo lo quisiera fazer, donde fincara muy mal andante por tal ocasión, et tovo por bien enpleada la dobla

---

[676] *libró*: despachó, vendió.
[677] *contra la tarde*: hacia la tarde. Vid. la nota 153 en la p. 71.

que dio por aquel seso, de que se guardó et que se non ar[r]ebató por saña.

El vós, señor conde, commo quier que cuydades que vos es mengua de sofrir esto que dezides, esto sería verdat de que fuéssedes çierto de la cosa, mas fasta que ende seades çierto, conséiovos yo que, por saña nin por rebato, que vos non rebatedes a fazer ninguna cosa (ca pues esto non es cosa que se pierda por tiempo en vos sofrir), fasta que sepades toda la verdat, et non perdedes nada, et del rebatamiento podervos ýades [678] muy aýna repentir.

El conde tovo este por buen conseio et fízolo assí, et fallóse ende bien.

Et teniéndolo don Iohan por buen enxiemplo, fízol escrivir en este libro et fizo estos viessos que dizen assí:

> Si con rebato grant cosa fazierdes,
> ten que es derecho si te ar[r]epentieres.

Et la ystoria deste enxiemplo es ésta que se sigue:

EXEMPLO XXXVIIº

DE LA REPUESTA QUE DIO EL CONDE FERRANT GONSÁLES A SUS GENTES DEPUÉS QUE OVO VENÇIDO LA BATALLA DE FAÇINAS. *

UNA vegada, vinía el conde de una hueste muy cansado et muy lazdrado et pobre, et ante que huviasse [679] folgar nin descansar, llegol mandado muy apressurado de otro fecho que se movía de nuebo; et los más de su gente conseiárenle que folgasse algún tiempo et después que faría lo que se le guisase. Et el conde preguntó a Patronio lo que faría en aquel fecho. Et Patronio díxole:

---

[678] *podervos ýades*: os podríais.

* La batalla de Façinas se narra en el *Poema de Fernán González*, 484-565, y en la *Primera crónica general*, págs. 400 y ss.

[679] *huviasse*: llegase, pudiese. Vid. la nota 647 en la p. 198. Otro ejemplo se hallará unas líneas más adelante.

—Señor, para que vós escoiades en esto lo meior, mucho quer[r]ía que sopiéssedes la repuesta que dio una vez el conde Ferrant Gonsáles a sus vassallos.

El conde preguntó a Patronio cómmo fuera aquello.

—Señor conde —dixo Patronio—, quando el conde Ferrant Gonsáles vençió al Rey Almozerre [680] en Façinas, murieron ý muchos de los suyos; et él et todos los más que fincaron vivos fueron muy mal feridos; et ante que uviassen guaresçer, sopo quel entrava el rey de Navarra por la tierra, et mandó a los suyos que endereçassen a lidiar con los navarros. Et todos los suyos dixiéronle que tenían muy cansados los cavallos, et aun los cuerpos; et aunque por esto non lo dexasse, que lo devía dexar porque él et todos los suyos estavan muy mal feridos, et que esperasse fasta que fuessen guaridos [681] él et ellos.

Quando el conde vio que todos querían partir [de] aquel reyno, sintiéndose más de la onra que del cuerpo, díxoles:

—Amigos, por las feridas non lo dexemos, ca estas feridas nuebas que agora nos darán, nos farán que olvidemos las que nos dieron en la otra vatalla.

Desque los suyos vieron que se non dolía del cuerpo por defender su tierra et su onra, fueron con él. Et vençió la lid et fue muy bien andante.

Et vós, señor conde Lucanor, si queredes fazer lo que devierdes, quando viéredes que cumple para defendimiento de lo vuestro et de los vuestros, et de vuestra onra, nunca vos sintades [682] por lazeria, nin por travajo, nin por peligro, et fazet en guisa que el peligro et la lazeria nueba vos faga olvidar lo passado.

---

[680] *Almozerre*: Almanzor. La forma 'Almoçor' se halla en el *Poema*, 406d, y 'Almozorre' en cierto verso que no tiene cabida en la estrofa 431: "Eso mesmo el rrey Almozorre fuerte pueblo moresmo". Vid. la edic. cit. de Clás. cast., p. 129.

[681] *guaridos*: sanos. Cfr.: "que estedes quedo fasta que sanedes e seades guarido". *Crónica general*, p. 398.

[682] *sintades*: os quejéis. Comp.: "nunca da el trentanario, del duelo mucho s'siente". *Libro de buen amor*, 1542d.

El conde tovo este por buen conseio, et fízolo assí et fallósse dello muy bien.

Et entendiendo don Iohan que éste era muy buen enxienplo, fízolo poner en este libro et fizo estos viessos que dizen assí:

> Aquesto tenet çierto, que es verdat provada:
> que onra et grand vicio non an una morada. [683]

Et la ystoria deste enxiemplo es ésta que se sigue:

EXEMPLO XXXVIII°

DE LO QUE CONTESÇIÓ A UN OMNE QUE YVA CARGADO DE PIEDRAS PREÇIOSAS ET SE AFOGÓ EN EL RÍO.

U N día, dixo el conde a Patronio que avía muy grand voluntad de estar en una tierra porquel avían de dar ý una partida de dineros, et cuydava fazer ý mucho de su pro, pero que avía muy grand reçelo que, si allí se detoviesse, quel podría venir muy grand periglo del cuerpo, et quel rogava quel conseiasse qué faría en ello.

—Señor conde —dixo Patronio—, para que vós fagades en esto, al mio cuydar, lo que vos más cumple, sería muy bien que sopiéssedes lo que contesçió a un omne que llevava una cosa muy presçiada en el cuello et passava un río.

El conde le preguntó cómmo fuera aquello.

—Señor conde —dixo Patronio—, un omne levava muy grand pieça de piedras preçiosas a cuestas, et tantas eran que se le fazían muy pesadas de levar; et acaesçió que ovo de passar un grand río; et commo él levava grand carga, çafondava [684] más que si aquella carga non levasse; et quando [fue] en ondo del río, començó a çafondar mucho.

---

[683] Comp.: "Et que onra et biçio non en una morada biuen" *Libro de los estados*, f. 95d.

[684] *çafondava*: hundía. Cfr.: "Ca la naue de Sant Pedro andar puede en las hondas de las tormentas de la mar, mas non que en ninguna manera se pueda çafondar ayuso". *Castigos e documentos*, p. 109.

Et un omne que estava a la oriella del río començol a dar vozes et dezir que si non echasse carga, que sería muerto. Et el mesquino loco non entendió que si muriesse en el río, que perdería el cuerpo et la carga que levava; et si la echasse que, aunque perdiesse la carga, que non perdería el cuerpo. Et por la grant cobdiçia de lo que valían las piedras preçiosas que levava, non las quiso echar et murió en l' río, et perdió el cuerpo et perdió la carga que levava.

Et vós, señor conde Lucanor, commoquier que los dineros et lo al que podríades fazer de vuestra pro sería bien que lo fiziésedes, conséiovos yo que si peligro de vuestro cuerpo fallades en la fincada, [685] que non finquedes ý por cobdiçia de dineros nin de su semejante. Et aún vos conseio que nunca aventuredes el vuestro cuerpo si non fuere por cosa que sea vuestra onra o vos sería mengua si lo non fiziésedes: ca el que poco se presçia et por cobdiçia o por devaneo aventura su cuerpo, bien creed que non tiene mientes de fazer mucho con el su cuerpo, ca el que mucho presçia el su cuerpo, a menester que faga en guisa porque lo presçien mucho las gentes; et non es el omne presçiado por preciarse él mucho, mas es muy presçiado porque faga tales obras quel presçien mucho las gentes. Et si él tal fuere, çierto seed que preciará mucho el su cuerpo, non lo aventurará por cobdiçia nin por cosa en que non aya grand onra; mas en lo que se deverié aventurar, seguro sed que non ha omne en el mundo que tan aýna nin tan de buenamente aventure el cuerpo, commo el que vale mucho et se preçia mucho.

El conde tovo éste por buen enxienplo, et fízolo assí et fallóse dello muy bien.

Et porque don Iohan entendió que éste era muy buen enxiemplo, fízolo escrivir en este libro et fizo estos viessos que dizen assí:

Quien por grand cobdiçia de aver se aventura,
será maravilla que el bien muchol dura.

Et la ystoria deste enxiemplo es ésta que se sigue:

[685] *fincada*: estada, permanencia, de 'fincar'.

EXEMPLO XXXIX°

DE LO QUE CONTESÇIÓ A UN OMNE CON LA GOLONDRINA ET CON EL PARDAL.

OTRA vez fablava el conde Lucanor con Patronio, su consegero, en esta guisa:

—Patronio, yo non puedo escusar en ninguna guisa de aver contienda con uno de dos vezinos que yo he, et contesce assí: que el más mio vezino non es tan poderoso, et el que es más poderoso, non es tanto mio vezino. Et agora ruégovos que me conseiedes lo que faga en esto.

—Señor conde —dixo Patronio—, para que sepades para esto lo que vos más cumple, seria bien que soplésedes lo que contesçió a un omne con un pardal et con una golondrina.

El conde le preguntó que cómmo fuera aquello.

—Señor conde —dixo Patronio—, un omne era flaco [686] et tomava grand enoio con el roýdo de las vozes de las aves et rogó a un su amigo quel diesse algún conseio: [687] que non podía dormir por el roýdo quel fazían los pardales et las golondrinas.

Et aquel su amigo le dixo que de todos non le podía desenbargar, más que él sabía un escanto [688] con que lo desenbargaría del uno dellos: o del pardal o de la golondrina.

Et aquel que estava flaco respondiol que commoquier que la golondrina da mayores vozes, pero porque la golondrina va et viene et el pardal mora sienpre en casa, que antes se querría pa[rar] [a]l [689] roýdo de la golondrina, maguer que es mayor porque va et viene, que al del pardal, porque está sienpre en casa.

---

[686] *flaco*: sin fuerza, débil, enfermizo. Véase la nota 128 en la p. 64.

[687] *conseio*: remedio. Véanse otros ejemplos en p. 83.

[688] *escanto*: remedio, encanto, hechizo. Comp.: "Porque a ti non mientan sábelas falagar, / ca tal escanto usan que saben bien cegar". *Libro de buen amor*, 442c.

[689] *pa[rar]* [a]*l*: librarse de.

Et vós señor conde, commoquier que aquel que mora más lexos es más poderoso, conséiovos yo que ayades ante contienda [con aquél, que] con el que vos está más cerca, aunque non sea tan poderoso.

El conde tovo esto por buen conseio, et fízolo assí et fallóse ende bien.

Et porque don Iohan se pagó deste enxiemplo, fízolo poner en este libro, et fizo estos viessos que dizen assí:

> Si en toda guisa contienda ovieres de aver,
> toma la de más lexos, aunque aya más poder.

Et la ystoria deste exienplo es ésta que se sigue:

EXEMPLO XL

De las razones porque perdió el alma un Siniscal [690] de Carcassona. *

F A B L A V A otra ves el conde Lucanor con Patronio, et díxole:

—Patronio, porque yo sé que la muerte non se puede escusar, querría fazer en guisa que depués de mi muerte, que dexasse alguna cosa señalada que fincasse por mi alma et que fincasse para siempre, porque todos sopiessen que yo feziera aquella obra. Et ruégovos que me conseiedes en qué manera lo podría fazer mejor.

—Señor conde —dixo Patronio—, commoquier que el vien fazer en qualquier guisa o por qualquier entención que se faga sienpre el bien fazer es bien, pero para que vós sopiésedes cómmo se deve fazer lo que omne faze por su alma et a quál entención, plazerme ýa mucho que sopiéssedes lo que contesçió a un senescal de Carcaxona.

El conde le preguntó cómmo fuera aquello.

---

[690] *siniscal*: senescal, mayordomo, y también jefe de la nobleza en la guerra.

* Knust, p. 384, relaciona el cuento con el viejo refrán castellano de "El Abad de Bamba lo que no puede comer lo da por su alma".

—Señor conde —dixo Patronio—, un senescal de Carcassona adolesçió. [691] Et desque entendió que non podía escapar, envió por el prior de los frayres predicadores et por el guardián de los frayres menores, et ordenó con ellos fazienda de su alma. Et mandó que luego que él [fuese muerto, que ellos cumpliesen todo aquello que] él mandava.

Et ellos fiziéronlo assí. Et él avía mandado [692] mucho por su alma. Et porque fue tan bien complido et tan aýna, estavan los frayres muy pagados et en muy buena entención et buena esperança de la su salvación.

Acaesçió que, dende a pocos días, que fue una muger demoniada [693] en la villa, et dizía muchas cosas maravillosas, porque el diablo, que fablava en ella, sabía todas las cosas fechas et aun las dichas.

Quando los frayres en que dexara el senescal fecho de su alma sopieron las cosas que aquella muger dizía, tovieron que era bien de yrla ver, por preguntarle si sabía alguna cosa del alma del senescal; et fiziéronlo. Et luego que entraron por la casa do estava la muger demoniada, ante que ellos le preguntassen ninguna cosa, díxoles ella que bien sabía por qué vinían, et que sopiessen que aquella alma porque ellos quería[n] preguntar, que muy poco avía que se partiera della et la dexara en el Infierno.

Quando los frayres esto oyeron, dixiéronle que mintía; ca çierto era que él fuera muy bien confessado et reçibiera los sacramentos de Sancta Eglesia, et pues la fe de los christianos era verdadera, que non podía seer que fuesse verdat lo que ella dizía.

Et ella díxoles que sin dubda la fe et la ley de los christianos toda era verdadera, et si él muriera et fiziera lo que deve fazer el que es verdadero christiano, que salva fuera la su alma; mas él non fizo commo verdadero nin buen christiano, ca commo quier que mucho mandó fazer por su alma, non lo fizo commo devía nin ovo buena en-

---

[691] *adolesçió*: enfermó. Véase la nota en la p. 76.

[692] *mandado*: dejado mandas en su testamento.

[693] *demoniada*: endemoniada. Comp.: "Colomba avie nomne otra demoniada". Berceo, *Vida de san Millán*, 177.

tençión, ca él mandó complir aquello después que fuesse
muerto, et su entención era que si muriesse, que lo cum-
pliessen; mas si visquiesse, [694] que non fiziesse[n] nada
dello; et mandólo complir después que muriesse, quando
non lo podía tener nin levar consigo; et otrosí, dexávalo
porque fincasse dél fama para sienpre de lo que fiziera,
porque oviesse fama de las gentes et del mundo. Et por
ende, commo quier que él fizo buena obra, non la fizo bien,
ca Dios non galardona solamente las buenas obras, mas
galardona las que se fazen bien. Et este bien fazer es en
la entençión, et porque la entención del senescal non fue
buena, ca fue quando non devía seer fecha, por ende non
ovo della buen galardón.

Et vós, señor conde, pues me pedides consejo, dígovos,
que, al mio grado, que el bien que quisiéredes fazer, que
lo fagades en vuestra vida. Et para que ayades dello buen
galardón, conviene que, lo primero, que desfagades los
tuertos que avedes fecho: ca poco valdría robar el car-
nero et dar los pies por amor de Dios. Et a vós poco vos
valdría tener mucho robado et furtado a tuerto, et fazer
limosnas de lo ageno. Et más, para que la limosna sea
buena, conviene que aya en ella estas çinco cosas: la una,
que se faga de lo que omne oviere de buena parte; la otra,
que la faga estando en verdadera penitençia; la otra, que
sea tanta, que sienta omne alguna mengua por lo que da,
et que sea cosa de que se duela omne; la otra, que la faga
en su vida; la otra, que la faga omne simplemente por Dios
et non por vana gloria nin por ufana [695] del mundo. [696]
Et, señor, faziéndose estas çinco cosas, serían todas las
buenas obras et limosnas bien complidas et avría omne
de todas muy grand galardón; pero vós, nin otro ninguno
que tan complidamente non las pudiessen fazer, non deve
por esso dexar de fazer buenas obras, teniendo que, pues

[694] *visquiese*: viviese. Vid. la nota 140 en la p. 68.
[695] *ufana*: vanidad, presunción. Véase la p. 73, nota 163.
[696] Comp.: "Otrosi, el que da limosna tal que non siente menos
lo que da, yo non digo que tal limosna sea mal, mas digo que
seria mejor si diese tanto por amor de Dios fasta que sintiese al-
guna mengua". *Libro de los estados*, f. 73v.

non las faze en las çinco maneras que son dichas, que non
le tiene pro de las fazer; ca ésta sería muy mala razón et
sería commo desesperamiento; ca çierto, que en qualquier
manera que omne faga bien, que sienpre es bien; ca las
buenas obras prestan al omne a salir de pecado et venir
a penitençia et a la salut del cuerpo, et a que sea rico et
onrado, et que aya buena fama de las gentes, et para todos
los vienes temporales. Et assí, todo bien que omne faga
a qualquier entençión sienpre es bueno, mas sería muy
meior para salvamiento et aprovechamiento del alma guar-
dando las cinco cosas dichas.

El conde tovo que era verdat lo que Patronio le dizía
et puso en su coraçón de lo fazer assí et rogó a Dios quel
guise que lo pueda fazer en la manera que Patronio le
dizía.

Et entendiendo don Iohan que este enxiemplo era muy
bueno, fízolo escrivir en este libro et fizo estos viessos que
dizen assí:

> Faz bien et a buena entençión en tu vida,
> si quieres acabar la gloria conplida.

Et la ystoria deste enxiemplo es ésta que se sigue:

EXEMPLO XLI

DE LO QUE CONTESÇIÓ A UN REY DE CÓRDOVA QUEL DIZÍAN ALHAQUEM. *

U N día fablava el conde Lucanor con Patronio, su con-
segero, en esta guisa:

---

* "Acerca del Exemplo XLI [...], Gayangos (BAE, t. 51, p. XX)
asegura: "...está fundado sobre una anécdota que refieren los es-
critores de aquella nación [la arábiga] como sucedida a al-Ha-
quem II". Ningún comentador del *Conde Lucanor* ha vuelto a dar
con la anécdota. Sánchez Cantón, ed. cit., p. 207, advierte franca-
mente: "Lo del albogón..., creo que sólo por don Juan Manuel se
sabe". Contra la indicación expresa de González Palencia, ed. cit.,

—Patronio, vós sabedes que yo só muy grand caçador et he fecho muchas caças nuevas que nunca fizo otro omne. [697] Et aun he fecho et eñadido en las piuelas [698] et en los capiellos [699] algunas cosas muy aprovechosas que nunca fueron fechas. Et agora, los que quieren dezir mal de mí, fablan en manera de escarnio, et quando loan al Cid Roy Díaz o al conde Ferrant Gonzáles de quantas lides vençieron o al sancto et bien aventurado rey don Ferrando de quantas buenas conquistas fizo, loan a mí diziendo que fiz muy buen fecho porque añadí aquello en los capiellos et en las pihuelas. Et porque yo entiendo que este alabamiento más se me torna en denuesto que en alavamiento, ruégovos que me conseiedes en qué manera faré porque non me escarnezcan por la buena obra que fiz.

—Señor conde Lucanor —dixo Patronio—, para que vós sepades lo que vos más cumpliría de fazer en esto, plazerme ýa que sopiéssedes lo que contesçió a un moro que fue rey de Córdova.

Et el conde le preguntó cómmo fuera aquello.

—Señor conde —dixo Patronio—, en Córdova ovo un rey que avía no[m]bre [Al]haquim. Commo quier que mantenía assaz bien su regno, non se travajava de fazer otra cosa onrada nin de grand fama de las que suelen et deven fazer los buenos reys, ca non tan solamente son los reys tenidos de guardar sus regnos, mas los que buenos quieren seer, conviene que tales obras fagan porque con

---

p. 88, tampoco se lee en al-Makkarí, aunque este historiador refiere con mucho detalle las obras de la mezquita, la vida y costumbres del monarca, ilustrándolas con varias anécdotas. En tal situación es imposible señalar con certeza el aporte personal de don Juan Manuel". M.ª R.ª Lida de Malkiel, op. cit., p. 109. A pesar de esto, la ilustre investigadora añade numerosas notas de gran interés.

Al-Hakán II fue califa de Córdoba entre 961 y 976.

Véase la deliciosa recreación de Azorín en *Los valores literarios*, p. 1037.

[697] Quizá ahora hable el propio don Juan Manuel.

[698] *piuela*: pihuela, correa de guarnición que se aplicaba a los pies de los halcones.

[699] *capiello*: capillo, capirote, caperuza de cuero con que se cubría la cabeza del halcón.

derecho acresçienten su regno et fagan en guisa que en su vida sea[n] muy loado[s] de las gentes, et después de su muerte finquen buenas fazañas [700] de las buenas obras que el[los] oviere[n] fechas. Et este rey non se trabaiava desto, sinon de comer et folgar et estar en su casa viçioso.

Et acaesçió que, estando un día folgando, que tañían antél un estrumento de que se pagara[n] mucho los moros, que a nombre albogón. [701] Et el rey paró mientes et entendió que non fazía tan buen son commo era menester, to tomó el albogón et añadió en él un forado [702] en la parte de yuso [703] en derecho de los otros forados, et dende adelante faze el albogón muy meior son que fasta entonçe fazía.

Et commo quier que aquello era buen fecho para en aquella cosa, porque non era tan grand fecho commo convinía de fazer a rey, las gentes, en manera de escarnio, començaron aquel fecho a loar et dizían quando loavan a alguno: "V.a. he de ziat Alhaquim", [704] que quiere dezir: "Este es el anadimiento del rey Alhaquem".

Et esta palabra fue sonada [705] tanto por la tierra fasta que la ovo de oyr el rey, et preguntó por qué dezían las gentes esta palabra. Et commo quier que gelo quisieran encobrir, tanto los afincó, que gelo ovieron a dezir.

---

[700] *fazañas*: palabras, dichos. Vid. la p. 173.

[701] *albogón*: especie de flauta con siete agujeros. Cf.: "gaita e xabeba e 'l finchado albogón". *Libro de buen amor*, 1233a.

[702] *forado*: agujero. Comp.: "pora verter su agua fincoli el forado". Berceo, *Milagros*, 213b. "El que a los forados de las narizes mucho anchos es sannudo". *Poridat de las poridades*, p. 64.

[703] *yuso*: abajo.

[704] Gayangos lee: "*A hede ziat Alhaquim*" y lo mismo hacen González Palencia y Juliá; Knust transcribe "*Va hede ziat Alhaquim*" y Nykl, art. cit., propone leer: "*Wa hadi ziyadat Al-Hakam*", mientras mi colega Vernet me sugiere: "*Ha-hadi ziyad al-Hakam*".

[705] *fue sonada*: se divulgó mucho. Cf.: "Sonó por Conpostela esta gran maravilla". Berceo, *Milagros*, 215a. "Ouo el rey dubda que si la desdenyasse / que asmarien los hombres quando la cosa sonasse". *Libro de Apolonio*, 504ab. (La frase "hacer una cosa sonada" recuerda aún este uso.)

Et desque él esto oyó, tomó ende grand pesar, pero commo era muy buen rey, non quiso fazer mal en los que dizían esta palabra, mas puso en su coraçón de fazer otro añadimiento de que por fuerça oviessen las gentes a loar el su fecho.

Entonçe, porque la mezquita de Córdova non era acabada, añadió en [e]lla aquel rey toda la labor que ý menguava et acabóla. [706]

Esta es la mayor et más complida et más noble mezquita que los moros avían en España, et, loado a Dios, es agora eglesia et llámanla Sancta María de Córdova, et offreçióla el sancto rey don Ferrando a Sancta María, quando ganó a Córdova de los moros. [707]

Et desque aquel rey ovo acabada la mezquita et fecho aquel tan buen añadimiento, dixo que, pues fasta entonçe lo loavan escarniçiéndolo del añadimiento que fiziera en el albogón, que tenía que de allí adellante lo avían a loar con razón del añadimiento que fiziera en la mezquita de Córdova.

Et fue depués muy loado. Et el loamiento [708] que fasta estonçe le fazían escarniçiéndolo, fincó depués por loor; et oy en día dizen los moros quando quieren loar algún buen fecho: "Este es el añadimiento de Alhaquem".

Et vós, señor conde, si tomades pesar o cuydades que vos loan por vos escarneçer del añadimiento que fiziestes en los capiellos et en las pihuelas et en las otras cosas de caça que vos fiziestes, guisad de fazer algunos fechos grandes et buenos et nobles, quales pertenesçen de fazer a los grandes omnes. Et por fuerça las gentes avrán de loar los vuestros buenos fechos, assí commo loan agora por escarnio el añadimiento que fizicstes en las cosas de la caça.

El conde tovo éste por buen conseio, et fízolo assí, et fallóse ende muy bien.

[706] Al-Hakán II amplió, en efecto, la mezquita de Córdoba (mandada construir por Abderramán I) entre 961 y 969.
[707] El suceso tuvo lugar en 1236.
[708] *loamiento*: alabanza. María Goyri de M. Pidal hace notar la predilección de don Juan Manuel por el sufijo *miento* en los postverbales: *alabamiento, añadimiento*.

Et porque don Iohan entendió que éste era buen en-
xiemplo, fízolo escrivir en este libro, et fizo estos viessos
que dizen assý:

> Si algún bien fizieres
> que muy grande non fuere,
> faz grandes si pudieres,
> que el bien nunca muere.

Et la ystoria deste enxiemplo es ésta que se sigue:

EXEMPLO XLII°

DE LO QUE CONTESÇIÓ A UNA FALSA VEGUINA. *

OTRA vez fablava el conde Lucanor con Patronio, su
consegero, en esta guisa:

—Patronio, yo et otras muchas gentes estávamos fablan-
do et preguntávamos que quál era la manera que un omne

* "La versión más antigua del cuento parece ser la de Rabano
Mauro († 858), si es correcta la atribución a este autor, pero ni en
ésta ni en las numerosas versiones latinas y vulgares que Knust
extracta [387 y ss.], la vieja pertenece a una corporación religiosa.
En cambio, beguinos (o begardos) y beguinas comienzan a apare-
cer en las compilaciones y sermonarios dominicos [...]. Así, pues,
la transformación en beguina de la odiosa protagonista del viejo
cuento, ya pertenezca a don Juan Manuel o a sus fuentes domini-
cas, es siempre un rasgo satírico". M.ª R.ª Lida de Malkiel, op. cit.,
págs. 101-102, que añade en nota: "El códice de Puñonrostro y
el ms. sobre el que basó su texto Argote de Molina sustituyen
inofensivamente beguina por "pelegrina". El Libro de los exem-
plos, p. 536, la designa sencillamente como una vieja lavandera.
La atribución a Rabano Mauro se halla en un ms. citado por
Welter, p. 19: "De vetula que fecit quod dyabolus non poterat
facere. Vir quidam cum uxore sua tam laudabiliter, tam sociabili-
ter vixit ut nec unica quidem vice alter de alterius opere verbo
vel signo turbaretur... hoc Rabanus in sermone de matrimonio qui
sic incipit: O domine quodam tempore". La versión más antigua
señalada por Knust, p. 387, es la que redactó en árabe el judío
barcelonés Josef ibn Sebara a fines del siglo XII. A ésta sigue
cronológicamente no la de las Fabulae Adolphi (ca. 1315) ni la
del Conde Lucanor (entre 1330-1334), como afirma Knust, sino la

malo podría aver para fazer a todas las otras gentes cosa
porque más mal les veniesse. Et los unos dizían que por
ser omne reboltoso, et los otros dizían que por seer omne
muy peleador, et los otros dizían que por seer muy mal
fechor en la tierra, et los otros dizían que la cosa porque
el omne malo podría fazer más mal a todas las otras gen-
tes que era por seer de mala lengua et assacador. [709] Et por
el buen entendimiento que vós avedes, ruégovos que me
digades de quál mal destos podría venir más mal a todas
las gentes.

—Señor conde Lucanor —dixo Patronio—, para que vós
sepades esto, mucho querría que sopiésedes lo que contes-
çió al diablo con una muger destas que se fazen beguinas.

El conde le preguntó cómmo fuera aquello.

—Señor conde Lucanor —dixo Patronio—, en una villa
avía un muy buen mancebo et era casado con una muger
et fazían buena vida en uno, assí que nunca entre ellos
avía desabenençia.

Et porque el diablo se despagó sienpre de las buenas
cosas, ovo desto muy grand pesar, et pero que andido
muy grand tiempo por meter mal entre ellos, nunca lo
pudo guisar.

Et un día, viniendo el diablo de aquel logar do fazían
vida aquel omne et aquella muger, muy triste porque non
podía poner ý ningún mal, topó con una veguina. Et des-
que se conoscieron, preguntol que por qué vinía triste. Et
él díxole que vinía de aquella villa do fazían vida aquel
omne et aquella muger et que avía muy grand tiempo que
andava por poner mal entrellos et nunca pudiera; et des-

---

del dominico Étienne de Bourbon, ed. Lecoy de la Marche, París,
1877, núm. 245, págs. 207 ss."

veguina: beguina, perteneciente a cierta comunidad religiosa de
Bélgica fundada en el siglo xii por Lambert le Bègue. Pero para
don Juan Manuel *beguinería* era lo mismo que falsa devoción, hipo-
cresía, y por eso recomienda a su hijo "fazed todo con buena
entencion e verdadera e sin epocresia e sin beg[u]ineria". *Libro
infinido*, p. 19. Véase un poco más adelante.

[709] *assacador*: de 'achacar', hablar mal, difamador. Vid. la nota
en la p. 121.

que lo sopiera aquel su mayoral, quel dixiera que, pues tan grand tiempo avía que andava en aquello et pues non lo fazía, que sopiesse que era perdido con él; et que por esta razón vinía triste.

Et ella díxol que se marabillava, pues tanto sabía, cómmo non lo podía fazer, mas que si fiziesse lo que ella querié, que ella le pornía recabdo en esto.

Et el diablo le dixo que faría lo que ella quisiesse en tal que guisasse cómmo pusiesse mal entre aquel omne et aquella muger.

Et de que el diablo et aquella beguina fueron a esto avenidos, fuesse la beguina para aquel logar do vivían aquel omne et aquella muger, et tanto fizo de día en día, fasta que se fizo conosçer con aquella muger de aquel mançebo et fízol entender que era criada de su madre et por este debdo que avía con ella, que era muy tenuda [710] de la servir et que la serviría quanto pudiesse.

Et la buena muger, fiando en esto, tóvola en su casa et fiava della toda su fazienda, et esso mismo fazía su marido.

Et desque ella ovo morado muy grand tiempo en su casa et era privada de entramos, vino un día muy triste et dixo a la muger, que fiava en ella:

—Fija, mucho me pesa desto que agora oý: que vuestro marido que se paga más de otra muger que non de vós, et ruégovos quel fagades mucha onra et mucho plazer porque él non se pague más de otra muger que de vós, ca desto vos podría venir más mal que de otra cosa ninguna.

Quando la buena muger esto oyó, commoquier que non lo creýa, tovo desto muy grand pesar et entristeçió muy fieramente. Et desque la mala beguina la vio estar triste, fuesse para en el logar pora do [711] su marido avía de venir. Et de que se encontró con él, díxol quel pesava mucho de lo que fazié en tener tan buena muger commo tenié et amar más a otra que non a ella, et que esto, que ella lo

---

[710] *era muy tenuda*: estaba muy obligada.
[711] *pora do*: por donde, hacia. Comp.: "Fue pora la posada". *Libro de Apolonio*, 328c.

sabía ya, et que tomara grand pesar et quel dixiera que, pues él esto fazié, fiziéndol ella tanto serviçio, que cataría otro que la amasse a ella tanto commo él o más, que por Dios, que guardasse que esto non lo sopiesse su muger, sinon que sería muerta.

Quando el marido esto oyó, commoquier que lo non creyó, tomó ende grand pesar et fincó muy triste.

Et desque la falsa beguina le dexó assí, fuesse adelante a su muger et díxol, amostrándol muy grand pesar:

—Fija, non sé qué desaventura es ésta, que vuestro marido es muy despagado de vós; et porque lo entendades que es verdat, esto que yo vos digo, agora veredes commo viene muy triste et muy sañudo, lo que él non solía fazer.

Et desque la dexó con este cuydado, fuesse para su marido et díxol esso mismo. Et desque el marido llegó a su casa et falló a su muger triste, et de los plazeres que solían en uno aver que non avían ninguno, estavan cada uno con muy grand cuydado.

Et de que el marido fue a otra parte, dixo la mala beguina a la buena muger que, si ella quisiesse, que buscaría algún omne muy sabidor quel fiziesse alguna cosa con que su marido perdiesse aquel mal talante que avía contra ella.

Et la muger, queriendo aver muy buena vida con su marido, díxol quel plazía et que gelo gradescería mucho.

Et a cabo de algunos días, tornó a ella et díxol que avía fallado un omne muy sabidor et quel dixiera que [si] oviesse unos pocos de cabellos de la varba de su marido de los que están en la garganta, que faría con ellos una maestría [712] que perdiesse el marido toda la saña que avía della, et que vivrían en buena vida como solían o por aventura mejor, et que a la ora que viniesse, que guisasse que se echasse a dormir en su regaço. Et diol una nabaia con que cortasse los cabellos.

---

[712] *maestría*: remedio, medicamento, mixtura. Comp.: "Buscaron le maestros que le fiziesen metgia, / que sabien de la fisica toda la maestria, / mas non hi fallaron ninguna maestria / nin arte por que pudiesen purgar la maletia". *Libro de Apolonio*, 198.

Et la buena muger, por el grand amor que avía a su marido, pesándo[l] mucho de la estrañeza que entrellos avía caýdo et cudiçiando [713] más que cosa del mundo tornar a la buena vida que en uno solían aver, díxol quel plazía et que lo faría assí. Et tomó la navaia que la mala beguina traxo para lo fazer.

Et la beguina falsa tornó al marido, et díxo[l] que avía muy grand duelo de la su muerte, et por ende que gelo non podía encobrir: que sopiesse que su muger le quería matar et yrse con su amigo, et porque entendiesse quel dizía verdat, que su muger et aquel su amigo avían acordado que lo matassen en esta manera: que luego que viniesse, que guisaría que él que se adormiesse en su regaço della, et desque fuesse adormido, quel degollasse con una navaja que tenía paral degollar.

Et quando el marido esto oyó, fue mucho espantado, et commo quier que ante estava con mal cuydado por las falsas palabras que la mala beguina le avía dicho, por esto que agora dixo fue muy cuytado et puso en su coraçón de se guardar et de lo provar; et fuesse para su casa.

Et luego que su muger lo vio, reçibiólo meior que los otros días de ante, et díxol que sienpre andava travaiando et que non quería folgar nin descansar, mas que se echasse allí cerca della et que pusiesse la cabeça en su regaço, et ella quel espulgaría.

Quando el marido esto oyó, tovo por çierto lo quel dixiera la falsa beguina, et por provar lo que su muger faría, echósse a dormir en su regaço et començó de dar a entender que durmía. Et de que su muger tovo que era adormido bien, sacó la navaja para le cortar los cabellos, segund la falsa beguina le avía dicho. Quando el marido le vio la navaja en la mano cerca de la su garganta, teniendo que era verdat lo que la falsa beguina le dixiera, sacol la navaja de las manos et degollóla con ella.

---

[713] *cudiçiando*: deseando con vehemencia. Comp.: "por santo nin por santa que seya, non sé quién / non cobdicie compaña, si solo se mantién". *Libro de buen amor*, 110cd.

Et al roýdo que se fizo quando la degollava, recudieron [714] el padre et los hermanos de la muger. Et quando vieron que la muger era degollada et que nunca fasta aquel día oyeron al su marido nin a otro omne ninguna cosa mala en ella, por el grand pesar que ovieron, endereçaron todos [al marido] et matáronlo.

Et a este roýdo recudieron los parientes del marido et mataron a aquellos que mataron a su pariente. Et en tal guisa se revolvió el pleito, que se mataron aquel día la mayor parte de quantos eran en aquella villa.

Et todo esto vino por las falsas palabras que sopo dezir aquella falsa beguina. Pero, porque Dios nunca quiere que el que mal fecho faze que finque sin pena, nin aún que el mal fecho sea encubierto, guisó que fuesse sabido que todo aquel mal viniera por aquella falsa beguina, [et] fizieron della muchas malas iusticias, et diéronle muy mala muerte et muy cruel.

Et vós, señor conde Lucanor, [si] queredes saber quál es el pior omne del mundo et de que más mal puede venir a las gentes, sabet que es el que se muestra por buen christiano et por omne bueno et leal, et la su entençión es falsa, et anda asacando falsedades et mentiras por meter mal entre llas gentes. Et conséiovos yo que siempre vos guardedes de los que vierdes que se fazen gatos religiosos, [715] que los más dellos sienpre andan con mal et con engaño, et para que los podades conosçer, tomad el conseio del Evangelio [716] que dize: "A fructibus eorum coñosçetis eos" que quiere dezir "que por las sus obras los cognosçeredes". Ca, çierto, sabet que non a omne en l' mundo que muy luengamente pueda encubrir las obras que tiene en la voluntad, [ca] bien las puede encobrir algún tiempo, mas non luengamente.

[714] *recudieron*: acudieron. Comp.: "Et ponen çeladas porque los christianos aguijaren sin recabdo, que los de las çeladas recudan en guisa que los puedan desbaratar". *Libro de los estados*, f. 83b.

[715] *gatos religiosos*: hipócritas. Véase el artículo de M.ª R.ª Lida de Malkiel "¿Libro de los gatos o Libro de los cuentos?" en *Romance Philology*, V (1951-1953), págs. 46-69.

[716] San Mateo, VII, 16.

Et el conde tovo que era verdad esto que Patronio le
dixo et puso en su coraçón de lo fazer assí. Rogó a Dios
quel guardasse a él et a todos sus amigos de tal omne.

Et entendiendo don Iohan que este enxiemplo era muy
bueno, fízolo escrivir en este libro et fizo estos viessos que
dizen assí:

> Para mientes a las obras et non a la semejança,
> si cobdiçiares ser guardado de aver mala andança.

Et la ystoria deste enxiemplo es ésta que se sigue:

EXEMPLO XLIII°

DE LO QUE CONTESÇIÓ AL BIEN ET AL MAL, ET AL CUERDO CON EL LOCO

E L conde Lucanor fablava con Patronio, su consegero,
en esta manera:

—Patronio, a mí contesçe que he dos vezinos: el uno
es omne a que yo amo mucho, et ha muchos buenos deub-
dos entre mí et él porquel devo amar; et non sé qué pe-
cado o qué ocasión es que muchas vezes me faze algunos
yerros et algunas escatimas [717] de que tomo muy grand
enojo; et el otro non es omne con quien aya grandes deb-
dos, nin grand amor, nin ay entre nos grand razón porquel
deva mucho amar; et éste, otrossí, a las vezes, fázeme al-
gunas cosas de que yo non me pago. Et por el buen enten-
dimiento que vos avedes, ruégovos que me conseiedes en
qué manera passe con aquellos dos omnes.

—Señor conde Lucanor —dixo Patronio—, esto que
vós dezides non es una cosa, ante son dos, et muy revessa-
das [718] la una de la otra. Et para que vós podades en esto
obrar commo vos cumple, plazerme ýa que sopiéssedes
dos cosas que acaesçieron; la una, lo que contesçió al Bien
et al Mal; et la otra, lo que contesçió a un omne bueno
con un loco.

---

[717] *escatimas*: afrentas. Véase la nota 589 en la p. 179.
[718] *revessadas*: contrarias, distintas.

El conde le preguntó cómo fuera aquello:

—Señor conde —dixo Patronio—, porque éstas son dos cosas [que] non vos las podría dezir en uno, [719] dezirvos he primero de lo que contesçió al Bien et al Mal, et dezirvos he después lo que contesçió al omne bueno con el loco.

Señor conde, el Bien et el Mal acordaron de fazer su compañía en uno. Et el Mal, que es más acuçioso et siempre anda con rebuelta e non puede folgar, sinon revolver algún engaño et algún mal, dixo al Bien que sería buen recabdo que oviessen algún ganado con que se pudiessen mantener. Al Bien plogo desto. Et acordaron de aver oveias.

Et luego que las oveias fueron paridas, dixo el Mal al Bien que escogiesse en el esquimo [720] daquellas oveias.

El Bien, commo es bueno et mesurado, non quiso escoger, et el Bien dixo al Mal que escogiesse él. Et el Mal, porque es malo et derranchado, [721] plógol ende, et dixo que tomasse el Bien los corderuelos assí commo nasçían, et él, que tomaría la leche et la lana de las oveias. Et el Bien dio a entender que se pagava desta partiçión.

Et el Mal dixo que era bien que oviessen puercos; et al Bien plogo desto. Et desque parieron, dixo el Mal que, pues el Bien tomara los fijos de las oveias et él la leche et la lana, que tomasse agora la leche et la lana de las puercas, et que tomaría él los fijos. Et el Bien tomó aquella parte.

Después dixo el Mal que pusiessen alguna ortaliza; et pusieron nabos. Et desque nasçieron, dixo el Mal al Bien que non sabía qué cosa era lo que non veýa, mas, porque el Bien viesse lo que tomava, que tomasse las foias de los nabos que paresçían et estaban sobre tierra, et que tomaría él lo que estava so tierra; et el Bien tomó aquella parte.

Después pusieron colles; et desque nasçieron, dixo el Mal que, pues el Bien tomara la otra vez de los nabos lo

---

[719] *dezir en uno*: decir juntas.

[720] *esquimo*: esquilmo, producto que se saca del ganado o de la tierra. Todavía hoy se usa en Bédar (Almería), según J. Corominas, *DELC*, s. v. 'esquilmar'.

[721] *derranchado*: temerario. Vid. la nota 438 en la p. 135.

*El infante don Manuel andava un día a caça cerca
de Escalona* (Exemplo XXXIII)

*Consejol que enviasse por su marido et quel fiziesse
mucho bien* (Exemplo L)

que estava sobre tierra, que tomasse agora de las colles
lo que estava so tierra; et el Bien tomó aquella parte.

Después dixo el Mal al Bien que sería buen recabdo que
oviessen una muger que los serviesse. Et al Bien plogo
desto. Et desque la ovieron, dixo el Mal que tomasse el
Bien de la çinta [722] contra la cabeça, et que él que tomaría
de la çinta contra los pies; et el Bien tomó aquella parte.
Et fue assí que la parte del Bien fazía lo que cumplía en
casa, et la parte del Mal era casada con él et avía de dor-
mir con su marido.

La muger fue en çinta et encaesçió [723] de un fijo. Et des-
que nasçió, quiso la madre dar al fijo de mamar; et quan-
do el Bien esto vio, dixo que non lo fiziesse, ca la leche
de la su parte era, et que non lo consintría en ninguna
manera. Quando el Mal vino alegre por veer el su fijo quel
nasçiera, falló que estava llorando, et preguntó a ssu ma-
dre que por qué llorava. La madre le dixo que porque
non mamava. Et díxol el Mal quel diesse a mamar. Et la
muger le dixo que el Bien gelo defendiera [724] diziendo que
la leche era de su parte.

Quando el Mal esto oyó, fue al Bien et díxol, riendo et
burlando, que fiziesse dar la leche a su fijo. Et el Bien dixo
que la leche era de su parte et que non lo faría. Et quando
el Mal esto oyó, començol de affincar ende. Et desque el
Bien vio la priessa en que estava el Mal, díxol:

—Amigo, non cuydes que yo tampoco sabía que non
entendía quáles partes escogiestes vós sienpre et quáles
diestes a mí; pero nunca vos demandé ya nada de las vues-

---

[722] *çinta*: cintura. Comp.: "trobó so vientre llacio, la cinta muy
delgada, / como muger que es de tal cosa librada". Berceo, *Mila-
gros*, 537. "e mando a todas sus donzellas generosas poner sus rue-
cas en sus çintas". *Castigos e documentos*, p. 59.

[723] *encaesçió*: concibió. Comp.: "Et tienen los sabios que natu-
ralmente sienpre las mujeres deuian encaesçer de un fijo et de una
fija". *Libro de los estados*, f. 56b.

[724] *defendiera*: prohibiera. Comp.: "toda mujer nacida es fecha
de tal massa, / lo que más le defienden aquello ante passa, / aque-
llo la enciende, aquello la traspassa". *Libro de buen amor*, 523.

tras partes, et passé muy lazdradamiente [725] con las partes
que me vós dávades, vós nunca vos doliestes nin oviestes
mensura contra mí, [726] pues si agora Dios vos traxo a lu-
gar [727] que avedes mester algo de lo mío, non vos mara-
billedes si vos lo non quiero dar, et acordatvos de lo que
me feziestes, et soffrid esto por lo al.

Quando el Mal entendió que el Bien dizía verdat et
que su fijo sería muerto por esta manera, fue muy mal
cuytado et començó a rogar et pedir merçet al Bien que,
por amor de Dios, oviesse piedat daquella criatura, et
que non parasse mientes a las sus maldades, et que dallí
adelante sienpre faría quanto mandasse.

Desque el Bien esto vio, tovo quel fiziera Dios mucho
bien en traerlo a lugar que viesse el Mal que non podía
guaresçer sinon por la vondat del Bien, et tovo que esto
le era muy grand emienda, et dixo al Mal que si quería
que consintiesse que diesse la muger leche a su fijo, que
tomasse el moço a cuestas et que andudiesse por la villa
pregonando en guisa que lo oyessen todos, et que dixiesse:
"Amigos, sabet que con bien vençe el Vien al Mal"; et
faziendo esto, que consintría quel diesse la leche. Desto
plogo mucho al Mal, et tovo que avía de muy buen mer-
cado [728] la vida de su fijo, et el Vien tovo que avía muy
buena emienda. Et fízose assí. Et sopieron todos que sien-
pre el Bien vençe con bien.

Mas al omne bueno contesçió de otra guisa con el loco,
et fue assí:

Un omne vono avía un baño [729] et el loco vinía al vaño
quando las gentes se vañavan et dávales tantos colpes con
los cubos et con piedras et con palos et con quanto falla-

[725] *lazdradamiente*: miserablemente, penosamente, de 'lazdrado'.
[726] *mensura contra mí*: piedad, buena disposición.
[727] *vos traxo a lugar*: os puso en situación de. Vid. una cons-
trucción parecida en la p. 101.
[728] *buen mercado*: en buenas condiciones.
[729] *baño*: casa de baños. Comp.: "dile, luego de mano, doze
varas de paño, / e aun, ¡por mi corona!, anoche fue al baño".
Libro de buen amor, 1698cd.

va, que ya omne del mundo non osava yr al vaño de aquel
omne bueno. Et perdió su renta.

Quando el omne bueno vio [que] aquel loco le fazía
perder la renta del vaño, madrugó un día et metiósse en
el vaño ante que el loco viniesse. Et desnuyóse [730] et tomó
un cubo de agua bien caliente, et una grand maça de ma-
dero. Et quando el loco que solía venir al vaño para ferir
los que se vañassen llegó, endereçó al vaño commo solía.
Et quando el omne bueno que estava atendiendo desnuyo
le vio entrar, dexóse yr a él muy bravo et muy sañudo,
et diol con el cubo del agua caliente por çima de la cabe-
ça, et metió mano a la maça et diol tantos et tales colpes
con ella por la cabeça et por el cuerpo, que el loco cuydó
ser muerto, et cuydó que aquel omne bueno que era loco.
Et salió dando muy grandes vozes, et topó con un omne et
preguntol cómmo vinía assí dando vozes, quexándose tan-
to; et el loco le dixo:

—Amigo, guardatvos, que sabet que otro loco a en el
vaño. [731]

Et vós, señor conde Lucanor, con estos vuestros vezinos
passat assí: con el que avedes tales debdos que en toda
guisa quered que sienpre seades amigos, et fazedle sienpre
bue[n]as obras, et aunque vos faga algunos enoios, datles
passada et acorredle sienpre al su mester, pero siempre lo
fazed dándol a entender que lo fazedes por los debdos et
por el amor quel avedes, mas non por vençimiento; mas
al otro, con quien non avedes tales debdos, en ninguna
guisa non le sufrades cosa del mundo, mas datle bien a
entender que por quequier que vos faga todo se aventu-
rará sobrello. Ca bien cred que los malos amigos que más

---

[730] *desnuyóse*: desnudóse. Vid. la nota 384 en la p. 124.
[731] M.ª R.ª Lida de Malkiel, op. cit., 107-108, dice: "No se co-
noce en qué forma correría en tiempos de don Juan Manuel la
historieta del loco, popular hasta hoy". Y anota: "Traen el refrán
Hernán Núñez ("Otro loco hay en el baño") y Correas que lo
registra en esa forma y también en la de "otro loco hay en Chin-
chilla", justificando esta última con un breve relato semejante al
del *Conde Lucanor*".

guardan el amor por varata [732] et por reçelo, que por otra buena voluntad.

El conde tovo éste por muy buen conseio et fízolo assí, et fallóse ende muy bien.

Et porque don Iohan tovo éstos por buenos enxiemplos, fízolos escrivir en este libro et fizo estos viessos que dizen assí:

> Sienpre el Bien vençe con bien al Mal;
> sofrir al omne malo poco val.

Et la ystoria deste enxiemplo es ésta que se sigue:

EXEMPLO XLIIIIº

DE LO QUE CONTESÇIÓ A DON PERO NÚÑEZ EL LEAL ET A DON ROY GONZÁLES ÇAVALLOS ET A DON GUTIER ROYZ DE BLAGUIELLO CON EL CONDE DON RODRIGO EL FRANCO *

OTRA vez fablava el conde Lucanor con Patronio, su consegero, et díxole:

—Patronio, a mí acaesçió de aver muy grandes guerras, en tal guisa que estava la mi fazienda en muy grand peligro. Et quando yo estava en mayor mester, algunos de aquellos que yo crié [733] et a quien fiziera mucho bien, dexáronme, et aun señaláronse mucho a me fazer mucho

---

[732] "La ochena manera, de amor de varata, es quando un omne ama a otro e le ayuda porque el otro [amó] ante a él e le ayudo, e falla que esto le es buen barato". *Libro infinido*, p. 82.

* Pedro Núñez de Fuente Almejir mereció el sobrenombre de "Leal" por haber salvado a Alfonso VIII, niño aún, huyendo con él a Atienza desde Soria; Ruy González era señor de Cevallos, primo de Rodrigo el Franco; Gutierre Royz de Blaguiello estaba también emparentado con el anterior y Rodrigo González de Lara, el Franco, fue conde de las Asturias de Santillana en tiempo de Alfonso VII. Hacia 1141 estuvo en Jerusalén. Knust, págs. 399 y ss., ofrece abundantes datos.

[733] *crié*: eduqué, tuve en casa. Vid. otras referencias en las págs. 57 y 131.

desserviçio. Et tales cosas fizieron ante mí aquéllos, que bien vos digo que me fizieron aver muy peor esperança de las gentes de quanto avía, ante que aquellos que assí errassen contra mí. Et por el buen seso que Dios vos dio, ruégovos que me conseiedes lo que vos paresçe que devo fazer en esto.

—Señor conde —dixo Patronio—, si los que assí erraron contra vós fueran tales commo fueron don Pero Núñez de Fuente Almexir et don Roy Gonzáles de Çavallos et don Gutier Royz de Blaguiello et sopieran lo que les contesçió, non fizieran lo que fizieron.

El conde le preguntó cómmo fuera aquello.

—Señor conde —dixo Patronio—, el conde don Rodrigo el Franco fue casado con una dueña, fija de don Gil García de Çagra, et fue muy buena dueña, et el conde, su marido, asacol [734] falso testimonio. Et ella, quexándose desto, fijo su oración a Dios que si ella era culpada, que Dios mostrasse su miraglo [735] en ella; et si el marido le assacara falso testimonio, que lo mostrasse en él.

Luego que la oración fue acabada, por el miraglo de Dios, engafezió [736] el conde su marido, et ella partiósse dél. [737] Et luego que fueron partidos, envió el rey de Navarra sus mandaderos a la dueña, et casó con ella, et fue reyna de Navarra. [738]

El conde, seyendo gafo, et veyendo que non podía guaresçer, fuesse para la Tierra Sancta en romería para morir allá. Et commo quier que él era muy onrado et avía muchos buenos vasallos, non fueron con él sinon estos tres cavalleros dichos, et moraron allá tanto tiempo que les non

734 *asacol*: achacóle. Vid. la p. 121, nota 379.

735 *miraglo*: milagro, voz más çercana a su etimología 'miraculum'.

736 *engafezió*: de 'gafo', leproso, adquirió la lepra.

737 *partiósse dél*: se separó o divorció. Porque la lepra podía ser motivo de separación matrimonial.

738 Doña María Goyri de Menéndez Pidal anota: "No hallamos comprobación histórica para esta afirmación. El Rey de Navarra, contemporáneo del conde don Rodrigo, es García Ramírez, y ninguna de sus dos mujeres fue hija del señor de Azagra". Edic. cit., p. 143.

cumplió [739] lo que levaron de su tierra et ovieron de vevir a tan grand pobreza, que non avían cosa que dar al conde, su señor, para comer; et por la grand mengua, alquilávanse cada día los dos en la plaça et el uno fincava con el conde, et de lo que ganavan de su alquilé [740] governavan [741] su señor et a ssí mismos. Et cada noche vañavan al conde et alinpiávanle las llagas de aquella gafedat. [742]

Et acaesçió que, en lavándole una noche los pies et las piernas, que, por aventura, ovieron mester de escopir, et escupieron. Quando el conde vio que todos escupieron, cuydando que todos lo fazían por asco que dél tomavan, començó a llorar et a quexarse del grand pesar et quebranto que daquello oviera.

Et porque el conde entendiesse que non avían asco de la su dolençia, tomaron con las manos daquella agua que estava llena de podre et de aquellas pustuellas [743] que salían de las llagas de la gafedat que el conde avía, et bevieron della muy grand pieça. Et passando con el conde su señor tal vida, fincaron con él fasta que el conde murió.

Et porque ellos tovieron que les sería mengua de tornar a Castiella sin su señor, vivo o muerto, non quisieron venir sin él. [744] Et commo quier que les dizían quel fiziessen cozer et que levassen los sus huesos, dixieron ellos que tampoco consintrían que ninguno pusiesse la mano en su señor, seyendo muerto como si fuesse vivo. Et non consintieron quel coxiessen, [745] mas enterráronle et esperaron

---

[739] *cumplió*: bastó.

[740] *alquilé*: del árabe 'al-kira', el salario que percibían los que se alquilaban o servían a otros.

[741] *governavan*: sustentaban, sostenían. Véanse otras referencias en las págs. 141 y 161.

[742] *gafedat*: lepra. Cf.: "e por que aquel mal que uiniera a Espanna dizien que fuera cuemo gafedat, la primera uilla que poblaron de nueuo... pusieron el nombre Lepra a la que oy dia llaman Niebla". *Crónica general*, 14a.

[743] *pustuellas*: postillas, pústulas. Véase la p. 165.

[744] Porque se consideraba como deshonra abandonar el cuerpo del señor en tierra ajena.

[745] *coxiessen*: cociesen. Cf.: "e mando les que ellos, con los otros ebreos que los ayudassen, que fiziessen ladriellos muchos sin

tanto tiempo fasta que fue toda la carne desfecha. Et metieron los huesos en una arqueta, et traýenlo a veces [746] a cuestas.

Et assí vinían pidiendo las raçiones, [747] trayendo a su señor a cuestas, pero trayán testimonio de todo esto que les avía contesçido. Et viniendo ellos tan pobres, pero tan bien andantes, llegaron a tierra de Tolosa, [748] et entrando por una villa, toparon con muy grand gente que levavan a quemar una dueña muy onrada porque la acusava un hermano de su marido. Et dizía que si algún cavallero non la salvasse, que cumpliessen en ella aquella iustiçia, et non fallavan cavallero que la salvasse.

Quando don Pero Núñez el Leal et de buena ventura entendió que, por mengua de cavallero, fazían aquella iustiçia de aquella dueña, dixo a sus compañeros que si él sopiesse que la dueña era sin culpa, que él la salvaría.

Et fuesse luego para la dueña et preguntol la verdat de aquel fecho. Et ella díxol que ciertamente ella nunca fiziera aquel yerro de que la acusavan, mas que fuera su talante de lo fazer.

Et commo quier que don Pero Núñez entendió que, pues ella de su talante quisiera fazer lo que non devía, que non podía seer que algún mal non le contesçiesse a él que la quería salvar, pero pues lo avía començado et sabía que non [fiziera] todo el yerro de que la acusavan, dixo que él la salvaría.

Et commo quier que los acusadores lo cuydaron desechar diziendo que non era cavallero, desque mostró el testimonio que traýa, non lo podieron desechar. Et los parientes de la dueña diéronle cavallo et armas, et ante que entrasse en el campo dixo a sus parientes que, con la merçed de Dios, que él fincaría con onra et salvaría la dueña, mas

---

cuenta, et que los coxiessen mucho, de que fiziessen fuertes muros". *General estoria*, 1.ª parte (Madrid, 1930), p. 291a.

[746] *a veces*: por turno. Comp.: "si demandar quisieres, yo te dare las vezes". *Libro de Apolonio*, 516d.

[747] *pidiendo las raçiones*: pidiendo la comida como pobres.

[748] Tolosa de Francia, en Provenza.

que non podía seer que a él non le viniesse alguna oca-
sión [749] por lo que la dueña quisiera fazer.

Desque entraron en l' campo, [750] ayudó Dios a don Pero
Núñez, et vençió la lid et salvó la dueña, pero perdió ý
don Pero Núñez el ojo, et assí se cumplió todo lo que don
Pero Núñez dixiera ante que entrasse en el campo.

La dueña et los parientes dieron tanto aver a don Pero
Núñez con que pudieron traer los huesos del conde su
señor, ya quanto [751] más sin lazeria que ante.

Quando las nuebas llegaron al rey de Castiella de cóm-
mo aquellos vien andantes cavalleros vinían et traýan los
huesos del conde, su señor, et cómmo vinían tan vien an-
dantes, plógole mucho ende et gradesçió mucho a Dios por-
que eran del su regno omnes que tal cosa fizieran. Et en-
vióles mandar [752] que viniessen de pie, assí mal vestidos
commo vinían. Et el día que ovieron de entrar en el su
regno de Castilla, saliólos a reçebir el rey de pie bien
çinco leguas ante que llegassen al su regno, et fízoles tanto
bien que oy en día son heredados [753] los que vienen de
los sus linages de lo que el rey les dio.

Et el rey, et todos quantos eran con él, por fazer onra
al conde, et señaladamente por lo fazer a los cavalleros,
fueron con los huesos del conde fasta Osma, do lo ente-
rraron. Et desque fue enterrado, fuéronse los cavalleros
para sus casas.

Et el día que don Roy Gonzáles llegó a su casa, quando
se assentó a la mesa con su muger, desque la buena dueña
vio la vianda ante sí, alçó las manos contra Dios, et dixo:

—¡Señor!, ¡vendito seas tú que me dexaste veer este
día, ca tú sabes que depués que don Roy Gonzáles se par-

---

[749] *ocasión*: desgracia, perjuicio. Véase la p. 120, nota 373.

[750] *campo*: lugar donde se lidiaba por un reto. Comp.: "Los
fideles y el rey enseñaron los mojones, / libravanse del campo to-
dos a derredor". *Poema del Cid*, 3.604-5.

[751] *ya quanto*: algo. Véase la nota en la p. 144.

[752] *mandar*: orden. Comp.: "Enclino se la duenya, començo de
llorar: / Senyor, dixo, que tienes el sol ha tu mandar". *Libro
de Apolonio*, 381.

[753] *heredados*: los que reciben heredades. Comp.: "Entre los
inocentes so, madre, heredada". Barceo, *Santa Oria*, 200.

tió desta tierra, que ésta es la primera carne que yo comí, et el primero vino que yo beví!

A don Roy Gonzáles pesó por esto, et preguntol por qué lo fiziera. Et ella díxol que bien sabía él que, quando se fuera con el conde, quel dixiera que él nunca tornaría sin el conde et ella que visquiesse commo buena dueña, que nunca le menguaría pan et agua en su casa, et pues él esto le dixiera, que non era razón quel saliese ella de mandado, et por esto nunca comiera nin biviera sinon pan et agua.

Otrosí, desque don Pero Núñez llegó a ssu casa, desque fincaron él et su muger et sus parientes sin otra conpaña, la buena dueña et sus parientes ovieron con él [tan] grand plazer, que allý començaron a reyr. Et cuydando don Pero Núñez que fazían escarnio dél porque perdiera el ojo, cubrió el manto por la cabeça et echóse muy triste en la cama. Et quando la buena dueña lo vio assí ser triste, ovo ende muy grand pesar, et tanto le afincó fasta quel ovo a dezir que se sintía mucho porquel fazían escarnio por el ojo que perdiera.

Quando la buena dueña esto oyó, diose con una aguja en l' su ojo, et quebrólo, et dixo a don Pero Núñez que aquello fiziera ella porque si alguna vez riesse, que nunca él cuydasse que reýa por le fazer escarnio.

Et assí [fizo] Dios vien en todo aquellos buenos cavalleros por el bien que fizieron.

Et tengo que si los que tan bien non lo acertaron en vuestro serviçio, fueron tales commo éstos, et sopieran quánto bien les vino por esto que fizieron et non lo erraran commo erraron; pero vós, señor conde, por vos fazer algún yerro algunos que lo non devían fazer, nunca vós por esso dexedes de fazer bien, ca los que vos yerran, más yerran a ssí mismos que a vós. Et parad mientes que si algunos vos erraron, que muchos otros vos servieron; et más vos cumplió el serviçio que aquéllos vos fizieron, que vos enpeçió nin vos tovo mengua los que vos erraron. Et non creades que de todos los que vós fazedes bien, que de todos tomaredes serviçio, mas un tal acaesçimiento vos podrá acaesçer: que uno vos fará tal serviçio, que ternedes por bien enpleado quanto bien fazedes a los otros.

El conde tovo éste por buen consejo et por verdadero.

Et entendiendo don Iohan que este enxiemplo era muy bueno, fízolo escrivir en este libro, et fizo estos viessos que dizen assí:

> Maguer que algunos te ayan errado,
> nunca dexes de fazer aguisado.

Et la ystoria deste enxiemplo es ésta que se sigue:

EXEMPLO XLVº

DE LO QUE CONTESÇIÓ A UN OMNE QUE SE FIZO AMIGO ET VASALLO DEL DIABLO *

FABLAVA una vez el conde Lucanor con Patronio, su conseiero, en esta guisa:

—Patronio, un omne me dize que sabe muchas maneras, tanbién de agüeros commo de otras cosas, en cómmo podré saber las cosas que son por venir et cómmo podré fazer muchas arterías [754] con que podré aprovechar mucho mi fazienda, pero en aquellas cosas tengo que non se puede escusar de aver ý pecado. Et por la fiança que de vós he, ruégovos que me conseiedes lo que faga en esto.

—Señor conde —dixo Patronio—, para que vós fagades en esto lo que vos más cumple, plazerme ýa que sepades lo que contesçió a un omne con el Diablo.

El conde le preguntó cómmo fuera aquello.

—Señor conde —dixo Patronio—, un omne fuera muy rico et llegó a tan grand pobreza, que non avía cosa de que se mantener. Et porque non a en el mundo tan grand desventura commo seer muy mal andante el que suele seer bien andante, por ende, aquel omne, que fuera muy bien andante, era llegado a tan grand mengua, que se sintía

---

* Es uno de los muchos cuentos de pacto diabólico que han cir-culado por Europa desde la *Summa Praedicantium,* de Bromyard, el *Speculum laicorum* de John de Hoveden al ejemplo del Arci-preste "del ladrón que fizo carta al diablo de su ánima", 1454-1484.

754 *arterías*: artimañas, engaños.

dello mucho. Et un día, yva en su cabo,·[755] solo, por un monte, muy triste et cuydando muy fieramente,[756] et yendo assí tan coytado encontrósse con el Diablo.

Et commo el Diablo sabe todas las cosas passadas, et sabía el coydado en que vinía aquel omne, et preguntol por qué vinía tan triste. Et el omne díxole que para que gelo diría, ca él non le podría dar conseio en la tristeza que él avía.

Et el Diablo díxole que si él quisiesse fazer lo que él le diría, que él le daría cobro[757] paral cuydado que avía et porque entendiesse que lo podía fazer, quel diría en lo que vinía cuydando et la razón porque estava tan triste. Estonçe le contó toda su fazienda et la razón de su tristeza commo aquel que la sabía muy bien. Et díxol que si quisiesse fazer lo que él le diría, que él le sacaría de toda lazeria et lo faría más rico que nunca fuera él nin omne de su linage, ca él era el Diablo, et avía poder de lo fazer.

Quando el omne oyó dezir que era el Diablo, tomó ende muy grand reçelo, pero por la grand cuyta et gran mengua[758] en que estava, dixo al Diablo que si él le diesse manera commo pudiesse ser rico, que faría quanto él quisiesse.

Et bien cred que el Diablo sienpre cata[759] tiempo[760] para engañar a los omnes; quando vee que están en alguna quexa, o de mengua, o de miedo, o de querer complir su talante, estonçe libra él con ellos todo lo que quiere, et assí cató manera para engañar a aquel omne en l' tiempo que estava en aquella coyta.

Estonçe fizieron sus posturas en uno[761] et el omne fue su vasallo. Et desque las avenençias fueron fechas, dixo

---

[755] *en su cabo*: a solas. Comp.: "apretando sus dedos, en su cabo fablando". *Libro de buen amor*, 833c.
[756] *cuydando muy fieramente*: pensando muy desesperadamente.
[757] *cobro*: recurso, remedio. Vid. la nota 551 en la p. 165.
[758] *mengua*: pobreza, necesidad.
[759] *cata*: busca, encuentra.
[760] *tiempo*: ocasión, oportunidad. Cf.: "mas non fueron del tiempo nin de la hora çerteros". Berceo, *Loores*, 4d.
[761] *posturas en uno*: convinieron. Vid. la nota 371 en la p. 120.

el Diablo al omne que, dallí adellante, que fuesse a fur-
tar, ca nunca fallaría puerta nin casa, por bien çerrada
que fuesse, que él non gela abriesse luego, et si por aven-
tura en alguna priesa [762] se viesse o fuesse preso, que lue-
go que lo llamasse et le dixiesse: "Acorredme, don Mar-
tín", que luego fuesse con él et lo libraría de aquel periglo
en que estudiesse.

Las posturas fechas entre ellos, partiéronse.

Et el omne endereçó a casa de un mercadero, de noche
oscura: ca los que mal quieren fazer siempre aborrecen
la lumbre. [763] Et luego que legó a la puerta, el diablo avrió-
gela, et esso mismo fizo a las arcas, en guisa que luego
ovo ende muy grant aver.

Otro día fizo otro furto muy grande, et después otro,
fasta que fue tan rico que se non acordava de la pobreza
que avía passado. Et el mal andante, non se teniendo por
pagado de cómmo era fuera de lazeria, començó a furtar
aun más; et tanto lo usó, fasta que fue preso.

Et luego que lo prendieron llamó a don Martín que lo
acorriesse; et don Martín llegó muy apriessa et librólo de
la prisión. Et desque el omne vio que don Martín le fuera
tan verdadero, començó a furtar commo de cabo, [764] et
fizo muchos furtos, en guisa que fue más rico et fuera
de lazeria.

Et usando a furtar, fue otra vez preso, et llamó a don
Martín, mas don Martín non vino tan aýna commo él qui-
siera, et los alcaldes del lugar do fuera el furto comença-
ron a fazer pesquisa sobre aquel furto. Et estando assí el
pleyto, llegó don Martín; et el omne díxol:

—¡A, don Martín! ¡Qué grand miedo me pusiestes! ¿Por
qué tanto tardávades?

Et don Martín le dixo que estava en otras grandes pries-
sas et que por esso tardara; et sacólo luego de la prisión.

---

[762] *priesa*: apuro, aprieto. Comp.: "Los que mala nazieron fal-
ssos e traidores, / agora me renuevan los antiguos dolores, / en
grand priesa me tienen e en malos sudores". Berceo, *Milagros*, 419.

[763] *lumbre*: luz. Comp.: "En el dia primero esti fizo la lumbre".
Berceo, *Loores*, 80.

[764] *de cabo*: al comienzo.

El omne se tornó a furtar, et sobre muchos furtos fue preso, et fecha la pesquisa dieron sentençia contra él. Et la sentençia dada, llegó don Martín et sacólo.

Et él tornó a furtar porque veýa que siempre le acorría don Martín. Et otra vez fue preso, et llamó a don Martín, et non vino, et tardó tanto fasta que fue jubgado a muerte, et seyendo jubgado, llegó don Martín et tomó alçada [765] para casa del rey et librólo de la prisión, et fue quito. [766]

Después tornó a furtar et fue preso, et llamó a don Martín, et non vino fasta que jubgaron quel enforcassen. Et seyendo al pie de la forca, llegó don Martín; et el omne le dixo:

—¡A, don Martín, sabet que esto non era juego, que vien vos digo que grand miedo he passado!

Et don Martín le dixo que él le traýa quinientos maravedís [767] en una limosnera [768] et que los diesse al alcalde et que luego sería libre. El alcalde avía mandado ya que lo enforcassen, et non fallaban soga para lo enforcar. Et en quanto buscavan la soga, llamó el omne al alcalde et diole la limosnera con los dineros. Quando el alcalde cuydó quel dava los quinientos maravedís, dixo a las gentes que ý estavan:

—Amigos, ¡quién vio nunca que menguasse soga para enforcar omne! Çiertamente este omne non es culpado, et Dios non quiere que muera et por esso nos mengua la soga; mas tengámoslo fasta cras, [769] et veremos más en este fecho; ca si culpado es, ý se finca para complir cras la iustiçia.

---

[765] *alçada*: apelación. "Con los adelantados et merynos an a fazer iustiçia et defender la tierra et pararse a las guerras et oyr las alçadas et librar todos los pleytos". *Libro de los estados*, 98b.

[766] *quito*: libre. Comp.: "Non se faz penitencia por carta nin escrito / sinon por la su boca del pecador contrito; / non puede por escrito ser assuelto nin quito". *Libro de buen amor*, 1130.

[767] *maravedís*: moneda que fue al principio de oro hasta parar en una de cobre de escaso valor.

[768] *limosnera*: bolsa para llevar el dinero destinado a las limosnas.

[769] *cras*: mañana. Véase la nota en la p. 200.

Et esto fazía el alcalde por lo librar por los quinientos maravedís que cuydava que le avía dado. Et oviendo esto assí acordado, apartósse el alcalde et avrió la limosnera, et cuydando fallar los quinientos maravedís, non falló los dineros, mas falló una soga en la limosnera. Et luego que esto vio, mandol enforcar.

Et puniéndolo en la forca, vino don Martín et el omne le dixo quel acorriesse. Et don Martín le dixo que siempre él acorría a todos sus amigos fasta que los llegava a tal lugar.

Et assí perdió aquel omne el cuerpo et el alma, creyendo al Diablo et fiando dél. Et çierto sed que nunca omne dél creyó nin fió que non llegasse a aver mala postremería; [770] sinon, parad mientes a todos los agoreros o sorteros [771] o adevinos, o que fazen cercos [772] o encantamientos et destas cosas cualesquier, et veredes que siempre ovieron malos acabamientos. Et si non me credes, acordat vos de Alvar Núñez et de Garcylasso, [773] que fueron los omnes del mundo que más fiaron en agüeros et en estas tales [cosas et] veredes quál acabamiento ovieron.

Et vós, señor conde Lucanor, si bien queredes fazer vuestra fazienda paral cuerpo et paral alma, fiat derecha-

---

[770] *postremería*: fin. Vid. la p. 104, nota 312.

[771] *sortero*: el que adivinaba el porvenir echando suertes, interpretando las primeras palabras de una página abierta al azar de cualquier libro.

[772] *cercos*: círculos mágicos, trazados en el suelo, desde los cuales se invocaba a los demonios. Comp.: "Era el trufan falsso, lleno de mallos vicios, / savie encantamientos e otros artificios, / fazie el malo cercos e otros artificios (*sic*)". Berceo, *Milagros*, 722.

[773] Se trata de Alvar Núñez, el caballero a quien Alfonso XI dio gran poder y que más tarde, unido al propio don Juan Manuel, se alzó contra el rey y fue muerto en Soria. En la *Crónica de Alfonso XI* (Valladolid, 1551), cap. LXV, se lee: "Y este Garcilasso era ome que catava mucho en agüeros y traya omes que sabian mucho desto, y antes que fuesse arredrado de Cordova, dixo que avia visto agüeros que avia de morir en aquel camino y moririan con él otros muchos cavalleros. Y él penso que, desque oviesse ayuntado consigo algunas compañas, que yria a la comarca do era D. Juan, fijo del infante D. Manuel, y que en pelea moriria él y otros muchos con él".

mente en Dios et ponet en l' toda vuestra esperança et
vós ayudatvos quanto pudierdes, et Dios ayudarvos ha. [774]
Et non creades nin fiedes en agüeros, nin en otro devaneo,
ca çierto sed que de los pecados del mundo, [el] que a
Dios más pesa et en que omne mayor tuerto et mayor des-
conosçimiento faze a Dios, es en catar agüero et estas ta-
les cosas.

El conde tovo éste por buen consejo, et fízolo assý et
fallósse muy bien dello.

Et porque don Iohan tovo este por buen exiemplo, fízolo
escrivir en este libro, et fizo estos viessos que dizen assý:

> El que en Dios non pone su esperança,
> morrá mala muerte, abrá mala andança.

Et la estoria deste exiemplo es ésta que se sigue:

EXEMPLO XLVI°

De lo que contesçió a un philósopho que por ocasión entró en una calle do moravan malas mugeres

OTRA vez fablava el conde Lucanor con Patronio, su
consegero, en esta manera:

—Patronio, vós sabedes que una de las cosas del mundo
por que omne más deve trabajar es por aver buena fama
et por se guardar que ninguno non le pueda travar [775] en
ella. Et porque yo sé que en esto, nin en [al], ninguno
non me podría mejor consejar que vos, ruégovos que me
conseiedes en quál manera podré mejor encresçentar et le-
var adelante et guardar la mi fama.

—Señor conde Lucanor —dixo Patronio—, mucho me
plaze desto que dezides, et para que vós mejor lo podades
fazer, plazerme ýa que sopiésedes lo que contesçió a un
muy grand philósopho et mucho ançiano.

---

[774] Knust, p. 408, ya señala que la frase es un refrán: "Ayúdate
y ayudarte ha Dios". (Caro y Cejudo, *Refranes*, p. 34.)

[775] *travar*: censurar, hablar mal. Véase la nota 102 en la p. 61.

El conde le preguntó cómmo fuera aquello.

—Señor conde —dixo Patronio—, un muy grand philósopho morava en una villa del reyno de Marruecos; et aquel philósopho avía una enfermedat: que quandol era mester de se desenbargar de las cosas sobeianas [776] que fincavan de la vianda que avía reçebido, non lo podía fazer sinon con muy grant dolor et con muy grand pena, [et] tardava muy grand tiempo ante que pudiesse seer desenbargado.

Et por esta enfermedat que avía, mandávanle los físicos que cada quel tomasse talante de se desenbargar de aquellas cosas sobeianas, que lo provasse luego, et non lo tardasse; porque quanto aquella manera más se quemasse, más se desecarié et más endurescrié, [777] en guisa quel serié grand pena et grand daño para la salud del cuerpo. Et por[que] esto le mandaron los físicos, fazielo et fallávasse ende bien.

Et acaesçió que un día, yendo por una calle de aquella villa do morava et do tenié muchos discípulos que aprendían dél, quel tomó talante de se desenbargar commo es dicho. Et por fazer lo que los físicos le conseiavan, et era su pro, entró en una calleja para fazer aquello que non pudié escusar.

Et atal fue su ventura, que en aquella calleja do él entró, que moravan ý las mugeres que públicamente biven en las villas fiziendo daño de sus almas et desonra de sus cuerpos. Et desto non sabía nada el philósopho que tales mugeres moravan en aquel lugar. Et por la manera de la enfermedat que él avía, et por el grant tiempo que se detovo en aquel lugar et por las semejanças que en él paresçieron quando salió de aquel lugar do aquellas mugeres moravan, commoquier que él non sabía que tal compaña [778]

---

[776] *sobeianas*: excesivas, superfluas. Comp.: "Non diga palabra sobejana nin vana nin loca nin soberbiosa". *Castigos e documentos*, p. 141.

[777] *endurescrié*: endurecería.

[778] *compaña*: conjunto de personas. Comp.: "Vino una companna de desnudos romeros". Berceo, *Vida de santo Domingo*, 479c.

allí morava, con todo esso, quando ende salió, todas las
gentes cuydaron que entrara en aquel logar por otro fecho
que era muy desbariado [779] de la vida que él solía et devía
fazer. Et porque paresçe muy peor et fablan muy más et
muy peor las gentes dello quando algún omne de grand
guisa faze alguna cosa quel non pertenesçe et le está peor,
por pequeña que sea, que a otro que saben las gentes que
es acostumbrado de non se guardar de fazer muchas cosas
peores, por ende, fue muy fablado [780] et muy tenido a mal,
porque aquel philósopho tan onrado et tan ançiano en-
trava en aquel lugar quel era tan dañoso paral alma et
paral cuerpo et para la fama.

Et quando fue en su casa, vinieron a él sus discípulos
et con muy grand dolor de sus coraçones et con grand
pesar, començaron a dezir qué desaventura o qué pecado
fuera aquél porque en tal manera confondiera a ssí mismo
et a ellos, et perdiera toda su fama que fata [781] entonçe
guardara meior que omne del mundo.

Quando el philósopho esto oyó, fue tanto espantado et
preguntóles que por qué dizían esto o qué mal era éste
que él fiziera o quándo o en qué lugar. Ellos le dixieron
que por qué fablava assí en ello, que ya por su desaben-
tura dél et dellos, que non avía omne en la villa que non
fablasse de lo que él fiziera quando entrara en aquel lugar
do aquellas talles mugeres moravan.

Quando el philósopho esto oyó, ovo muy grand pesar,
pero díxoles que les rogava que se non quexassen mucho
desto, et que dende a ocho días les daría ende repuesta.

Et metiósse luego en su estudio, et conpuso un librete
pequeño et muy bueno et muy aprovechoso. Et entre mu-
chas cosas buenas que en él se contienen, fabla ý de la
buena bentura et de la desabentura, et commo en manera
[de] departimiento [782] que departe con sus discípulos, dize
assí:

---

779 *desbariado*: distinto, diferente.
780 *muy fablado*: muy criticado, muy censurado.
781 *fata*: hasta. Cf.: "Fata cabo del albergada escurriólos el
castellano". *Poema del Cid*, 1067.
782 *departimiento*: conversación.

—Fijos, en la buena ventura et en la desaventura con-
tesçe assí: a las vegadas es fallada et buscada, et algunas
vegadas es fallada et non buscada. La fallada et buscada
es quando algund omne faze bien, et por aquel buen fecho
que faze, le biene alguna buena ventura; et esso mismo
quando por algún fecho malo que faze le viene alguna
mala ventura; esto tal es ventura, buena o mala, fallada
et buscada, que él busca et faz porquel venga aquel bien
o aquel mal.

Otrosí, la fallada et non buscada es quando un omne,
non faziendo nada por ello le viene alguna pro o algún
bien: así commo si omne fuesse por algún lugar et fallasse
muy grand aver o otra cosa muy aprovechosa por que él
non oviesse nada fecho; et esso mismo, quando un omne,
non faziendo nada por ello, le viene algún mal o algún
daño, assí commo si omne fuesse por una calle et lançasse
otro una piedra a un páxaro et descalabrasse a él en la
cabeça: ésta es desabentura fallada et non buscada, ca él
nunca fizo nin buscó cosa porquel deviesse venir aquella
desaventura. Et, fijos, devedes saber que en la buena ven-
tura o desabentura fallada et buscada ay meester dos co-
sas: la una, que se ayude el omne faziendo bien para aver
bien o faziendo mal para aver mal; et la otra, que le galar-
done Dios segund las obras buenas et malas que el omne
oviere fecho. Otrosí, en la ventura buena o mala, fallada
et non buscada, ay meester otras dos cosas: la una, que
se guarde omne quanto pudiere de non fazer [mal] nin
meterse en sospecha nin en semejança porquel deva venir
alguna desaventura o mala fama; la otra, es pedir merçed
et rogar a Dios que, pues él se guarda quanto puede por-
quel nol venga desaventura nin mala fama, quel guarde
Dios que non le venga ninguna desaventura commo vino
a mí el otro día que entré en una calleja por fazer lo que
non podía escusar para la salud del mi cuerpo et que era
sin pecado et sin ninguna mala fama, et por mi desaven-
tura moravan ý tales compañas, porque maguer yo era sin
culpa, finqué mal enfamado.

Et vós, señor conde Lucanor, si queredes acrescentar et
levar adelante vuestra buena fama, conviene que fagades

tres cosas: la primera, que fagades muy buenas obras a
plazer de Dios, et esto guardado, después, en lo que pu-
dierdes, a plazer de las gentes, et guardando vuestra onra
et vuestro estado, et que non cuydedes que por buena fama
que ayades, que la non perderedes si devedes de fazer bue-
nas obras et fiziéredes las contrarias, ca muchos omnes
fizieron bien un tiempo et porque depués non lo levaron
adelante, perdieron el bien que avían fecho et fincaron
con la mala fama postrimera; la otra es que roguedes a
Dios que vos endereçe [783] que fagades tales cosas porque
la vuestra buena fama se acresçiente et vaya sienpre ade-
lante et que vos guarde de fazer nin de dezir cosa porque
la perdades: la terçera cosa es que por fecho, nin por
dicho, nin por semejança, nunca fagades cosa porque las
gentes puedan tomar sospecha, porque la vuestra fama
vos sea guardada commo deve, ca muchas vezes faze omne
buenas obras et por algunas malas semejanças que faze,
las gentes toman tal sospecha, que enpeeçe poco menos
paral mundo et paral dicho de las gentes commo si fiziesse
la mala obra. Et devedes saber que en las cosas que tañen
a la fama, que tanto aprovecha o enpeçe lo que las gentes
tienen et dizen commo lo que es verdat en sí; mas quanto
para Dios et paral alma non aprovecha nin enpeçe sinon
las obras que el omne faze et a quál entención son fechas.

Et el conde tovo éste por buen exiemplo et rogó a Dios
quel dexasse fazer tales obras quales entendía que cum-
plen para salvamiento de su alma et para guarda de su
fama et de su onra et de su estado.

Et porque don Iohan tovo éste por muy buen enxiemplo,
fízolo escrivir en este libro, et fizo estos viessos que dizen
assí:

> Faz sienpre bien et guárdate de sospecha,
> et siempre será la tu fama derecha.

Et la estoria deste exiemplo es ésta que se sigue:

[783] *endereçe*: guíe.

EXEMPLO XLVII°

DE LO QUE CONTESÇIÓ A UN MORO CON UNA SU HERMANA
QUE DAVA A ENTENDER QUE ERA MUY MEDROSA *

UN día fablava el conde Lucanor con Patronio en esta
guisa:

—Patronio, sabet que yo he un hermano que es mayor
que yo, et somos fijos de un padre et de una madre et
porque es mayor que yo, tengo que lo he de tener en logar
de padre et seerle a mandado. Et él ha fama que es muy
buen christiano et muy cuerdo, pero guisólo Dios assí:
que só yo más rico et más poderoso que él; et commo
quier que él non lo da a entender, só çierto que a ende
envidia, et cada que yo he mester su ayuda et que faga
por mí alguna cosa, dame a entender que lo dexa de fazer
porque sería peccado, et estráñamelo [784] tanto fasta que lo

---

* Knust, p. 408, se limita a indicar que P. Gayangos (BAE, t. 51,
p. XXI) asegura que el cuento "está conocidamente tomado de un
libro arábigo o cuando menos don Juan lo oyó de boca de algún
moro granadino". A su vez anota que Puibusque, *Le comte Luca-
nor*, p. 445, encontraba relaciones con algún fabliaux. Doña María
Goyri de Menéndez Pidal en "Sobre el ejemplo 47 del *Conde Lu-
canor*" (*Correo erudito*, I, 1940, págs. 103-4) sostiene que la anéc-
dota "es reconocidamente de origen oriental, como lo muestra,
aparte de la cita árabe del proverbio, la simplicidad de la narra-
ción y el detalle de la violación de la sepultura, tan común en
Oriente". Transcribe además una conversación que fray Diego de
Haedo (*Topografía e historia general de Argel*, Bibls. esps., t. III,
p. 231) sostuvo con el doctor Sosa, que explica muy bien el cuento
de don Juan Manuel: "Estos tan alumbrados letrados y santos
afirman que beber por vaso de cuello largo y que haga *glo, glo,*
como una garrafa o frasco, es gran pecado; y si bebieren, que no
lo hinchan más que hasta el cuello porque no haga aquel rumor;
y dan neciamente por causa que de aquella manera fuerzan el vaso
con violencia que dé la agua". Y añade la ilustre investigadora:
"Don Juan Manuel tenía en mente la antítesis de un pecado ni-
mio temido y uno enorme admitido y aplicaba con justicia el pro-
verbio".

[784] *estráñamelo*: rehúyelo, lo evita. Véase la nota 256 en la
p. 92.

parte [785] por esta manera. [786] Et algunas vezes que ha mester mi ayuda, dame a entender que aunque todo el mundo se perdiesse, que non devo dexar de aventurar el cuerpo et quanto he porque se faga lo que a él cumple. Et porque yo passo con él en esta guisa, ruégovos que me consegedes lo que viéredes que devo en esto fazer et lo que me más cumple.

—Señor conde —dixo Patronio—, a mí paresçe que la manera que este vuestro hermano trae conbusco, semeja mucho a lo que dixo un moro a una su hermana.

El conde le preguntó cómmo fuera aquello.

—Señor conde —dixo Patronio—, un moro avía una hermana que era tan regalada, que de quequier [787] que veyé o la fazién, que de todo dava a entender que tomava reçelo et se espantava. Et tanto avía esta manera, que quando bevía del agua en unas tarrazuelas [788] que la suelen bever los moros, que suena el agua quando beven, quando aquella mora oyó aquel sueno [789] que fazía el agua en aquella tarraçuella, dava a entender que tan grant miedo avía daquel sueno que se quería amorteçer. [790]

Et aquel su hermano era muy buen mançebo, mas era muy pobre, et porque la grant pobreza faz a omne fazer lo que non querría, non podía escusar aquel mançebo de buscar la vida muy vergonçosamente. Et fazíalo assí: que cada que moría algún omne yva de noche et tomávale la mortaja et lo que enterravan con él, et desto mantenía a ssí et a su hermana et a ssu compaña. Su hermana sabía esto.

---

[785] *parte*: elude, evita. Comp.: "Pues la lid non se puede partir, que deue fazer que los suyos vayan en punta". *Libro de los estados*, f. 82b.

[786] *manera*: razón, causa. Véase otro ejemplo en la p. 54.

[787] *quequier*: cualquier cosa. Véase p. 149, nota 497.

[788] *terrazuelas*: de 'terrazo', jarro de barro para beber agua.

[789] *sueno*: son, con diptongación de *o*. Comp.: "Con los pies e las manos e con el noble freno / el cavallo sobervio fazía tan grand sueno". *Libro de buen amor*, 238ab.

[790] *amorteçer*: desmayar. Comp.: "Por el rastro tornós Félez Muñoz, / falló sus primas amorteçidas amas a dos". *Poema del Cid*, 2776-2777.

Et acaesçió que murió un omne muy rico, et enterraron con él muy ricos paños et otras cosas que valían mucho. Quando la hermana esto sopo, dixo a su hermano que ella quería yr con él aquella noche para traer aquello con que aquel omne avían enterrado.

Desque la noche vino, fueron el mançebo et su hermana a la fuessa [791] del muerto, et avriéronla, et quando le cuy-daron tirar [792] aquellos paños muy preçiados que tenía vestidos, non pudieron sinon rompiendo los paños o crebando [793] las cervizes del muerto.

Quando la hermana vio que si non quebrantassen el pescueço del muerto, que avrían de ronper los paños et que perderían mucho de lo que valían, fue tomar con las manos, muy sin duelo et sin piedat, de la cabeça del muerto et descoiuntólo todo, et sacó los paños que tenía vestidos, et tomaron quanto ý estava, et fuéronse con ello.

Et luego, otro día, quando se asentaron a comer, desque començaron a bever, quando la tarrazuela començó a sonar, dio a entender que se quería amorteçer de miedo de aquel sueno que fazía la tarrazuela. Quando el hermano aquello vio, et se acordó quánto sin miedo et sin duelo desconjuntara la cabeça del muerto, díxol en algaravía:

—Aha ya ohti, tafza min bocu, bocu, va liz tafza min fotuh encu. [794]

---

[791] *fuessa*: fosa, 'huesa' aún hoy en muchos pueblos.

[792] *tirar*: quitar. Comp.: "Otrosi maldixo a la muger et aun maldixo Adam et tiroles quanto bien avian". *Libro de los estados,* f. 60a. "Tiras toda vergüenza, desfeas fermosura". *Libro de buen amor,* 1548.

[793] *crebando*: quebrando, por metátesis.

[794] Gayangos leyó "*A haya ohti, tasza min botu, botu, va liz tasza fotuh encu*". Knust transcribe: "*Aha ya uchti, tafza min bakki, vala tafza min fatr onki*"; Juliá copia la transcripción de Gayangos, mientras González Palencia lee lo mismo que Knust, añadiendo: "La transcripción del ms. utilizado por Juliá refleja un dialectalismo granadino y algo posterior al siglo XIV". Doña María Goyri de Menéndez Pidal, en el artículo citado, dice que el sabio Codera le copió la frase así: "*Ah ya ojti tafza min boc boc uala tafza min fotuh encoh*", al paso que Nykl propone leer "*Aha ya ukhti, tafza' min baqbaqu wa la* (or *les*) *tafza' min fatq* (possibly *fatr, farq*) 'unqu*".

Et esto quiere decir: "Ahá, hermana, despantádesvos del sueno de la tarrazuela que faze boc, boc, et non vos espantávades del desconjuntamiento del pescueço."

Et este proberbio es agora muy retraýdo [795] entre los moros.

Et vós, señor conde Lucanor, si aquel vuestro hermano mayor veedes que en lo que a vos cumple se escusa por la manera que avedes dicha, dando a entender que tiene por grand pecado lo que vós quer[r]íades que fiziesse por vós, non seyendo tanto commo él dize, et tiene que es guisado, [796] et dize que fagades vós lo que a [é]l cumple, aunque sea mayor peccado et muy grand vuestro daño, entendet que es de la manera de la mora que se espantava del sueno de la tarrazuela et non se espantava de desconiuntar la cabeça del muerto. Et pues él quiere que fagades vós por él lo que sería vuestro daño si lo fiziésedes, fazet vós a él lo [que] él faze a vós: dezilde buenas palabras, et mostradle muy buen talante; et en lo que vos non enpeesçiere, facet por él todo lo que cumpliere, mas en lo que fuer vuestro daño, partitlo siempre con la más apuesta manera que pudiéredes, et en cabo, [797] por una guisa o por otra, guardatvos de fazer vuestro daño.

El conde tovo éste por buen conseio et fízolo así et fallósse ende muy bien.

Et teniendo don Johan este enxiemplo por bueno, fízolo escrivir en este libro, et fizo estos viessos que dizen assí:

---

[795] retraýdo: dicho, citado, de 'retraer', contar. Comp.: "Por quanto vos amades non sea retraydo"; "Que por toda la tierra ayna retrahido / que era el sant omne desti sieglo transsido". Berceo, Vida de san Millán, 236 y 322. (Nykl en su artículo citado aduce proverbios parecidos, procedentes de distintos libros.)

[796] guisado: justo, conveniente. Comp.: "non puedo traer el aver, ca mucho es pesado, / empeñar gelo he por lo que fore guisado". Poema del Cid, 92-93.

[797] en cabo: al final, por último. Comp.: "Muchos ay que trabajan siempre por clerezía, / deprenden grandes tiempos, espienden grand quantía; / en cabo saben poco, que su fado les guía". Libro de buen amor, 125.

Por qui [798] non quiere lo que te cumple fazer,
et tú non quieras lo tuyo por él perder.

Et la estoria deste enxiemplo es ésta que se sigue:

EXEMPLO XLVIII°

DE LO QUE CONTESÇIÓ A UNO QUE PROVAVA SUS AMIGOS *

OTRA vez fablava el conde Lucanor con Patronio, su
consejero, en esta manera:

—Patronio, segunt el mio cuydar, yo he muchos amigos
que me dan a entender que por miedo de perder los cuer-
pos nin lo que an, que non dexarían de fazer lo que me
cumpliesse, que por cosa del mundo que pudiesse acaesçer
non se parterían de mí. Et por el buen entendimiento que
vós avedes, ruégovos que me digades en qué manera podré
saber si estos mis amigos farían por mí tanto commo dizen.

—Señor conde Lucanor —dixo Patronio—, los buenos
amigos son la mejor cosa del mundo, et bien cred que
quando biene grand mester et la grand quexa, que falla
omne muy menos de quantos cuyda; et otrosí, quando el
mester non es grande, es grave de provar quál sería amigo
verdadero quando la priessa veniesse; pero para que vós
podades saber quál es el amigo verdadero, plazerme ýa que
sopiéssedes lo que contesçió a un omne bueno con un su
fijo que dizía que avía muchos amigos.

—El conde le preguntó cómmo fuera aquello.

---

[798] En el texto *Porque,* que corrijo según las observaciones de
Germán Orduna en su art. cit.

* Es uno de los cuentos folklóricos más universales. De origen
oriental (figura en el *Syntipas*), aparece tempranamente en el *Spe-
culum laicorum* de J. de Hoveden, en la *Disciplina clericalis* de
P. Alfonso, en la historia del *Caballero Zifar* (cap. V de la primera
parte) y en la *Vida del Ysopete con sus fabulas historiadas* (Zara-
goza, 1489), págs. 111-112, "del sabio Lucanio de Arabia". Para
más detalles, véase Knust, págs. 409 y ss. Pero don Juan Manuel
parte de la versión del ms. B de *Castigos e documentos*, edic. cit.,
págs. 166-169 nota.

—Señor conde Lucanor —dixo Patronio—, un omne bueno avía un fijo, et entre las otras cosas quel mandava et le consejava, dizíal sienpre que puñasse [799] en aver muchos amigos et buenos. El fijo fízolo assí, et començó [a] acompañarse et a partir de lo que avía con muchos omnes por tal de los aver por amigos. Et todos aquellos dizían que eran sus amigos et que farían por él todo quantol cumpliesse, et que aventurarían por él los cuerpos et quanto en l' mundo oviessen quandol fuesse mester.

Un día, estando aquel mançebo con su padre, preguntol si avía fecho lo quel mandara, et si avía ganado muchos amigos. [Et el fijo díjole que sí, que había muchos amigos], mas que señaladamente entre todos los otros avía fasta diez de que era çierto que por miedo de muerte, nin de ningún reçelo, que nunca le errarié[n] [800] por quexa, nin por mengua, nin por ocasión quel acaesçiesse.

Quando el padre esto oyó, díxol que se marabilla[ba] ende mucho porque en tan poco tiempo pudiera aver tantos amigos et tales, ca él, que era mucho ançiano, nunca en toda su vida pudiera aver más de un amigo et medio. [801]

El fijo començó a porfiar diziendo que era verdat lo que él dizía de sus amigos. Desque el padre vio que tanto porfiava el fijo, dixo que los provasse en esta guisa: que matasse un puerco et que lo metiesse en un saco, et que se fuesse a casa de cada uno daquellos sus amigos, et que les dixiesse que aquél era un omne que él avía muerto, et que era çierto; et si aquello fuesse sabido, que non avía en l' mundo cosa quel pudiesse escapar de la muerte a él et a quantos sopiessen que sabían daquel fecho; et que les

---

[799] *puñasse*: se esforzase.

[800] *errarié*[n]: faltarían, defraudarían. Comp.: "Et la otra, porque pues Adam, que era omne, erro a Dios, que oviese y omne que muriese por el pecado que fizo Adam". *Libro de los estados*, f. 110c.

[801] Comp.: "Quando tal amigo commo este fallaredes, consejovos quel amedes mucho e fiedes en él, e fagades por él, si acaesçiere en que, mas que él fizo por vos. Et gradesçed mucho a Dios si uos diere tal amigo; ca digovos que fasta aqui, maguer que he passado çinquenta annos, abes vos podria dezir que falle de tales amigos mas de uno, e non lo quiero nonbrar por non me perder con los otros". *Libro infinido*, 79-80.

rogasse, que pues sus amigos eran, quel encubriessen aquel omne et, si mester le fuesse, que se parassen [802] con él a lo defender.

El mançebo fízolo et fue provar sus amigos según su padre le mandara. Et desque llegó a casa de sus amigos et les dixo aquel fecho perigloso quel acaesçiera, todos le dixieron que en otras cosas le ayudarién; mas que en esto, porque podrían perder los cuerpos et lo que avían, que non se atreverían a le ayudar et que, por amor de Dios, que guardasse que non sopiessen ningunos que avía ydo a sus casas. Pero destos amigos, algunos le dixieron que non se atreverían a fazerle otra ayuda, mas que yrían rogar por él; et otros le dixieron que quando le levassen a la muerte, que non lo desanpararían fasta que oviessen conplido en l' la justicia, et quel farían onrra al su enterramiento.

Desque el mançebo ovo provado assí todos sus amigos et non falló cobro en ninguno, tornóse para su padre et díxol todo lo quel acaesçiera. Quando el padre assí lo vio venir, díxol que bien podía ver ya que más saben los que mucho an visto et provado, que los que nunca passaron por las cosas. Estonçe le dixo que él non avía más de un amigo et medio, et que los fuesse provar.

El mancebo fue provar al que su padre tenía por medio amigo; et llegó a ssu casa de noche et levava el puerco muerto a cuestas, et llamó a la puerta daquel medio amigo de su padre et contol aquella desaventura quel avía contesçido et lo que fallara en todos sus amigos, et rogol que por el amor que avía con su padre [quel acorriese] en aquella cuyta.

Quando el medio amigo de su padre aquello vio, díxol que con él non avía amor nin affazimiento [803] porque se deviesse tanto aventurar, mas que por el amor que avía con su padre, que gelo encubriría.

---

[802] *parassen*: preparasen, estuviesen dispuestos. Véase la nota 320 en la p. 106.

[803] *affazimiento*: confianza, intimidad. Vid. la nota 251 en la p. 91.

Entonçe tomó el saco con el puerco a cuestas, cuydando que era omne, et levólo a una su huerta et enterrólo en un sulco de coles; et puso las coles en el surco assí como ante estavan et envió el mançebo a buena bentura.

Et desque fue con su padre, contol todo lo quel contesçiera con aquel su medio amigo. El padre le mandó que otro día, quando estudiessen en conçejo, [804] que sobre qualquier razón que despartiessen, que començasse a porfiar con aquel su medio amigo, et, sobre la porfía, quel diesse una puñada [805] en l' rostro, la mayor que pudiesse.

El mançebo fizo lo quel mandó su padre et quando gela dio, catol el omne bueno et díxol:

—A buena fe, fijo, mal feziste; mas dígote que por éste nin por otro mayor tuerto, non descubriré las coles del huerto. [806]

Et desque el mançebo esto contó a su padre, mandol que fuesse provar aquel que era su amigo complido. Et el fijo fízolo.

Et desque llegó a casa del amigo de su padre et le contó todo lo que le avía contesçido, dixo el omne bueno, amigo de su padre, que él le guardaría de muerte et de daño.

Acaesçió, por aventura, que en aquel tiempo avían muerto un omne en aquella villa, et non podían saber quién lo matara. Et porque algunos vieron que aquel mançebo avía ydo con aquel saco a cuestas muchas vezes de noche, tovieron que él lo avía muerto.

¿Qué vos yré alongando? El mançebo fue jubgado que lo matassen. Et el amigo de su padre avía fecho quanto pudiera por lo escapar. [807] Desque vio que en ninguna ma-

---

[804] *conçejo*: ¿concejo?, junta, reunión. Comp.: "o ferirle o mal traerle de palabra en conçejo o en poridad o mostrarle mal talante". *Libro de los estados*, f. 98c.

[805] *puñada*: puñetazo. Comp.: "yo l'respondí que l'daría a él una tal puñada / que en tiempo de su vida nunca la viesse vengada". *Libro de buen amor*, 63ab.

[806] En la versión de *Castigos e documentos*, p. 177, nota, se lee así: "Aunque me des otra a tuerto e sin derecho nunca se descobriran las berças del huerto".

[807] *escapar*: librar. Véase la nota 156 en la p. 72. Otra referencia en la p. 312, nota 955.

nera non lo pudiera librar de muerte, dixo a los alcaldes que non quería levar pecado de aquel mançebo, que sopiessen que aquel mançebo non matara el omne, mas que lo matara un su fijo solo que él avía. Et fizo al fijo que lo cognosçiesse; [808] et el fijo otorgólo; et matáronlo. Et escapó de la muerte el fijo del omne bueno que era amigo de su padre.

Agora, señor conde Lucanor, vos he contado cómmo se pruevan los amigos, et tengo que este enxiemplo es bueno para saber en este mundo quáles son los amigos, et que los deve provar ante que se meta en grant periglo por su fuza, et que sepa a quánto se pararan por él sil fuere mester. Ca çierto seet que algunos son buenos amigos, mas muchos, et por aventura los más, son amigos de la ventura, [809] que, assí commo la ventura corre, assí son ellos amigos.

Otrosí, este enxiemplo se puede entender spiritualmente en esta manera: todos los omnes en este mundo tienen que an amigos, et quando viene la muerte, anlos de provar en aquella quexa, et van a los seglares, et dízenlos que assaz an que fazer en sí; van a los religiosos et dízenles que rogarán a Dios por ellos; van a la muger et a los fijos et dízenles que yrán con ellos fasta la fuessa et que les farán onrra a ssu enterramiento; et assí pruevan a todos aquellos que ellos cuydavan que eran sus amigos. Et desque non fallan en ellos ningún cobro para escapar de la muerte, assí commo tornó el fijo, después que non falló cobro en ninguno daquellos que cuydava que eran sus amigos, tórnanse a Dios, que es su padre, et Dios dízeles que prueven a los sanctos que son medios amigos. Et ellos

---

[808] *cognosçiesse*: reconociese. Véase la nota 260 en la p. 93.

[809] Don Juan Manuel dice del amor de ventura que "es quando un omne ama a otro porquel va muy bien et la ventura es en su ayuda. Mas pues non le ama si non por la buena ventura, que asi la bentura se buelue, luego el amor es partido. Et de tal amor commo este dixo un sabio: "Cum fueris felix, e cetera". Que quiere dezir: "Quando fueres bien andante, muchos fallaras que se faran tus amigos, et si se te rebuelue la ventura, fincarás en tu cabo". *Libro infinido*, p. 83.

fázenlo. Et tan grand es la vondat de los sanctos et sobre
todos de sancta María, que non dexan de rogar a Dios
por los pecadores; et sancta María muéstrale cómmo fue
su madre et quánto trabajo tomó en lo tener et en lo criar,
et los sanctos muéstranle las lazerias et las penas et los
tormentos et las passiones que reçebieron por él; et todo
esto fazen por encobrir los yerros de los pecadores. Et
aunque ayan reçebido muchos enojos dellos, non le des-
cubren, assí commo non descubrió el medio amigo la pu-
ñada quel dio el fijo del su amigo. Et desque el pecador
vee spiritualmente que por todas estas cosas non puede
escapar de la muerte del alma, tórnasse a Dios, assí commo
tornó el fijo al padre después que non falló quien lo pu-
diesse escapar de la muerte. Et nuestro señor Dios, assí
commo padre et amigo verdadero, acordándose del amor
que ha al omne, que es su criatura, fizo commo el buen
amigo, ca envió al su fijo Ihesu Christo que moriesse, non
oviendo ninguna culpa et seyendo sin pecado, por desfa-
zer las culpas et los pecados que los omnes meresçían. Et
Ihesu Christo, commo buen fijo, fue obediente a su padre
et seyendo verdadero Dios et verdadero omne quiso reçe-
bir, et reçebió, muerte, et redimió a los pecadores por la
su sangre.

Et agora, señor conde, parat mientes quáles destos ami-
gos son mejores et más verdaderos, o por quáles devía
omne [810] fazer más por los ganar por amigos.

Al conde plogo mu[cho] con todas estas razones, et tovo
que eran muy buenas.

Et entendiendo don Iohan que este enxiemplo era muy
bueno, fízolo escrivir en este libro, et fizo estos viessos
que dizen assý:

> Nunca omne podría tan buen amigo fallar
> commo Dios, que lo quiso por su sangre comprar.

Et la estoria deste enxiemplo es ésta que se sigue:

---

[810] *omne*: con valor del indefinido 'uno', 'alguno'. Comp.: "Si
omne a de çercar algun lugar de los suyos, conviene...". *Libro de
los estados*, f. 48b.

[EXEMPLO XLIX

De lo que contesçió al que echaron en la ysla
desnuyo quandol tomaron el señorío que
tenié] *

O T R A vez fablava el conde Lucanor con Patronio, et
díxole:

—Patronio, muchos me dizen que, pues yo só tan on-
rado et tan poderoso, que faga quanto pudiere por aver
grand riqueza et grand poder et grand onra, et [que] esto
es lo que me más cumple et más me pertenesçe. Et porque
yo sé que siempre me conseiades lo meior et que lo fare-
des assí daquí adelante, ruégovos que me conseiedes lo que
vierdes que me más cumple en esto.

—Señor conde —dixo Patronio—, este conseio que me
vós demandades es grave de dar por dos razones: lo pri-
mero, que en este consejo que me vós demandades, avré
a dezir contra vuestro talante; et lo otro, porque es muy
grave de dezir contra el consejo que es dado a pro del
señor. Et porque en este conseio ha estas dos cosas, esme
muy grave de dezir contra él, pero, porque todo conse-
j[er]o, si leal es, non deve catar sinon por dar el mejor
consejo et non catar su pro, nin su daño, nin si le plaze al
señor, nin si le pesa, sinon dezirle lo mejor que omne viere,
por ende, yo non dexaré de vos dezir en este consejo lo
que entiendo que es más vuestra pro et vos cumple más.
Et por ende, vos digo que los que esto vos dizen que, en
parte, vos conseian bien, pero non es el consejo complido
nin bueno para vós; mas para seer del todo complido et
bueno, serié muy bien et plazerme ýa mucho que sopiése-
des lo que acaesçió a un omne quel fizieron señor de una
grand tierra.

El conde le preguntó cómmo fuera aquello.

—Señor conde Lucanor —dixo Patronio—, en una tierra
avían por costumbre que cada año fazían un señor. Et en

---

* Knust, págs. 412-413, halla numerosas fuentes a este cuento,
desde el *Barlaam y Josaphat,* cap. XIV, a la *Leyenda áurea,* capí-
tulo 180, pasando por la *Gesta romanorum,* cap. 224.

quanto durava aquel año, fazían todas las cosas que él mandava; et luego que el año era acabado, tomávanle quanto avía et desnuyávanle et echávanle en una ysla solo, que non fincava con él omne del mundo.

Et acaesçió que ovo una vez aquel señorío un omne que fue de meior entendimiento et más aperçebido que los que lo fueron ante. Et porque sabía que desque el año passasse, quel avían de fazer lo que a los otros, ante que se acabasse el año del su señorío, mandó, en grand poridat, fazer en aquella ysla, do sabía que lo avían de echar, una morada muy buena et muy conplida en que puso todas las cosas que eran mester para toda su vida. Et fizo la morada en lugar tan encubierto, que nunca gelo pudieron entender los de aquella tierra quel dieron aquel señorío.

Et dexó algunos amigos en aquella tierra assí adebdados et castigados [811] que si, por aventura, alguna cosa oviessen mester de las que él non se acordara de enviar adelante, que gelas enviassen ellos en guisa quel non menguasse ninguna cosa.

Quando el año fue complido et los de la tierra le tomaron el señorío et le echaron desnuyo en la ysla, assí commo a los otros fizieron que fueron ante que él; porque él fuera apercebido et abía fecho tal morada en que podía vevir muy biçioso [812] et muy a plazer de sí, fuesse para ella, et visco [813] en ella muy bien andante.

Et vós, señor conde Lucanor, si queredes seer vien conseiado, parad mientes que este tiempo que avedes de bevir en este mundo, pues sodes çierto quel avedes a dexar et que vós avedes a parar desnuyo dél et non avedes a levar del mundo sinon las obras que fizierdes, guisat que las fagades tales, porque, quando deste mundo salierdes, que tengades fecha tal morada en l' otro, porque quando vos echaren deste mundo desnuyo, que fagades buena morada para toda vuestra vida. Et sabet que la vida del alma non se cuenta por años, mas dura para siempre sin fin; ca el

---

[811] *castigados*: aconsejados.

[812] *biçioso*: regalado.

[813] *visco*: vivió. Véase la nota 140 en la p. 68.

alma es cosa spiritual et non se puede corromper, ante
dura et finca para siempre. Et sabet que las obras buenas
o malas que el omne en este mundo faze, todas las tiene
Dios guardadas para dar dellas galardón en l' otro mundo,
segund sus mereçimientos. Et por todas estas razones, con-
séiovos yo que fagades tales obras en este mundo porque
quando dél ovierdes de salir, falledes buena posada en
aquél do avedes a durar para sienpre, et que por los esta-
dos et honras deste mundo, que son vanas et falleçederas,
que non querades perder aquello que es çierto que a de
durar para siempre sin fin. Et estas buenas obras fazetlas
sin ufana et sin vana gloria, que aunque las vuestras bue-
nas obras sean sabidas, sienpre serían encubiertas, pues
non las fazedes por ufana, nin por vana gloria. Otrosí,
dexat acá tales amigos que lo que vós non pudierdes com-
plir en vuestra vida, que lo cumplan ellos a pro de la
vuestra alma. Pero seyendo estas cosas guardadas, todo lo
que pudierdes fazer por levar vuestra onra et vuestro es-
tado adelante, tengo que lo devedes fazer et es bien que
lo fagades.

El conde tovo este por buen enxiemplo et por buen con-
sejo et rogó a Dios quel guisase que lo pudiesse assí fazer
commo Patronio dizía.

Et entendiendo don Iohan que este enxiemplo era bue-
no, fízolo escrivir en este libro, et fizo estos viessos que
dizen assí:

> Por este mundo falleçedero,
> non pierdas el que es duradero.

Et la estoria deste enxiemplo es ésta que se sigue:

EXEMPLO Lº

De lo que contesçió a Saladín con una dueña, muger de un su vasallo *

F A B L A V A el conde Lucanor un día con Patronio, su
consegero, en esta guisa:

* El cuento se relaciona con otro del *Syntipas* (*El anillo del rey*)
conocido en la literatura folklórica europea con el título de *La*

—Patronio, bien sé yo çiertamente que vós avedes tal entendimiento que omne de los que son agora en esta tierra non podría dar tan buen recabdo a ninguna cosa quel preguntassen commo vós. Et por ende, vos ruego que me digades quál es la mejor cosa que omne puede aver en sí. Et esto vos pregunto porque bien entiendo que muchas cosas a mester el omne para saber acertar en lo mejor et fazerlo, ca por entender omne la cosa et non obrar della bien, non tengo que meiora muncho en su fazienda. Et porque las cosas son tantas, querría saber a lo menos una, porque siempre me acordasse della para la guardar.

—Señor conde Lucanor —dixo Patronio—, vós, por vuestra merçed, me loades mucho señaladamente et dizides que yo he muy grant entendimiento. Et, señor conde, yo reçelo que vos engañades en esto. Et bien cred que non a cosa en l' mundo en que omne tanto nin tan de ligero se engañe commo en cognoscer los omnes quáles son en sí et quál entendimiento an. Et estas son dos cosas: la una, quál es el omne en sí; la otra, qué entendimiento ha. Et para saber quál es en sí, asse de mostrar en las obras que faze a Dios et al mundo; ca muchos parescen que fazen buenas obras, et [non] son buenas: que todo el [su] bien es para este mundo. Et creet que esta vondat quel costará muy cara, ca por este vien que dura un día, sufrirá mucho mal sin fin. Et otros fazen buenas obras para serviçio de Dios et non cuydan en lo del mundo; et commo quier que éstos escogen la mejor parte et la que nunca les será tirada [814] nin la perderán; pero los unos nin los otros non guardan entreamas las carreras, que son lo de Dios et del mundo.

---

huella del león. Véase el trabajo de A. González Palencia, "La huella del león" en la *Revista de Filología Española*, XIII (1926), págs. 39-59. Sobre Saladino y la novela, vid. P. Rajna, "La Novella boccaccesca e di Meses Torello" en *Romania*, VI (1877), págs. 364 y ss.

Saladino es el conocido Yusuf Salah al-din, que dominó Egipto y sucedió a los fatimíes en el califato. Intervino en las luchas con los cruzados de Palestina y gobernó entre 1160 y 1194.

[814] *tirada*: quitado. Vid. la nota 792 en la p. 246.

Et para las guardar amas, ha mester muy buenas obras et muy grant entendimiento, que tan grand cosa es de fazer esto commo meter la mano en l' fuego et non sentir la su calentura; pero, ayudándole Dios, et ayudándosse el omne, todo se puede fazer; ca ya fueron muchos buenos reys et otros homnes sanctos; pues éstos buenos fueron a Dios et al mundo. Otrosí, para saber quál ha buen entendimiento, ha mester muchas cosas; ca muchos dizen muy buenas palabras et grandes sesos [815] et non fazen sus faziendas tan bien commo les complía; mas [otros] traen muy bien sus faziendas et non saben o non quieren o non pueden dezir tres palabras a derechas. Otros fablan muy bien et fazen muý bien sus faziendas, mas son de malas entençiones, et commo quier que obran bien para sí, obran malas obras para las gentes. Et destos tales dize la Scriptura [816] que son tales como el loco que tiene la espada en la mano, o commo el mal príncipe que ha grant poder.

Mas, para que vós et todos los omnes podades cognosçer quál es bueno a Dios et al mundo, et quál es de buen entendimiento et quál es de buena palabra et quál es de buena entençión, para lo escoger verdaderamente, conviene que non judguedes a ninguno sinon por las obras que fiziere luengamente, et non poco tiempo, et por commo viéredes que mejora o que peora [817] su fazienda, ca en estas dos cosas se paresçe todo lo que desuso es dicho.

Et todas estas razones vos dixe agora porque vós loades mucho a mí et al mio entendimiento, et so çierto que, desque a todas estas cosas catáredes, que me non loaredes tanto. Et a lo que me preguntastes que vos dixiesse quál era la mejor cosa que omne podía aver en sí, para saber desto la verdat, querría mucho que sopiésedes lo que contesçió a Saladín con una muy buena dueña, muger de un cavallero, su vasallo.

Et l' conde le preguntó cómmo fuera aquello.

---

[815] *sesos*: sentencias. Véase la nota 668 en la p. 202.
[816] Ex. XXV.
[817] *peora*: hace peor, empeora. Comp.: "Los sanctos ni las sanctas no lis querrien valer, / peoravan cutiano a mui grand poder". Berceo, *Milagros,* 388.

—Señor conde Lucanor —dixo Patronio—, Saladín era soldán de Babillonia et traýa consigo sienpre muy grand gente; et un día, porque todos non podían posar con él, fue posar a casa de un cavallero.

Et quando el cavallero vio a su señor, que era tan onrado, en su casa, fízole quanto serviçio et quanto plazer pudo, et él et su muger et sus fijos et sus fijas servíanle quanto podían. Et el Diablo, que sienpre se trabaja en que faga el omne lo más desaguisado, puso en el talante de Saladín que olbidasse todo lo que devía guardar et que amasse aquella dueña non commo devía.

Et l' amor fue tan grande, quel ovo de traer a conseiarse con un su mal conseiero en qué manera podría complir lo que él quería. Et devedes saber que todos devían rogar a Dios que guardasse a su señor de querer fazer mal fecho, ca si el señor lo quiere, çierto seed que nunca menguará quien gelo conseje et quien lo ayude a lo complir.

Et assí contesçió a Saladín, que luego falló quien lo consejó cómmo pudiesse complir aquello que quería. Et aquel mal conseiero, consejol que enviasse por su marido et quel fiziesse mucho vien et quel diesse muy grant gente de que fuesse mayoral; et a cabo de algunos días, quel enviasse [a] alguna tierra lueñe en su serviçio, et en quanto el cavallero estudiesse allá, que podría él complir toda su voluntad.

Esto plogo a Saladín, et fízolo assí. Et desque el cavallero fue ydo en su serviçio, cuydando que yba muy bien andante et muy amigo de su señor, fuesse Saladín para su casa. Desque la buena dueña sopo que Saladín vinía, porque tanta merçed avía fecho a ssu marido, reçibiólo muy bien et fízole mucho serviçio et quanto plazer pudo ella et toda su compaña. Desque la mesa fue alçada et Saladín entró en su cámara, envió por la dueña. Et ella, teniendo que enviaba por al, fue a él. Et Saladín le dixo que la amava mucho. Et luego que ella esto oyó, entendiólo muy bien, pero dio a entender que non entendía aquella razón et díxol quel diesse Dios buena vida et [que] gelo gradesçié, ca bien sabié Dios que ella mucho deseava la su vida, et que siempre rogaría a Dios por él, commo lo devía fazer, por-

que era su señor et, señaladamente, por quanta merçed
fazía a su marido et a ella.

Saladín le dixo que, sin todas aquellas razones, la amava
más que a muger del mundo. Et ella teníagelo en merçed,
non dando a entender que entendía otra razón. ¿Qué vos
yré más alongando? Saladín le ovo a dezir cómmo la amava.
Quando la buena dueña aquello oyó, commo era muy bue-
na et de muy buen entendimiento, respondió assí a Saladín:

—Señor, commo quier que yo só assaz muger de peque-
ña guisa, pero vien sé que el amor non es en poder del
omne, ante es el omne en poder del amor. Et bien sé yo
que si vós tan grand amor me avedes commo dezides, que
podría ser verdat esto que me vós dezides, pero assí commo
esto sé bien, assí sé otra cosa: que quando los omnes, et
señaladamente los señores, vos pagades de alguna muger,
dades a entender que faredes quanto ella quisiere, et des-
que ella finca mal andante et escarnida, [818] preçiádesla
poco [et], commo es derecho, finca del todo mal. Et yo,
señor, reçelo que conteçerá assí a mí.

Saladín gelo començó a desfazer prometiéndole quel fa-
ría quanto ella quisiesse porque fincasse muy bien andante.
Desque Saladín esto le dixo, repondiol la buena dueña que
si él le prometiesse de conplir lo que ella le pidría, ante
quel fiziesse fuerça nin escarnio, que ella le prometía que,
luego [que] gelo oviesse complido, faría ella todo lo que
él mandasse.

Saladín le dixo que reçelava quel pidría que non le fa-
blasse más en aquel fecho. Et ella díxol que non le deman-
daría esso nin cosa que él muy bien non pudiesse fazer.
Saladín gelo prometió. La buena dueña le vesó la mano et
el pie et díxole que lo que dél quería era quel dixiesse
quál era la mejor cosa que omne podía aver en sí, et que
era madre et cabeça de todas las vondades.

Quando Saladín esto oyó, començó muy fieramente [819] a
cuydar, et non pudo fallar qué respondiesse a la buena due-

---

[818] *escarnida*: injuriada, escarnecida, deshonrada. Vid. p. 112,
nota 343.

[819] *fieramente*: fuertemente.

ña. Et porquel avía prometido que non le faría fuerça nin escarnio fasta quel cumpliesse lo quel avía prometido, díxole que quería acordar [820] sobresto. Et ella díxole que prometía que [en] qualquier tiempo que desto le diesse recado, que ella compliría todo lo que él mandasse.

Assí fincó pleito puesto entrellos. Et Saladín fuesse para sus gentes; et, commo por otra razón, preguntó a todos sus sabios por esto. Et unos dizían que la mejor cosa que omne podía aver era seer omne de buena alma. Et otros dizían que era verdat para el otro mundo, mas que por seer solamente de buena alma, que non sería muy bueno para este mundo. Otros dizían que lo mejor era seer omne muy leal. Otros dizían que, commo quier que seer leal es muy buena cosa, que podría seer leal et seer muy cobarde, o muy escasso, [821] o muy torpe, o mal acostumbrado, et assí que al avía mester, aunque fuesse muy leal. Et [d]esta guisa fablavan en todas las cosas, et non podían acertar en lo que Saladín preguntava.

Desque Saladín non falló qui le dixiesse et diesse recabdo a ssu pregunta en toda su tierra, traxo consigo dos jublares, et esto fizo porque mejor pudiesse con éstos andar por el mundo. Et desconoçidamente passó la mar, et fue a la corte del Papa, do se ayuntan todos los christianos. Et preguntando por aquella razón, nunca falló quien le diesse recabdo. Dende [822] fue a casa del rey de Françia et a todos los reyes et nunca falló recabdo. Et en esto moró [823] tanto tiempo que era ya repentido de lo que avía començado.

Et ya por la dueña non fiziera tanto; mas, porque él era tan buen omne, tenía quel era mengua si dexasse de saber aquello que avía començado; ca, sin dubda, el grant omne grant mengua faze si dexa lo que una vez comiença, solamente que el fecho non sea malo o pecado; mas, si por miedo o trabajo lo dexa, non se podría de mengua escusar.

---

[820] *acordar*: ponerse de acuerdo.
[821] *escaso*: avaro. Comp.: "Las peores dos cosas que omne puede auer son que omne sea cobarde e esçaso". *Libro de los çient capítulos*, p. 21.
[822] *Dende*: Desde allí. Vid. la nota 71 en la p. 56.
[823] *moró*: pasó. Véase la nota 672 en la p. 203.

Et por ende, Saladín non quería dexar de saber aquello porque salliera de su tierra.

Et acaesçió que un día, andando por su camino con sus jubglares, que toparon con un escudero que viníа de correr monte [824] et avía muerto un ciervo. Et el escudero casara poco tiempo avía, et abía un padre muy viejo que fuera el mejor cavallero que oviera en toda aquella tierra. Et por la grant vejez, non veýa et non podía salir de su casa, pero avía el entendimiento tan bueno et tan complido, que non le menguava ninguna cosa por la vejez. El escudero, que venía de su caça muy alegre, preguntó aquellos omnes que d'onde vinían et qué omnes eran. Ellos le dixieron que eran joglares.

Quando él esto oyó, plógol ende mucho, et díxoles quél vinía muy alegre de su caça et para complir el alegría, que pues eran ellos muy buenos joglares, que fuessen con él essa noche. Et ellos le dixieron que yvan a muy grant priessa, que muy grant tiempo avía que se partieran de su tierra por saber una cosa et que non pudieron fallar della recabdo et que se querían tornar, et que por esso non podían yr con él essa noche.

El escudero les preguntó tanto, fasta quel ovieron a dezir qué cosa era aquello que querían saber. Quando el escudero esto oyó, díxoles que si su padre non les diesse consejo a esto, que non gelo daría omne del mundo, et contóles qué omne era su padre.

Quando Saladín, a que el escudero tenía por ioglar, oyó esto, plógol ende muncho. Et fuéronse con él.

Et desque llegaron a casa de su padre, et el escudero le contó cómmo vinía mucho alegre porque caçara muy bien et aún, que avía mayor alegría porque traýa consigo aquellos juglares; et dixo a su padre lo que andavan preguntando, et pidiol por merçed que les dixiesse lo que desto entendía él, ca él les avía dicho que, pues non fallavan quien les diesse desto recabdo, que si su padre non gelo diesse, que non fallarían omne que les diesse recabdo.

---

[824] *correr monte*: cazar. Comp.: "Otrosi, del alcaçar mismo veran correr montes de jaualis e de çieruos". *Libro de la caza*, p. 69.

Quando el cavallero ançiano esto oyó, entendió que aquél que esta pregunta fazía que non era juglar; et dixo a su fijo que, depués que oviessen comido, que él les daría recabdo a esto que preguntavan.

Et l' escudero dixo esto a Saladín, que él tenía por joglar, de que fue Saladín mucho alegre, et alongávasele ya mucho porque avía de atender [825] fasta que oviesse comido.

Desque los manteles fueron levantados et los juglares ovieron fecho su mester, díxoles el cavallero ançiano quel dixiera su fijo que ellos andavan faziendo una pregunta et que non fallavan omne que les diesse recabdo, et quel dixiessen qué pregunta era aquélla, et él que les diría lo que entendía.

Entonçe, Saladín, que andava por juglar, díxol que la pregunta era ésta: que quál era la mejor cosa que omne podía aver en sí, et que era madre et cabeça de todas las vondades.

Quando el cavallero ançiano oyó esta razón, entendióla muy bien; et otrosí, conosçió en la palabra que aquél era Saladín; ca él visquiera muy grand tiempo con él en su casa et reçibiera dél mucho vien et mucha merçed, et díxole:

—Amigo, la primera cosa que vos respondo, dígovos que çierto só que fasta el día de oy, que nunca tales juglares entraron en mi casa. Et sabet que, si yo derecho fiziere, que vos debo cognosçer quánto bien de vós tomé, pero desto non vos diré agora nada, fasta que fable conbusco en poridat, porque non sepa ninguno nada de vuestra fazienda. Pero, quanto a la pregunta que fazedes, vos digo que la mejor cosa que omne puede aver en sí, et que es madre et cabeça de todas las vondades, dígovos que ésta es la vergüença; et por vergüença suffre omne la muerte, que es la más grave cosa que puede seer, et por vergüença dexa omne de fazer todas las cosas que non le paresçen bien, por grand voluntat que aya de las fazer. Et assí, en la vergüen-

---

[825] *atender*: esperar. Comp.: "que sepa el cabildo de vos como seedes, / en qual estado sodes, o qual lo atendedes". Berceo, *Milagros*, 294cd.

ça an comienço et cabo todas las vondades, et la vergüença
es partimiento de todos los malos fechos. [826]

Quando Saladín esta razón oyó, entendió verdaderamen-
te que era assí commo el cavallero le dizía. Et pues enten-
dió que avía fallado recabdo de la pregunta que fazía, ovo
ende muy grant plazer et espidióse del cavallero et del es-
cudero cuyos huéspedes avían seýdo. Mas ante que se par-
tiessen de su casa, fabló con él el cavallero ançiano, et le
dixo cómmo lo conosçía que era Saladín, et contol quánto
[bien] dél avía reçebido. Et él et su fijo fiziéron[le] quanto
serviçio pudieron, pero en guisa que non fuesse descubierto.

Et desque estas cosas fueron passadas, endereçó Saladín
para yrse para su tierra quanto más aýna pudo. Et desque
llegó a ssu tierra, ovieron las gentes con l' muy grand pla-
zer et fizieron muy grant alegría por la su venida.

Et después que aquellas allegrías fueron passadas, fuesse
Saladín para casa de aquella buena dueña quel fiziera aque-
lla pregunta. Et desque ella sopo que Saladín vinía a su
casa, reçibiol muy bien, et fízol quanto serviçio pudo.

Et depués que Saladín ovo comido et entró en su cáma-
ra, envió por la buena dueña. Et ella vino a él. Et Saladín
le dixo quánto avía trabajado por fallar repuesta çierta de
la pregunta quel fiziera et que la avía fallado, et pues le
podía dar repuesta complida, assí comol avía prometido,
que ella otrosí cumpliesse lo quel prometiera. Et ella le
dixo quel pidía por merçed quel guardasse lo quel avía

---

[826] Comp.: "La vergüença, otrosi, cunple mucho al cavallero más
que otra ninguna, et tanto le cunple que yo diría que valdrá más al
cavallero aver en sí vergüença et non aver otra manera ninguna
buena, que aver todas las buenas maneras et non aver vergüença;
ca por buenas maneras que ayan, sy vergüença non oviere, tal cosa
podrá fazer algún día, que en los días que biva sienpre sera enga-
nnado; et sy vergüença oviere, nunca fará cosa porque la aya. Et
otrosi abrá vergüença de fazer lo que deve, commo de fazer lo que
non deve; et así la vergüença le fará guardar todo lo que se deve
a Dios et al mundo [...] Et así podedes saber que la vergüença es
la cosa por que omne dexa de fazer todas las cosas que non deve,
et le faze fazer todo lo que deve. Et, por ende, la madre et la
cabeça de todas las vondades es la vergüença". *Libro del cavallero
et del escudero*, págs. 17-18.

prometido et quel dixiesse la repuesta a la pregunta quel
avía fecho, et que si fuesse tal que él mismo entendiesse
que la repuesta era complida, que ella muy de grado com-
pliría todo lo quel avía prometido.

Estonçe le dixo Saladín quel plazía desto que ella le di-
zía, et díxol que la repuesta de la pregunta que ella fiziera,
que era ésta: que ella le preguntara quál era la meior cosa
que omne podía aver en sí et que era madre et cabeça de
todas las vondades, quel respondía que la meior cosa que
omne [podía] aver en sí et que es madre et cabeça de to-
das las vondades, que ésta es la vergüença.

Quando la buena dueña esta repuesta oyó, fue muy ale-
gre, et díxol:

—Señor, agora conosco que dezides verdat, et que me
avedes complido quanto me prometiestes. Et pídovos por
merçed que me digades, assí commo rey deve dezir verdat,
si cuydades que ha en l' mundo mejor omne que vós.

Et Saladín le dixo que, commo quier que se le fazía ver-
güença de dezir, pero pues la avía a dezir verdat commo
rey, quel dizía que más cuydava que era él meior que los
otros, que non que avía otro mejor que él.

Quando la buena dueña esto oyó, dexósse caer en tierra
ante los sus pies, et díxol assí, llorando muy fieramente:

—Señor, vós avedes aquí dicho muy grandes dos verda-
des: la una, que sodes vós el mejor omne del mundo; la
otra, que la vergüença es la mejor cosa que el omne puede
aver en sí. Et señor, pues vós esto conosçedes, et sodes el
mejor omne del mundo, pídovos por merçed que querades
en vós la mejor cosa del mundo, que es la vergüença, et
que ayades vergüença de lo que me dezides.

Quando Saladín todas estas buenas razones oyó et en-
tendió cómmo aquella buena dueña, con la su vondat et
con el su buen entendimiento, sopiera aguisar que fuesse
él guardado de tan grand yerro, gradesçiólo mucho a Dios.
Et commoquier que la él amava ante de otro amor, amóla
muy más dallí adelante de amor leal et verdadero, qual
deve aver el buen señor et leal a todas sus gentes. Et seña-
ladamente por la su vondat della, envió por su marido et
fízoles tanta onra et tanta merçet porque ellos, et todos los

que dellos vinieron, fueron muy bien andantes entre todos sus vezinos.

Et todo este bien acaesçió por la vondat daquella buena dueña, et porque ella guisó que fuesse sabido que la vergüença es la meior cosa que omne puede aver en sí, et que es madre et cabeça de todas las vondades.

Et pues vós, señor conde Lucanor, me preguntades quál es la mejor cosa que omne puede aver en sí, dígovos que es la vergüença: ca la vergüença faze a omne ser esforçado et franco [827] et leal et de buenas costumbres et de buenas maneras, et fazer todos los vienes que faze. Ca bien cred que todas estas cosas faze omne más con vergüença que con talante que aya de lo fazer. Et otrosí, por vergüença dexa omne de fazer todas las cosas desaguisadas que da la voluntad al omne de fazer. Et por ende, quán buena cosa es aver el omne vergüença de fazer lo que non deve et dexar de fazer lo que deve, tan mala et tan dañosa et tan fea cosa es el que pierde la vergüença. Et devedes saber que yerra muy fieramente el que faze algún fecho vergonçoso et cuyda que, pues que lo faze encubiertamente, que non deve aver ende vergüença. Et cierto sed que non ha cosa, por encubierta que sea, que tarde o aýna non sea sabida. Et aunque luego que la cosa vergonçosa se faga, non aya ende vergüença, devrié omne cuydar qué vergüença sería quando fuere sabido. Et aunque desto non tomasse vergüença, dévela tomar de ssí mismo, que entiende el pleito vergonçoso que faze. Et quando en todo esto non cuydasse, deve entender quánto sin ventura es (pues sabe que si un moço viesse lo que él faze, que lo dexaría por su vergüença) en non lo dexar nin aver vergüença nin miedo de Dios, que lo vee et lo sabe todo, et es çierto quel dará por ello la pena que meresciere.

Agora, señor conde Lucanor, vos he respondido a esta pregunta que me feziestes et con esta repuesta vos he respondido a çinquenta preguntas que me avedes fecho. Et

---

[827] *franco*: generoso, dadivoso. Comp.: "Muchas noblesas ha en el que a dueñas sirve: / loçano, fablador, en ser franco se abive". *Libro de buen amor*, 155ab.

avedes estado en ello tanto tiempo, que só çierto que son
ende enojados muchos de vuestras compañas, et señalada-
mente se enojan ende los que non an muy grand talante de
oyr nin de aprender las cosas de que se pueden mucho
aprovechar. Et contésceles commo a las vestias que van
cargadas de oro, que sienten el peso que lievan a cuestas
et non se aprovechan de la pro que ha en ello. Et ellos
sienten el enojo de lo que oyen et non se aprovechan de
las cosas buenas et aprovechosas que oyen. [828] Et por ende,
vos digo que lo uno por esto, et lo al por el trabajo que
he tomado en las otras respuestas que vos di, que vos non
quiero más responder a otras preguntas que vós fagades,
que en este enxiemplo et en otro que se sigue adelante des-
te vos quiero fazer fin a este libro.

El conde tovo éste por muy buen enxiemplo. Et quanto
de lo que Patronio dixo que non quería quel feziessen más
preguntas, dixo que esto fincasse en cómo se pudiesse fazer.

Et porque don Johan tovo este enxiemplo por muy bue-
no, fízolo escrivir en este libro et fizo estos viessos que
dizen assí:

> La vergüença todos los males parte;
> por vergüença faze omne bien sin arte.

Et la estoria deste enxiemplo es ésta que se sigue:

[EXEMPLO LI

LO QUE CONTESÇIÓ A UN REY CHRISTIANO QUE ERA
MUY PODEROSO ET MUY SOBERBIOSO.] *

OTRA vez fablava el conde Lucanor con Patronio, su
consegero, et díxole assí:

---

[828] Comp.: "Non cuentes las cosas de la sapiencia ante omne
nescio que es commo la bestia que lleva oro e plata, e non sabe
de la su nobleza, mas siente la su pesadumbre solamente, e otro
tal es el nescio que non siente de las cosas de la sapiencia, sinon
el laserio que lleva por ellas, e non entiende su noblesa". *Bocados
de oro*, p. 362. Cit. por Knust, p. 416.

* Procede de *Gesta romanorum*, n.º 59. De este cuento deriva el
Auto del emperador Juvencio, de nuestro teatro primitivo, y la

—Patronio, muchos omnes me dizen que una de las cosas porque el omne se puede ganar con Dios es por seer omildoso; otros me dizen que los omildosos son menospreçiados de las otras gentes et que son tenidos por omnes de poco esfuerço et de pequeño coraçón, et que el grand señor, quel cumple et le aprovecha ser sobervio. Et porque yo sé que ningún omne non entiende mejor que vós lo que deve fazer el grand señor, ruégovos que me conseiedes quál destas dos cosas me es mejor, o que yo devo más fazer.

—Señor conde Lucanor —dixo Patronio—, para que vós entendades qué es en esto lo meior et vos más cumple de fazer, mucho me plazería que sopiéssedes lo que conteçió a un rey christiano que era muy poderoso et muy sobervioso.

El conde le rogó quel dixiesse cómmo fuera aquello.

—Señor conde —dixo Patronio—, en una tierra de que me non acuerdo el nombre, avía un rey muy mançebo et muy rico et muy poderoso, et era muy soberbio a grand maravilla; et a tanto llegó la su sobervia, que una vez, oyendo aquel cántico de sancta María que dize: "Magnificat anima mea dominum", oyó en él un viesso que dize: "Deposuit potentes de sede et exaltavit humiles" [829] que quier decir: "Nuestro señor Dios tiró et abaxó los poderosos sobervios [d]el su poderío et ensalçó los omildosos". Quando esto oyó, pesol mucho et mandó por todo su regno que rayessen este viesso de los libros, et que pusiessen en aquel lugar: "Et exaltavit potentes in sede et humiles posuit in natus", [830] que quiere dezir: "Dios ensalçó las siellas de los sobervios poderosos et der[r]ibó los omildosos."

Esto pesó mucho a Dios, et fue muy contrario de lo que dixo sancta María en este cántico mismo; ca desque vio que era madre del fijo de Dios que ella conçibió et parió,

---

comedia de don Rodrigo de Herrera *Del cielo viene el buen rey.* Para M. Menéndez Pelayo, *Orígenes de la novela,* I (Madrid, 1925), p. LXXXVIII (nota), el apólogo "no es seguro que pertenezca a D. Juan Manuel". Lo cierto es, en cambio, que ofrece todas las garantías. Fue profusamente anotado por Knust, págs. 417 y ss.

[829] San Lucas, I, vv. 46 y 52.

[830] Así en el códice. Knust edita [*in terra*] lección del manuscrito de Gayangos. Quizá haya que preferir esa lectura.

seyendo et fincando si[e]mpre virgen et sin ningún corrompimiento, et veyendo que era señora de los çielos et de la tierra, dixo de sí misma, alabando la humildat sobre todas las virtudes: "Quia respexit humilitatem ancill[a]e su[a]e, ecce enim ex hoc benedictam me dicent omnes generationes", [831] que quiere dezir: "Porque cató el mi señor Dios la omildat de mí, que só su sierva, por esta razón me llamarán todas las gentes bien aventurada." Et assí fue, que nunca ante nin después, pudo seer ninguna muger bien aventurada; ca por las vondades, et señaladamente por la su grand omildat, meresçió seer madre de Dios et reyna de los çielos et de la tierra et seer Señora puesta sobre todos los choros de los ángeles.

Mas al rey sobervioso conteçió muy contrario desto: ca un día ovo talante de yr al vaño et fue allá muy argullosamente con su compaña. Et porque entró en l' vaño, óvose a desnuyar et dexó todos sus paños fuera del vaño. Et estando él vañándose, envió nuestro señor Dios un ángel al vaño, el qual, por la virtud et por la voluntad de Dios, tomó la semejança [832] del rey et salió del vaño et vistióse los paños del rey et fuéronse todos con él paral a[l]cácar. Et dexó a la puerta del vaño unos pañizuelos [833] muy biles et muy rotos, commo destos pobrezuelos que piden a las puertas.

El rey, que fincava en el vaño non sabiendo desto ninguna cosa, quando entendió que era tiempo para salir del vaño, llamó a aquellos camareros et aquellos que estavan con l'. Et por mucho que llos llamó, non respondió ninguno dellos, que eran ydos todos, cuydando que yvan con el rey. Desque vio que non le respondió ninguno, tomol tan grand saña, que fue muy grand marabilla, et començó a jurar que los faría matar a todos de muy crueles muertes. Et teniéndose por muy escarnido, salió del vaño desnuyo, cuydando que fallaría algunos de sus omnes quel diessen

---

[831] San Lucas, I, 48.

[832] *semejança*: figura, apariencia.

[833] *pañizuelos*: diminutivo y despectivo de 'paño', como lo explica el propio autor.

de vestir. Et desque llegó do él cuydó fallar algunos de los suyos, et non falló ninguno, començó a catar del un cabo et del otro del vaño, et non falló a omne del mundo a qui dezir una palabra.

Et andando assí muy coytado, et non sabiendo qué se fazer, vio aquellos pañiziellos viles et rotos que estavan a un roncón [834] et pensó de los vestir et que yría encubiertamente a su casa et que se vengaría muy cruelmente de todos los que [tan] grand escarnio le avían fecho. Et vistiósse los paños et fuesse muy encubiertamente al alcáçar, et quando ý llegó, vio estar a la puerta uno de los sus porteros que conosçía muy bien que era su portero, et uno de los que fueran con él al vaño, et llamol muy passo [835] et díxol quel avriesse la puerta et le metiesse en su casa muy encubiertamente, porque non entendiesse ninguno que tan envergonçadamente vinía.

El portero tenía muy buena espada al cuello et muy buena maça en la mano et preguntol qué omne era que tales palabras dizía. Et el rey le dixo:

—¡A, traydor! ¿Non te cumple el escarnio que me feziste tú et los otros en me dexar solo en l' vaño et venir tan envergonçado commo vengo? ¿Non eres tú fulano, et non me conosçes cómmo só yo el rey, vuestro señor, que dexastes en l' vaño? Ábreme la puerta, ante que venga alguno que me pueda conosçer, et sinon, seguro sey [836] que yo te faré morir mala muerte et muy cruel.

Et el portero le dixo:

—¡Omne loco, mesquino!, ¿qué estás diziendo? Ve a buena ventura et non digas más estas locuras, sinon, yo te castigaré bien commo a loco, ca el rey, pieça ha [837] que vino del vaño, et viniemos todos con él, et ha comido et es echado a dormir, et guárdate que non fagas aquí roýdo por quel despiertes.

---

[834] *roncón*: rincón. (Así en el manuscrito. Quizá la lectura fuese 'rancón' que se halla en el *Libro de Apolonio,* 289a, y en Berceo, *Sacrificio,* 21.)

[835] *muy passo*: muy quedo, en voz muy baja.

[836] *sey*: sed. Vid. otro ejemplo en la p. 66.

[837] *pieça ha*: hace ya rato. Vid. la nota 125 en la p. 64.

Quando el rey esto oyó, cuydando que gelo dizía faziéndol escarnio, començó a rabiar de saña et de malenconia, [838] et ar[r]emetiósse a él, cuydándol tomar por los cabellos. Et de que el portero esto vio, non le quiso ferir con la maça, mas diol muy grand colpe con el mango, en guisa quel fizo salir sangre por muchos lugares. De que el rey se sintió ferido et vio que el portero tenié buena espada et buena maça et que él non tenié ninguna cosa con quel pudiesse fazer mal, nin aun para se defender, cuydando que el portero era e[n]loqueçido, et que si más le dixiesse quel mataría por aventura, pensó de yr a casa del su mayordomo et de encobrirse ý fasta que fuesse guarido, [839] et después que tomaría vengança de todos aquellos traydores que tan grant escarnio le avían traýdo.

Et desque llegó a casa de su mayordomo, si mal le contesçiera en su casa con l' portero, muy peor le acaesçió en casa de su mayordomo.

Et dende, fuesse lo más encubiertamente que pudo para casa de la reyna, su muger, teniendo çiertamente que todo este mal quel vinía porque aquellas gentes non le conosçían; et tenié sin duda que quando todo el mundo le desconosçiese, que non lo desconosçería la reyna, su muger. Et desque llegó ante ella et le dixo quánto mal le avían fecho et cómmo él era el rey, la reyna, reçellando que si el rey, que ella cuydava que estava en casa, sopiesse que ella oyé tal cosa, quel pesaría ende, mandol dar muchas palancadas, [840] diziéndol quel echassen de casa aquel loco quel dizía aquellas locuras.

El rey, desaventurado, de que se vio tan mal andante, non sopo qué fazer et fuesse echar en un ospital muy mal ferido et muy quebrantado, et estudo allý muchos días. Et

---

[838] *malenconia*: melancolía, tristeza. Fue de uso muy frecuente y se encuentra hasta en el *Quijote*, I, II: "Y así podéis, señora, desde hoy más desechar la malenconia que os fatiga".

[839] *guarido*: sano, curado. Véase la nota 681 en la p. 206.

[840] *palancadas*: golpes de palo. Comp.: "Enpezoli a dar de grandes palancadas". "Davanli grandes palos e grandes carrelladas, / cozes muchas sobeio e muchas palancadas". Berceo, *Milagros*, 478 y 890.

quando le aquexaba la fanbre, yba demandando por las puertas, et diziéndol las gentes, et fiziéndol escarnio, que cómmo andava tan lazdrado seyendo rey de aquella tierra. Et tantos omnes le dixieron esto et tantas vezes et en tantos logares, que ya él mismo cuydava que era loco et que con locura pensava que era rey de aquella tierra. Et desta guisa andudo muy grant tiempo, teniendo todos los quel conosçían que era loco de una locura que contesçió a muchos: que cuydan por sí mismo que son otra cosa o que son en otro estado.

Et estando aquel rey en tan grand mal estado, la vondat et la piadat de Dios, que siempre quiere pro de los pecadores et los acarrea [841] a la manera commo se pueden salvar, si por grand su culpa non fuere, obraron en tal guisa, que el cativo [842] del rey, que por su sobervia era caýdo en tan grant perdimiento et a tan grand abaxamiento, començó a cuydar que este mal quel viniera, que fuera por su pecado et por la grant sobervia que en él avía, et, señaladamente, todo que era por el viesso que mandara [raer] del cántico de sancta María que desuso es dicho, que mudara con grant sobervia et por tan grant locura. Et desque esto fue entendiendo, començó a aver atan grant dolor et tan grant repentimiento en su coraçón, que omne del mundo non lo podría dezir por la voca; et era en tal guisa, que mayor dolor et mayor pesar avía de los yerros que fiziera contra nuestro Señor, que del regno que avía perdido, et vio quanto mal andante el su cuerpo estava, et por ende, nunca al fazía sinon llorar et matarse et pedir merçed a nuestro señor Dios quel perdonasse sus pecados et quel oviesse merçed al alma. Et tan grant dolor avía de sus pecados, que solamente nunca se acordó nin puso en su talante de pedir merçed a nuestro señor Dios quel tornasse en su regno nin en su onra; ca todo esto preçiava él nada, et non cobdiçiava otra cosa sinon aver perdón de sus pecados et poder salvar el alma.

---

841 *acarrea*: guía, encamina.
842 *cativo*: desgraciado. Vid. la nota 307 en la p. 103.

Et bien cred, señor conde, que quantos fazen romerýas et ayunos et limosnas et oraciones o otros bienes cualesquier porque Dios les dé o los guarde o los acresçiente en la salud de los cuerpos o en la onra o en los vienes temporales, yo non digo que fazen mal, mas digo que si todas estas cosas fiziessen por aver perdón de todos sus pecados o por aver la gracia de Dios, la qual se gana por buenas obras et buenas entençiones sin ypocrisia et sin infinta, [843] que serié muy mejor, et sin dubda avrié[n] perdón de sus pecados et abría[n] la gracia de Dios: ca la cosa que Dios más quiere del pecador es el coraçón quebra[n]tado et omillado et la entençión buena et derecha.

Et por ende, luego que por la merçed de Dios el rey se arrepentió de su pecado et Dios vio el su grand repentimiento et la su buena entención, perdonol luego. Et porque la voluntad de Dios es tamaña [844] que non se puede medir, non tan solamente perdonó todos sus pecados al rey tan pecador, mas ante le tornó su regno et su onra más complidamente que nunca la oviera, et fízolo por esta manera:

El ángel que estava en logar de aquel rey et tenié la su figura llamó un su portero et díxol:

—Dízenme que anda aquí un omne loco que dize que fue rey de aquesta tierra, et dize otras muchas buenas locuras; que te vala Dios, ¿qué omne es o qué cosas dize?

Et acaesçió assí por aventura, que el portero era aquél que firiera al rey el día que se demudó [845] quando sallió del vaño. Et pues el ángel, quél cuydava [ser] el rey, gelo preguntava todo lo quel contesçiera con aquel loco, et contol cómmo andavan las gentes riendo et trebejando con él, oyendo las locuras que dizié. Et desque esto dixo el portero al rey, mandol quel fuesse llamar et gelo troxiesse. Et des-

---

[843] *infinta*: engaño, fingimiento. Comp.: "La trezena manera, de amor de infinta, es quando un omne non ama a otro de talante, et por alguna pro que cuyda sacar dél, muestral quel ama mucho". *Libro infinido*, p. 77.

[844] *tamaña*: tan grande. Vid. la nota 211 en la p. 80.

[845] *demudó*: alteró, transformó. Cf.: "De toda su fazienda te veyemos camiado; / abes te connosçemos, tanto eres demudado". *Libro de Apolonio*, 333ab.

que el rey que andava por loco vino ante el ángel que estava en lugar de rey, apartósse con él et díxol:

—Amigo, a mí dizen que vós que dezides que sodes rey desta tierra, et que lo perdiestes, non sé por quál mala ventura et por qué ocasión. Ruégovos, por la fe que devedes a Dios, que me digades todo commo cuydades que es, et que non me encubrades ninguna cosa, et yo vos prometo a buena ffe que nunca desto vos venga daño.

Quando el cuytado del rey que andava por loco et tan mal andante oyó dezir aquellas cosas aquél que él cuydava que era rey, non sopo qué responder: ca de una parte ovo miedo que gelo preguntava por lo sosacar, [846] et si dixiesse que era rey quel mataría et le faría más mal andante de quanto era, et por ende començó a llorar muy fieramente et díxole, commo omne que estava muy coytado:

—Señor, yo non sé lo que vos responder a esto que me dezides, pero porque entiendo que me sería ya tan buena la muerte commo la vida (et sabe Dios que non tengo mientes por cosa de bien nin de onra en este mundo), non vos quiero encobrir ninguna cosa de commo lo cuydo en mi coraçón. Dígovos, señor, que yo veo que só loco, et todas las gentes me tienen por tal et tales obras me fazen que yo por tal manera ando grand tiempo a en esta tierra. Et commo quier que alguno errasse, non podría seer, si yo loco non fuesse, que todas las gentes, buenos et malos, et grandes et pequeños, et de grand entendimiento et de pequeño, todos me toviessen por loco; pero, commo quier que yo esto veo et entiendo que es assí, çiertamente la mi entençión et la mi crençia es que yo fuy rey desta tierra et que perdí el regno et la gracia de Dios con grand derecho por mios pecados, et, señaladamente, por la grand sobervia et grand orgullo que en mí avía.

Et entonce contó con muy grand cuyta et con muchas lágrimas, todo lo quel contesçiera, tanbién del viesso que fiziera mudar, commo los otros pecados. Et pues el ángel, que Dios enviara tomar la su figura et estava por rey, entendió que se dolía más de los yerros en que cayera que del regno et de la onra que avía perdido, díxol por mandado de Dios:

—Amigo, dígovos que dezides en todo muy grand verdat, que vós fuestes rey desta tierra, et nuestro señor Dios tiróvoslo [847] por estas razones mismas que vós dezides, et envió a mí, que só su ángel, que tomasse vuestra figura et estudiesse en vuestro lugar. Et porque la piadat de Dios es tan complida, et non quiere del pecador sinon que se ar[r]epienta verdaderamente, este prodigio verdaderamente amostró dos cosas para seer el repentimiento verdadero: la una es que se ar[r]epienta para nunca tornar aquel pecado; et la otra, que sea el repe[n]timiento sin infinta. Et porque el nuestro señor Dios entendió que el vuestro repentimiento es tal, avos perdonado, et mandó a mí que vos tornasse en vuestra figura et vos dexasse vuestro regno. Et ruégovos et conséiovos yo que entre todos los pecados vos guardedes del pecado de la sobervia; ca sabet que de los pecados en que, segund natura, los omnes caen, que es el que Dios más aborreçe, ca es verdaderamente contra Dios et contra el su poder, et si[e]mpre que es muy aparejado para fazer perder el alma. Seed çierto que nunca fue tierra, nin linage, nin estado, nin persona en que este pecado regnasse, que non fuesse desfecho o muy mal der[r]ibado.

Quando el rey que andava por loco oyó dezir estas palabras del ángel, dexósse caer ante él llorando muy fieramente, et creyó todo lo quel dizía et adorol por reverençia de Dios, cuyo ángel mensagero era, et pidiol merçed que se non partiesse ende fasta que todas las gentes se ayuntassen porque publicasse este tan grand miraglo que nuestro señor Dios fiziera. Et el ángel fízolo assý. Et desque todos fueron ayuntados, el rey predicó et contó todo el pleito commo passara. Et el ángel, por voluntat de Dios, paresçió a todos manifiestamente et contóles esso mismo.

Entonçe el rey fizo quantas emiendas pudo a nuestro señor Dios; et entre las otras cosas, mandó que, por remembrança [848] desto, que en todo su regno para siempre fuesse

[847] *tiróvoslo*: os lo quitó. Vid. la nota en la p. 246.
[848] *remembrança*: recuerdo.

escripto aquel viesso que él revesara [849] con letras de oro. Et oý dezir que oy en día assí se guarda en aquel regno. Et esto acabado, fuesse el ángel para nuestro señor Dios quel enviara, et fincó el rey con sus gentes muy alegres et muy bien andantes. Et dallí adellante fue el rey muy bueno para serviçio de Dios et pro del pueblo et fizo muchos buenos fechos porque ovo buena fama en este mundo et meresçió aver la gloria del Paraýso, la qual Él nos quiera dar por la su merçed.

Et vós, señor conde Lucanor, si queredes aver la gracia de Dios et buena fama del mundo, fazet buenas obras, et sean bien fechas, sin infinta et sin ypocrisia, et entre todas las cosas del mundo vos guardat de sobervia et set omildoso sin beg[u]enería et sin ypocrisia; [850] pero la humildat, sea siempre guardando vuestro estado en guisa que seades omildoso, mas non omillado. Et los poderosos sobervios nunca fallen en vós humildat con mengua, nin con vençimiento, mas todos los que se vos omillaren fallen en vós siempre omildat de vida et de buenas obras complida.

Al conde plogo mucho con este consejo, et rogó a Dios quel endereçasse por quel pudiesse todo esto complir et guardar.

Et porque don Iohan se pagó mucho además deste enxiemplo, fízolo poner en este libro, et fizo estos viessos que dizen assí:

Los derechos [851] omildosos Dios mucho los ensalça,
a los que son sobervios fiérelos peor que maça.

Et la estoria deste enxiemplo es ésta que se sigue.

---

[849] *revesara*: alterara, volviera del revés.

[850] Véase la p. 218.

[851] *derechos*: rectos, justos. Comp.: "Avie una costumne que li obo provecho: / dizie todas sus oras como monge derecho". Berceo, *Milagros*, 284ab.

[SEGUNDA PARTE
DEL LIBRO DEL CONDE LUCANOR
ET DE PATRONIO

DESPUÉS que yo, don Iohan, fijo del muy noble in-
fante don Manuel, adelantado mayor de la frontera et del
regno de Murcia, ove acabado este libro del conde Lucanor
et de Patronio que fabla de enxiemplos, et de la manera
que avedes oýdo, segund paresce por el libro et por el
prólogo, fizlo en la manera que entendí que sería más ligero
de entender. Et esto fiz porque yo non so muy letrado [852]
et queriendo que non dexassen de sse aprovechar dél los
que non fuessen muy letrados, assí commo yo, por mengua
de lo seer, fiz la razones et enxiemplos que en el libro se
contienen assaz llanas et declaradas.

Et porque don Jayme, señor de Xérica, [853] que es uno de
los omnes del mundo que yo más amo et por ventura non
[amo] a otro tanto commo a él, me dixo que querría que
los mis libros fablassen más oscuro, et me rogó que si al-
gund libro feziesse, que non fuesse tan declarado. Et so
çierto que esto me dixo porque él es tan sotil et tan de
buen entendimiento, et tiene por mengua de sabiduría fa-
blar en las cosas muy llana et declaradamente.

---

[852] *Sobre letrado,* 'culto', 'literato', véase la nota 16 en la p. 47.
[853] Don Jaime de Jérica ayudó en más de una ocasión a don
Juan Manuel con toda eficacia. Murió en 1335.

Et lo que yo fiz fasta agora, fizlo por las razones que desuso he dicho, et agora que yo só tenudo de complir en esto et en al quanto yo pudiesse su voluntad, fablaré en este libro en las cosas que yo entiendo que los omnes se pueden aprovechar para salvamiento de las almas et aprovechamiento de sus cuerpos et mantenimiento de sus onras et de sus estados. Et commo quier que estas cosas non son muy sotiles en sí, assí commo si yo fablasse de la sciençia de theología, o metafísica, o filosofía natural, o aun moral, o otras sçiençias muy sotiles, tengo que me cae [854] más, et es más aprovechoso segund el mio estado, fablar desta materia que de otra arte o sciençia. Et porque estas cosas de que yo cuydo fablar non son en sí muy sotiles, diré yo, con la merçed de Dios, lo que dixiere por palabras que los que fueran de tan buen entendimiento commo don Jayme, que las entiendan muy bien, et los que non las entendieren non pongan la culpa a mí, ca yo non lo quería fazer sinon commo fiz los otros libros, mas pónganla a don Jayme, que me lo fizo assí fazer, et a ellos, porque lo non pueden o non quieren entender.

Et pues el prólogo es acabado en que se entiende la razón porque este libro cuydo componer en esta guisa, daquí adelante començaré la manera [855] del libro; et Dios por la su merçed et piadat quiera que sea a ssu serviçio et a pro de los que lo leyeren et lo oyeren, et guarde a mí de dezir cosa de que sea reprehendido. Et bien cuydo que el que leyere este libro et los otros que yo fiz, que pocas cosas puedan acaesçer para las vidas et las faziendas de los omnes, que non fallen algo en ellos, ca yo non quis poner en este libro nada de lo que es puesto en los otros, mas qui de todos fiziere un libro, fallarlo ha ý más complido.

Et la manera del libro es que Patronio fabla con el Conde Lucanor segund adelante veredes.

—Señor conde Lucanor —dixo Patronio—, yo vos fablé fasta agora lo más declaradamente que yo pude, et porque

---

[854] *cae*: conviene. Vid. en la p. 109 la nota 331.
[855] *manera*: materia. Véase unas líneas más abajo y la nota 45 en la p. 51.

sé que lo queredes, fablarvos he daquí adelante essa misma manera, mas non por essa manera que en l' otro libro ante déste.

Et pues el otro es acabado, este libro comiença assí: [856]

—En las cosas que ha muchas sentençias, non se puede dar regla general.

—El más complido de los omnes es el que cognosce la verdat et la guarda.

—De mal seso es el que dexa et pierde lo que dura et non ha preçio, por lo que non puede aver término a la su poca durada. [857]

—Non es de buen seso el que cuyda entender por su entendimiento lo que es sobre todo entendimiento.

—De mal seso es el que cuyda que contesçerá a él lo que non contesçió a otri; de peor seso es si esto cuyda porque non se guarda.

—¡O Dios, señor criador et complido!, ¡cómmo me marabillo porque pusiestes vuestra semeiança en omne nesçio, ca quando fabla, yerra; quando calla, muestra su mengua; quando es rico, es orgulloso; quando pobre, non lo preçia nada; si obra, non fará obra de recabdo; si está de vagar, [858] pierde lo que ha; es sobervio sobre el que ha poder, et vénçesse por el que más puede; es ligero de forçar et malo de rogar; conbídase de grado, [859] conbida mal et tarde; demanda quequier et con porfía; da tarde et amidos [860] et con façerio; [861] non se vergüença por sus yerros, et aborreçe quil castiga; el su fallago es enojoso; la su saña, con denuesto; es sospechoso et de mala poridat; es-

---

[856] Para muchas de estas sentencias, tópicos, refranes y frases hechas, véase Knust, págs. 418 y ss.

[857] *durada*: duración.

[858] *está de vagar*: está ocioso.

[859] *de grado*: de buena gana. Véase la nota siguiente.

[860] *amidos*: de mala gana. Cf.: "pero en todo se deue guardar, lo mas que pudiere ser, que sean los mandaderos e de buen entendimiento e de buena razon, e que vayan alla de grado e non amidos". *Libro infinido*, p. 54.

[861] *façerio*: pena, compuesto de 'faz' y 'ferir', "echar en cara". Comp.: "a nada es tornado todo el mi lazerio: / veo el daño grande e despues el hazerio". *Libro de buen amor*, 795cd.

pántasse sin razón; toma esfuerço ó [862] non deve; do cuyda
fazer plazer, faze pesar; es flaco en los vienes et reçio en
los males; non se castiga por cosa quel digan contra su
voluntad. En grave día nasçió quien oyó el su castigo; si
lo aconpañan non lo gradesçe et fázelos lazdrar; nunca
conçierta en dicho nin en fecho, nin yerra en lo quel non
cumple; lo quél dize non se entiende, nin entiende lo quel
dizen; siempre anda desabenido de su compaña; non se
mesura en sus plazeres, nin cata su mantenençia; non quie-
re perdonar et quiere quel perdonen; es escarnidor [et él es
el escarnido]; querría engañar si lo sopiesse fazer; de todo
lo que se pagaría [tiene] que es lo mejor, aunque lo non
sea; querría folgar et que lazdrassen los otros. ¿Qué diré
más? En los fechos et en los dichos, en todo yerra; en lo
demás, en su vista [863] paresçe que es nesçio, et muchos son
nesçios que non lo paresçen, mas el que lo paresçe nunca
yerra de lo seer.

—Todas las cosas an fin et duran poco et se mantienen
con grand trabajo et se dexan con grand dolor et non finca
otra cosa para sienpre, sinon lo que se faze solamente por
amor de Dios.

—Non es cuerdo el que solamente sabe ganar el aver,
mas eslo el que se sabe servir et onrar él dél commo deve.

—Non es de buen seso el que se tiene por pagado de dar
o dezir buenos sesos, mas eslo el que los dize et los faze.

—En las cosas de poca fuerça, cumplen las apuestas pa-
labras, en las cosas de grand fuerça, cumplen los apuestos
et provechosos fechos.

—Más val al omne andar desnuyo, que cubierto de ma-
las obras.

—Quien ha fijo de malas maneras [864] et desvergonçado
et non reçebidor de buen castigo, mucho le sería mejor
nunca aver fijo.

—Mejor sería andar solo que mal acompañado.

---

862 *ó*: donde.
863 *vista*: aspecto, apariencia. Cf.: "et sy non fuesse por mi que
lo entendi en su vista... pudiera uos matar". *Poridat de las pori-
dades*, p. 41.
864 *maneras*: costumbres.

—Más valdría seer omne soltero, que casar con mujer porfiosa.

—Non se ayunta el aver de tortiçería, [865] et si se ayunta, non dura.

—Non es de crer en fazienda agena el que en la suya pone mal recabdo.

—Unas cosas pueden seer acerca et otras alueñe: [866] pues dévese omne atener a lo çierto.

—Por rebato [867] et por pereza yerra omne muchas cosas, pues de grand seso es el que se sabe guardar de amas.

—Sabio es el que sabe soffrir et guardar su estado en el tiempo que es turbio.

—En grant cuyta et periglo bive qui reçela que sus consejeros querrían más su pro que la suya.

—Quien sembra sin tiempo non se marabille de non seer buena la cogida.

—Todas las cosas paresçen bien et son buenas, et paresçen mal et son malas, et paresçen bien et son malas, et paresçen malas et son buenas.

—En meior esperança está el que va por la carrera derecha et non falla lo que demanda, que el que va por la tuerta [868] et se le faze lo que quiere.

—Más val alongarse omne del señor tortiçiero, que seer mucho su privado.

—Quien desengaña con verdadero amor, ama; quien lesonia, [869] aborreçe.

—El que más sigue la voluntat que la razón, trae el alma et el cuerpo en grand periglo.

---

[865] *tortiçería*: injusticia, de 'tortiçiero', injusto, cruel, que aparece unas líneas más abajo. Cfr.: "E si el rrey cuyda ayuntar haver de torticiria cuyda lo que non es verdad". *Bocados de oro*, p. 83.

[866] *alueñe*: lejos.

[867] *rebato*: precipitación, arrebato. Cfr.: "et que de grado viniesedes a tomar nuestra ley, mucho me plaze porque beo que lo queredes fazer con razon et con madureza et sin rebato". *Libro de los estados*, f. 58b.

[868] *tuerta*: torcida. Cf.: "Et la señal que los guermezes son en las orejas es que el falcon tiene la cabeça tuerta e los ojos çerrados". *Libro de la caza*, p. 57.

[869] *lesonia*: halaga. Vid. p. 80.

—Usar más de razón el deleyte de la carne, mata el alma et destruye la fama et enflaqueçe el cuerpo et mengua el seso et las buenas maneras.

—Todas las cosas yazen so la mesura; et la manera es el peso.

—Quien non ha amigos sinon por lo que les da, poco le durarán.

—Aborreçida cosa es qui quiere estar con malas compañas.

—El que quiere señorear los suyos por premia [870] et non por buenas obras, los coraçones de los suyos demandan quien los señoree.

—Commo quier que contesçe, grave cosa es seer dessemeiante a su linage.

—Qual omne es, con tales se aconpaña.

—Más vale seso que ventura, que riqueza, nin linage.

—Cuydan que el seso et el esfuerço que son dessemejantes, et ellos son una cosa.

—Meior es perder faziendo derecho, que ganar por fazer tuerto: ca el derecho ayuda al derecho.

—Non deve omne fiar en la ventura, ca múdanse los tiempos et contiénense [871] las venturas.

—Por riqueza, nin pobreza, nin buena andança, nin contraria, non deve omne pararse del amor de Dios.

—Más daño recibe omne del estorvador, que provecho del quel ayuda.

—Non es sabio quien se puede desenbargar de su enemigo et lo aluenga.

—Qui a ssí mismo non endereça, non podría endereçar a otri.

—El señor muy falaguero es despreciado; el bravo, aborrecido; el cuerdo, guárdalo con la regla. [872]

—Quien por poco aprovechamiento aventura grand cosa, non es de muy buen seso.

---

[870] *premia*: opresión. Véase la nota 445 en la p. 136.
[871] *contiénense*: detiénense.
[872] *...regla*: guardar o seguir la regla.

—¡Cómmo es aventurado qui sabe soffrir los espantos [873] et non se quexa para fazer su daño!

—Si puede omne dezir o fazer su pro, [fágalo, et] sinon, guárdese de dezir o fazer su daño.

—Omildat con razón es alabada.

—Quanto es mayor el subimiento, tanto es peor la caýda. [874]

—Paresçe la vondat del señor en quáles obras faze, quáles leyes pone.

—Por dexar el señor al pueblo lo que deve aver dellos, les tomará lo que non deve.

—Qui non faz buenas obras a los que las an mester, non le ayudarán quando los ovier mester. [875]

—Más val sofrir fanbre que tragar bocado dañoso.

—De los viles se sirve omne por premia; de los buenos et onrados, con amor et buenas obras.

—Ay verdat buena, et ay verdat mala.

—Tanto enpeeçe a vegadas la mala palabra commo la mala obra.

—Non se escusa de ser menguado qui por otri faze su mengua.

—Qui ama más de quanto deve, por amor será desamado.

—La mayor desconosçençia es quien non conosçe a ssí; pues ¿cómo conozcrá a otri? [876]

—El que es sabio sabe ganar perdiendo, et sabe perder ganando.

—El que sabe, sabe que non sabe; el que non sabe, cuyda que sabe.

—La escalera del galardón es el pensamiento, et los escalones son las obras.

---

[873] *espantos*: miedos, temores.

[874] Comp.: "Quanto fue mas alta la su sobida, tanta fue mas baxa la su cayda". *Bocados de oro*, p. 302. Más referencias en Knust, p. 423.

[875] Comp.: "E dixo [Platón]: Quien non fiziere bien a sus amigos mientra oviere poder, non los avrá quando los oviere mester". *Buenos próverbios*, p. 27. Cit. por Knust, p. 424.

[876] Comp.: "El que non conosce a si mismo non conosce a otro". *Bocados de oro*, p. 100.

—Quien non cata las fines fará los comienços errados.

—Qui quiere acabar lo que desea, desee lo que puede acabar.

—Quando se non puede fazer lo que omne quiere, quiera lo [que] se pueda fazer. [877]

—El cuerdo sufre al loco, et non sufre el loco [al cuerdo], ante le faz premia.

—El rey rey, reyna; el rey non rey, non reyna, mas es reynado.

—Muchos nombran a Dios et fablan in l', et pocos andan por las sus carreras.

—Espantosa cosa es enseñar el mudo, guiar el çiego, saltar el contrecho; [878] más lo es dezir buenas palabras et fazer malas obras.

—El que usa parar [879] lazos en que cayan los omnes, páralos a otri et él caerá en ellos. [880]

—Despreçiado deve seer el castigamiento [881] del que non bive vida alabada.

—¡Quántos nombran la verdat [et] non andan por sus carreras!

—Venturado et de buen seso es el que fizo caer a su contrario en el foyo que fiziera para en que él cayesse.

—Quien quiere que su casa esté firme, guarde los çimientos, los pilares et el techo.

—Usar la verdat, seer fiel, et non fablar en lo que non aprovecha, faz llegar a omne a grand estado. [882]

---

[877] Comp.: "El que quiere aver lo que cobdicia, cobdicie lo que puede aver". *Bocados de oro*, p. 335. Cit. por Knust, ibíd., donde se verán referencias hasta de Terencio.

[878] *contrecho*: contrahecho, lisiado. Comp.: "mas nunca de los miembros non fueron bien sennores, / siempre fueron contrechos, siempre mendigadores". Berceo, *Milagros*, 397bc.

[879] *parar*: preparar, colocar.

[880] Comp.: "El que cava poso para echar en el a su amigo, cae en el". *Bocados de oro*, p. 407. Apud Knust, p. 425.

[881] *castigamiento*: consejo, enseñanza. Cf.: "Daba a los errados buenos castigamientos". Berceo, *Milagros*, 708c.

[882] Comp.: "E vido un omne estar a Leogenin con buenos omnes, e que les contara muy buenas rrasones, e dixole: "¿Non eres tu el que solias guardar comigo el ganado en tal lugar?" E

—El mejor pedaço que ha en l' omne es el coraçón; esse mismo es el peor.

—Qui non esseña et castiga sus fijos ante del tiempo de la desobediençia, para siempre ha dellos pecado.

—La mejor cosa que omne puede escoger para este mundo es la paz sin mengua et sin vergüença.

—Del fablar biene mucho bien; del fablar biene mucho mal.

—Del callar biene mucho bien; del callar biene mucho mal.

—El seso et la mesura et la razón departen et judgan las cosas.

—¡Cómmo sería cuerdo qui sabe que ha de andar grand camino et passar fuerte puerto si aliviasse la carga et amuchiguasse [883] la vianda! [884]

—Quando el rey es de buen seso et de buen consejo et sabio sin maliçia, es bien del pueblo; et el contrario. [885]

—Qui por cobdiçia de aver dexa los non fieles en desobediençia de Dios, non es tuerto [886] de seer su despagado. [887]

—Al que Dios da vençimiento de su enemigo, guárdesse de lo porque fue vençido.

---

dixole: "Si so". E dixole: "¿Pues quien te fiso llegar a este estado?" E dixole Leogenin: "Desir verdad e ser fiel e non fablar de lo que non aprovecha". *Bocados de oro,* p. 326. Cit. por Knust, p. 425.

[883] *amuchiguasse:* aumentase. Comp.: "et mandoles que engendrasen et cresçiesen e amucheguasen et finchiesen la tierra". *Libro de los estados,* f. 56b.

[884] Comp.: "Non lloro yo por ninguna desas cosas, mas lloro porque he de andar gran camino e de pasar fuerte puerto e llevo poco conducho e grand carga, e non se si me aliviaran de aquella carga ante que llegue al cabo del camino". *Bocados de oro,* p. 341. Cit. por Knust, como los siguientes.

[885] Comp.: "Commo es bien del pueblo quando el rrey es de buen seso e de buen consejo e sabio, e commo es mal dellos quando le menguare una destas cosas". *Bocados de oro,* p. 82.

[886] *tuerto:* injusticia. Vid. la nota 288 en la p. 99.

[887] *su despagado:* descontento de él. Comp.: "Pusieron por escusa que lo façien sin grado, / porque vedian que era el su rey despagado". Berceo, *Vida de santo Domingo,* 169.

—Si el fecho faz grand fecho et buen fecho et bien fecho, non es grand fecho. El fecho es fecho quando el fecho faze el fecho; es grand fecho et bien fecho si el non fecho faz grand fecho et bien fecho.

—Por naturales et vatalla campal se destruyen et se conquieren los grandes regnos.

—Guiamiento de la nave, vençimiento de lid, melezinamiento de enfermo, senbramiento de qualquier semiente, [888] ayuntamiento de novios, non se pueden fazer sin seso de omne et voluntat et gracia speçial de Dios.

—Non será omne alabado de complida fialdat, [889] fata que todos sus enemigos fien dél sus cuerpos et sus fechos. Pues cate omne por quál es tenido si sus amigos non osan fiar dél.

—Qui escoge morada en tierra do non es el señor derechudero [890] et fiel et apremiador et físico sabidor et complimiento [891] de agua, mete a ssí et a ssu compaña en grant aventura. [892]

—Todo omne es bueno, mas non para todas las cosas.

—Dios guarde a omne de fazer fecho malo, ca por lo encobrir abrá de fazer otro o muchos malos fechos.

—Qui faze jurar al que bee que quiere mentir, ha parte en l' pecado.

—El que faze buenas obras a los buenos et a los malos, recibe bien de los buenos et es guardado de los malos.

---

[888] *semiente*: simiente. Cf.: "Fazie buena semeiança, buena semient senbrava". Berceo, *Vida de San Millán,* 37a.

[889] *fialdat*: fidelidad, honradez. Comp.: "ellos buscan la guerra, ca vos non la buscades, / ellos se vos alzaron con vuestras fialdades". Berceo, *Vida de san Millán,* 406bc.

[890] *derechudero*: justiciero, recto. Véase la nota 638 en la p. 194.

[891] *complimiento*: abundancia. Comp.: "Et gradesco mucho a Dios porque se me açerca de tomar esta ley oy sabado, que es en dia que sancta Eglesia escogio para fazer remenbrança de Sancta María, que es complimiento del bien". *Libro de los estados,* f. 62ab.

[892] Comp.: "El que mora en lugar do non ha sennor apremiador e jues justiciador e fisico sabidor e mercado fuerte e rrio corriente, aventura a si e a su compannia e a su aver". *Bocados de oro,* p. 105.

—Por omillarse al rey et obedeçer a los príncipes, et honrar a los mayores et fazer bien a los menores, et consejarse con los sus leales, será omne seguro et non se ar[r]epintrá.

—Qui escarneçe [893] de la lisión o mal que viene por obra de Dios, non es seguro de [non] acaesçer a él.

—Non deve omne alongar el bien, pues lo piensa, porque non le estorve la voluntat.

—Feo es ayunar con la voca sola et pecar con todo el cuerpo.

—Ante se deven escoger los amigos que omne mucho fíe nin se aventure por ellos. [894]

—Del que te alaba más de quanto es verdat, non te assegures de te denostar más de quanto es verdat. [895]

[893] *escarneçe*: se burla, hace escarnio.

[894] Comp.: "Et por esto dixo Aristotiles que ha mester ante que home tome amistad con otro, que puñe primera miente en conoscerlo si es bueno". *Las siete partidas*, Part. IV, tit. XXVII, ley III.

[895] Comp.: "El que te alaba en lo que non es en ti, non te asegures del que non te denueste con lo que es en ti". *Bocados de oro*, p. 103.

Escusación de Patronio al conde Lucanor]

—Señor conde Lucanor —dixo Patronio—, después que
el otro libro fue acabado, porque entendí que lo queríades
vós, començé a fablar en este libro más avreviado et más
oscuro que en l' otro. Et commo quier que en esto que vos
he dicho en este libro ay menos palabras que en el otro,
sabet que non es menos el aprovechamiento et el entendi-
miento deste que del otro, ante es muy mayor para quien
lo estudiare et lo entendiere; ca en l' otro ay cinquenta
enxiemplos et en éste ay ciento. Et pues en el uno et en
l' otro ay tantos enxiemplos, que tengo que devedes tener
por assaz, paresçe que faríedes mesura si me dexásedes fol-
gar daquí adelante.

—Patronio —dixo el conde Lucanor—, vós sabedes que
naturalmente de tres cosas nunca los omnes se pueden te-
ner por pagados et siempre querrían más dellas: la una es
saber, la otra es onra et preçiamiento, la otra es abastamien-
to [896] para en su vida. Et porque el saber es tan buena
cosa, tengo que non me devedes culpar por querer ende
aver yo la mayor parte que pudiere, et porque sé que
de ninguno non lo puedo mejor saber que de vós, creed

---

[896] *abastamiento*: provisión. Comp.: "Otrosi deue tener con ella
en la su casa abastamiento de duennas et de donzellas tales quales
les pertenesçen". *Libro de los estados*, 76b.

que, en quanto viva, nunca dexaré de vos affincar que me amostredes lo más que yo pudiere aprender de lo que vós sabedes.

—Señor Conde Lucanor —dixo Patronio—, pues veo que tan buena razón et tan buena entención vos muebe a esto, dígovos que tengo por razón de trabajar aún más, et dezirvos he lo que entendiere de lo que aún fata aquí non vos dixe nada. Ca dezir una razón muchas vegadas, si non es por algún provecho señalado, o paresçe que cuyda el que lo dize que aquel que lo ha de oyr es tan boto [897] que lo non puede entender sin lo oyr muchas vezes, o paresçe que ha sabor de fenchir el libro non sabiendo qué poner en él. Et lo que daquí adelante vos he a dezir comiença assí:

—Lo caro es caro, cuesta caro, guárdasse caro, acábalo caro; lo rehez [898] es rehez, cuesta rehez, gánase rehez, acábalo rehez; lo caro es rehez, lo rehez es caro.

—Grant marabilla será, si bien se falla, el que fía su fecho et faze mucho bien al que erró et se partió sin grand razón del con qui avía mayor debdo.

—Non deve omne crer que non se atreverá a él por esfuerço de otri, el que se atreve a otri por esfuerço dél. [899]

—El que quiere enpeeçer [900] a otri, non deve cuydar que el otro non enpeçerá a él. [901]

—Por seso se mantiene el seso.

—El seso da seso al que non ha seso.

—Sin seso non se guarda el seso.

---

[897] *boto*: tonto, torpe. Comp.: "porque semeiava en unas cosas boto". Berceo, *Milagros*, 285. (De ahí "embotar el juicio", de uso ya viejo: "El algo faz enbotar el entendimiento del omne". *Castigos e documentos*, p. 68.)

[898] *rehez*, como *rafez*: barato. Cf.: "Las cosas mucho caras, algún'ora son rrafezes". *Libro de buen amor*, 102c.

[899] Comp.: "Quien se atreve a otri por ti, atreverse ha a ti por otri". *Bocados de oro*, p. 103. Cit. por Knust, como los siguientes.

[900] *enpeeçer*: dañar. Vid. p. 103, nota 308.

[901] Comp.: "Quando quisieres nosir [dañar] a otro, creas que non podras tu estorvar que non te nusga". *Bocados de oro*, p. 136.

—Tal es Dios et los sus fechos, que señal es que poco lo conocerá[n] los [que] mucho fablan en Él. [902]

—De buen seso es el que non puede fazer al otro su amigo, de non lo fazer su enemigo. [903]

—Qui cuyda aprender de los omnes todo lo que saben, yerra; qui aprende lo aprovechoso, açierta.

—El consejo, si es grand consejo, es buen consejo; faz buen consejo, da buen consejo; párasse al consejo [qui] de mal consejo faz buen consejo; el mal consejo de buen consejo faz mal consejo.

—A grand consejo a mester grand consejo.

—Grand bien es del qui ha et quiere et cree buen consejo.

—El mayor dolor faz olvidar al que non es tan grande.

—Qui ha de fablar de muchas cosas ayuntadas, es commo el que desbuelve [904] grand oviello que ha muchos cabos.

—Todas las cosas naçen pequeñas et creçen; el pesar nasçe grande et cada día mengua. [905]

—Por onra reçibe onra qui faz onra.

—La onra dévese fazer onra, guardándola.

—El cuerdo, de la bívora faz triaca; [906] et [el] de mal seso, de gallinas faz vegambre. [907]

---

[902] Comp.: "El que fabla mucho en Dios, es sennal que poco lo conosce". *Bocados de oro*, p. 134.

[903] Comp.: "Si probares algunt omne e si fallares que non es bueno para ser amigo, guardate de lo faser tu enemigo". *Bocados de oro*, p. 137.

[904] *desbuelve*: desenreda, desenvuelve.

[905] Comp.: "E sepas que todas las cosas que Dios fiso son pequennas luego, e van creciendo cada dia, sinon el pesar". *Bocados de oro*, p. 301.

[906] *triaca*: droga para las mordeduras de especies venenosas. Comp.: "La lealtad e la verdat es tal commo la buena triaca fina, e la trayçion e la falsedat es tal commo el tosico mortal". *Castigos e documentos*, p. 187.

[907] *vegambre*: vedegambre, eléboro, veneno. Comp.: "et embio uos en el una muy fremosa manceba que fue criada a ueganbre fasta ques' torno de la natura de las biuoras". *Poridat de las poridades*, p. 41.

—Qui se desapodera [908] non es seguro de tornar a ssu poder quando quisiere.

—Non es de buen seso qui mengua su onra por cresçer la agena.

—Qui faz bien por reçebir bien non faz bien; porque el bien es carrera del complido bien, se deve fazer el bien.

—Aquello es bien que se faz bien.

—Por fazer bien se ha el complido bien.

—Usar malas viandas et malas maneras es carrera de traer el cuerpo et la fazienda et la fama en peligro.

—Qui se duele mucho de la cosa perdida que se non puede cobrar, et desmaya por la ocasión de que non puede foýr, non faze buen seso.

—Muy caro cuesta reçebir don del escasso; quanto más pedir al avariento.

—La razón es razón de razón.

—Por razón es el omne cosa de razón.

—La razón da razón.

—La razón faz al omne seer omne: assí por razón es el omne; quanto el omne a más de razón, es más omne; quanto menos, menos; pues el omne sin razón non es omne, mas es de las cosas en que non ha razón.

—El soffrido sufre quanto deve et después cóbrasse con bien et con plazer.

—Razón es de bevir mal a los que son dobles de coraçón et sueltos para complir los desaguisados deseos.

—Los que non creen verdaderamente en Dios, razón es que non sean por él defendidos.

—Si el omne es omne, quanto es más omne es mejor omne.

—Si el grand omne es bien omne, es buen omne et grand omne; quanto el grand omne es menos omne, es peor omne; non es grand omne sinon el buen omne; si el grand omne non es buen omne, nin es grand omne nin buen omne; mejor le sería nunca seer omne.

---

[908] *desapodera*: despoja del poder, pierde su autoridad.

—Largueza en mengua, astinençia en abondamiento, castidat en mançebía, omildat en grand onra, fazen al omne mártir sin escarnimiento [909] de sangre.

—Qui demanda las cosas [más] altas que sí, [910] et escodriña [911] las más fuertes, non faze buen recabdo.

—Razón es que reciba [omne] de sus fijos lo que su padre reçibió dél.

—Lo mucho es para mucho; mucho sabe [qui] en lo mucho faz mucho por lo mucho; lo poco dexa por lo mucho; por mengua non pierde lo poco; endereça lo mucho. Siempre ten el coraçón en lo mucho. [911 bis]

—Quanto es el omne mayor, si es verdadero omildoso, tanto fallará más gracia ante Dios.

—Lo que Dios quiso asconder non es aprovechoso de lo veer omne con sus ojos.

—Por la bendiçión del padre se mantienen las casas de los fijos; por la maldiçión de la madre se derriban los çimientos de raýz. [912]

—Si el poder es grand poder, el grand poder ha grand saber.

—Con grand saber es grand querer; teniendo que de Dios es todo el poder, et de su gracia aver poder, deve creçer su grand poder.

—Qui quiere onrar a ssí et a ssu estado, guise que sean seguros dél los buenos [et que] se reçelen dél los malos. [913]

—La dubda et la pregunta fazen llegar al omne a la verdat.

---

[909] *escarnimiento*: derramamicnto.

[910] *que sí*: que sí mismo.

[911] *escodriña*: escudriña, inquiere. Comp.: "Conviene que catemos este sancto misterio, / en bien escodrinnarlo non es poco laçerio". Berceo, *Del sacrificio de la misa*, 241ab.

[911 bis] Sigo la lección que propone G. Orduna en su art. cit.

[912] *Eclesiast.* III, 11: "Benedictio patris firmat domos filiorum, maledictio autem matris eradicat fundamenta".

[913] Comp.: "Si quieres ser muy grand governador, segurense los buenos de la tu pena, e crean los malos que te vengaras dellos". *Bocados de oro*, p. 256.

—Non deve omne aborreçer todos los omnes por alguna tacha, ca non puede seer ninguno guardado de todas las tachas. [914]

—El yerro es yerro; del yerro nasçe yerro; del pequeño yerro nasçe grand yerro; por un yerro viene otro yerro; si bien biene del yerro, siempre torna en yerro; nunca del yerro puede venir non yerro.

—Qui contiende con el que se paga del derecho et de la verdat, et lo usa, non es de buen seso.

—Los cavalleros et el aver son ligeros de nombrar et de perder, et graves de ayuntar et más de mantener.

—El cuerdo tiene los contrarios et el su poder por más de quanto es, et los ayudadores et el su poder por menos de quanto es.

—Fuerça non fuerça a fuerça; fuerça desfaz con fuerça, a vezes mejor sin fuerça; non se [dize] bien: fuerça a vezes presta la fuerça; do se puede escusar, non es de provar fuerça.

—Cuerdo es quien se guía por lo que contesçió a los que passaron.

—Commo cresçe el estado, assí cresçe el pensamiento; si mengua el estado, cresçe el cuydado.

—Con dolor non guaresçe la gran dolençia, [mas] con melezina sabrosa.

—Amor creçe amor; si amor es buen amor, es amor; amor más de amor non es amor; amor, de grand amor faz desamor.

—A [915] cuydados que ensanchan et cuydados que encogen.

—Mientre se puede fazer, mejor es manera que la fuerça.

—Los lcales dizen lo que es; los arteros [916] lo que quieren.

---

[914] Comp.: "Sepas (castigó Aristóteles a Alexandre) que non puede seer ninguno sin tacha". *Bocados de oro,* p. 250.

[915] *A*: Ha, hay.

[916] *arteros*: astutos. Comp.: "Dixo ell huno de ellos e cuydo seyer artero". *Libro de Apolonio,* 225.

—Vida buena, vida es; vida buena, vida da.

—Qui non a vida non da vida; qui es vida da vida.

—Non es vida la mala vida.

—Vida sin vida, non es vida.

—Qui non puede aver vida, cate que aya complida vida.

[CUARTA PARTE
DEL LIBRO DEL CONDE LUCANOR
ET DE PATRONIO

—Señor conde Lucanor —dixo Patronio—, porque entendí que era vuestra voluntat, et por el afincamiento que me fiziestes, porque entendí que vos movíades por buena entención, trabajé [917] de vos dezir algunas cosas más de las que vos avía dicho en los enxiemplos que vos dixe en la primera parte deste libro en que ha çinquenta enxiemplos que son muy llanos et muy declarados; et pues en la segunda parte ha çient proverbios et algunos fueron ya quanto [918] oscuros et los más, assaz declarados; et en esta terçera parte puse çinquenta proverbios, et son más oscuros que los primeros çinquenta enxiemplos, nin los çient proverbios. Et assí, con los enxiemplos et con los proverbios, hevos [919] puesto en este libro dozientos entre proverbios et enxiemplos, et más: ca en los çinquenta enxiemplos primeros, en contando el enxiemplo, fallaredes en muchos lugares algunos proverbios tan buenos et tan provechosos commo en las otras partes deste libro en que son todos proverbios. Et bien vos digo que qualquier omne que todos estos proverbios et enxiemplos sopiesse, et los guardasse et se aprovechasse dellos, quel cumplían assaz para

917 *trabajé*: me esforcé.
918 *ya quanto*: bastante. Vid. la nota 302 en la p. 102.
919 *hevos*: os he.

salvar el alma et guardar su fazienda et su fama et su
onra et su estado. Et pues tengo que en lo que vos he
puesto en este libro ha tanto que cumple para estas cosas,
tengo, que si aguisado[920] quisiéredes catar, que me devíe-
des ya dexar folgar.

—Patronio —dixo el conde—, ya vos he dicho que por
tan buena cosa tengo el saber, et tanto querría dél aver lo
más que pudiesse, que por ninguna guisa nunca he de par-
tir manera de fazer todo mio poder por saber ende lo más
que yo pudiere. Et porque sé que non podría fallar otro
de quien más pueda saber que de vós, dígovos que en toda
la mi vida nunca dexaré de vos preguntar et affincar por
saber de vós lo más que yo pudiere.

—Señor conde Lucanor —dixo Patronio—, pues assí es,
et assí lo queredes, yo dezirvos he algo segund lo enten-
diere de lo que fasta aquí non vos dixe, mas pues veo que
lo que vos he dicho se vos faze muy ligero de entender,
daquí adelante dezirvos he algunas cosas más oscuras que
fasta aquí et algunas assaz llanas. Et si más me affincáre-
des, avervos he[921] a fablar en tal manera que vos converná
de aguzar el entendimiento para las entender.

—Patronio —dixo el conde—, bien entiendo que esto
me dezides con saña et con enojo por el affincamiento que
vos fago; pero commo quier que segund el mio flaco saber
quer[r]ía más que me fablássedes claro que oscuro, pero
tanto tengo que me cumple lo que vós dezides, que querría
ante que me fablássedes quanto oscuro vós quisierdes, que
non dexar de me mostrar algo de quanto vós sabedes.

—Señor conde Lucanor —dixo Patronio—, pues assí lo
queredes, daquí adellante parad bien mientes a lo que vos
diré.

—En el presente muchas cosas grandes son tiempo gran-
des et non parescen, et omne nada en l' passado las tiene.

—Todos los omnes se engañan en sus fijos et en su apos-
tura et en sus vondades et en su canto.

---

[920] *aguisado*: advertido.
[921] *avervos he*: os habré.

—De mengua seso es muy grande por los agenos grandes tener los yerros pequeños por los suyos. [922]

—Del grand afazimiento nasçe menospreçio.

—En el medrosas deve señor ydas primero et las apressuradas ser sin el que saliere lugar, enpero fata grand periglo que sea. [923]

—Non deve omne fablar ante otro muy sueltamente fasta que entienda qué conparaçión ha entre el su saber et el del otro. [924]

—El mal porque toviere lo otro en que vee guardar en el que se non deve querer caya. [925]

—Non se deve omne tener por sabio nin encobrir su saber más de razón.

—Non la salut siente nin el bien, el siente se contrario. [926]

—Non faze buen seso el señor que se quiere servir o se paga del omne que es maliçioso, nin mintroso. [927]

—Con más mansedumbre sabios sobervia, con que cosas fallago con braveza los acaba[n]. [928]

—De buen seso es qui se guarda de se desavenir con aquél sobre que ha poder, quanto más con el que lo ha mayor que él. [929]

---

[922] "Interprétese: "Muy grande manera de mengua de seso es tener los ajenos yerros por grandes [et los] suyos por pequeños". Nota de Sánchez Catón en su edic., como las siguientes.

[923] "El señor debe ser [el] primero que saliere en las medrosas e apresuradas idas, empero, fasta que sea el lugar sin gran peligro".

[924] Comp.: "Non fables ante ningunt omne, fasta que oyas su palabra e sepas que comparacion ha entre lo que en ti ha de saber e lo que ha en el". *Bocados de oro*, p. 149. Cit. por Knust, p. 432.

[925] "El que ve el mal que otro toviere, lo debe querer guardar porque en [él] non se caya".

[926] "Non siente la salud nin el bien; él siente [los de] su contrario".

[927] *mintroso*: mentiroso. Vid. la nota 452 en la p. 139.

[928] "Los sabios acaba[n] las cosas con más mansedumbre [et] falago, que con braveza [et] soberbia".

[929] Comp.: "Conviene al rrey acucioso que se non desavenenga con aquel sobre quien ha poder". *Bocados de oro*, p. 112.

—Aponen [930] que todo omne deve alongar de sí el sabio, ca los faze con él mal los malos omnes. [931]

—Qui toma contienda con el que más puede, métese en grand periglo; qui la toma con su egual, métese en aventura; qui la toma con el que menos puede, métese en menospreçio; pues lo mejor es qui puede aver paz a su pro et su onra.

—El seso por que guía, non es su alabado et el que non fía mucho de su seso descubre poridat al de qui es flaco. [932]

—Más aprovechoso es a muchos omnes aver algún reçelo que muy grand paz sin ninguna contienda.

—Grand bien es al señor que non aya el coraçón esforçado et si oviere de seer de todo coraçón fuerte, cúmplel cuerpo assaz lo esforçado.

—El más complido et alabado para consegero es el que guarda bien la poridat et es de muertas cobdiçias et de bivo entendimiento. [933]

—Más tiempos aprovecha paral continuado deleyte, que a la fazienda pensamiento [et] alegría.

—Por fuertes ánimos, por mengua de aver, por usar mucho mugeres, et bino et malos plazeres, por ser tortiçero et cruel, por aver muchos [contrarios] et pocos amigos se pierden los señoríos o la vida.

---

[930] *Aponen*: Atribuyen, achacan. Comp.: "Io quiero esta cosa por mis oios veer; / si non, qui lo apuso lo deve padecer". Berceo, *Milagros,* 559cd, "en que a la Marfusa furto le aponía". *Libro de buen amor,* 348d.

[931] "Los malos omnes aponen que el sabio deve alongar de si todo omne, ca con él los faze mal". Interpretación de E. Juliá. En cambio, Sánchez Cantón dice: "No doy con el verdadero sentido; quizá sea: "El sabio debe alongar de si los homnes, ca los malos aponen que todo homne face mal con él". Yo creo que don Juan Manuel pretende decir algo así: "Los malos omnes aponen que todo omne deve alongar de sí el sabio, ca con él los faze mal".

[932] "El que se guía por su seso non es alabado, et el que non fia mucho de su seso descubre su poridat al que es flaco". (Pero Sánchez Cantón lo incluye como texto, no como explicación. Quizá hubo un cambio de notas en su edic.)

[933] Comp.: "El que mas aman los rreyes es el que tienen que es de muertas cobdicias e de vivo seso". *Bocados de oro,* p. 225.

—Errar para perdonar a de ligero da atrevimiento los omnes.

—El plazer faze sin sabor las viandas que lo non son, el pesar faze sabrosas las viandas.

—Grand vengança para menester luengo tiempo encobrir la madureza seso es. [934]

—Assí es locura si el de muy grand seso se quier mostrar por non lo seer, commo es poco seso si el cuerdo se muestra cuerdo algunas vezes.

—Por fuerte voluntat que sea contender con su enemigo luengo tiempo más fuerte cosa es con su omne. [935]

—Dizen por mal uso complir mester por su talante verdat de quanto menos por fablar lo de los omnes es o por más saber. [936]

—De buen seso es qui non quiere fazer para grand obra, lo que la ha, non teniendo acabar mester apareiado. [937]

—Omne non deve acomendar más fechos a un omne de a quantos puede poner recabdo.

—Luengos tiempos ha omne obrado dallí adelante que creer en quál manera obrar deven assí.

[934] "Gran madureza de seso es mester para encobrir luengo tiempo la vengança".

[935] "Por fuerte que sea contender luengo tiempo con su enemigo, mas fuerte cosa es [contender] homne con su voluntad".

[936] Sánchez Cantón dice: "No encuentro explicación a este párrafo, como no quiera decir: 'Es mal uso de verdat cuanto los homnes dicen por complir su talante, por lo mester, por fablar de más o por menos saber".

[937] Doña María Goyri de Menéndez Pidal interpreta: "De buen seso es qui non quiere fazer grand obra, non teniendo aparejado lo que ha menester para la acabar". En *Romania*, XXIX (1900), p. 601.

[QUINTA PARTE
DEL LIBRO DEL CONDE LUCANOR
ET DE PATRONIO]

—Señor conde Lucanor —dixo Patronio—, ya desuso vos dixe muchas vezes que tantos enxiemplos et proverbios, dellos [938] muy declarados, et dellos ya quanto más oscuros, vos avía puesto en este libro, que tenía que vos cumplía assaz, et por affincamiento que me feziestes ove de poner en estos postremeros treynta proverbios algunos tan oscuramente que será marabilla si bien lo[s] pudierdes entender, si yo o alguno de aquellos a qui lo[s] yo mostré non vos lo[s] declarare; pero seet bien çierto que aquellos que parescen más oscuros o más sin razón que, desque los entendiéredes, que fallaredes que non son menos aprovechosos que qualesquier de los otros que son ligeros de entender. Et pues tantas cosas son escriptas en este libro sotiles et oscuras et abreviadas, por talante que don Johan ovo de complir talante de don Jayme, dígovos que non quiero fablar ya en este libro de enxiemplos, nin de proverbios, mas fablar he un poco en otra cosa que es muy más provechosa.

Vós, conde señor, sabedes que quanto las cosas spirituales son mejores et más nobles que las corporales, señaladamente porque las spirituales son duraderas et las corporales se an de corromper, tanto es mejor cosa et más noble el alma que el cuerpo, ca el cuerpo es cosa corrutible et el alma cosa duradera; pues si el alma es más noble et mejor cosa que el cuerpo, et la cosa mejor deve seer más preçiada

---

[938] *dellos... dellos*: unos... otros.

et más guardada, por esta manera, non puede ninguno negar que el alma non deve seer más preçiada et más guardada que el cuerpo. [939]

Et para seer las almas guardadas ha mester muchas cosas, et entendet que en dezir guardar las almas, non quiere al dezir sinon fazer tales obras porque se salven las almas; ca por dezir guardar las almas, non se entiende que las metan en un castillo, nin en un arca en que estén guardadas, mas quiere dezir que por fazer omne malas obras van las almas al Infierno. Pues para las guardar que non cayan al Infierno, conviene que se guarde de las malas obras que son carrera para yr al Infierno, et guardándose destas malas obras se guarde del Infierno.

Pero devedes saber que para ganar la gloria del Paraýso, que ha guardarse omne de malas obras, que mester es de fazer buenas obras, et estas buenas obras para guardar las almas et guisar que vayan a Paraýso ha mester ý estas quatro cosas: la primera, que aya omne [fee] et biva en ley de salvaçión; la segunda, que desque es en tiempo para lo entender, que crea toda su ley et todos sus artículos et que non dubde en ninguna cosa dello; la terçera, que faga buenas obras et a buena entençión porque gane el Paraýso; la quarta, que se guarde de fazer malas obras porque sea guardada la su alma de yr al Infierno.

A la primera, que aya omne [fee] et biva en ley de salvaçión: a ésta vos digo que, segund verdad, la ley de salvaçión es la sancta fe cathólica segund la tiene et la cree la sancta madre Ecclesia de Roma. Et bien creed que en aquella manera que lo tiene la begizuela [940] que esta filando [941]

---

[939] Comp.: "E destas dos cosas de que el omne es compuesto, que son el alma e el cuerpo, es el alma cosa spiritual, et es el cuerpo cosa corporal. Et porque el alma es cosa sinple e duradera e que nunca ha de morir nin de fallesçer, e a otras muchas auantajas del cuerpo, es muy mas noble e muy mejor cosa que el cuerpo; et sennaladamente porque la razon porque el omne fue fecho es para saluar el alma". *Libro infinido*, págs. 10-11.

[940] *begizuela*: vejezuela. Comp.: "Como la mi vejizuela me avia aperçebido". *Libro de buen amor*, 872.

[941] *filando*: hilando. Cf.: "Recuenta Tullio que vna muger auia en Roma que era mucho oçiosa, que jamas non queria filar, antes

a ssu puerta al sol, que assí es verdaderamente; ca ella cree que Dios es Padre et Fijo et Spíritu Sancto, que son tres personas [et] un Dios; et cree que Ihesu-Christo es verdadero Dios et verdadero omne; et que fue fijo de Dios et que fue engendrado por el Spíritu Sancto en [el] vientre de la bien aventurada Virgo Sancta María; et que nasçió della Dios et omne verdadero, et que fincó ella virgen quando conçibió, et virgen seyendo preñada, et virgen después que parió; et que Ihesu-Christo se crió et cresçió commo otro moço; et después, que predicó, et que fue preso, et tormentado, et después puesto en la cruz, et que tomó ý muerte por redemir los pecadores, et que descendió a los infiernos, et que sacó ende los Padres que sabían que avía de venir et esperavan la su venida, et que resusçitó al terçer día, et aparesçió a muchos, et que subió a los çielos en cuerpo et en alma, et que envió a los apóstoles [el Spíritu Sancto] que los confirmó et los fizo saber las Scripturas et los lenguages, et los envió por el mundo a predigar el su Sancto Evangelio. Et cree que Él ordenó los sacramentos de Sancta Eglesia, et que los son verdaderamente assí commo Él ordenó, et que ha de venir a nos judgar, et nos dará lo que cada uno meresçió, et que resusçitaremos, et que en cuerpo et en alma avremos después gloria o pena segund nuestros meresçimientos. Et ciertamente qualquier veguzuela cree esto, et esso mismo cree qualquier christiano.

Et, señor conde Lucanor, bien cred por cierto que todas estas cosas, bien assí commo los christianos las creen, que bien assí son, mas los christianos que non son muy sabios, nin muy letrados, créenlas simplemente commo las cree la Sancta Madre Eglesia et en esta fe et en esta creençia se salvan; mas, si lo quisierdes [saber] cómmo es et cómmo puede seer et cómmo devía seer, fallarlo hedes más declarado que por dicho et por seso de omne se puede dezir et entender en l' libro que don Iohan fizo a que llaman *De los Estados,* et tracta de cómm[o] se prueva por razón que

se trabajaua de lo aconsejar a otras que non filasen". *Castigos e documentos,* p. 59.

ninguno, [christiano] nin pagano, nin ereje, nin judío, nin moro, nin omne del mundo, non pueda dezir con razón que el mundo non sea criatura de Dios, et que, de neçessidat, conviene que sea Dios fazedor et criador et obrador de todos, et en todas las cosas: et que ninguna non obra en Él. Et otrosí, tracta cómm[o] pudo ser et cómmo et por quáles razones pudo ser et deve seer que Ihesu Christo fuesse verdadero Dios et verdadero omne; et cómmo puede seer que los sacramentos de Sancta Ecclesia ayan aquella virtud que Sancta Eglesia dize et cree. Otrosí, tracta de cómmo se prueva por razón que el omne es compuesto de alma et de cuerpo, et que las almas ante de la resurrectión avrán gloria o pena por las obras buenas o malas que ovieron fechas seyendo ayuntadas con los cuerpos, segund sus meresçimientos, et después de la resurrectión que lo avrán ayuntadamente el alma et el cuerpo; et que assí commo ayuntadamente fizieron el bien o el mal, que assí ayuntadamente, ayan el galardón o la pena. [942]

Et, señor conde Lucanor, en esto que vos he dicho que fallaredes en aquel libro, vos digo assaz de las dos cosas primeras que convienen para salvamiento de las almas, que son: la primera, que aya omne [fee] et viva en ley de salvación; et la segunda, que crea toda su ley et todos sus artículos et que non dubde en ninguno dellos. Et porque las otras dos, que son: cómmo puede omne et deve fazer [buenas] obras para salvar el alma et guardarse de fazer las malas por escusar las penas del Infierno, commo quier que en aquel mismo libro tracta desto [a]ssaz conplidamente, pero, porque esto es tan mester de saber et cumple tanto, et porque por aventura algunos leerán este libro et non leerán el otro, quiero yo aquí fablar desto; pero só çierto que non podría dezir complidamente todo lo que para esto sería mester. Diré ende, segund el mio poco saber, lo que Dios me endereçe a dezir, et quiera Él, por la su piadat, que diga lo que fuere su serviçio et provechamiento de los que lo leyeren et lo oyeren.

---

[942] Véanse especialmente los capítulos 26-29 del *Libro de los estados*.

Pero ante que fable en estas dos maneras —cómmo se puede et deve omne guardar de fazer malas obras para escusar las penas del Infierno, et fazer las buenas para ganar la gloria del Paraýso— diré un poco cómmo es et cómmo puede seer que los Sacramentos sean verdaderamente assí commo lo tiene la Sancta Eglesia de Roma. Et esto diré aquí, porque non fabla en ello tan declaradamente en l' dicho libro que don Iohan fizo.

Et fablaré primero en el sacramento del cuerpo de Dios; que es el sacramento de la hostia, que se consagra en l' altar. Et comienço en éste porque es el más grave de creer que todos los sacramentos; et probándose esto por buena et por derecha razón, todos los otros se pruevan. Et con la merçed de Dios, desque éste oviere provado, yo provaré tanto de los otros con buena razón, que todo omne, aunque non sea christiano, et aya en sí razón et buen entendimiento, entendrá que se prueva con razón; que para los christianos non cumple de catar razón, ca tenudos son de lo creer, pues es verdat, et lo cree Sancta Eglesia, et commo quier que esto les cumplía assaz, pero non les enpesçe saber estas razones, [que] ya desuso en aquel libro se prueva por razón que forçadamente avemos a saber et creer que Dios es criador et fazedor de todas las cosas et que obra en todas las cosas et ninguna non obra en l'.

Otrosí, es provado que Dios crió el omne et que non fue criado solamente por su naturaleza, mas que lo crió Dios de su propria voluntat. Otrosí, que lo crió apuesto de alma et de cuerpo, que es cosa corporal et cosa spiritual, et que es compuesto de cosa duradera et cosa que se ha de corromper; et éstas son el alma et el cuerpo, et que para éstas aver amas gloria o pena, convinía que Dios fuesse Dios et omne; et todo esto se muestra muy complidamente en aquel libro que dicho es.

Et pues es provado que Ihesu Christo fue et es verdaderamente Dios, et Dios es todo poder complido, non puede ninguno negar que el sacramento que Él ordenó que lo non sea et que non aya aquella virtud que Él en l' sacramento puso; pero que si alguno dixiere que esto tañe en fe et que él non quiere aver fe sinon en quanto se mostrare

por razón, digo yo que demás de muchas razones que los
sanctos et los doctores de sancta Eglesia ponen, que digo
yo esta razón:

Cierto es que nuestro señor Ihesu Christo, verdadero Dios
et verdadero omne, seyendo el jueves de la çena a la mesa
con sus apóstoles, sabiendo que otro día devía seer fecho
sacrifiçio del su cuerpo, et sabiendo que los omnes non
podían seer salvos del poder del Diablo —en cuyo poder
eran caýdos por el pecado del primer omne, nin podían
seer redemidos sinon por el sacrifiçio que dél se avía de
fazer—, quiso, por la su grand bondat, soffrir tan grand
pena commo sufrió en la su passión, et por aquel sacrifi-
çio que fue fecho del su cuerpo, fueron redemidos todos
los sanctos que eran en l' Limbo, ca nunca ellos pudieran
yr al Paraýso sinon por el sacrifiçio que se fizo del cuerpo
de Ihesu Christo; et aun tienen los sanctos et los docto-
res de sancta Eglesia, et es verdat, que tan grande es el
bien et la gloria del Paraýso, que nunca lo podría omne
aver, nin alcançar, sinon por la passión de Ihesu Christo,
por los meresçimientos de sancta María et de los otros
sanctos. Et por aquella sancta et aprovechosa passión fue-
ron salvos et redemidos todos los que fasta entonçe eran
en l' Limbo et serán redemidos todos los que murieren et
acabaren derechamente en la sancta fe cathólica. Et porque
Ihesu Christo, segund omne, avía de morir et non podía
fincar en el mundo et Él era el verdadero cuerpo porque
los omnes avían a sseer salvos, quísonos dexar el su cuer-
po verdadero assí complido commo lo Él era, en que se
salvassen todos los derechos [943] et verdaderos christianos;
et por esta razón, tomó el pan et bendíxolo et partiólo et
diolo a sus disçiplos et dixo: "Tomat et comet, ca éste es
el mio cuerpo"; et después tomó el cálix, dio gracias a
Dios, et dixo: "Bevet todos éste, ca ésta es la mi sangre";
et allí ordenó el sacramento del su cuerpo. Et devedes sa-
ber que la razón porque dizen que tomó el pan et bendí-
xolo et partiólo es ésta: cada que [944] Ihesu Christo ben-

[943] *derechos*: rectos, justos. Vid. la nota 851 en la p. 276.
[944] *cada que*: cada vez que.

dizía el pan, luego él era partido tan egual commo si lo partiesse con el más agudo cochiello que pudiesse seer. Et por esto dize en el Evangelio quel conosçieron los apóstoles después que resusçitó en l' partir del pan; ca por partir el pan en otra manera commo todos lo parten, non avía la Sancta Scriptura por qué fazer mençión del partir del pan, mas fázelo porque Ihesu Christo partía sienpre el pan, mostrando cómmo lo podía fazer tan marabillosamente.

Et otrosí, dexó este sancto sacramento porque fincasse en su remembrança. Et assí, pues se prueva que Ihesu Christo es verdadero Dios et assí commo Dios pudo fazer todas las cosas, et es çierto que fizo et ordenó este sacramento, non puede dezir ninguno con razón que non lo devía ordenar assí commo lo fizo; et que non ha complidamente aquella virtud que Ihesu, verdadero Dios, en él puso.

Et l' baptismo, otrossí, todo omne que buen entendimiento aya, por razón deve entender [que] este sacramento se devió fazer et era muy grand mester; ca bien entendedes vós que commo quier que el casamiento sea fecho por mandado de Dios et sea uno de los sacramentos, pero, porque en la manera de la engendraçión non se puede escusar algún deleyte, por ventura non tan ordenado commo serié mester, por ende todos los que nasçieron et nasçerán por engendramiento de omne et de muger nunca fue nin será ninguno escusado de nasçer en l' pecado deste deleyte. Et a este pecado llamó la Scriptura 'pecado original', que quiere dezir, segund nuestro lenguaje, 'pecado del nasçimiento'; et por[que] ningund omne que esté en pecado non puede yr a Paraýso, por ende, fue la merçed de Dios de dar manera cómmo se alimpiasse este pecado; et para lo alimpiar, ordenó nuestro señor Dios, en la primera ley, la circunçisión; et commo quier que en quanto duró aquella ley cumplían aquel sacramento, porque entendades que todo lo que en aquella ley fue ordenado, que todo fue por figura [945] desta sancta ley que agora abemos, devédeslo en-

---

[945] *figura*: símbolo. Cf.: "Tres dones li ofreçieron cada uno con su figura, / oro, porque era Rey e de real natura". Berceo, *Loores*, 33ab.

tender señaladamente en este sacramento del baptismo, ca
entonçe circunçidavan los omnes, et ya en ésta paresçe que
era figura que de otra guisa avía de seer; ca vós entende-
des que el sacramento complido egualmente se deve fazer,
pues el circunçidar non se puede fazer sinon a los varones;
pues si non se puede ninguno salvar del pecado original
sinon por la çircunçisión, çierto es que las mugeres que
non pueden este sacramento aver, non pueden seer alim-
piadas del pecado original. Et assí, entendet que la cir-
cunçisión que fue figura del alimpiamiento [946] que se avía
de ordenar en la sancta fe cathólica que nuestro señor
Ihesu Christo ordenó assí commo Dios. Et quando Él orde-
nó este sancto sacramento, quísolo ordenar aviendo reçebido
en sí el sacramento de la çircunçisión, et dixo que non
viniera Él por menguar nin por desfazer la ley, sinon por
la complir, et cumplió la primera ley en la çircunçisión,
et la segunda, que Él ordenó, reçibiendo baptismo de otri,
commo lo reçebió de sant Iohan Baptista.

Et porque entendades que el sacramento que Él ordenó
del baptismo es derechamente ordenado para alimpiar el
pecado original, parad en ello vien mientes et entendredes
quánto con razón es ordenado.

Ya desuso es dicho que en la manera del engendramien-
to non se puede escusar algún deleyte; contra este deleyte,
do conviene de aver alguna cosa non muy limpia, es puesto
uno de los elementos que es el más limpio, et señalada-
mente para alimpiar, ca las más de las cosas non limpias,
todas se alimpian con el agua; otrosí, en bapteando [947] la
criatura dizen: "Yo te bateo en l' nombre del Padre et
del Fijo et del Spíritu Sancto"; et métenlo en el agua. Pues
veet si este sancto sacramento [es] fecho con razón, ca
en diciendo: "Yo te bateo en l' nombre del Padre et del
Fijo et del Spíritu Sancto" ý mismo dize et nombra toda
la Trinidat et muestra el poder del Padre et el saber del
Fijo et la bondat del Spíritu Sancto; et dize que por estas

---

[946] *alimpiamiento*: limpieza, purificación.
[947] *bapteando*: bautizando, de 'batear', que aparece en la misma
línea.

tres cosas, que son Dios et en Dios, sea alimpiada aquella
criatura de aquel pecado original en que nasçió; et la pala-
bra llega al agua, que es elemento, et fázese sacramento.
Et este ordenamiento deste sancto sacramento que Ihesu
Christo ordenó es egual et complido, ca tan bien lo pue-
den reçebir, et lo reçiben, las mugeres commo los omnes.
Et assí, pues este sancto sacramento es tan mester, et fue
ordenado tan con razón, et lo ordenó Ihesu Christo, que
lo podía ordenar assí commo verdadero Dios, non puede
con razón dezir omne del mundo que este sancto sacra-
mento non sea tal et tan complido commo lo tiene la ma-
dre sancta Eglesia de Roma.

Et quanto de los otros çinco sacramentos que son: peni-
tençia, confirmación, casamiento, orden, postrimera unçión,
bien vos diría tantas et tan buenas razones en cada uno
dellos, que vós entendríades que eran assaz; mas déxolo
por dos cosas: la una, por non alongar mucho el libro; et
lo al, porque sé que vós et quien quier que esto oya, en-
tendrá que tan con razón se prueva lo al commo esto.

Et pues esta razón es acabada assí commo la yo pude
acabar, tornaré a fablar de las dos maneras en cómmo se
puede omne, et deve, guardar de fazer malas obras para
se guardar de yr a las penas del Infierno, et podrá fazer et
fará buenas obras para la gloria del Paraýso.

Señor conde Lucanor, segund desuso es dicho, sería muy
grave cosa de se poner por escripto todas las cosas que
omne devía fazer para se guardar de yr a las penas del
Infierno et para ganar la gloria del Paraýso, pero quien lo
quisiesse dezir abreviadamente podría dezir que para esto
non ha mester al sinon fazer bien et non fazer mal. Et
esto sería verdat, mas porque esto sería, commo algunos
dizen, grand verdat et poco seso, por ende, conviene que
—pues me atreví a tan grand atrevimiento de fablar en
fechos que cuydo que me non pertenesçía segund la men-
gua del mio saber— que declare más cómmo se pueden
fazer estas dos cosas; por ende, digo assí: que las obras
que omne ha de fazer para que aya por ellas la gloria del
Paraýso, lo primero, conviene que las faga estando en es-
tado de salvación. Et devedes saber que el estado de salva-

çión es quando el omne está en verdadera penitençia, ca
todos los vienes que omne faze non estando en verdadera
penitencia, non gana omne por ellos la gloria del Paraýso;
et razón et derecho es, ca el Paraýso, que es veer a Dios
et es la mayor gloria que seer puede, non es razón nin
derecho que la gane omne estando en pecado mortal, mas
lo que omne gana por ellas es que aquellas buenas obras lo
traen mas aýna a verdadera penitencia, et esto es muy
grand bien. Otrosí, le ayudan a los bienes deste mundo
para aver salud et onra et riqueza et las otras bienandan-
ças del mundo. Et estando en este bienaventurado estado,
las obras que omne ha de fazer para aver la gloria de Pa-
raýso son assí commo limosna et ayuno et oraçión, et ro-
mería, et todas obras de misericordia; pero todas estas
buenas obras, para que omne por ellas aya la gloria de
Paraýso, ha mester que se fagan en tres maneras: lo pri-
mero, que faga omne buena obra; lo segundo, que la faga
bien; lo terçero, que la faga por escogimiento. Et, señor
conde, commo quier que esto se puede assaz bien enten-
der, pero porque sea más ligero aún, dezirvos lo he más
declarado.

Fazer omne buena obra es toda cosa que omne faze por
Dios, mas es mester que se faga bien, et esto es que se
faga a buena entençión, non por vana gloria, nin por ypo-
crisia, nin por otra entençión, sinon solamente por serviçio
de Dios; otrosí, que lo faga por escogimiento; esto es, que
quando oviere de fazer alguna obra, que escoja en su ta-
lante si es aquélla buena obra o non, et desque viere que
es buena obra, que escoja aquélla porque es buena et dexe
la otra que él entiende et escoje que es mala. Et faziendo
omne estas buenas obras, et en esta manera, fará las obras
que omne deve fazer para aver la gloria de Paraýso; mas
por fazer omne buena obra si la faz por vana gloria o por
ypocrisia o por aver la fama del mundo, maguer que faz
buena obra, non la faz bien nin la faz por escogimiento,
ca el su entendimiento bien escoge que non es aquello lo
mejor nin la derecha et verdadera entençión. Et a este tal
contezerá lo que contezçió al senescal de Carcassona, que
maguer a ssu muerte fizo muchas buenas obras, porque

non las fizo a buena nin a derecha entençión, non le prestaron para yr a Paraýso et fuesse para el Infierno. Et si quisiéredes saber cómmo fue esto deste senescal, fallarlo hedes en este libro en el capítulo XL°.

Otrosí, para se guardar omne de las obras que omne puede fazer para yr al Infierno, ha mester de se guardar ý tres cosas: lo primero, que non faga omne mala obra; lo segundo, que la non faga mal; lo terçero, que la non faga por escogimiento; ca non puede omne fazer cosa que de todo en todo sea mal sinon faziéndose assí: que sea mala obra, et que se faga mal, et que se faga escogiendo en su entendimiento omne que es mala, et entendiendo que es tal, fazerla a sabiendas; ca non seyendo ý estas tres cosas, non sería la obra del todo mala; ca puesto que la obra fuesse en sí mala, si non fuesse mal fecha, nin faziéndola escogiendo que era mala, non seríe del todo mala; ca bien assí commo non sería la obra buena por seer buena en sí, si non fuesse bien fecha et por escogimiento, bien assí, aunque la obra fuesse en sí mala, non lo sería del todo si non fuesse mal fecha et por escogimiento. Et assí commo vos di por enxienplo de[l] senescal de Carcaxona que fizo buena obra, pero porque la non fizo bien non meresçió aver nin ovo por ello galardón, assí vos daré otro enxienplo de un cavallero que fue ocasionado [948] et mató a su señor et a su padre; commo quier que fizo mala obra, porque la non fizo mal nin por escogimiento, non fizo mal nin meresçió aver por ello pena, nin la ovo. Et porque en este libro non está escripto este enxienplo, contarvos lo he aquí, et non escrivo aquí el enxienplo del senescal porque está escripto, commo desuso es dicho.

—Assí acaesçió que un cavallero avía un fijo que era assaz buen escudero. Et porque aquel señor con quien su padre bivía non se guisó [949] de fazer contra [950] el escudero

---

[948] *ocasionado*: de 'ocasión', 'desgracia', desgraciado, desafortunado. Véase la nota 374 en la p. 120.

[949] *guisó*: cuidó, procuró.

[950] *contra*: para con. Cf.: "mas so en grant vergüenza, en miedo soveiano, / ca fui, mi Sennora, contra él mui villano". Berceo, *Milagros*, 795.

en guisa porque pudiesse fincar con él, ovo el escudero, entre tanto, de catar otro señor con quien visquiesse. Et por las vondades que en l'escudero avía et por quanto bien le servió, ante de poco tiempo fízol cavallero. Et llegó a muy buen estado. Et porque las maneras et los fechos del mundo duran poco en un estado, acaesçió assí: que ovo desabenençia entre aquellos dos señores con quien bivían el padre et el fijo, et fue en guisa que obieron de lidiar en uno.

Et el padre et el fijo, cada uno dellos, estava con su señor; et commo las aventuras acaesçen en las lides, acaesçió assí: que el cavallero, padre del otro, topó en la lit con aquel señor con quien el su señor lidiava, con quien bivía su fijo, et por servir a su señor, entendió que si aquel fuesse muerto o preso, que su señor sería muy bien andante et mucho onrado, fue travar dél tan rezio, que cayeron entramos en tierra. Et estando sobre él por prenderle o por matarle, su fijo, que andava aguardando [951] a su señor et serviéndol quanto podía, et desque vio a su señor en tierra, conosçió que aquel quel tenía era su padre.

Si ovo ende grand pesar, non lo devedes poner en dubda, pero doliéndose del mal de su señor, començó a dar muy grandes vozes a su padre et a dezirle, llamándol por su nonbre, que dexasse a ssu señor, ca, commo quier que él era su fijo, que era vasallo de aquel señor que él tenía de aquella guisa, que si non le dexasse, que fuesse çierto quel mataría.

Et el padre, porque non lo oyó, o non lo quiso fazer, non lo dexó. Et desque el fijo vio a su señor en tal periglo et que su padre non lo quería dexar, menbrándose de la leatad que avía de fazer, olbidó et echó tras las cuestas [952] el debdo et la naturaleza de su padre, et entendió que si descendiesse del cavallo, que con la priessa de llos cavallos que ý estavan, que por aventura ante que él pudiesse acorrer, que su señor que sería muerto: llegó assí de cavallo commo estava, todavía dando vozes a su padre que dexasse a ssu señor, et nombrando a su padre et a ssí mismo.

---

[951] *aguardando*: escoltando. Véase la nota 231 en la p. 86.
[952] *echó tras las cuestas*: no hizo caso, se echó a la espalda.

Et desque vio que en ninguna guisa non le quería dexar, tan grand fue la cuyta, et el pesar et la saña que ovo, por commo vio que estava su señor, que dio tan grand ferida [953] a su padre por las espaldas, que passó todas las armaduras et todo el cuerpo. Et aun tan grand fue aquel desaventurado colpe, que passó a su señor el cuerpo et las armas assí commo a su padre, et murieron entramos de aquel colpe.

Otrosí, otro cavallero de parte de aquel señor que era muerto, ante que sopiesse de la muerte de su señor, avía muerto el señor de la otra parte. Et assí fue aquella lit de todas partes mala et ocasionada.

Et desque la lit fue passada et el cavallero sopo la desaventura quel acaesçiera en matar por aquella ocasión a su señor et a su padre, endereçó a casa de todos los reyes et grandes señores que avía en aquellas comarcas et, trahendo [954] las manos atadas et una soga a la garganta, dizía a los reys et señores a que yva: que si ningún omne meresçía muerte de traydor por matar su señor et su padre, que la meresçía él; et que les pidía él por merçed que cumpliessen en él lo que fallassen quél meresçía, pero si alguno dixiesse que lo matara por talante de fazer trayción, que él se salvaría ende commo ellos fallassen que lo devía fazer.

Et desque los reyes et los otros señores sopieron cómmo acaesçiera el fecho, todos tovieron que commoquier que él fuera muy mal ocasionado, que non fiziera cosa porque meresçiesse aver ninguna pena, ante lo preçiaron mucho et le fezieron mucho bien por la grand leatad que fiziera en ferir a su padre por escapar [955] a su señor. Et todo esto fue porque, commo quier que él fizo mala obra, non la fizo mal, nin por escogimiento de fazer mal.

Et assí, señor conde Lucanor, devedes entender por estos enxiemplos la razón porque las obras para que el omne vaya a Paraýso es mester que sean buenas, et bien fechas, et por escogimiento. Et las por quel omne ha de yr al Infierno conviene que sean malas, et mal fechas, et por esco-

---

[953] *ferida*: golpe.
[954] *trahendo*: trayendo, llevando.
[955] *escapar*: librar. Véase la nota 156 en la p. 72.

gimiento; et esto que dize que sean bien fechas, o mal, et
por escogimiento es en la entençión; ca si quier dixo el poe-
ta: "Quicquid agant homines intençio judicat omnes", [956]
que quiere dezir: "Quequier que los omnes fagan todas
serán judgadas por la entençión a que lo fizieren".

Agora, señor conde Lucanor, vos he dicho las maneras
porque yo entiendo que el omne puede guisar [957] que vaya
a la gloria del Paraýso et sea guardado de yr a las penas
del Infierno. Et aún porque entendades quánto engañado
es el omne en fiar del mundo, nin tomar loçanía, [958] nin
sobervia, nin poner grand esperança en su onra, nin en su
linage, nin en su riqueza, nin en su mançebía, nin en nin-
guna buena andança que en l' mundo pueda aver, fablar-
vos he un poco en dos cosas porque entendades que todo
omne que buen entendimiento oviesse devía fazer esto que
yo digo.

La primera, qué cosa es el omne en sí; et quien en esto
cuydare entendrá que non se deve el omne mucho pres-
ciar; la otra, qué cosa es mundo et cómmo passan los
omnes en él, et qué galardón les da de lo que por él fazen.
Quien esto cuydare, si de buen entendimiento fuere, enten-
drá que non debría fazer por él cosa porque perdiesse el
otro, que dura sin fin.

La primera, qué cosa es el omne en sí. Ciertamente esto
tengo que sería muy grave de dezir todo, pero, con la mer-
çed de Dios, dezirvos he yo tanto que cumpla assaz para
que entendades lo que yo vos quiero dar a entender.

Bien creed, señor conde, que entre todas las animalias
que Dios crió en l' mundo, nin aun de las cosas corporales,
non crió ninguna tan complida, nin tan menguada [959] com-

---

[956] M.ª R.ª Lida de Malkiel, ob. cit., p. 116, halla la sentencia
en Jacob Werner, *Lateinische Sprichwörter und Sinnsprüche des
Mittelalters* (Heidelberg, 1912), bajo el número 165, como prove-
niente de un ms. de comienzos del siglo xv, perteneciente a la
Biblioteca de la Universidad de Basilea.

[957] *guisar*: disponer.

[958] *tomar loçanía*: enorgullecerse. Comp.: "concibió vana gloria
e grand eufania, / entendiengelo todos que traye loçania". Berceo,
Milagros, 747cd.

[959] *complida... menguada*: perfecta... imperfecta.

mo el omne. Et el complimiento que Dios en él puso non es por al sinon porquel dio entendimiento et razón et libre albedrío, porque quiso que fuesse compuesto de alma et de cuerpo; mas, desta razón non vos fablaré más, que es ya puesto en otros logares assaz complidamente en otros libros que don Iohan fizo; [960] mas fablarvos he en las menguas et bilezas que el omne ha en sí, en cosas, tanto commo en otras animalias; et en cosas, más que en otra animalia ninguna.

Sin dubda, la primera bileza que el omne ha en sí, es la manera de que se engendra, tan bien de parte del padre commo de parte de la madre, et otrosí la manera cómmo se engendra. Et porque este libro es fecho en romançe (que lo podrían leer muchas personas también omnes commo mugeres que tomarían vergüença en leerlo, et aun non ternían por muy guardado de torpedat [961] al que lo mandó escrivir), por ende non fablaré en ello tan declaradamente commo podría, pero el que lo leyere, si muy menguado non fuere de entendimiento, assaz entendrá lo que a esto cumple.

Otrosí, después que es engendrado en el vientre de su madre, non es el su govierno sinon de cosas tan sobeianas [962] que naturalmente [963] non pueden fincar en el cuerpo de la muger sinon en quanto está preñada. Et esto quiso Dios que naturalmente oviessen las mugeres aquellos humores [964] sobeianos en los cuerpos, de que se governassen las criaturas; otrosí, el logar en que están es tan cercado de malas humidades et corrompidas, que sinon por una telliella muy delgada que crió Dios, que está entre el

---

[960] Por ejemplo, en los primeros capítulos del *Libro de los estados*.

[961] *torpedat*: torpeza, vileza. Cf.: "son en la grand pereza miedo e cobardia, / torpedat e vileza, suziedat e astrosia". *Libro de buen amor*, 456ab.

[962] *sobeianas*: excesivas. Véase la nota 776 en la p. 240.

[963] *naturalmente*: por naturaleza. Vid. otro caso en la p. 50.

[964] *humores*: líquidos. Cf.: "Avie de los umores el bientre tan inchado". Berceo, *Vida de san Millán*, 126.

cuerpo de la criatura et aquellas humidades, que non po-
dría bevir en ninguna manera.

Otrosí, conviene que suffra muchos trabaios et muchas
cuytas en quanto está en l' vientre de su madre. Otrosí,
porque a cabo de los siete meses es todo el omne com-
plido et non le cumple el govierno de aquellos humores
sobeianos de que se governava en quanto non avía mester
tanto dél, por la mengua que siente del govierno, quéxas-
se; et si es tan rezio que pueda quebrantar aquellas telas
de que está cercado, non finca más en el vientre de su
madre. Et estos tales son los que nasçen a siete meses et
pueden tan bien bevir commo si nasciessen a nuebe meses;
pero si entonçe non puede quebrantar aquellas telas de que
está cercado, finca cansado et commo doliente del grant
trabajo que levó, et finca todo el ochavo mes flaco et men-
guado de govierno. Et si en aquel ochavo mes nasçe, en
ninguna guisa non puede bevir. Mas, de que entra en el
noveno mes, porque ha estado un mes complido, es ya
descansado et cobrado en su fuerça, en qualquier tiempo
que nasca en el noveno mes, quanto por las razones dichas,
non deve morir; pero quanto más tomare del noveno mes,
tanto es más sano et más seguro de su vida; et aun dizen
que puede tomar del dezeno mes fasta diez días, et los
que a este tiempo llegan son muy más rezios et más sanos,
commo quier que sean más periglosos para sus madres. Et
assí bien podedes entender que, por qualquier destas ma-
neras, por fuerça ha de soffrir muchas lazerias et muchos
enojos et muchos periglos.

Otrosí, el periglo et la cuyta que passa en su nasçimien-
to, en esto non he por qué fablar, ca non ha omne que
non sepa que es muy grande a marabilla. Otrosí, commo
quier que cuando la criatura nasçe non ha entendimiento
porque lo sepa esse fazer por sí mismo, pero nuestro señor
Dios quiso que naturalmente todas las criaturas fagan tres
cosas: la una es que lloran; la otra es que tremen; [965] la
otra es que tienen las manos çerradas. Por el llorar se
entiende que viene a morada en que ha de bevir sienpre

---

[965] *tremen*: tiemblan. Vid. la nota 247 en la p. 90.

con pesar et con dolor, et que lo ha de dexar aún con mayor pesar et con mayor dolor. Por el tremer se entiende que biene a morada muy espantosa, en que sienpre ha de bivir con grandes espantos et con grandes reçelos, de que es çierto que ha de salir aún con mayor espanto. Por el cerrar de las manos se entiende que biene a morada en que ha de bivir siempre cobdiçiando más de lo que puede aver, et que nunca puede en ella aver ningún complimiento acabado.

Otrosí, luego que el omne es nasçido, ha por fuerça de sofrir muchos enojos et mucha lazeria, ca aquellos paños con que los han de cobrir por los guardar del frío et de la calentura et del ayre, a comparaçión del cuero [966] del su cuerpo, non ha paño, nin cosa que a él legue, por blando que sea, que non le paresca tan áspero commo si fuesse todo de spinas. Otrosí, porque ellos non han entendimiento, nin los sus miembros non son en estado, nin han complisión porque puedan fazer sus obras commo deven, non pueden dezir nin aun dar a entender lo que sienten. Et los que los guardan et los crían, cuydan que lloran por una cosa, et por aventura ellos lloran por otra, et todo esto les es muy grand enojo et grand quexa. Otrosí, de que comiençan a querer fablar, passan muy fuerte [967] vida, ca non pueden dezir nada de quanto quieren nin les dexan complir ninguna cosa de su voluntad, assí que en todas las cosas an a passar a fuerça de sí et contra su talante.

Otrosí, de que van entendiendo, porque el su entendimiento non es aún complido, cobdician et quieren sienpre lo que les non aprovecha, o por aventura que les es dañoso. Et los que los tienen en poder non gelo consienten, et fázenles fazer lo contrario de lo que ellos querrían, porque de llos enojos non ay ninguno mayor que el de la voluntad; por ende passan ellos muy grand enojo et grant pesar.

---

[966] *cuero*: piel. Comp.: "dio grand golpe en la cabeça al lobo por castigar: / el cuero con la oreja del casco le fue arrancar". *Libro de buen amor*, 86bc.

[967] *fuerte*: dura.

Otrosí, de que son omnes, et en su entendimiento complido, lo uno por las enfermedades, lo al por ocasiones et por pesares et por daños que les vienen, passan siempre grandes reçelos et grandes enojos. Et ponga cada uno la mano en su coraçón, si verdat quisiere dezir, bien fallará que nunca passó día que non oviesse más enojos et pesares que plazeres.

Otrosí, desque va entrando en la vegedat, [968] ya esto non es de dezir, ca también del su cuerpo mismo commo de todas las cosas que vee, de todas toma enojo, et por aventura todos los quel veen toman enojo dél. Et quanto más dura la vegez, tanto más dura et cresçe esto, et en cabo de todo viene a la muerte, que se non puede escusar, et ella lo faze partir de sí mismo et de todas las cosas que vien quiere, con grand pesar et con grand quebranto. Et desto non se puede ninguno escusar et nunca se puede fallar buen tiempo para la muerte; ca si muere el omne moço, o mançebo, o viejo, en qualquier tiempo le es la muerte muy cruel et muy fuerte para sí mismo et para los quel quieren bien. Et si muere pobre o lazrado, de amigos et de contrarios es despreçiado; et si muere rico et onrado, toman sus amigos grand quebranto, et sus contrarios grand plazer, que es tan mal commo el quebranto de sus amigos. Et demás, al rico contesçe commo dixo el poeta: "Dives divíçias", [969] etc., que quiere dezir: "Que el rico ayunta las riquezas con grand trabaio, et posséelas con grand temor, déxalas con grand dolor".

Et assí podedes entender que por todas estas razones, todo omne de buen entendimiento que bien parasse mien-

---

[968] *vegedat*: vejez. Comp.: "Ennos tiempos derechos que corria la verdat, / que non dicien por nada los omnes falsedat, / estonz vivien a buenas, vinien a vegedat, / vedien a sus trasnietos en septima edat". Berceo, *Milagros*, 502.

[969] M.ª R.ª Lida de Malkiel, op. cit., p. 116, encuentra la cita en la misma colección de J. Werner, ya citada, bajo el número 117, procedente de un ms. del siglo xv de la biblioteca de San Galo:

Diues diuitias non congregat absque labore,
non tenet absque metu nec deserit absque dolore.

tes en todas sus condiçiones, devía entender que non son tales de que se diviesse mucho presçiar.

Demás desto, segund es dicho desuso, el omne es más menguado que ninguna otra animalia; ca el omne no ha ninguna cosa de suyo con que pueda bevir, et las animalias todas son vestidas, o de cueros o de cabellos o de conchas o de péñolas, con que se pueden defender del frío et de la calentura et de los contrarios; mas el omne desto non ha ninguna cosa, nin podría bevir si de cosas agenas non fuesse cubierto et vestido.

Otrosí, todas las animalias ellas se gobiernan que non an mester que ninguno gelo aparege, mas los omnes non se pueden governar sin ayuda d'otri nin pueden saber cómmo pueden bevir si otri non gelo muestra. Et aun en la vida que fazen, non saben en ella guardar tan complidamente commo las animalias lo que les cumple para pro et para salut de sus cuerpos.

Et assí, señor conde Lucanor, pues veedes manifiestamente que el omne ha en sí todas estas menguas, parad mientes si faze muy desaguisado en tomar en sí sobervia, nin loçanía [970] desaguisada.

La otra, que fabla del mundo, se parte en tres partes: la primera, qué cosa es el mundo; la segunda, cómmo passan los omnes en él; la terçera, qué galardón les da de llo que por él fazen.

—Çiertamente, señor conde, quien quisiesse fablar en estas tres maneras complidamente, avría manera assaz para fazer un libro; mas, porque he tanto fablado, tomo reçelo que vós et los que este libro leyeren me ternedes por muy fablador o tomaredes dello enojo, por ende non vos fablaré sinon lo menos que yo pudiere en esto, et fazervos he fin a este libro, et ruégovos que non me affinquedes más, ca en ninguna manera non vos respondría más a ello, nin vos diría otra razón más de las que vos he dicho. Et lo que agora vos quiero dezir es esto: que la primera de las tres cosas, qué cosa es el mundo, çiertamente esto serié

---

[970] *loçanía*: orgullo. Véase antes la nota 958.

grand cosa de dezir, mas yo dezirvos he lo que entiendo lo más brevemente que pudiere.

Este nombre del 'mundo' tómasse de 'movimiento' et de 'mudamiento', porque el mundo sienpre se muebe et siempre se muda, et nunca está en un estado, nin él, nin las cosas que están en l' son [quedas], et por esto ha este nombre. Et todas las cosas que son criadas son mundo, mas él es criatura de Dios et Él lo crió quando Él tovo por bien et qual tovo por bien, et durará quanto Él tobiere por bien. Et Dios solo es el que sabe quándo se ha de acabar et qué será después que se acabare.

La segunda, cómmo passan en él los omnes; otrosí, sin dubda, sería muy grave de se dezir complidamente. Et los omnes todos passan en l' mundo en tres maneras: la una es que algunos ponen todo su talante et su entendimiento en las cosas del mundo, commo en riquezas et en onras et en deleytes et en complir sus voluntades en qualquier manera que pueden, non catando a al si[non] a esto; assí que dizen que en este mundo passassen ellos bien, ca del otro nunca bieron ninguno que les dixiesse cómmo passavan los que allá eran. La otra manera es que otros passan en l' mundo cobdiçiando fazer tales obras porque oviessen la gloria del Paraýso, pero non pueden partirse del todo de fazer lo que les cumple para guardar sus faziendas et sus estados, et fazen por ello quanto pueden, et, otrosí, guardan sus almas quanto pueden. La terçera manera es que otros passan en este mundo teniéndose en él por estraños, et entendiendo que la principal razón para que el omne fue criado es para salvar el alma, et pues nascen en l' mundo para esto, que non deven fazer al, sinon aquellas cosas porque mejor et más seguramente pueden salvar las almas.

La primera manera, de los que ponen todo su talante et su entendimiento en las cosas del mundo, ciertamente éstos son tan engañados et fazen en ello tan sin razón et tan grand su daño et tan grand poco seso, que non ha omne en l' mundo que complidamente lo pudiesse dezir; ca vós sabedes que non ha omne del mundo que diese por una

cosa que valiesse diez marcos [971] ciento, que todos non
toviessen que era assaz de mal recabdo; pues el que da el
alma, que es tan noble criatura de Dios, al Diablo, que
es enemigo de Dios, et dal el alma por un plazer o por
una onra que por aventura non le durará dos días —et
por mucho quel dure a comparaçión de la pena del Infier-
no en que siempre ha de durar non es tanto commo un
día— demás, que aun en este mundo aquel plazer o aque-
lla onra o aquel deleyte porque todo esto quiere perder, es
çierto quel durará muy poco, ca non ha deleyte por grande
que sea, que de que es passado, que non tome enojo dél,
nin ha plazer, por grande que sea, que mucho pueda du-
rar et que se non aya a partir tardi [972] o aýna con grand
pesar; nin onra, por grande que sea, que non cueste muy
cara si omne quisiere parar mientes a los cuydados et tra-
bajos et enojos que omne ha de sofrir por la acresçentar
e por la mantener. Et cate cada uno et acuérdesse lo quel
contesçió en cada una destas cosas; si quisiere dezir ver-
dat, fallará que todo es assí commo yo digo.

Otrosí, los que passan en el mundo cobdiçiando fazer
porque salven las almas, pero non se pueden partir de
guardar sus onras et sus estados, estos tales pueden errar
et pueden açertar en lo meior; ca si guardaren todas estas
cosas que ellos quieren guardar, guardando todo lo que
cumple para salvamiento de las almas, açiertan en lo me-
jor et puédenlo muy bien fazer; ca çierto es que muchos
reys et grandes omnes et otros de muchos estados guarda-
ron sus onras et mantenieron sus estados, et, faziéndolo
todo, sopieron obrar en guisa que salvaron las almas et
aun fueron sanctos, et tales commo éstos non pudo enga-
ñar el mundo, nin les ovo a dar el galardón que el mundo
suele dar a los que non ponen su esperança en al sinon
en él, et éstos guardan las dos vidas que dizen activa et
contemplativa.

[971] *marcos*: moneda antigua.
[972] *tardi*: tarde. Cf.: "El tiempo del tu fijo todos lo esperaban,
porque tardi venia mucho se aquexaban". Berceo, *Loores*, 14ab.

Otrosí, los que passan en este mundo teniéndose en él por estraños et no[n] ponen su talante en al sinon en las cosas porque mejor puedan salvar las almas, sin dubda éstos escogen la meior carrera; et digo, et atrévome a dezir que, çierto, [973] éstos escogen la meior carrera, porque desta vida se dize en l' Evangelio [974] que María escogió la meior parte la cual nuncal sería tirada. Et si todas las gentes pudiessen mantener esta carrera, sin dubda ésta sería la más segura et la más aprovechosa para aquellos que lo guardassen; mas, porque si todos lo fiziessen sería desfazimiento [975] del mundo, et Nuestro Señor non quiere del todo que el mundo sea de los omnes desanparado, por ende non [se] puede escusar que muchos omnes non passan en l' mundo por estas tres maneras dichas.

Mas Dios, por la su merçed, quiera que passemos nós por la segunda o por la terçera destas tres maneras, et que vos guarde de passar por la primera; ca çierto es que nunca omne por ella quiso passar que non oviesse mal acabamiento. Et dígovos que desde los reys fasta los omnes de menores estados, que nunca vi omne que por esta manera quisiesse passar que non oviesse mal acabamiento paral su cuerpo et que non fuesse en sospecha de yr la su alma a mal logar. Et siempre el Diablo, que travaja quanto puede en guisar que los omnes dexen la carrera de Dios por las cosas del mundo, guisa de les dar tal galardón —commo [se] cuenta en este libro en el capítulo tal— que dio el Diablo a don Martín, que era mucho su amigo.

Agora, señor conde Lucanor, demás de los enxiemplos et proverbios que son en este libro, vos he dicho assaz a mi cuydar para poder guardar el alma et aun el cuerpo et la onra et la fazienda et el estado, et, loado a Dios, segund

---

[973] *çierto*: ciertamente.

[974] San Lucas, 10, 42.

[975] *desfazimiento*: ruina, perdición. Comp.: "Mas estos tales que non obran cosas de virtudes çiertas nin cosas aprovechosas, ante las sus obras son deserviçio de Dios et danno de sus almas et de sus cuerpos et desfazimiento e menguamiento del mundo et danno et estragamiento de las gentes". *Libro del cavallero et del escudero*, p. 62.

el mio flaco entendimiento, tengo que vos he complido et acabado todo lo que vos dixe.

Et pues assí es, en esto fago fin a este libro.

Et acabólo don Iohan en Salmerón, [976] lunes, XII días de junio, era de mil et CCC et LXX et tres años. [977]

[976] Quizá el castillo de la provincia de Murcia, ganado a los moros, o el pueblecito de Guadalajara.

[977] La fecha es la de 1335, que se obtiene restando a la "era" 38 años.

ÍNDICE DE LOS EXEMPLOS * Y OTRAS PARTES

Págs.

I. De lo que conteçió a un rey con un su privado   52

II. De lo que çonteció a un omne bueno con un su fijo   61

III. Del Salto que fizo el rey Richalte de Inglaterra en la mar contra los moros ...   67

IV. De lo que dixo un genovés a su alma, quando se quería morir   75

V. De lo que conteçió a un raposo con un cuervo que teníe un pedaço de queso en el pico   78

VI. De lo que conteçió a la golondrina con las otras aves quando vio sembrar el lino.   82

VII. De lo que conteçió a una muger quel dizían doña Truana   84

VIII. De lo que conteçió a un omne que avíen alimpiar el fígado   87

IX. De lo que conteçió a los dos cavalleros con el león   88

X. De lo que conteçió a un omne que por pobreza et mengua de otra vianda comía atramuzes   92

XI. De lo que conteçió a un Deán de Sanctiago con don Yllán, el grant maestro de Toledo   95

XII. De lo que conteçió a un raposo con un gallo   101

XIII. De lo que conteçió a un omne que tomava perdizes   106

XIV. Del miraglo que fizo sancto Domingo sobrel logrero   107

* Copio el índice que figura en los fols. 129v y 130 del códice que he usado para la edición.

Págs.

XV. De lo que conteçió a don Lorenzo Suárez
       sobre la çerca de Sevilla   110

XVI. De la repuesta que dio el conde Ferrant
        Gonzáles a Nuño Láynez, su pariente.   115

XVII. De lo que conteçió a un omne que avía
         muy grant fanbre, quel comidaron otros
         muy floxamente a comer   118

XVIII. De lo que conteçió a don Pero Meléndes
          de Valdés quando se le quebró la pier-
          na   119

XIX. De lo que conteçió a los cuervos con los
        buhos   123

XX. De lo que conteçió a un rey con un omne
       quel dixo quel faría alquimia   126

XXI. De lo que conteçió a un rey moço con un
        muy grant philósopho a qui lo acomen-
        dara su padre que lo criasse   131

XXII. De lo que conteçió al león et al toro   135

XXIII. De lo que fazen las formigas para se man-
           tener   140

XXIV. De lo que conteçió a un rey que quería
          probar tres, sus fijos   142

XXV. De lo que conteçió al conde de Provençia,
         cómmo fue librado de la prisión por el
         consejo quel dio Saladín   148

XXVI. De lo que conteçió al árvol de la Mentira.   157

XXVII. De lo que conteçió a un emperador et a
            don Alvar Háñez Minaya con sus mu-
            geres   162

XXVIII. De lo que conteçió a don Lorenço Suárez
             Gallinato quando descabesçó al cape-
             llán renegado   176

XXIX. De lo que contesçió a un raposo que se
           echó en la calle et se fizo muerto   179

XXX. De lo que contesçió al rey Abenabet de
          Sevilla con Ramayquía, su muger   182

XXXI. Del juyzio que dio un cardenal entre los
           clérigos de París et los frayles menores.   185

Págs.

XXXII.   De lo que contesçió a un rey con burla-
dores que fizieron un paño   186

XXXIII.   De lo que contesçió a un falcón sacre del
infante don Manuel con una águila et
con una garça   191

XXXIV.   De lo que contesçió a un çiego que ades-
trava a otro   194

XXXV.   De lo que contesçió a un mançebo que
casó con una mujer muy fuerte et muy
brava   196

XXXVI.   De lo que contesçió a un mercadero quan-
do falló a su muger et a su fijo dur-
miendo en uno   202

XXXVII.   De la repuesta que dio el conde Ferrant
Gonsáles a sus gentes depués que ovo
vençido la vatalla de Façinas   205

XXXVIII.   De lo que contesçió a un omne que yva
cargado de piedras preçiosas et se afogó
en l' río   207

XXXIX.   De lo que contesçió a un omne con la go-
londrina et con el pardal   209

XL.   De las razones porque perdió el alma un
siniscal de Carcassona   210

XLI.   De lo que contesçió a un rey de Córdova
quel dizían Alhaquem   213

XLII.   De lo que contesçió a una falsa beguina.   217

XLIII.   De lo que contesçió al Bien et al Mal, et
al cuerdo con el loco   223

XLIV.   De lo que contesçió a don Pero Núñez el
Leal et a don Roy Gonsáles Çavallos et
a don Gutier Roíz de Blaguiello con el
conde don Rodrigo el Franco   228

XLV.   De lo que contesçió a un omne que se fizo
amigo et vasallo del Diablo   234

XLVI.   De lo que contesçió a un philósopho que
por ocasión entró en una calle do mora-
van malas mugeres   239

Págs.

XLVII. De lo que contesçió a un moro con una
su hermana que dava a entender que
era muy medrosa   244

XLVIII. De lo que contesçió a uno que provava
sus amigos   248

XLIX. De lo que contesçió al que echaron en la
ysla desnuyo quandol tomaron el seño-
río que teníe   254

L. De lo que contesçió a Saladim con una
buena dueña, muger de un su vasallo   256

[LI. Lo que contesçió a un rey christiano que
era muy poderoso et muy soberbioso].   267

[*Segunda parte del Libro del Conde Lucanor et de
Patronio.*

Razonamiento que face don Juan por amor de don
Jaime, Señor de Xérica]   277

[*Tercera parte del Libro del Conde Lucanor et de
Patronio.*

Excusación de Patronio al Conde Lucanor]   288

[*Cuarta parte del Libro del Conde Lucanor et de
Patronio.*

Razonamiento de Patronio al Conde Lucanor]   295

[*Quinta parte del Libro del Conde Lucanor et de
Patronio*]   300

ERRORES DEL MANUSCRITO ENMENDADOS *

49-4 todos le sirven // 55-7 et aquel paresçia // 56-9 Desto
respondio // 60-4 se consejara // 61-6 sabra que muchas //
61-7 si non lo fiziesen // 62-11 manera lo puede fazer // 64-8
de lo de aquellos // 64-10 en en ella // 65-1-2 et que yuan //
65-22 puedan trovar // 68-26 et de yr a las penas // 69-15
conte enl' // 69-22 // que todas las gentes // 71-29 señor tan
poderoso // 72-8-9 touieren que les // 72-12-13 tan buena
mente // 73-11 catam // 73-17 non queredes seguir // 79-21
en qualquier manera // 82-7-8 et todo este el exiemplo // 82-26
sopiesesedes lo que // 83-4-5 que el su buen // 83-18 nin con
los pies // 83-26 que metiesse // 84-7 vos puede // 85-3 ha
en ellas // 86-10 avria si *(repetido y tachado)* // 86-13 que lo
(rep. y tach.) // 86-17 non pongades de la vuestra // 88-21
CAVALLEROS CON EL // 90-20 podian *(rep.)* // 92-1-2 sean
estranos // 92-17 et dizen estos viessos // 94-1 las atramices //
94-7 las atramices // 94-19 se ternien por por // 95-12 quanto
puedo en // 98-5 peso mucho mucho // 98-12 arcobispo //
99-13 llegaren // 100-23 antendiesse del // 100-28 nigromençia
// 102-6 otros que se me dan por amigos *(rep.)* // 102-25-26
es dar buen // 103-3 otras casas [que] // 106-7-8 vegadas
enojan et daños // 107-8 non por vos fazer daño nin desonrra,
et el enojo *(rep.)* // 108-3 que me conteçer // 109-13 que dixe
assi // 111-7 que quiero // 111-8 vos dara siempre // 111-11-12
contra ellas ca el que dixieron // 112-19 alla a la puerta //
118-7 vn omne *(rep.)* // 118-11 entendiendo que me // 118-13
de muy grant // 118-25 envergonar se // 119-8-9 que aquel

---

* La primera cifra indica la página y la segunda la línea o las
líneas correspondientes a esta edición.

omne aquello // 119-13 flablara // 119-11 hel ruega *(por or-
tografía)* // 120-14 et ruego vos // 121-3 de cada quel // 122-3
estando grand tiempo // 122-11 luego *(rep. y tach.)* // 122-21
Et vos lo sacara // 122-26-27 pueden poner algun // 122-29
ca en esto (en *tachado)* 123-22 que queriendo // 123-24 des-
enganar // 127-9-10 et mezelo // 128-25 de que esto // 128-26
et que fiziese // 129-7 Et fallaren // 129-30 saber que sabian
// 130-11 de mal recado // 130-21 del *(rep. y tach.)* // 132-9
et le passaba // 132-12 en la moçedat // 132-16 comenco //
134-17 [habia] saber // 135-5-6 quando lo yerra // 136-18-19
ensenorgauan // 136-23-24 por el ayuda *(rep. y tach.)* //
137-3-4 que trabaiassen *(rep. y tach.)* // 138-13 del pleito vino
a esto et commo quier // 140-21 lo que fizo // 142-4 con tal
entendimiento // 143-13-14 paresçen de dentro // 144-3 son
preçiados et fermosos // 144-5 seer omne simple // 144-8 tales
cosas muestran // 144-9 seer los omnes // 144-10 pues da se-
ñales // 144-13 señales de dentro // 144-15-16 señales de
fuera // ˙145-3 fuessen con el // 145-9 que qual aljuva //
146-17-18 por todo *(rep.)* // 151-24 Et otrosi *(rep.)* // 151-
30 et de ser // 155-27 fallaren // 160-11 mostrauan //
160-14 mentiras crebles // 160-17 reheñes // 161-3 estaua
(rep.) // 161-12 era la para el que // 162-10 al arbol // 163-2
cada vno *(rep.)* // 163-16 duenas // 167-24 el tal guisa //
169-16 fue alla tan // 169-19-20 porque el fizo // 170-6 seyen-
do que // 170-9 Alver Heñez // 170-12 preguntol por que era
(por que *al margen)* // 172-12 al Aluar // 172-23 Et tanto
llego esta // 173-32 todo lo fizo // 175-16 al marido // 179-13
estranar // 179-16-17 que el es // 180-14 cabelllos // 181-23-24
fecho o alguna cosa que son grand // 181-26 derecho o su onra
// 183-23 que se descabeçase // 184-1 lloraua que // 185-19
de escuchar // 189-12 pano // 192-24 tomaba a la // 198-7
Al su amigo // 198-8 su fijo querian // 198-20 quanto buena
mente // 198-22 encomencosse // 199-18 buena mente //
200-12 buena mente // 200-22-23 et tan buena mente et el tal
son // 201-5 cuydaronlos mas // 201-22 comencar // 201-25
ca el sabia // 204-28 querria Dios // 205-11 toto este por //
206-10 enderecassen a lidiar // 206-20 vos daran // 208-33 et
fizolo // 209-19 et del roydo // 210-3 el que nos esta // 211-1-2
de Cartassona // 212-16 lo fagades // 212-23 de la que //
212-25 que sientan omne // 213-2 les tiene pro // 213-19 Fazer
bien // 214-26 que tales *(rep. y tach.)* // 215-10 que non *(rep.)*
215-18 comencaron // 221-21 reçiobolo // 221-33 falsa leguina
// 222-7 recudieren // 222-24-25 gatos religiosios // 225-23 la

faria // 226-5 lo quiso dar // 227-4 renta del vano // 227-22 et fazedle // 228-12 Nunez // 232-29 me dixeste veer // 234-27 debestura commo // 238-9 que los *(rep.)* // 238-16 siempre ouieren // 239-24 nin en alguno // 241-8-9 muchas pocas pros // 241-12 // paral la fama // 242-19 porque el deuiesse // 242-23-24 la galardone // 242-28 por que el deua // 243-17-18 que fazen las gentes // 243-23 paral el alma // 245-14 de todos // 245-20 daquel sueño // 248-1 Por que // 251-20 li avia // 252-1 li librar // 252-12 sera a quanto se pararen // 253-2 et non dexan // 253-20 a su fijo padre // 254-12-13 lo que vierdes lo // 255-10 do sabian // 255-18 menguassen // 255-20-21 le tomaren el señorío et le echaren // 255-29-30 leuar enl' mundo // 256-16 vna vida // 257-15 enganades // 257-24 et a por este // 257-27 et lo que nunca // 258-13 malas conteciones // 258-17 grant prinçipe // 261-10 por que seer // 261-25 rebcado // 262-4 et toparon // 262-26 su pa su padre // 263-33 de fazer omne todas // 264-26 lo lo quel avia // 265-2 quel el mismo // 265-22 dixosse caer // 266-25-26 vergüença // 266-32 la peña que // 270-14-15 la mas encubierta mente // 274-22 fazen que et yo // 274-34 lagremas // 275-9-10 esto perdigo verdadera mente // 276-28 las estoria // 278-6 mantiniento // 278-24 quieran que // 279-17 commo me *(rep.)* 279-23 et ligero // 280-11 enganar // 283-14 boca de dañoso // 283-26 Etl que es // 284-6-7 non sufre al loco ante le faz // 284-25 Usad la... et lo que (Usad *corregido encima*) // 285-3 non esseñan // 285-21 guardasse // 286-21 abia de fazer // 287-6 pies lo piensa // 290-2 [que] muchos // 290-16 desbuelde // 292-1 largueza et mengua // 293-15 fuerça fuerça desfaz // 294-1 vida buena vida da vida // 295-14 pues cinquenta // 297-10 Et mal // 298-9 al de qui es *(rep.)* // 299-4 sabrosas *(rep.)* // 301-23 guardaua la su // 303-15-16 que lo avian // 304-37 a aya aquella // 307-26 vno delos // 308-20-21 yo pudo acabar // 312-32 et por que la razon que lo que // 314-22-23 tan soberuias // 319-38 dexe por vna

GLOSARIO

abastamiento, provisión 288
abés, apenas 65, 163
acarrear, conducir 154; guiar 272
acertar, concurrir 167
açertar, hallar 68
acomendar, encomendar 71, 131
acordar, concordar 143; meditar 261
acorrer, socorrer 72, 113
adebdado, obligado 125
adelantado, gobernador militar o civil de un territorio 50
adolesçer, enfermar 76, 211
afazimiento, confianza 91, 250
afincado, apremiado 87
affincamiento, aflicción 94
afincar, apremiar 83, 100
aguardada, acompañada 86
aguardar, escoltar, 311
agorero, que interpreta agüeros 132
aguisado, conveniente, acertado 146, 148; advertido 296
¡Ahá!, ¡Ajá! 172
aina, vid. *ayna*
al, otro 53
alançar, lanzar, en cetrería 154
albogón, flauta 215
alboroço, tumulto 114
albuhera, albufera 183
alçada, apelación 237
algalina, algalia 183
algaravía, lengua árabe 184

aljuva, gabán con mangas cortas 145
alimpiamiento, limpieza 307
almexía, manto pequeño 145
alongado, alejado 70
alongar, alargar 132
alongarse, alejarse 154
alquilé, salario 230
alquimia, arte para transmutar metales 127
alueñe, lejos 281
allegado, cercano 45
allanar, estirar, arreglar 190
allongado, lejano, lejos 103
ambra, ámbar 183
amanecer, amaniciese 58
amidos, de mala gana 279
amor, amistad 60
amorteçer, desmayarse 245
amortiguamiento, debilidad 142
amos, ambos 63
amuchiguar, aumentar 285
andança, buena, buena fortuna, 53, 86
andantes, bien, dichosos 72
andar, *andido,* anduvo 146, 154
animalia, bestia 136
aoiar, aojar, dar mal de ojo 180
aparejado, dispuesto 62
aparejamiento, oportunidad 111
apartadizo, huraño 151
aperçibimiento, preparativo 111; entendimiento 140
apremiar, oprimir 136
apoderar, dar poderes 152, 170; delegar el poder 56
aponer, atribuir 298
apostar, embellecer 158
apostada, abastecida 77; apucsta 159
apostura, gentileza 79
apuesta, adornada, decorada 97; hermosa 50
ardid, valiente 130
arrebatarse, apresurarse 66
arrincar, arrancar 83
artería, maña 234
artero, astuto 293
asil, así le 81
asmar, pensar, estimar 85, 165

assacar, achacar 121; *asacol* 229
assacador, difamador 218
assaz, bastante 59
assessegado, tranquilo 128; ¿respetable? 127
assosegado, pactado 97
asusiego, sosiego, paz 77
atán, tan 49
atender, esperar 100, 263
atramuces, atramices, altramuces 92
aun, et, y aun más 136
aver, dinero, riqueza 59
avenir bien, tener suerte 190
avenir en uno, ponerse de acuerdo 89, 110
ayna, pronto, presto 97, 154
ayuso, abajo 116

balde, de, sin motivo 103, 152
baño, casa de baños 226
barvacana, aspillera 112
bastecer, abastecer, *batescades* 111
batear, bautizar 307
begizuela, vejezuela 301
beguina. Vid. *veguina*
bendicho, bendito 121
bolver, revolver 183
bolliçio, alboroto 56
boto, tonto, torpe 289
brava, irascible 164
buena andança, vid. *andança*
buena mente, de, con gusto 159
buyo, buho 124

ca, porque 48, 54, 171
cabo, cerca 93
cabo, de, al comienzo 236; extremo, fronterizo 104
cabo, en, al final 247
cabo, en su, a solas 235
cada, cada vez 62, 121, 305
caer, convenir 116, 278; *caya,* 109
çafondar, hundirse 207
campo, lugar para lidiar 232
capiello, capillo, capirote 214
carrera, camino 45

casa, leonera, establo 90

castigado, aconsejado 255

castigamiento, consejo 284

castigar, aconsejar 63, 132; gobernar 201

catar, encontrar, buscar 55, 126, 235

catar por al, atender a otra cosa 141

catar agüero, pronosticar 132

cativo, infeliz, desgraciado 103, 272

cava, foso 112

cerco, círculo mágico 238

çerrar, encerrar 187

cevar, cebar, encarnizarse 154

çierto, ciertamente 321

çinta, cintura 225

cobrar, recobrar 54

cobro, medio, solución 165; recurso 235

cognoscer, reconocer 252

cocer, *coxiessen,* cociesen 230

colpes, golpes 103

combusco, con vos 75, 119

comendado, encomendado 53

comendar, encomendar 86

commo quier que, aunque 48, 148

compaña, compañía 137; conjunto de personas 240; compañe-
ra 159; conjunto de caballeros 126

compañón, compañero 70

complido, perfecto 51, 170, 313

complimiento, perfección, ornato 78

complisión, complexión 143

conçejo, junta, reunión 251

conçertar, concordar 188

conortar, consolar 80

conorte, consuelo 93

conoscer, reconocer 93; agradecer 101

conosçiente, conocido 118

conquerir, conquistar, arrebatar 91

conseio, remedio 83, 209

consentir, *consintría,* consentiría 81

contenente, gesto 133, 199

contenerse, detenerse 282

contienda, disputa 113

contra, hacia, para 71, 200, 310

contrallar, contrariar 169

contrallo, contrario 62
contrecho, contrahecho 284
correr monte, cazar 262
cosa, nada 198
cosa, por, por mucho 121
costa, gasto 186
cras, mañana 200, 237
crebar, quebrar 246
creer, *creó,* creyó 81
criado, educado 56
criar, educar 57, 131, 228
cudiçiar, codiciar 221
cuento, punta de lanza 112
cuero, piel del rostro 316
cuidar, vid. *cuydar*
culpa, poner la, echar la culpa 46
culuebra, culebra 134
cumplimiento, abundancia 286
cumplir, convenir 49, 168; compensar 168; bastar 230
cuydar, pensar, 53, 134
cuyta, pena 58

dar passada, tolerar, 139, 181
dar vagar, dejar pasar 186
debdo, obligación 123
defender, prohibir 225
dejarse venir, descender 193
delibrar, deliberar 157
dellos...dellos, unos...otros 143, 300
demás, a lo, las más veces 66, 68
demoniada, endemoniada 211
demudar, alterar 273
dende, desde allí, 56, 144, 261
denuesto, tacha 148
derecho, recto, justo 276, 305
derechudero, recto 286
derechurero, recto 194
derranchado, temerario 224
*derranchar, desmandarse, acometer, *derrangedes* 135
dezir en uno, decir juntos 224
departimiento, diferencia 48; conversación 241
desaguisado, injusticia 64
desbariadamente, contrariamente 163

desbariado, distinto 241
desconocer, olvidar 184
desfazimiento, ruina 321
desapoderar, perder autoridad 291
desnudar, *desnuyóse,* desnudóse 227
desnuyo, desnudo 190
despagado, descontento 285
despagar, descontentar, hastiar 55
despender, gastar 142
despensa, gasto 129
desque, después que 81
dessa, de eso, de ello 199
desterramiento, destierro 59
desuso, anteriormente 93
desvolver, desenredar 290
días, edad, años 62
dicir, descender 64
diez tantas, diez veces tantas 134
dinero, moneda castellana 128
dizir, llamar a uno 52, 112
dizir razón, decir algo razonable 64
do, donde 63
dobla, moneda de oro 58, 127
doliente, enfermo 87
donaire, gracia 143
donarie, donaire 144
donario, donaire 144
durada, duración 279

echar tras las cuestas, no hacer caso 311
eguada, igualada 125
elegir, *eslerían,* elegirían 98
embargado, impedido, turbado 120
embargar, impedir 63
enbargo, impedimento 79, 196
encaesçer, dar a luz 225
ende, de ello 54, 169
endereçar, dirigirse 198; guiar 243
endonado, por favor 60
endure sçer, endurescrie, endurecería 240
enflaqueçer, debilitar 167
enformar, informar 55
engafezer, adquirir la lepra 229

enpeçer, dañar 103, 289; *enpesca* 107
enseñorgar, enseñorear 136
entergar, entregar 56
entramos, entrambos 89
envergoñarse, avergonzarse 118
enxiemplo, ejemplo, fábula, cuento 45
ermar, asolar, yermar 134
erbizuela, dim. de 'hierba' 141
errar, faltar, defraudar 249
escapar, librarse 72, 251, 312
escanto, remedio, encanto 209
escarnido, escarnecido 112, 260
escarnimiento, derramamiento de sangre 292
escaso, avaro 261
escatima, afrenta 179, 223
escodriñar, escudriñar 292
espanto, temor 283
especiero, boticario 127
espedir, despedir 100
espic, nardo 183
espierto, despierto 146
esquimo, esquilmo 224
estar, *estedes* 73; *estido*, estuvo 171; *estó* 87; *estudierdes* 94; *estudieron* 97
estar de vagar, estar ocioso 279
estar mal en uno, estar desavenidos 89
estudo, condición, profesión 45
estoria, cuento, historia, ¿miniatura? 60
estrado, estrado 77
estraña, diferente 143
estrañar, alejar, evitar, rehuir 92, 107, 179, 244
estraño, extranjero 92
estroyr, destruir 89
estrumente, instrumento 146
evad, he aquí 156

fablado, criticado 241
fabliella, refrán, dicho 203
falcón garçero, el destinado a cazar garzas 192
falcón sacre, especie de halcón muy apreciada 192
falagueras, halagüeñas 51
fallecerá, fallará 162
fallesçido, incumplido, fallado 99

fata, hasta 241

fazaña, historia ejemplar 156; sentencia, refrán, 173, 215

fazer, fazer vos he, os haré 48; *fezo,* hizo 69, 180

fazer aguisado, obrar razonablemente 119

fazer razón, tener razón 120

fazerio, pena 279

fazienda, propiedad, asunto, negocio 45, 75, 95

fe, a la, en verdad 201

fe aquí, he aquí 171

ferida, golpe 312

ferir, golpear 113

ferrados, claveteados 58

fialdat, fidelidad 286

fiança, confianza 53, 75

fieramente, fuertemente 260

figura, símbolo 306

filar, hilar 301

fincar, quedar 93

fincada, permanencia 208

finiestra, ventana 76

firmar, afirmar 189

físico, médico 50

fiuza, confianza 96

flaco, débil, enfermizo, 64, 209

folgura, descanso 117

follar, hollar 159, 183

forado, agujero 215

franco, generoso, 266

fremosa, hermosa, halagüeña 79

fruente, frente 86, 180

fuerte, grave, comprometido 143; dura 316; terrible 164

fuessa, fosa 246

fuza, fiuza, confianza 85, 130

fuyza, fiuza, confianza 86

gafedat, lepra 230

galeas, galeras 76

ganzela, gacela 80

gato religioso, hipócrita 222

gelo, se lo 59

genués, genovés 75

gobernar, alimentar 141, 161, 230

golfín, ladrón, vagabundo 127

grado, de, de buena gana 279
grúa, grulla 154
guaresçer, curar 87; librarse 115, 181
guarido, sano 206, 271
guisa, calidad, condición 97; *de grand* 135; *en g.,* de manera
   149; *en toda g.,* resueltamente 56
guisado, preparado 145; justo, conveniente 247
guisar, cuidar, pensar, disponer 54, 73, 149, 154, 310, 313
gujano, gusano 109

haber, *he vos,* os he 295; *avervos he,* os habré 296
herbizuela. Vid. *erbizuela*
heredado, que recibe heredades 232
hermar. Vid. *ermar*
homenaje. Vid. *omenaje*
homildad. Vid. *omildad*
horas. Vid. *oras*
humor, líquido 314

india, de color de añil, índigo 80
infinta, engaño 273
ir, *imos,* vamos 65; *vo,* voy 136
ir su carrera, marcharse 129
iura, juramento 160

labrar, reparar 111
lazdrado, desgraciado 117
lazdradamiente, miserablemente 226
lazeria, pena, sufrimiento 59, 64
leatad, lealtad 59
lego, sin estudios 47
lesonia, lisonja 80
lesoniar, halagar 281
letrado, literato, culto 47, 277
levar, llevar 59
levar, levantar, *lieve* 78
librar, despachar, arreglar 95; vender 204
limosnera, bolsillo para llevar dinero 237
loamiento, alabanza 216
loçania, orgullo 318
logar, ocasión 107, 126
lucia, brillante 80

lumbre, luz 236
lueñe, lejos 203

llegar a logar, poner en situación 101
llegar su fecho a logar, llegar a tal extremo 132

madurgar, madrugar 133; *madurgó* 146
maestrada, artificiosa 134
maestría, engaño 82; remedio, mixtura 220
maguer que, aunque 81, 141
malenconía, melancolía 271
maltraer, maltratar 57, 100
maltraydo, maltratado 92
mancebía, mocedad 131
mandado, dejado mandas 211
mandado, salir de. Vid. *salir*
mandar, orden 232 demandar 155
mandaderos, mensajeros 99
manera, costumbre 280; materia 51; 278; razón, causa, 54, 245
manzellamiento, daño, deshonra 126
mañana, de grand, muy de mañana 133, 145
mañana, tan, tan temprano 145
maravedí, moneda 237
marco, moneda 320
mayoral, jefe 125, 138
melizina, medicina 50
membrar, recordar 177
mengua, falta, necesidad 46, 53, 235
menguada, miserable 197; imperfecta 313
menguar, faltar 128
mensura contra mí, piedad 226
mercado, buen, en buenas condiciones 226
mercaduría, comercio 203
merchandías, mercancías 76
mester, necesidad 50, 77
mientre, mientras 141
migaja, miaja 167
mintroso, mentiroso 140, 297
miraglo, milagro 229
moço, pequeño, niño 180
montar, remontar la caza 192
morar, pasar 261; permanecer 203

morir, *morredes,* moriréis 74
mover, *movrá,* moverá 115; promover 150
movimiento, alteración, suceso 202
mueso, mordisco 91
muncho, mucho 72
musgo, almizcle 183

naturalmente, por su propia naturaleza 50, 68, 314
nieve, nevada 182
nigromancia, arte mágica 96
noble, notable 189
nobleza, cosa notable 147
nol, no le 100
nueba, noticia 203

ó, donde 76, 280
ocasionado, desgraciado 120, 310
ocasión, suceso, desgracia 120, 232
omenaje, juramento de fidelidad 160
omildad, rendimiento, acatamiento 146
omne, uno, alguno 253
omne de grand guisa, poderoso 106
omne bueno, noble, honrado 99
oras, las horas canónicas 185
ordir, urdir 139
otra pro, otra cosa de provecho 155
otro, en, que otro 188
otrosí, también 59

pagadera, atrayente 159
pagamiento, atracción, gusto 50
pagarse, contentarse 49
palabra, refrán, sentencia 78, 109
palancada, golpe 271
pan, trigo 140
panarizo, panadizo 180
pañizuelo, dimin. de paño 269
paral, para el 69
parar, disponer, colocar 106, 250, 284; *pararse a la guerra,* prepararse para guerrear 114; *parar mientes,* atender 61.
pararse, hacer frente 64
paresçencia, apariencia 159

paresçer, aparecer, verse 76, 159

partir, apartar 62; divorciar, separar 165, 229; renunciar 168; eludir 245; preparar 104

passada, paso 195; medio de vivir 197

passar, tratar 197

passo, despacio 201; quedo, en voz baja 270

pavón, pavo real 80

pechados, ¿enjaezados? 90

pedir raçiones, pedir comida 231

pella, pelota 127

pensar, cuidar de alguien 96

peorar, empeorar 258

peliglo, peligro 92

perigloso, peligroso 102

piadat, piedad 51

pieça, rato 64, 91; cantidad, abundancia 133; *pieça ha,* hace rato 270

pintado, bello 144

piuela, pihuela 214

placer, *plazdría, plazdríe* 116, 118

pleito, negocio, suceso 132; *mover un pleito,* proponer un trato, negocio 79

pora do, por donde, hacia 219

poblar, repoblar 167

poblar solares, repoblar lugares 73

poder, amparo 54, 83

poner, *pornían,* pondrían 130; acordar, convenir 99, 133

poridat, secreto 52, 124

posada, casa, habitación 77, 96

postiella, postilla, pústula 165

postremería, fin 238

postrimero, último 104

postura, acuerdo 120

premia, opresión 136, 282

priesa, apuro, necesidad 236

prieto, negro, oscuro 80

pro, proes, ventajas 195

provar, examinar, comprobar 188

puesto, convencido, impuesto 58

puñada, puñetazo 251

puñar, esforzar 104, 181, 249

pustuela, postilla 230

quanto ya, bastante, algo 198, 232, 295
quequier, cualquier cosa 149, 181, 245
que si, que él 155, 292
quexa, apuro 61, 92
quexarse, preocuparse, tener prisa 98, 203
quexoso, impaciente 132
qui, quien 62
quiquier, quienquiera 200
quito, libre 237

razón, dicho 173; *razones coloradas*, razones elocuentes 158
real, campamento 113
rebato, alarma 113; precipitación, arrebato 281
recabdo, gobierno, cuidado 56; razón, cordura 63; *recado*, cautela, discreción 127
recodir, recudir, ayudar 102; *recudrá*, resultará 143; acudir 222
regañar los dientes, gruñir 105
rehén, lo que se pone por fianza 160
rehez, barato 289
remembrança, recuerdo 275
rendas, rentas 153
repentir, arrepentir 166
repentimiento, arrepentimiento 83
retraer, reprochar 99; contar 145
retraydo, dicho 247
revesado, al revés 165, 223; indomable 164
revesar, volver al revés 276
romançe, lengua vulgar 47
roncón, rincón 270
roydo, alboroto 111, 116; *en roydo con*, alborotado con 180

sacar a bien, llevar a buen término 122
salir de mandado, desobedecer 200
seder, sentarse, *se siede* 78
segurado, confiado 125
segurança, garantía 84
semejança, figura 269
semejar, parecer 65
semiente, simiente 286
sentir, *sintrían*, sentirían 115; *sintades* 206
sentirse, dolerse 83
señal, signo, símbolo 47
señaleia, pequeño indicio 84

ser, fu, fui 66; *sey, sed* 66, 270; *sodes,* sois 80, 194
servir, de 'serviçio' feudal 49
seso, discreción 64; sentencia, consejo 202, 258; *poco seco,* poco sensato 134
siguranza, seguridad 194
siniscal, senescal 210
siquier, incluso 105
so, bajo 79
sobeiana, superflua 240, 314
sol, excepto, solamente 66, 134
solamente nol, ni siquiera 100
soldán, sultán 149
son, tono 200
sonar, divulgar 215
sortero, adivino 238
sosacar, sonsacar 274
sospecha, sin, inesperadamente 167
sotileza, sutileza 62
suar, sudar 109
sueno, son 245

tabal, timbal 146
tabardíe, nombre arbitrario 128
taiar, tajar, cortar 189
talante, genio 70; voluntad 108
talle, forma 190
tanmaña, tan grande 80, 273
tanto, con, con eso 168
tanto, más de, pero con todo 164, 190
tañer, *tanga,* taña 186
tardi, tarde 320
tener, *ternía,* tendría 57; *tenedvos* 121; pensar 95
tener en coraçón, tener el propósito 74; *tener en premia,* oprimir 115
terrerías, amenazas 179
terrazuela, jarro de barro 245
tiempo, ocasión 235
tierra, país, territorio 56, 99
tirada, quitada 257
tirar, atraer 50; arrastrar 160; quitar 246; *tiróvoslo,* os lo quitó 275
tiseras, tijeras 180

tomar, adoptar, usar 158; *tomar loçania,* enorgullecerse 313; *tomar dubda,* dudar 71

tornar su passo, volver despacio 112

torpedat, torpeza, vileza 314

tortiçeria, injusticia 281

trabajarse, esforzarse 54, 127, 295

trasladar, copiar 45

traer, *troxiesse,* trajese 129

travar, censurar 61, 239 discutir, poner trabas 166

trebejar, jugar, tornear 49, 130

trebejo, burla, juego 76

treble, triple 160

tremer, temblar 90, 315

triaca, remedio, droga 290

trompa, trompeta 146

tuerta, torcida 281

tuerto, daño, injusticia 99, 285

ubiar, llegar 198, 205

ufana, vanidad 73, 212

uno, en, juntos 63, 165

vagado, vacante 98

vagar, ocio 105

valdío, inútil 104

valía, autoridad 73

veces, a, por turno 231

vegada, vez 55, 62

vegambre, eléboro, veneno 290

vegedat, vejez 317

vegizuela. Vid. *begizuela*

veguina, beguina, hipócrita 218

vender, *vendría,* vendería 85

venir, *verná,* vendrá 91

ver, *beedes,* veis 81; *vido,* vio 83

vierbo, refrán, palabra 116

viçio, deleite, regalo 116

viçioso, regalado, contento 160, 255

viesso, verso 60

viso, vista 80

vista, apariencia 280

vivir, *visqué,* viví 68; *visquiese* 212; *visco* 255; *bivredes,* vivi-
réis 74, 193
volver. Vid. *bolver*

ý, allí 51, 63
ya quanto, algún tanto 102
ya quanto más, mucho más 144, 232
yuso, abajo 215

ÍNDICE DE LÁMINAS

Entre págs.

Portada facsímile de la primera edición   43

Retrato de *Don Juan Manuel*   74-75

Retablo de *Santa Lucía* por Bernabé de Módena ...   74-75

Castillo de Peñafiel (Valladolid)   100-101

Página del manuscrito número 6376. Bibl. Nacional,
    Madrid   100-101

Un alquimista del siglo XVI. Grabado de un cuadro
    de Teniers   198-199

Retablo de *San Jorge*. Escuela valenciana, siglo xv.
    Londres   198-199

San Julián, por Jaime Ferrer. De un retablo proce-
    dente de Aspa. Lérida. Museo diocesano   224-225

Pintura sobre cuero del Salón de Reyes de la Al-
    hambra, Granada. Siglo xiv   224-225

SE TERMINÓ DE IMPRIMIR
EL DÍA 4 DE OCTUBRE DE 1980

clásicos castalia

ÚLTIMOS TÍTULOS PUBLICADOS

39 / Diego de San Pedro
OBRAS COMPLETAS, II.
CÁRCEL DEL AMOR
Edición, introducción y notas de
Keith Whinnom.

40 / Juan de Arguijo
OBRA POÉTICA
Edición, introducción y notas de
Stanko B. Vranich.

**41 / Alonso Fernández de
Avellaneda**
**EL INGENIOSO HIDALGO
DON QUIJOTE DE LA MAN-
CHA, que contiene su tercera sa-
lida y es la quinta parte de sus
aventuras**
Edición, introducción y notas de
Fernando G. Salinero.

42 / Antonio Machado
JUAN DE MAIRENA (1936)
Edición, introducción y notas de
José María Valverde.

43 / Vicente Aleixandre
ESPADAS COMO LABIOS.
**LA DESTRUCCIÓN
O EL AMOR**
Edición, introducción y notas de
José Luis Cano.

**44 / Agustín de Rojas
Villandrando**
EL VIAJE ENTRETENIDO
Edición, introducción y notas de
Jean Pierre Ressot.

45 / Vicente Espinel
**VIDA DEL ESCUDERO
MARCOS DE OBREGÓN.**
Tomo I
Edición, introducción y notas de
M.ª Soledad Carrasco Urgoiti.

46 / Vicente Espinel
**VIDA DEL ESCUDERO
MARCOS DE OBREGÓN.**
Tomo II
Edición, introducción y notas de
M.ª Soledad Carrasco Urgoiti.

47 / Diego de Torres Villarroel
**VIDA, ascendencia, nacimiento,
crianza y aventuras**
Edición, introducción y notas de
Guy Mercadier.

48 / Rafael Alberti
MARINERO EN TIERRA.
LA AMANTE.
EL ALBA DEL ALHELÍ
Edición, introducción y notas de
Robert Marrast.

49 / Gonzalo de Berceo
**VIDA DE SANTO DOMINGO
DE SILOS**
Edición, introducción y notas de
Teresa Labarta de Chaves.

50 / Francisco de Quevedo
SUEÑOS Y DISCURSOS
Edición, introducción y notas de
Felipe C. R. Maldonado.

51 / **Bartolomé de Torres Naharro**
COMEDIAS
Edición, introducción y notas de
D. W. McPheeters.

52 / **Ramón Pérez de Ayala**
TROTERAS Y DANZADERAS
Edición, introducción y notas de
Andrés Amorós.

53 / **Azorín**
DOÑA INÉS
Edición, introducción y notas de
Elena Catena.

54 / **Diego de San Pedro**
OBRAS COMPLETAS, I.
TRACTADO DE AMORES
DE ARNALTE Y LUCENDA.
SERMON
Edición, introducción y notas de
Keith Whinnom.

55 / **Lope de Vega**
EL PEREGRINO EN SU
PATRIA
Edición, introducción y notas de
Iuan Bautista Avalle-Arce.

56 / **Manuel Altolaguirre**
LAS ISLAS INVITADAS
Edición, introducción y notas de
Margarita Smerdou Altolaguirre.

57 / **Miguel de Cervantes**
VIAJE DEL PARNASO.
POESÍAS COMPLETAS, I
Edición, introducción y notas de
Vicente Gaos.

58 / **LA VIDA DE LAZARILLO**
DE TORMES Y DE SUS FOR-
TUNAS Y ADVERSIDADES
Edición, introducción y notas de
Alberto Blecua.

59 / **Azorín**
LOS PUEBLOS.
LA ANDALUCÍA TRÁGICA
Y OTROS ARTÍCULOS
(1904-1905)
Edición, introducción y notas de
José María Valverde.

60 / **Francisco de Quevedo**
POEMAS ESCOGIDOS
Selección, introducción y notas de
José Manuel Blecua.

61 / **Alfonso Sastre**
ESCUADRA HACIA LA
MUERTE
LA MORDAZA
Edición, introduccion y notas de
Farris Anderson.

62 / **Juan del Encina**
POESÍA LÍRICA
Y CANCIONERO MUSICAL
Edición, introducción y notas de
R. O. Jones y Carolyn R. Lee.

63 / **Lope de Vega**
LA ARCADIA
Edición, introducción y notas de
Edwin S. Morby.

64 / **Marqués de Santillana**
POESÍAS COMPLETAS, I.
Serranillas, cantares y decires.
Sonetos fechos al itálico modo
Edición, introducción y notas de
Manuel Durán.

65 / **POESÍA DEL SIGLO XVIII**
Selección, introducción y notas de
John H. R. Polt.

66 / **Juan Rodríguez del Padrón**
SIERVO LIBRE DE AMOR
Edición, introducción y notas de
Antonio Prieto.

67 / **Francisco de Quevedo**
LA HORA DE TODOS
Edición, introducción y notas de
Luisa López-Grigera.

68 / **Lope de Vega**
SERVIR A SEÑOR DISCRETO
Edición, introducción y notas de
Frida Weber de Kurlat.

69 / Leopoldo Alas, Clarín.
TERESA. AVECILLA.
EL HOMBRE DE LOS
ESTRENOS
Edición, introducción y notas de
Leonardo Romero.

70 / Mariano José de Larra
ARTÍCULOS VARIOS
Edición, introducción y notas de
Evaristo Correa Calderón.

71 / Vicente Aleixandre
SOMBRA DEL PARAÍSO
Edición, introducción y notas de
Leopoldo de Luis.

72 / Lucas Fernández
FARSAS Y ÉGLOGAS
Edición, introducción y notas de
M.ª Josefa Canellada.

73 / Dionisio Ridruejo
PRIMER LIBRO DE AMOR.
POESÍA EN ARMAS.
SONETOS
Edición, introducción y notas de
Dionisio Ridruejo.

74 / Gustavo Adolfo Bécquer
RIMAS
Edición, introducción y notas de
José Carlos de Torres.

75 / POEMA DE MIO CID
Edición, introducción y notas de
Ian Michael.

76 / Guillén de Castro
LOS MAL CASADOS DE
VALENCIA
Edición, introducción y notas de
Luciano García Lorenzo.

77/Miguel de Cervantes
DON QUIJOTE DE LA
MANCHA, Parte I (1605)
Edición, introducción y notas de
Luis Andrés Murillo.

78 / Miguel de Cervantes
DON QUIJOTE DE LA
MANCHA, Parte II (1615)
Edición, introducción y notas de
Luis Andrés Murillo.

79 / Luis Andrés Murillo
BIBLIOGRAFÍA FUNDAMEN-
TAL SOBRE «DON QUIJOTE
DE LA MANCHA»
DE MIGUEL DE CERVANTES

80 / Miguel Mihura
TRES SOMBREROS DE COPA.
MARIBEL Y LA EXTRAÑA
FAMILIA
Edición, introducción y notas de
Miguel Mihura.

81 / José de Espronceda
EL ESTUDIANTE
DE SALAMANCA.
EL DIABLO MUNDO
Edición, introducción y notas de
Robert Marrast.

82 / Pedro Calderón de la Barca
EL ALCALDE DE ZALAMEA
Edición, introducción y notas de
José M.ª Díez Borque.

83 / Tomás de Iriarte
EL SEÑORITO MIMADO.
LA SEÑORITA MALCRIADA
Edición, introducción y notas de
Russell P. Sebold.

84 / Tirso de Molina
EL BANDOLERO
Edición, introducción y notas de
André Nougué.

85 / José Zorrilla
EL ZAPATERO Y EL REY
Edición, introducción y notas de
Jean Louis Picoche.

86 / VIDA Y HECHOS DE
ESTEBANILLO GONZÁLEZ.
Tomo I
Edición, introducción y notas de
N. Spadaccini y Anthony N. Za-
hareas.

87 / **VIDA Y HECHOS DE ESTEBANILLO GONZÁLEZ.**
Tomo II
Edición, introducción y notas de N. Spadaccini y Anthony N. Zahareas.

88 / Fernán Caballero
LA FAMILIA DE ALVAREDA
Edición, introducción y notas de Julio Rodríguez Luis.

89 / Emilio Prados
LA PIEDRA ESCRITA
Edición, introducción y notas de José Sanchis-Banús.

90 / Rosalía de Castro
EN LAS ORILLAS DEL SAR
Edición, introducción y notas de Marina Mayoral Díaz.

91 / Alonso de Ercilla
LA ARAUCANA. Tomo I
Edición, introducción y notas de Marcos A. Morínigo e Isaías Lerner.

92 / Alonso de Ercilla
LA ARAUCANA. Tomo II
Edición, introducción y notas de Marcos A. Morínigo e Isaías Lerner.

93 / José María de Pereda
LA PUCHERA
Edición, introducción y notas de Laureano Bonet.

94 / Marqués de Santillana
POESÍAS COMPLETAS.
Tomo II
Edición, introducción y notas de Manuel Durán.

95 / Fernán Caballero
LA GAVIOTA
Edición, introducción y notas de Carmen Bravo- Villasante.

96 / Gonzalo de Berceo
SIGNOS QUE APARECERÁN ANTES DEL JUICIO FINAL. DUELO DE LA VIRGEN. MARTIRIO DE SAN LORENZO
Edición, introducción y notas de Arturo Ramoneda.

97 / Sebastián de Horozco
REPRESENTACIONES
Edición, introducción y notas de F. González Ollé.

98 / Diego de San Pedro
PASION TROVADA. POESIAS MENORES DESPRECIO DE LA FORTUNA
Edición, introducción y notas de Keith Whinnom y Dorothy S. Severin.

99 / Ausias March
OBRA POÉTICA COMPLETA.
Tomo I
Edición, introducción y notas de Rafael Ferreres.

100 / Ausias March
OBRA POÉTICA COMPLETA.
Tomo II
Edición, introducción y notas de Rafael Ferreres.

101 / Luis de Góngora
LETRILLAS
Edición, introducción y notas de Robert Jammes.

102 / Lope de Vega
LA DOROTEA
Edición, introducción y notas de Edwin S. Morby

103 / Ramón Pérez de Ayala
TIGRE JUAN Y EL CURANDERO DE SU HONRA
Edición, introducción y notas de Andrés Amorós.